Gitta Mühlen Achs
Wie KATZ und HUND
Die Körpersprache der Geschlechter

Gitta Mühlen Achs

Wie KATZ und HUND

Die Körpersprache der Geschlechter

Frauenoffensive

1. Auflage, 1993
© Verlag Frauenoffensive, München 1993
(Knollerstr. 3, 80802 München)

ISBN 3-88104-241-5

Druck: Clausen & Bosse, Leck
Umschlaggestaltung: Frauke Bergemann, München

Dies Buch ist gedruckt auf Papier aus chlorfrei gebleichtem Zellstoff.

INHALTSVERZEICHNIS

EINLEITUNG

„Sich zu weigern und nachzugeben", murmelte sie, „wie köstlich; zu verfolgen und zu besiegen, wie herrlich; wahrzunehmen und zu ergründen, wie erhaben!" Kein einziges dieser so miteinander verbundenen Wörter schien ihr unangemessen zu sein.

VIRGINIA WOOLF, *ORLANDO*

1949 beschloß Simone de Beauvoir ihre als Standardwerk in die Geschichte eingegangenen Gedanken zur Situation der Frau und dem Verhältnis der Geschlechter zueinander mit der nüchternen Feststellung: „Tatsache ist, daß heute weder Männer noch Frauen sich gegenseitig zufriedenstellen."[1] Heute, vierundvierzig Jahre später, ist die Kluft zwischen den Geschlechtern anscheinend eher noch größer geworden.

Ursache ist eine tiefe gegenseitige Verständnislosigkeit, die sich durch zwei simple Fragen charakterisieren läßt. Mit der einen quälen sich beziehungsorientierte Frauen herum – angesichts der emotionalen Verschlossenheit und „coolen" Ausdruckslosigkeit ihrer Gegenspieler meist ohne rechten Erfolg: Was denkt, was empfindet, was fühlt er denn *wirklich*? Die Männer wiederum seufzen, von der breitgefächerten, manchmal ambivalenten Emotionalität und der scheinbaren Unklarheit oder Unentschlossenheit von Frauen entnervt: Was will sie denn *eigentlich*? Allerdings fragen immer mehr Männer nicht mehr lange, sondern nehmen sich gleich die Freiheit, „typisch" weibliches Verhalten nach eigenem Belieben und persönlicher Interessenslage zu interpretieren – getreu dem praktischen Motto: Sagt eine Frau „nein", so heißt das „vielleicht", und sagt sie „vielleicht", meint sie sowieso „ja".

Die *Körpersprache* spielt in diesem Theater gegenseitiger Entfremdung, das zunehmend absurdere und nicht selten beängstigende Dimensionen annimmt, eine ebenso wichtige wie vielschichtige und manchmal zwielichtige Rolle. Sie ist unser ältestes und ein hochgradig beziehungsrelevantes Kommunikationsinstrument. Etwa zwei Drittel aller sozial bedeutungsvollen Informationen werden rein körpersprachlich vermittelt.[2] Hinzu kommt, daß in der Körpersprache Schweigen nicht möglich ist – ob wir es wollen oder nicht, wir sind ständig „auf Sendung" und damit für unsere Umgebung interpretierbar. Dabei nimmt Rationalität – in unserer Gesellschaft besonders hochgeachtet – einen eher bescheidenen Raum ein, denn für den Austausch von sachlichen Informationen und Gedanken ist Körpersprache kaum geeignet – schon gar nicht, wie Scheflen (1976) bemerkte, von *neuen* Ideen. Ebensowenig läßt sich ihre Bedeutung allerdings auf den Bereich des Emotionalen beschränken, was gelegentlich durch Vertreter der *nonverbalen Kommunikationsforschung* nahegelegt wird, die Körpersprache meist nur unter dem Aspekt des Ausdrucks und gegenseitigen Austausches von Gefühlen untersuchen.

Die populärwissenschaftliche Psychologie hat sich aus leicht nachvollziehbaren Gründen – „Sie haben ein Problem? Wir haben die Lösung!" – vollends dem erotischen Aspekt von Körpersprache verschrieben. Deswegen haben die recht zahlreichen einschlägigen Bücher ungeachtet ihres proklamierten aufklärerischen Anspruchs eher eine verwirrende als die erhellende Wirkung, die in der Tat dringend notwendig wäre. So aber verkürzen nichtssagend geschwätzige Bildbände und selbstverliebte „Fotoromane" die Körperkommunikation der Geschlechter letztlich auf verschiedene Techniken des „Anbandelns". Damit reflektieren sie viel eher ein Bedürfnis, Frauen auf die traditionelle Rolle des Objekts männlicher Begierde und Männer auf die des rastlosen Sexualjägers festzulegen, als ein Interesse an einer emanzipatorischen Veränderung bestehender Strukturen, die im Interesse beider Parteien zur Verringerung oder Aufhebung der Verständniskluft beitragen könnten.

Tatsächlich ist es so, daß die Körpersprache ein sehr weites Kommunikationsfeld abdeckt: Sie vermittelt Informationen über die wesentlichen individuellen Merkmale, Eigenschaften und Befindlichkeiten einer Person, z.B. Alter, Geschlecht, Rassenzugehörigkeit, Gefühle und Einstellungen, über ihr Verhältnis zu anderen Menschen, ihr Selbstbild und Selbstwertgefühl, und über ihren gesellschaftlichen Status. Ihre außerordentliche Wirkungskraft resultiert unter anderem daraus, daß der Körper, der zugleich ihr Instrument und ihr Medium ist, zwei unterschiedlichen Ordnungen angehört. Anders als die verbale Sprache, die ein rein symbolisches System ist, ist er zugleich auch Element einer ganz realen Ordnung. Diese Eigenschaft prädestiniert Körpersprache geradezu zum Herrschaftsmedium und als Instrument zur Ausübung einer Macht, die nicht platt und augenscheinlich, sondern diffizil und verdeckt ausgeübt wird. Ihre für das einzelne Individuum letztlich folgenschwerste Funktion, die sie ebenso alltäglich wie unbewußt erfüllt, besteht daher darin,

„die bestehende Ordnung aufrechtzuerhalten und ihr Zustimmung zu verschaffen".[3]

Soziale Ordnungen gründen nahezu weltweit auf der Vorstellung von einer Polarität der Geschlechter, die sowohl die ökonomischen Strukturen der Gesellschaft (Arbeitsteilung) als auch das private Zusammenleben der Menschen entscheidend prägt. Die Idee eines grundsätzlichen Unterschieds zwischen den Geschlechtern konkretisiert sich in einem langwierigen und komplexen gesellschaftlichen Prozeß, in dem das Individuum durch differenzierende kulturelle und soziale Regeln sozialisiert wird. Dabei wird ein gesellschaftlich definiertes, soziales Konzept von Geschlechtlichkeit – *Gender* – durch Regeln, die Frauen und Männern konträre Verhaltensmuster verbindlich vorschreiben, in Fleisch und Blut verwandelt. Eine Folge dieses Prozesses ist, daß sich die Körpersprache von Frauen und Männern heute stärker und grundsätzlicher als jemals zuvor in der Geschichte der Menschheit voneinander unterscheidet.

Der Begriff Gender bezeichnet die Summe aller Vorstellungen und Erwartungen, die eine Gesellschaft jeweils mit „Weiblichkeit" und „Männlichkeit" verbindet. Eine „Genderisierung" bewirkt, daß sich ursprünglich fließende Übergänge der körperlichen Erscheinung und des Verhaltens von Frauen und Männern zu harten Konturen verdichten, und daß das Gemeinsame zwischen ihnen zugunsten der Hervorhebung ihrer Verschiedenheit unterdrückt, übertüncht oder ausgelöscht wird. Aus einer verbindenden Zone der Geschlechterambiguität wird durch gezielte Eingriffe und spezifische Unterdrückungs- bzw. Förderungsmaßnahmen eine trennende, scheinbar unüberwindliche Kluft zwischen den Geschlechtern.

Gender ist viel mehr als eine soziale Rolle. Sie wird im Kern der Ich-Identität, im Selbst eines Individuums verankert. Der Körper wird zum Ort, an dem die gesellschaftliche Ideologie mit der persönlichen Identität zu einer Einheit verschmilzt. Die äußere Erscheinung, die Art, wie wir stehen, sitzen, uns bewegen, und jede noch so schlichte Alltagshandlung wird dadurch zum symbolischen Zeichen und zugleich zum Instrument einer Herrschaft, die als Idee bereits im Genderkonzept enthalten ist. Die geschlechtsspezifische Körpersozialisation macht die Körpersprache letztlich zum „tertiären Geschlechtsmerkmal" (Birdwhistell). Weil sie damit zugleich auch dem Geschlechterverhältnis einen prä-individuellen, gleichsam biologisch vorbestimmten Charakter verleiht, legitimiert sie es. Die psychologische Verinnerlichung und weitgehende Automatisierung der Verhaltensmuster, die das Genderkonzept vorschreibt, vervollständigt den Prozeß der *Naturalisierung* des Herrschaftsverhältnisses zwischen den Geschlechtern.

Der Rückgriff auf die Körpersprache als *geschlechtsspezifisches Herr-schaftsinstrument* ist historisch betrachtet ein bürgerliches Phänomen. Im 18. Jh. entwickelte das nun politisch führende Bürgertum ein enormes, zunächst aber noch allgemeines Interesse an der Sprache des Körpers. Die wachsende Erkenntnis ihrer psychologischen und sozialen Bedeutung verband sich mit der Einsicht, daß die Körpersprache weder vorgegeben noch unveränderlich festgelegt, vielmehr beliebig formbar ist und individuell entwickelt wird. In der Folge wurde der Körper durch einschneidende Maßnahmen „erzogen": Die bürgerlichen Prinzipien des Triebverzichts, der Selbstdisziplin und der Tugendhaftigkeit wurden mit strenger Zucht von klein auf direkt in die Körper einprogrammiert. (So entstand eine deutliche Abgrenzung von anderen sozialen Ständen wie z.B. dem Adel, der für sich aus dem höfischen Zeremoniell eine exaltierte und emotional überschwengliche Körpersprache herausdifferenziert hatte.) Anstandsbücher kamen auf (1788 z.B. der erste „Knigge"[4]), die das Verhalten durch detaillierte Anweisungen einschränkten und den sozialen Umgang auf vielfache Weise ritualisierten.

Eine bürgerliche Erziehung erfolgt im Prinzip nicht über die Vernunft, sondern mittels drastischer Körperkontrolle und strenger Affektdisziplinierung über den Körper und das Gefühl. Dies bereitet in idealer Weise den Boden für die psychische Verankerung gesellschaftlich erwünschter Herrschaftsstrukturen. Denn Grundsätze, die direkt in das Körperselbst der Betroffenen eingeschrieben, verinnerlicht und dann reflexhaft, scheinbar freiwillig befolgt und nachvollzogen werden, können als Elemente und Ausdruck einer gesellschaftlichen Ordnung weder identifiziert noch kritisch reflektiert werden.

Mit der moralischen Disziplinierung der BürgerInnen entwickelte sich auch ein neues Selbstbewußtsein – das des freien, nur sich selbst verpflichteten, bürgerlichen Subjekts. Jedoch wurde dieses nicht mehr von beiden Geschlechtern gleichermaßen repräsentiert, sondern nur noch vom Mann. Den Preis der bürgerlichen Freiheit – das „Schmerzensgeld" für die individuelle Unterwerfung unter moralische Kontrolle, gesellschaftlichen Zwang und ein abstraktes Gesetz – bezahlten letztlich die Frauen. Sie wurden auf einen Status grundsätzlicher Inferiorität zurückgestuft. Kluge Zeitgenossen definierten eine neue menschliche, eher submenschliche Kategorie, die Frauen aus der Allgemeinheit ausgrenzte und endgültig als durchweg minderwertigere „Geschlechtswesen" festlegte: intellektuell schwach und „unfähig zu jeder, selbst der häuslichen Leitung" (Comte). Sie wurde zum „beweglichen Eigentum" (Balzac) des Mannes. Als das – nunmehr propagierte – „andere Geschlecht" verlor die Frau im Grund jeden Anspruch auf einen Status als freies Subjekt, denn sie war „genau genommmen nur ein Annex des Mannes".[5]

Die Vorstellung von grundlegenden körperlichen Unterschieden zwischen den Geschlechter nahm erst in der Moderne jenen Normcharakter an, den sie heute in extremem Maß aufweist. Der Körper, seine expressiven und instrumentellen Verhaltensmöglichkeiten und die allgemeine Bewegungsfreiheit von Frauen wurden drastischen Einschränkungen unterworfen, was sich letztlich auch in ihrem weitgehenden Ausschluß aus der Öffentlichkeit niederschlug. Ihre Verbannung in das private Heim entzog sie allerdings keineswegs, wie der Begriff nahelegen könnte, dem Wirkungsbereich des Prinzips Herrschaft – „privat" bedeutet im Lateinischen u.a. auch „der Herrschaft beraubt".[6] Sie unterstellte die jetzt sozial vollkommen isolierten Frauen einem im gesellschaftlichen Fortschritt überwunden geglaubten Prinzip: der ganz persönlichen, d.h. willkürlichen und absoluten Herrschaft ihres bürgerlichen Ehemannes. Dieser wurde angeleitet, den entwürdigenden Charakter der weiblichen Lebensumstände durch allerlei schmeichelhafte Mätzchen und Kinkerlitzchen zu vertuschen:

„‚Die verheiratete Frau ist eine Sklavin, die man auf den Thron zu setzen verstehen muß', sagt Balzac; es ist gut, wenn der Mann bei allen unwichtigen Anlässen hinter den Frauen zurücktritt, ihnen den ersten Platz zugesteht; anstatt sie Lasten tragen zu lassen, wie das in den primitiven Gesellschaften üblich war, beeilt man sich, ihnen jede lästige Angelegenheit und Sorge abzunehmen, was gleichzeitig bedeutet, daß man sie von jeder Verantwortung freihält. Man gibt sich der Hoffnung hin, daß sie, in dieser Weise genarrt und durch die Bequemlichkeit ihrer Lage verführt, willig die Rolle der Mutter und Hausfrau auf sich nehmen würde, auf die man sie beschränken will."[7]

Es waren, wie Laqueur (1992) detailliert belegt, keineswegs irgendwie geartete wissenschaftliche Erkenntnisse, beispielsweise anatomischer oder physiologischer Art, die diesen gesellschaftlichen Rückschritt zur brutalen Versklavung der Frau motivierten. Diese war ganz eindeutig politischer Natur. Eine neue Ära der Frauenunterdrückung brach an und erreichte in der Politisierung der Körper und der Sexualität ihren bisherigen Höhepunkt. Die Frau selbst wurde zum lebenden Beweis ihrer „Minderwertigkeit".

Der Ausschluß von Frauen aus allen Bereichen des öffentlichen

Lebens, ihre gesellschaftliche Marginalisierung und persönliche Trivialisierung wurden nicht mehr wie früher transzendental begründet, sondern ausschließlich aus ihr selbst, aus ihrer „Natur" heraus. Dies war um so erfolgsträchtiger, je besser es gelang, den weiblichen Körper mit einem ganz eigenen „Code" zu verschlüsseln, der die Herrschaft der Männer als natürlichste Sache der Welt erscheinen ließ.

Heute scheinen die größten sozialen Ungerechtigkeiten gegenüber Frauen – zumindest prinzipiell und in der westlichen Welt – beseitigt zu sein. Im Kampf um bürgerliche Rechte, auf Bildung, Beruf und politische Betätigung, haben Frauen in Anbetracht der massiven Widerstände und Behinderungen in erstaunlich kurzer Zeit geradezu atemberaubende Erfolge errungen. Die ersten Schritte in die Emanzipation hatten in Forderungen nach formaler und ökonomischer Gerechtigkeit bestanden und führten zur allmählichen Rückeroberung öffentlicher Räume. Um so schwerer fällt heute der Fortbestand privater Unterdrückungsstrukturen ins Gewicht, in denen sich kaum vergleichbare Veränderungen, geschweige denn Revolutionen vollzogen haben. Wir müssen im Gegenteil konstatieren, daß gerade im privaten Bereich die pseudobiologisch begründete Politik gegen Frauen kontinuierlich, wenn auch mit „verfeinerten" Mitteln fortgesetzt wird.

Die vertiefte Kulturkritik der zweiten Frauenbewegung zielte programmatisch auf diesen Bereich ab (*„Das Persönliche ist politisch!"*). Nun tritt immer deutlicher zu Tage, daß sich ihr prinzipielles Ziel, die endgültige und wahrhaftige Zivilisation unserer Gesellschaft auf der Grundlage umfassender Humanität, echter Gleichberechtigung und Emanzipation beider Geschlechter nur dann erreichen läßt, wenn auch die tief verinnerlichten, privaten Herrschafts- und Unterwerfungsmuster aufgehoben werden. Dazu müssen auch persönliche, private Kommunikationsstrukturen, insofern sie pervertierten Machtphantasien entspringen, entscheidend verändert werden. Das, woran es also jetzt vorrangig politisch zu arbeiten gilt, ist unser Allerpersönlichstes: der Körper und seine kommunikativen Möglichkeiten.

Heute versucht man, uns die Unterwerfung der Frau unter ein heterosexuelles – d.h. von fremden Bedürfnissen bestimmtes – Attraktivitätsprinzip als freiheitliche Errungenschaft der sogenannten sexuellen Revolution schmackhaft zu machen; in Wahrheit hat sich dieses jedoch bereits Ende des 18. Jh. in der *„großen männlichen Selbstverleugnung"* (Flügel) angekündigt: Männer wurden von den zuvor allgemeingültigen Zwängen, ihre Erscheinung den Wünschen und Vorstellungen des anderen Geschlechts entsprechend zu gestalten, befreit. „Richtige" Männer putzten sich nun nicht mehr in vergleichbarer Weise wie Frauen heraus, mußten sich nicht mehr schön „machen". Sie entwickelten für sich eigene, durchweg konträre Vorstellungen von einer spezifisch „männlichen" Attraktivität. Damit begann der Siegeszug der Herren in Grau: die Erotisierung männlicher Macht.

Das fortgeschrittene Stadium der Geschlechterentfremdung läßt sich insbesondere auch an dieser Polarisierung des Attraktivitätskonzepts ablesen. Sie führte im Zusammenhang mit der zunehmenden Sexualisierung der Körper und der Kommunikation der Geschlechter endgültig zur *Sprachverwirrung*. Diese reflektiert einerseits die gesellschaftlich durchaus erwünschte Beschränktheit männlicher Bedürfnisse, die eine Folge der massiven Unterdrückung jeglicher Form von nicht-sexueller zwischenmenschlicher Intimität ist, und andererseits paradoxerweise die generelle Sexualfeindlichkeit unserer Kultur. Denn die dem bürgerlichen Subjekt gesellschaftlich verordnete Triebunterdrückung führt dazu, daß die verpönte Sexualität auf die Frauen projiziert wird: Das ermöglicht Männern, sich selbst davon abzugrenzen und sie dann – sozusagen von außerhalb – in Besitz zu nehmen und den gesellschaftlichen Erwartungen entsprechend zu beherrschen, indem sie Frauen dominieren. Eine solche Einstellung wird durch Zwangsheterosexualität, Verachtung und Unterdrückung der männlichen Homosexualität, durch eine Aufspaltung von Sex und Liebe, einen zotigen Umgang mit Sexualität und die Heroisierung asexueller Männerfreundschaften kundgetan. Unglücklicherweise richten sich die weitgehend unbewältigten Haßgefühle, die aus diesem massiven Unterdrückungs- und Abspaltungsprozeß resultieren, unter den gegebenen Bedingungen geradezu zwangsläufig gegen Frauen und äußern sich dementsprechend in einem respektlosen bis gewaltförmigen Umgang mit ihnen.

Diesen Stil symbolisiert der moderne Nachfolger des scheinbar überholten Begriffs des „Anbandelns": Heute spricht man(n), wenn es um das Anknüpfen erotischer Kontakte geht, vom „Aufreißen". Sein Bedeutungsbogen spannt sich vom erotisch-leidenschaftlichen Aufreißen symbolischer Hüllen und Grenzen (der Kleidung) im „Rausch der Sinne" über die konkrete Verletzung des lebendigen Körpers im brutalen Akt der sexuellen Vergewaltigung bis zur sexuell-perversen Zerstörung und Zerstückelung des Frauenkörpers durch den sadistischen „Triebtäter". Es sei in diesem Zusammenhang daran erinnert, daß Erich Fromm sehr nachdrücklich darauf hingewiesen hat, daß alle und nur solche sexuellen Handlungen, in denen *der eine für den anderen zum Gegenstand der Verachtung und des Wunsches, zu verletzen und zu beherrschen, wird*[8], wirklich pervers

13

sind. Und weil, wie er weiter feststellt, der Sexualakt *„eben deshalb, weil es sich dabei um das am wenigsten ‚erlernte‘ und nach einem Vorbild geformte Verhalten handelt"*[9], den Charakter eines Menschen am klarsten hervortreten läßt, offenbart sich in der weltweiten Verbreitung entsprechender Umgangs- und Angriffsformen gegenüber Frauen letztlich der lebensfeindliche, sadistische Charakter patriarchal geprägter Geschlechterbeziehungen.

Das polare Genderkonzept verknüpft die Dimensionen *Autonomie* und *Selbstbewußtsein* mit Körperkraft, sozialer Macht und sexueller Potenz und identifiziert sie einseitig mit „Männnlichkeit". Das macht sie für Frauen prinzipiell unerreichbar. Im „Weiblichkeits"-Konzept markieren sie Leerstellen, die mit konträren Werten besetzt werden. An die Stelle des „männlichen" *Selbst-Bewußtseins* tritt die „weibliche" *Selbst-Aufmerksamkeit*, die Sicht auf den eigenen Körper, die aus der Perspektive der heterosexuellen Attraktivität zwangsläufig zum fremden, kritischen Blick wird. Um den oktroyierten Schönheitsvorstellungen zu entsprechen, wird der Körper Ziel und Opfer vielfältiger Korrekturmaßnahmen.

Das Attraktivitätskonzept wird zur Zwangsjacke, die den weiblichen Körper dem Diktat einer vollkommen artifiziellen Natürlichkeit unterwirft. Die gesellschaftlichen Vorstellungen von „Weiblichkeit" werden Frauen gleichsam als „zweite Natur" aufgezwungen. Damit werden sie einem sozialen Prinzip unterworfen, ohne zugleich aus ihrer zentralen Bestimmung als Naturwesen, als „Verkörperung" der Natur schlechthin, entlassen zu werden. Die maximale Anpassung der Frauen an das heterosexuelle Attraktivitätskonzept entspricht insofern weniger ihren eigenen als vor allem den Bedürfnissen jener, deren Interesse primär in der Beherrschung sowohl der Natur als auch der Frauen liegt.

Die moderne, psychologisch fundierte Form der geschlechtsspezifischen Unterdrückung reflektiert sich auch im Niedergang des wichtigsten, vormals unspezifisch-verbindlichen menschlichen Komunikationssystems, in der Verwandlung der komplexen Beziehungssprache in ein Idiom patriarchaler Herrschaft. Der historische Vergleich weiblicher und männlicher Körperhaltungen von der Frühgeschichte bis zur Neuzeit (Wex, 1979) zeigt, daß dieser Prozeß in unserem Jahrhundert besonders zügig vorangeschritten ist. Heute haben der Körper und seine Sprache eine entscheidende Funktion bei der grundsätzlichen Verankerung von Macht und Ohnmacht, Dominanz und Unterwerfung, Emotionalität und Sachlichkeit im Selbst von Männern und Frauen inne. Erstaunlicher-, vielleicht aber auch bezeichnenderweise war das wissenschaftliche Interesse daran bislang eher verhalten.

Die umfassende Analyse der Selbstdarstellung und der Körperkommunikation der Geschlechter, um die ich mir in dem vorliegenden Buch geht, bezieht sich auf diese grundlegenden Verhaltensmuster und Kommunikationsstrukturen, die einen *„Krieg gegen die Frauen"* (French) unter aktiver Beteiligung der Frauen selbst ermöglichen, zugleich aber seinen martialischen Charakter verschleiern und ihn gleichsam als natürliche Konsequenz von „Weiblichkeit" und „Männlichkeit" erscheinen lassen. Dazu ziehe ich zum einen wissenschaftliche Befunde aus verschiedenen Teilgebieten der Kommunikationsforschung und der Psychologie heran. Zum anderen verarbeite ich Erkenntnisse, die ich als Leiterin von Seminaren zum Thema an verschiedenen Hochschulen und an der Universität München in den letzten Jahren gewinnen konnte – insbesondere meine Analysen der Videoaufzeichnungen von Rollenspielen und praktischen Verhaltens- und Strategieübungen der teilnehmenden StudentInnen, denen ich an dieser Stelle für ihre Mitarbeit und ihr Engagement sehr herzlich danke. Es waren vor allem diese einerseits ernüchternden, andererseits erschreckenden Erkenntnisse über den tatsächlichen Zustand der Geschlechterkommunikation, die mich letztlich zur Arbeit an diesem Buch motiviert haben. Zum dritten beziehe ich mich so oft wie möglich auf massenmedial inszenierte Beispiele „männlichen" und „weiblichen" Verhaltens, insofern ich sie als weithin bekannt voraussetzen kann und weil sich in ihnen die gesellschaftlichen Vorgaben – die Genderideologie – am klarsten offenbaren.

Auf dieser Basis versuche ich aufzuzeigen, daß die patriarchale Aufspaltung einer vormals „verbindlichen" menschlichen Körpersprache in zwei durchweg konträre *Körperdialekte* das Geschlechterverhältnis letztlich auf eine primitive Ordnung der Ungleichheit zurückführt; daß die weithin als gegeben akzeptierte Vormachtstellung des männlichen Geschlechts auf vielfältigen Privilegien beruht, die u.a. auch eine allgemeine Definitions-, Kontroll- und Bewertungsmacht über den Körper der Frau einschließen, der ihr dadurch als Medium der Selbstdarstellung und primäres Kommunikationsinstrument entfremdet wird; daß die jeweils spezifischen Einschränkungen im *Umfang* des weiblichen und des männlichen Repertoires und die unterschiedlichen *Funktionen* ihres Verhaltens das Verständigungspotential zwischen den Geschlechtern spürbar reduzieren; daß also Frauen und Männer, wenn sie den Vorschriften gendergerechten Verhaltens blind entsprechen, sich durch ganz alltägliche Verhaltensweisen selbst als Angehörige einer herrschenden oder einer unterworfenen „Klasse" darstellen und in ihren gemeinsamen Interaktionen alltäglich aufs Neue ein Herrschaftsverhältnis zwischen sich konstituieren und bestätigen – meist ohne sich dessen überhaupt bewußt zu werden. Mein Wunsch, der sich an die Veröffentlichung dieses Buches knüpft, ist daher: die Schranken zur bewußten Erkenntnis des Realen, zum „Wahrnehmen und Ergründen", die Virginia Woolfs *Orlando* bei der Entfaltung seines/ihres umfassenden menschlichen Potentials träumerisch überwindet, öffnen zu helfen und Frauen wie Männern Wege aufzuzeigen, wie sie einander als Menschen mit gleicher Achtung, gegenseitiger Anerkennung und vielfältiger Liebe begegnen können.

ANMERKUNGEN

1 S. de Beauvoir, 1951, S. 668.
2 Vgl. R. Birdwhistell, 1970.
3 A. Scheflen, 1976, S. 23.
4 A. Frh. von Knigge, *Über den Umgang mit Menschen*, 1788. In neuer Berabeitung 1952 wieder aufgelegt.
5 Diese und die vorangegangenen Zitate von Balzac und Comte übernommen aus S. de Beauvoir, a.a.O., S. 122 f.
6 DUDEN Fremdwörterbuch, 3. völlig neu bearbeitete und erweiterte Auflage, 1974.
7 S. de Beauvoir, a.a.O., S. 123.
8 E. Fromm, 1977, S. 318.
9 E. Fromm, 1977, S. 319.

DIE KODIERUNG DER KÖRPER

Es bedarf meist nur eines einzigen Blicks, um Frauen und Männer klar und eindeutig voneinander zu unterscheiden. Sie sind unterschiedlich gekleidet, frisiert und geschmückt, ihre Gesten, Haltungen und Bewegungen, ihre ganze äußere Erscheinung, selbst ihre Körperformen erscheinen durchgängig unterschiedlich. Die Schlußfolgerung, diese Unterschiedlichkeit müsse biologisch verankert, grundlegend und damit gleichsam unveränderlich sein, liegt nahe. Tatsächlich beruht sie primär auf kulturellen Zeichen, die auf gesellschaftlich definierte Geschlechtsdarstellungspläne zurückgeführt werden können. Diese signalisieren nicht „Sex", das biologische Geschlecht, sondern erzeugen und signalisieren „Gender", das soziale Geschlecht eines Menschen.

Die Mittel, durch die der individuelle Körper auf vielfältige Weise „genderisiert" wird, verändern seine Gestalt und greifen in seine Funktionen ein. Bereits oberflächliche Manipulationen, z.B. Bekleidung, Körperschmuck, Frisuren und Kosmetik, können das Selbstbewußtsein fühlbar und für andere erkennbar beeinflussen, selbst wenn sie nicht – wie z. B. Tätowierungen – von Dauer sind. Eingriffe, die zentrale körperliche Funktionen und innere Organe betreffen, wie spezielles Muskeltraining, strenge Diäten etc., haben großen Einfluß auf die Vitalität und die Lebensfreude eines Menschen. In diese Kategorie sind die mechanischen und chirurgischen Korrekturen des weiblichen Körpers einzuordnen (z.B. das jahrhundertelang vorgeschriebene Schnürmieder, „Schönheitsoperationen" und Verstümmelungen des weiblichen Genitals). Nicht zuletzt scheint sich das Leben selbst, mit seinen unterschiedlichen Anforderungen und Bedingungen, langfristig in die Anatomie von Frauen und Männern einzuschreiben.[1]

Schmerzhafte, grausame, körperlich zutiefst beeinträchtigende und nicht selten sogar lebensbedrohliche Genderisierungsmaßnahmen – insbesondere des weiblichen Körpers – sind weltweit verbreitet. Ihre stete Omnipräsenz ist der eindringlichste Beweis für die ungeheure normative Kraft einer gesellschaftlich entwickelten Genderideologie: Ihre Vorschriften setzen sogar das allgemeine und höchste Menschenrecht, das wir besitzen, außer Kraft – das Recht auf Unversehrtheit unseres Körpers.

Manche Gendermerkmale beruhen zumindest ansatzweise auf „natürlichen" Gegebenheiten. Sie entstehen dadurch, daß reale, tatsächlich aber fließende tendenzielle Unterschiede zwischen den Geschlechtern (z.B. in bezug auf die Körperbehaarung) durch differenzierende, zumeist ästhetisch begründete Vorschriften verstärkt und damit verdeutlicht werden.

Ein Unternehmen aus der „Haarbranche" warb vor einiger Zeit mit folgenden Worten auf ein und derselben Seite einer Illustrierten gleichzeitig für zwei Produkte – eine Enthaarungscreme für Frauen, und ein Haarwuchsmittel für Männer:

„Keine lästigen Haare mehr!
Jetzt können auch Sie sich vom lästigen Haarwuchs befreien.
Die KM-13 Creme ist keine gewöhnliche Enthaarungscreme. Vom Augenblick der Verwendung an dringt sie tief in die Haut und vernichtet alle überflüssigen Haare bis an die Wurzel!
Sie haben plötzlich die sanfte und glatte Haut, von der Sie stets geträumt haben. Falls die Haare wieder wachsen sollten – und das ist innerhalb der ersten 8 Wochen sicherlich nicht möglich – verschwinden diese schneller und schneller, nach jeder Behandlung, bis sie endlich ganz und für immer verschwunden sind."

Im unteren Drittel der Seite folgte der Text für den Mann:

„Ein echter Mann hat eine behaarte Brust!
Wer von Natur aus keine männliche behaarte Brust hat, kann jetzt wirksam nachhelfen: ‚Samson' – die sensationelle Körper-Haarwuchs-Lotion sorgt für schnellen und problemlosen Haarwuchs.
Meinungsumfragen haben ergeben, daß Frauen Männer mit behaarter Brust anziehender, männlicher und vitaler finden. Von 100 Frauen wünschen sich 92 einen Partner mit dichtem Brusthaar.
In Wirklichkeit aber entsprechen nur wenige Männer diesem Ideal von kraftvoller, maskuliner Schönheit...
Binnen kürzester Zeit werden Sie männlicher! Und echte Männlichkeit macht Sie erfolgreicher. Frauen werden Sie bewundern."

Andere Genderzeichen – die Bekleidung, aber auch manche „typischen" Verhaltensmuster – sind von vornherein total artifiziell. Sie werden ausschließlich durch soziale Vorschriften und Regeln mit dem einen oder dem anderen Geschlecht verknüpft (z.B. das Tragen hochhackiger Schuhe oder das Vorrecht, in der Öffentlichkeit vollkommen entspannt, d.h. mit weit gespreizten Oberschenkeln zu sitzen).

Das biologische Geschlecht eines Menschen wird durch solche tertiären Geschlechtsmerkmale weder vorrangig noch zuverlässig signalisiert – daß sie uns diesbezüglich sogar sehr in die Irre leiten können, beweist die Kunst von Maskenbildnern und Schauspielern und die Existenz von Transvestiten und Transsexuellen zur Genüge. Der Zweck der perfekten Genderisierung weiblicher und männlicher Körper geht weit darüber hinaus: Zum einen soll sie die von jeder Gesellschaft im Genderkonzept festgeschriebenen Grundannahmen über das „Wesen", über den spezifischen „Charakter" von Frauen und Männern deutlich sichtbar machen[2]; zum andern bereitet die tiefgründige Verankerung dieser Zeichen in der individuellen Persönlichkeit in optimaler Weise das Feld, auf dem eine hierarchische Ordnung der Geschlechter errichtet werden kann, die weitgehend als natürlich und unumkehrbar empfunden wird.

Die in unserer Gesellschaft vorherrschenden, vergleichsweise diffizilen Genderisierungsmaßnahmen wirken auf den ersten Blick, im Gegensatz zu traditionellen „Zwangsvollstreckungs"-Methoden, die in der Vergangenheit herrschten und in manchen islamischen und afrikanischen Gesellschaften heute noch durchgesetzt werden, geradezu human. Sie bauen und vertrauen weitgehend auf Selbstsozialisation. Das Individuum übernimmt durch seine ganz persönliche Identifizierung mit den gesellschaftlich vorgegebenen Bildern und Werten die Aufgabe in Form einer inneren Kolonisierung sozusagen selbst. Dabei dienen geschlechtsspezifisch extrem unterschiedliche körperliche Idealvorstellungen („Idealkörper"), in denen die zentralen Parameter von „Weiblichkeit" und „Männlichkeit" überspitzt hervorgehoben werden, als Orientierungs- und Zielvorgaben. Die Identifikation mit diesen Idealen garantiert das „Grundgesetz" der Zweigeschlechtlichkeit wahrscheinlich nachhaltiger als ein äußerer Zwang. Erfolgreich sozialisierte, das heißt mit den gesellschaftlichen Gendervorstellungen identifizierte Menschen „übersehen" den Zwangscharakter des Genderkonzepts und „vergessen" die umfänglichen Vorschriften, durch die es verankert wurde. Im Bestreben, sich dem Ideal so weit wie möglich anzunähern, realisieren sie zugleich die bestimmenden Merkmale ihres „sozialen Geschlechts". Dabei machen sie – bewußt, zumeist aber vollkommen unbewußt – immer auch ihren sozialen, gesellschaftlichen Stellenwert und den besonderen Charakter ihrer Beziehung zum anderen Geschlecht sichtbar.

Kleiderordnung

In der Geschichte der Zivilisation, die immer auch eine spezifische Unterdrückungsgeschichte ist, haben Bekleidungsvorschriften seit jeher eine wichtige Doppel-Funktion ausgeübt: Zunächst dient Kleidung dazu, die primären Geschlechtsmerkmale, die unmißverständlichen Zeichen einer unzivilisierten, „wilden" Sexualität, die gebändigt werden muß, zu verhüllen; darüber hinaus stellt sie als vollkommen „unnatürliche", neue Körperhülle zugleich eine Projektionsfläche für beliebige kulturelle Zeichen dar. Die „zweite Haut" eröffnet eine Vielzahl von Möglichkeiten, sich und andere zu kennzeichnen und zu bewerten. Weil Macht immer auch Definitionsmacht ist, wird Kleidung somit auch zu einem entscheidenden Machtfaktor. Eine Form von Macht, die sich im weitesten Sinn auf das Körperselbst anderer erstreckt und dieses nahezu beliebig manipulieren kann, hat an sich schon tiefgreifende Auswirkungen; diese werden aber noch entscheidend verschärft, wenn es gelingt, die Vorschriften und Regeln tief im Bewußtsein der Betroffenen selbst zu verankern.

Da verbindliche Bekleidungsvorschriften soziale Hierarchien auf einfache Weise sichtbar machen und zugleich festschreiben, haben sie eine lange Tradition (vgl. ständische Kleiderordnungen). Bestimmte Gruppen von Menschen wurden von einer übermächtigen Mehrheit oder haßerfüllten Gegnern immer wieder auch dazu gezwungen, ihre „Andersartigkeit" durch eine bestimmte Art der Bekleidung oder durch bestimmte äußerliche Kennzeichen sichtbar zu machen. Der „Judenstern", durch den – per Fremddefinition durch die Herrschenden – allen als jüdisch deklarierten Menschen in Deutschland und den von Deutschen beherrschten Gebieten ab 1941 ihre „Rassenzugehörigkeit" auf den Leib geschrieben wurde, war durchaus keine Erfindung des 20. Jh., sondern das bis dato letzte Glied in einer langen Kette von „Schandzeichen", die Juden immer wieder zur Selbstkennzeichnung verpflichtete (im Mittelalter hatte z.B. ein gelber Ring vergleichbare Funktionen); im 13. Jh. haben auch christliche Autoritäten entsprechende Bekleidungsvorschriften formuliert (z.B. das Tragen des spitzen „Judenhuts") und ihre Einhaltung per Strafandrohung überwacht.

Am Beispiel des spezifischen Kennzeichnungsschicksals der Juden lassen sich auch die psychologischen Folgen von langandauernden, negativen, prinzipiell abwertenden Fremddefinitionen aufzeigen; sie beeinflussen in letzter Konsequenz das Selbstbild und das Selbstwertgefühl der Betroffenen und behindern sie massiv bei der Entwicklung einer positiven Identität. Im „jüdischen Selbsthaß" wird diese letzte selbstvernichtende Auswirkung einer systematischen Abwertung auf den Begriff gebracht.

In der Psyche der Täter wirken sich Ausgrenzungs- und Abwertungsmuster hingegen durchweg „positiv" aus. Sie ermöglichen ihnen, alle negativen, erschreckenden, unliebsamen, verhaßten menschlichen Merkmale und Eigenschaften von sich abzuspalten, auf die ausgegrenzte und markierte Gruppe zu projizieren und diese dann stellvertretend zu verachten oder zu bekämpfen; sie befreien sie damit von der Aufgabe einer kritischen Selbstreflektion und Auseinandersetzung mit sich selbst.

So wie das Rassenkonzept eine umfassende und folgenschwere Praxis der Ausgrenzung, Abwertung und Vernichtung (z.B. von Juden oder Schwarzen durch Nicht-Juden und Weiße) begründen kann, dient auch das Genderkonzept weltweit als Grundlage für die spezifische Unterdrückung und Funktionalisierung von Frauen durch Männer. In der weiblichen Psyche kann es – wie der synonyme Begriff „weiblicher Selbsthaß" bereits andeutet – ein Selbstabwertungs- und Selbstverachtungssyndrom erzeugen, das dem Komplex „jüdischer Selbsthaß" durchaus vergleichbar ist, für eine positive Verarbeitung letztlich aber wesentlich weniger Spielraum läßt, weil die Identifikation damit stärker und unmittelbarer ist.

Die Aufstellung und strenge Überwachung von Bekleidungsvorschriften und Verhaltensregeln für Frauen durch Männer leistet einen bedeutenden Beitrag zur Entwicklung dieses Syndroms. Männer üben ihre umfängliche Definitionsmacht über Frauen sowohl mittelbar, in ihrer Funktion als „ästhetische Autoritäten" (z.B. als Modeschöpfer, Stylisten etc.), als auch ganz unmittelbar, in ihrer Funktion als religiöse, weltliche oder „private" Herrscher über Frauen, aus. Die Bekleidungsvorschriften für Frauen sind genereller, sie erstrecken sich gleichermaßen über ihr berufliches wie ihr privates Leben. Weibliche Kleidung hat durchweg andere Funktionen als männliche Kleidung und wird deshalb auch an anderen Maßstäben gemessen.

Männliche Kleidung soll heute primär den Kriterien Bequemlichkeit, Funktionalität und Qualität genügen; ihre symbolische Signalfunktion beschränkt sich auf soziale Merkmale des Trägers, auf seinen Stand, Status oder Wohlstand („blue-collar-worker", „white-collar-worker", Amtsrobenträger, Krawattenträger, Blaumänner etc.) und auf seine „Männlichkeit"; Rückschlüsse auf Privates, Emotionales – z.B. ihren Familienstand – sind hingegen kaum möglich. Selbst ihre Freizeitkleidung ist, wie der nachfolgende Werbetext für eine teure Lederjacke deutlich macht, primär statusorientiert – sie soll vor allem die Ausprägung relevanter Merkmale von „Männlichkeit" (individuelle Persönlichkeit, Souveränität, Reichtum etc.) hinlänglich sichtbar machen.

„Sich für einen Klassiker zu entscheiden, ist eine Frage der Persönlichkeit und Philosophie. Eine Absage an die Kurzlebigkeit, ein Votum für Werte, die Bestand haben. Der Gewinn souveräner Sicherheit in der Distanz zum Alltäglichen und die Erfahrung echter Lebensqualität. Innere Werte – äußere Größe! Schön, daß man sich diesen Gedanken anziehen kann!" [3]

Eine weibliche Erscheinung wäre mit solchen Begrifflichkeiten kaum hinreichend beschrieben. Das Kriterium, an dem sie vorrangig gemessen wird, ist ihre „Attraktivität", das heißt ihr Nutzen für andere. Ihre Bekleidung hat nicht – wie die der Männer – in erster Linie bequem und funktional zu sein – sie ist häufig ausgesprochen unbequem und disfunktional; sie beschränkt die Bewegungsfreiheit, beeinträchtigt die Gesundheit und löst nicht selten sogar dauerhaften körperliche Schäden aus.

Aus traditionellen europäischen Frauentrachten ist zudem meist der Familienstand klar abzulesen. Der Spielraum für den Ausdruck von „Persönlichkeit" reduziert sich auf die Unterscheidung zwischen „unbemannten" (ledigen oder verwitweten) und „bemannten" (verheirateten) Frauen (z.B. durch unterschiedliche Kopfbedeckungen wie die sprichwörtliche Haube). Auch heute noch kann es unter Umständen recht schwierig sein, aus der Berufsbekleidung von Frauen verbindlich auf ihren Status rückzuschließen – abgesehen von jenen, die zur Kennzeichnung in ursprünglich männliche „Roben" oder „Talare" einsteigen können, sind hochqualifizierte Chefsekretärinnen von Firmenchefinnen optisch kaum unterscheidbar – ihre Ausstattungsattribute (teures Sakko, hochgeschlossene Blusen, sparsames Make-up, halbhohe Schuhe etc.) verweisen viel eher auf ihre „Seriosität" als Frauen.

Weibliche „Attraktivität" wird durch gezielte Gestaltung und Inszenierung des Körpers entsprechend den Vorstellungen und Wünschen und zum direkten Nutzen von Männern künstlich erzeugt. Anhand der langen Geschichte des Körpermieders soll im folgenden beispielhaft aufgezeigt werden, daß der heute gängigen Unterordnung unter ein vordergründiges Prinzip der Ästhetik direktere und vor allem wesentlich brutalere Methoden der Zurichtung des weiblichen Körpers vorangingen.

Die historischen Vorläufer des Mieders dienten ganz unverblümt und direkt der Kontrolle des weiblichen Körpers, insbesondere seiner Sexualität. Über 500 Jahre lang, bis an die Schwelle des 20. Jhs. – ein letztes Patent wurde in Deutschland im Jahre 1903 erteilt – machten Männer von ihrem „Recht" Gebrauch, ihre Frauen zwangsweise in eiserne „Keuschheitsmieder" (oder „Keuschheitsgürtel") einzuschließen, wenn sie selbst sich von zu Hause entfernten. Ab dem 16. Jh. wurden Damen Schnürmieder als Bestandteil ihrer alltäglichen Tracht verordnet. Die Korsette, die ihre Körpermitte zur „Wespentaille" zusammenschnürten, behinderten und beeinträchtigten nahezu sämtliche Lebensfunktionen. Sie preßten ihnen die Luft ab, verursachten Kreislauf- und Bewußtseinsstörungen, Ohnmachtsanfälle, verkrüppelten den Brustkorb, innere Organe und den Unterleib.[4]

Die Proklamation der allgemeinen Menschenrechte durch die Französische Revolution befreite auch den Frauenkörper – kurzfristig – von der Herrschaft der Mieder. Bereits 1810 wurde dieses Folterinstrument in verschärfter Form wiedereingeführt und erst in unserem Jahrhundert aufgrund vehementer ärztlicher Einsprüche endgültig verbannt.

Das Schnürmieder ist, vor allem wegen seiner klar erkennbaren negativen Auswirkungen auf seine Trägerin, ein relativ eindeutiges Symbol der totalen Unterordnung der Frau, ihrer Bedürfnisse und Rechte, unter die Bedürfnisse anderer. Diese zielen zwar nicht mehr ebenso eindeutig auf die Kontrolle und Unterdrückung weiblicher Sexualität ab wie sein Vorläufer, das „Keuschheitsmieder", andererseits aber auch noch nicht ebenso eindeutig und gezielt auf ihre Funktionalisierung als erotisches Objekt wie sein Nachfolger, der Büstenhalter. Das Korsett preßte allerdings den Körper bereits in die Konturen vorschriftsmäßiger „Weiblichkeit". Der eingequetschte und hochgepreßte Busen, die „zerbrechliche" Wespentaille, das aus- bzw. einladende Gesäß werden nun in zunehmendem Maße zur Projektionsfläche spezifisch männlicher Phantasien.

Die (zumeist) weicheren, die weiblichen Brüste zu „gefälligen" Kurven formenden Büstenhalter zerstören oder verfremden den weiblichen Körper und seine natürlichen Funktionen nicht mehr mit brutalem Zwang. Sie definieren – durch diffizile Akzente, durch „kostbare" Materialien und „raffinierte" Schnitte – einen neuen Kontext der Beurteilung. Ihr „Sex-Appeal" beruht letztlich auf einer Täuschung, die den Fetischcharakter der Brust perfekt maskiert. Manche Büstenhalter sind nicht nur Mogelpackungen[5], sondern richtiggehende Geschenkverpackungen. Die ursprüngliche Funktion profaner Unterwäsche oder Badebekleidung tritt zugunsten ihrer erotischen Wirkung auf den Mann zurück (1992 vermittelte eine Münchner Agentur alleinstehenden Herren Putzfrauen, die ihre Arbeit in Dessous und Strapsen verrichteten). Der Zwangscharakter moderner Dessous ist kaum erkennbar; sie symbolisieren vielmehr die einverständliche Unterordnung der Frau unter das heterosexuelle Attraktivitätsprinzip. Die scheinbare Freiwilligkeit, mit der Frauen sich selbst als erotisches Objekt inszenieren, befreit den Mann, der davon profitiert, von jeglicher „Schuld", und gibt ihm und anderen Gelegenheit, sich prinzipiell überlegen zu fühlen.

Jedoch auch solche „Weiblichkeits"-Attribute, die nachweislich die Gesundheit beeinträchtigen oder gar zerstören, sind nach wie vor en vogue. Selbst eindringliche ärztliche Warnungen vor dem hochhackigen Stöckelschuh („kriminelles" Schuhwerk[6]) können nicht verhindern, daß er immer wieder – zuletzt 1992 – fröhliche Urständ feiert. An ihm läßt sich die grundlegende Problematik der gendergerechten, weiblichen Selbstinszenierung recht klar darstellen. Wie auf einer Flucht durch vermintes, feindliches Gelände muß die Frau – unter dem Druck des Attraktivitätsprinzips – bei der Wahl angemessener Attribute von „Weiblichkeit" einerseits generell abwertende und stigmatisierende Zeichen („Trampel") vermeiden und zwischen Zeichen der sexuellen Käuflichkeit („Nutte") und den legitimen Zeichen des „Sex-Appeal" – die sich nur unwesentlich voneinander unterscheiden – eine klare und für sie selbst sichere Linie finden.

Der Stöckelschuh ist einerseits (allerdings nur innerhalb gewisser, genau definierter Grenzen, die sowohl durch den gesellschaftlichen Anlaß, das Alter, den Stand etc. der Frau als auch durch seine genaue Gestalt, sein Material, seine Höhe etc. definiert sind) ein alltäglicher Bestandteil weiblicher Garderobe; andererseits haften ihm latent immer auch mehr oder weniger sanktionierte sexuelle Bedeutungen an. Er ist in seiner extremen Gestalt sowohl ein signifikantes Attribut der „verruchten", also sexuell potenten, gefährlichen Frau (femme fatale) als auch der „käuflichen", sexuell total verfügbaren Hure.

„Und ewig lockt die Sünd': ‚Willst du Frauen, Antonius?' haucht das Weib verführerisch, ‚oder lieber einen Haufen Geld?' Herausfordernd wiegt sie die Hüften in ihrem feuerroten, papiernen Kleid, neckisch

bewirft sie den stummen Freund mit Tiefkühlfisch – und willig stöckelt sie ihm über Pflastersteine entgegen." [7]

Auffällig oft wird bei der Sexualisierung des weiblichen Körpers auf die Farbe Rot zurückgegriffen. Rot bedeutet Leben, Energie, Liebe und Wärme, symbolisiert aber auch Zorn und Wut, Gerichtsbarkeit und die Spannung, aus der sich eine natürliche, nicht-patriarchale Sozialordnung entwickelt. Als Farbe des Blutes steht Rot ebenso für den Tod wie für die genuin weibliche Zeugungskraft.[8] Als „elementarstes Symbol matriarchaler Energie" (Weiler) signalisiert sie in einer patriarchalen Kultur somit das Leben und zugleich die größte denkbare Gefahr. Sie war daher auch im Zusammenhang mit der Verfolgung und Vernichtung von Frauen im Lauf der Geschichte immer wieder von Bedeutung (rothaarige Frauen wurden z.B. als Hexen diffamiert und verfolgt).

Im 20. Jh. steht nicht die Vernichtung, sondern die Funktionalisierung der Frau und ihrer sexuellen Potenz im Vordergrund. Als „sparsam" und zum Vergnügen der Männer eingefügte Farbtupfer – auf Lippen, Fingernägeln oder Accessoires – erweckt Rot diese tief in den ganzheitlichen Urbildern weiblicher Macht wurzelnden Assoziationen eher spielerisch, ohne sie tatsächlich übermächtig werden zu lassen. Im dosierten Einsatz verkommt das Symbol weiblicher kreativer Macht zu einem erregenden Element des „Sex-Appeal" (auf dem Filmplakat für „Sister Act" trägt die Protagonistin Whoopi Goldberg zu ihrer Nonnentracht rote Stöckelschuhe: Als signifikante Zeichen einer aktiven Sexualität entlarven sie die ganze restliche Bekleidung als reine Camouflage). Gerade die Konnotationen von patriarchal „gebändigter", freiwillig zur Verfügung gestellter weiblicher Potenz machen den paradigmatischen roten Stöckelschuh im Bewußtsein patriarchaler Männer zu einem „fesselnden" Faszinosum. In der Realität fesselt er jedoch eher die Frauen, denn er schränkt ihre Mobilität drastisch ein und präjudiziert auf diese Weise einen Status als Opfer, der jedoch im allgemeinen nicht in dieser Form wahrgenommen wird, obwohl sich die Bewußtseinsindustrie geradezu monomanisch darauf fixiert hat.

In Spielfilmen, Clips oder Werbespots werden immer wieder Situationen inszeniert, in denen Frauen ihre Hilflosigkeit, Machtlosigkeit und Angewiesenheit auf Männer drastisch vor Augen geführt wird. Durch ihr „attraktives" Schuhwerk nachhaltig an einer Flucht vor männlichen Angreifern, Vergewaltigern oder Mördern gehindert, fallen sie ihnen hilflos zur Beute, wenn sie nicht von positiven männlichen Helden rechtzeitig errettet werden; auch ein kollegiales, gleichwertiges „Mithalten" mit Männern oder gar ein Wettlauf mit ihnen ist spätestens in dem Moment, in dem der Stöckel bricht, zum Scheitern verurteilt.

Der unterschiedliche Nutzen, den Frauen und Männer aus ihrer Kleidung ziehen, spiegelt sich auch in der gesellschaftlichen Wertschätzung bestimmter Bekleidungsstücke wider. Verstöße gegen die vorgeschriebene Kleiderordnung der Geschlechter haben daher dementsprechend unterschiedliche Konsequenzen. Ein Mann, der in Frauenkleidern auftritt, wird entweder zum Gespött der Leute oder zum psychopathologischen „Fall" (Transvestit, Transsexueller). Frauen hingegen haben im Lauf der Geschichte immer wieder die konkrete Erfahrung machen können, daß ihnen eine Verkleidung als Mann gesellschaftliche Bereiche erschließt und einen sozialen Aufstieg ermöglicht, der ihnen in der vorgeschriebenen und ihr soziales Geschlecht signalisierenden Kleidung grundsätzlich versperrt geblieben wäre.

Vor allem die Hose entwickelte sich als exklusiv männliches Kleidungsstück zum Symbol selbstbewußter bürgerlicher Freiheit, Unabhängigkeit und Autonomie. Heute hat sie ihre geschlechterdiskriminierende Funktion im Alltag zwar weitgehend, ihre pars-pro-toto-Symbolkraft jedoch nicht gänzlich verloren. Frauen müssen – sogar mitten in Europa – bei unberechtigter Inanspruchnahme immer noch mit empfindlichen Strafen rechnen.[9] Kein einziges Frauen vorbehaltenes Kleidungsstück verkörpert diese oder ähnlich gewichtete subjektive Werte auch nur annäherungsweise. Weibliche Autonomiebestrebungen gehen daher oft mit einer Ablehnung diskriminierender Bekleidungsvorschriften und einer kritischen Analyse und Auseinandersetzung mit entsprechenden Kleiderordnungen einher, männliche hingegen so gut wie nie.

Dieses Faktum schränkt offenbar auch die männliche Sensibilität für entsprechende Zusammenhänge entscheidend ein: 1993 forderte ein evangelischer Pfarrer deutsche Frauen allen Ernstes dazu auf, zum Zeichen der „Solidarität" mit islamischen Frauen in der Öffentlichkeit eine Zeitlang deren typisches Kopftuch zu tragen – ein Kleidungsstück, das wie der traditionelle Schleier, der in der islamischen Ideologie die von Allah der Frau vermachte „Krone" symbolisiert, die sie an das „Königreich" Haus und den „König" Ehemann bindet, eine Gesellschaftsordnung repräsentiert, die Frauen aus dem öffentlichen Leben auszuschließen versucht, indem sie schlicht „unsichtbar" gemacht werden (Obskurantismus).

Die generelle und einseitige Unterordnung der weiblichen Erscheinung unter das Prinzip der heterosexuellen Attraktivität reflektiert die umfassende Vormachtstellung des männlichen Geschlechts in einer patriarchalen Gesellschaft. Sie versetzt Männer zum einen in die Lage, ihre private Definitions- und Kontrollmacht über den Bereich persönlicher Beziehungen auf das gesamte weibliche Geschlecht auszudehnen. Zum anderen ist die Frau durch die weitgehende Identifikation mit ihrer äußeren Erscheinung in ihrer gesamten Persönlichkeit davon betroffen. Während sich mangelnde äußere Attraktivität auf die allgemeine Beurteilung von Männern kaum nachteilig auswirkt, werden Frauen, die man als unattraktiv betrachtet, auch bezüglich ihrer allgemeinen Lebensansichten und Leistungen bedeutend negativer eingeschätzt und beurteilt als attraktive Frauen.[10]

Sobald sich eine Frau in die Öffentlichkeit begibt, gerät sie in einen fremden Herrschafts- und Kontrollbereich, in dem Männer über die Einhaltung der von ihnen entwickelten und ihnen nützlichen Vorschriften wachen und Unbotmäßigkeiten ahnden. Manche Gesellschaften rekrutieren zu diesem Zweck tatsächlich militärische Einheiten (in Saudi-Arabien sind z.B. rund 90 000 Männer der Mutawa-Truppe dafür zuständig[11]). In anderen geht die Begutachung und Kontrolle von Frauen etwas weniger martialisch vonstatten. Aber auch bei uns steht es Männern weitgehend frei, die Erscheinung von Frauen in der Öffentlichkeit in einer Weise zu inspizieren und zu bewerten, die umgekehrt völlig undenkbar ist. Ihr Umgang mit Frauen zeichnet sich, unabhängig von der Qualität ihrer Beziehungen, durch eine systematische und stereotype Bezugnahme auf Äußerlichkeiten aus: Sie zollen Frauen durch Blicke, Geräusche, Pfiffe, gestische oder verbale „Komplimente" entweder ihre „Anerkennung", können sie aber genausogut durch negativ diskriminierendes Verhalten, verächtliche Kommentare und Gesten abwerten und verletzen.

Die Herrschafts-Funktion solcher Verhaltens- und Bewertungsmuster, die bevorzugt gegenüber völlig unbekannten Frauen eingesetzt werden, liegt auf der Hand. Sie machen zwei wesentliche Strukturelemente des Geschlechterverhältnisses grundsätzlich klar: zum einen die soziale Überlegenheit des Mannes, der Gesetze erläßt, denen er selbst nicht unterworfen ist, zum anderen die umfassende, von der persönlichen Beziehung zu einem Mann und dessen Wünschen unabhängige Verpflichtung der Frau auf „Attraktivität". Sie werden daher besonders auch gegenüber solchen Frauen eingesetzt, die das „natürliche" Herrschaftsverhältnis erkennbar in Frage stellen – sei es, indem sie einem Mann selbstbewußt eine Abfuhr erteilen und sich seiner Dominanz widersetzen, oder indem sie im Berufsleben über Männer dominieren (als Politikerinnen, Ärztinnen, Vorgesetzte etc.).

Als Wibke Bruhns am 10. Mai 1971 als erste Frau im deutschen Fernsehen die „Heute"-Nachrichten verlas, inspirierte sie ihre Kollegen zu aufschlußreichen Kommentaren. Die Süddeutsche Zeitung konnte bei aller gönnerhaft-großzügigen Akzeptanz nicht umhin, auf ihre wahrhaft relevanten Merkmale – Mutterschaft und Attraktivität – dezidiert hinzuweisen („In der Sendung Heute erschien am Schirm Wibke Bruhns, dreißig Jahre alt, Mutter zweier Kinder, wohlgebaut, im hochgeschlossenen Kleid, Marke Safari-Look. Wibke – den Namen wird man sich merken müssen"); die Reaktionen ihrer männlichen Kollegen offenbaren vor allem sexistische Vorurteile, Unterstellungen und Befürchtungen („Die neuen Kolleginnen sollen mit Bein und Busen sparsam umgehen" – W. Behrend, ehemaliger Chefsprecher ZDF; „Als ich Wibke Bruhns im Fernsehen sah, habe ich auch sofort über ihre Bluse nachgedacht und natürlich nicht so genau zugehört" – Werner Höfer, ehemaliger TV-Moderator).[12]

Daß hier kein Zufall, sondern Methode am Werk ist, machte mehr als zehn Jahre später die Journalistin Christine Craft publik. In einem spektakulären Prozeß gegen ihren Arbeitsgeber, der die Kündigung der 38-jährigen Nachrichtenmoderatorin mit durchweg geschlechtsspezifisch diskriminierenden Argumenten betrieb (sie sei „unattraktiv" und „zu alt", übermittle die Nachrichten ohne „Wärme", sei in Kleidung und Make-up zu nachlässig, darüber hinaus „Männern gegenüber nicht ehrerbietig genug"), obsiegte sie über den Nachrichtenchef des Senders, der sie gern durch ein „warmherziges, hübsches Ding" ersetzen wollte.[13]

Männliche Kommentare – seien sie positiv oder negativ – erinnern und gemahnen Frauen beständig und nachdrücklich an ihre „erste Bürgerinnenpflicht": dem Bild zu entsprechen, das Männer sich von ihnen machen. Die spezifische Form der Erniedrigung und Diskriminierung, die darin besteht, immer und in erster Linie an „ästhetischen" Kriterien gemessen zu werden, bleibt Männern weitgehend erspart, da weder Frauen noch ihre Geschlechtsgenossen ihnen dieses zumuten.

Die Macht der Körperideale

Je „natürlicher" der Zusammenhang zwischen den sichtbaren körperlichen, den qualitativ psychologischen und den sozialen Machtdifferenzen erscheint, desto besser eignet er sich zur Legitimation von Herrschaft. Körperliche – bezogen auf die Parameter Größe, Umfang, Form,

Gewicht und Bemuskelung – und konstitutionelle Unterschiede können im Unterschied zu rein symbolischen Kleiderordnungen bereits auf einer ganz realen Ebene ein konkretes Machtgefälle begründen. Insofern wird durch unterschiedliche Idealvorstellungen vom „männlichen" und „weiblichen" Körper eine grundlegende Vorausetzung für Macht oder Ohnmacht, für Autonomie oder Abhängigkeit direkt in der Physis der Geschlechter verankert.

In Körperidealen manifestieren sich die kollektiven Bedürfnisse und Anforderungen, die eine Epoche, Kultur oder Gesellschaft an Frauen und Männer richtet. In ihnen konkretisieren sich die ideologischen Genderkonzepte und treten als „ästhetische" Vorbilder in Funktion – wie Korrekturschablonen, anhand derer die natürlichen Körper in die gesellschaftlich jeweils nützlichen Formen gepreßt werden.[14] Solche Maßnahmen, die den Körper selbst verändern, haben von allen Genderisierungspraktiken die stärksten und nachhaltigsten Auswirkungen auf das Individuum: Sie betreffen und manipulieren den innersten Kern seiner Identität.

Die historische Schwerpunktverlagerung von Kleiderordnungen zu Methoden der direkten Körperverformung signalisiert somit zugleich die Verschärfung und die Verlagerung des Herrschaftsverhältnisses der Geschlechter nach innen, in die Psyche.

Sowohl Frauen als auch Männer entsprechen nur selten von Natur aus den kulturell definierten Körperidealen. Da allzu große Abweichungen davon die sozialen Chancen beider Geschlechter empfindlich beeinträchtigen können (für bestimmte Berufen werden Größenlimits gesetzt, und stark Übergewichtige haben in bestimmten Berufsfeldern nur reduzierte Einstellungschancen), lastet auf beiden ein gewisser Anpassungsdruck. „Gutaussehenden", d.h. dem Ideal weitgehend entsprechenden Menschen werden zudem auch noch andere positive Wesenszüge unterstellt. Sie dürfen im Umgang mit Unbekannten mit einem „Symphatievorschuß" rechnen, von dem sie allerdings erst dann wirklich profitieren können, wenn sie auch selbst von ihrer Attraktivität restlos überzeugt sind (ein Zustand, den Frauen eher selten erreichen).

Das Körperideal dient als Vorbild im Individuationsprozeß, in dessen Verlauf es weitgehend verinnerlicht wird. Mit dem Grad der Übereinstimmung zwischen dem Körperich und dem Körperideal – bzw. der eigenen Wahrnehmung davon – steigt auch das Selbstwertgefühl und die subjektive Selbstzufriedenheit. Dieses psychisch lohnenswerte Ziel kann ein Mann leichter, unmittelbarer und auf geradem Weg, ohne große Umwege erreichen. Der weibliche Körper kann, selbst wenn er die Kriterien des Schönheitsideals erfüllt, dieses Ziel nicht direkt und von selbst erreichen; es bedarf dazu erst des männlichen Bewunderungsblicks.

Erschwerend kommt hinzu, daß insbesondere das weibliche Körperideal unter normalen Umständen nahezu unerreichbar ist. Der natürliche Körper – der Kern des weiblichen Selbst – wird somit prinzipiell als unzulänglich, als verbesserungsbedürftig stigmatisiert und entwertet; die Frau gerät in einen Teufelkreis von Fremdbestimmung und Abhängigkeit. Je weniger selbstsicher sie ist, desto größer ist ihre Bereitschaft, die von anderen diktieren Normensysteme zu übernehmen und sich ihnen zu unterwerfen. Je weniger selbstbewußt sie ist, desto leichter läßt sie sich darauf ein, ihren Körper entsprechend zu manipulieren und zu malträtieren, worunter ihr Selbstbewußtsein noch weiter leidet. Die Strenge der Schönheitsnormen und Vorschriften und ihre letztliche Beliebigkeit, die in ihren ständigen Veränderungen zum Ausdruck kommt, rücken das Ziel – eine zufriedenstellende Angleichung des Körpers an das Ideal – endgültig in unerreichbare Fernen.

Prinzipiell unerreichbare „Schönheitsnormen" sind ideale Mittel der Disziplinierung. Frauen, die sich an ihnen orientieren, sind nie perfekt und deshalb immer unzufrieden – nicht mit dem vorgegebenen Standard, sondern mit sich selbst. Sogar „Schönheitsköniginnen" kritisieren und bemängeln ihre äußere Erscheinung ständig; sie halten sich entweder für „zu groß" oder „zu klein", „zu dick" oder „zu dünn", zu „jugendlich" oder aber schon „zu alt" aussehend; sofern sie nicht mit einzelnen Körperteilen unzufrieden sind, bemängeln sie zumindest ihre Proportionen; damit bezweifeln sie zugleich die Wahrhaftigkeit der Bewunderung, die ihnen allgemein entgegengebracht wird, und können davon nicht persönlich profitieren. Ungeachtet ihrer blendenden Erscheinung sind sie durchgehend mit Korrekturen oder Maskierungen von „Mängeln" beschäftigt.[15]

Männlichkeitskult

Da das männliche Körperideal primär von Männern – und nicht von Frauen – definiert wird, spiegelt es in erster Linie männliche – und nicht weibliche – Wünsche und Bedürfnisse wider. Angesichts der über einen langen Zeitraum ungebrochenen Vormachtstellung von Männern ist es daher kaum verwunderlich, daß es sich – von den archaischen Heldenfiguren bis hin zu Arnold Schwarzenegger, dem massenmedialen Inbegriff des modernen Supermanns – kaum wesentlich verändert hat. Es wird seit eh und je im wesentlichen durch maximale Merkmalsausprägungen innerhalb aller körperlichen Parameter (Größe, Umfang, Bemuskelung, Kraft, Behaarung, Stimmlage etc.) repräsentiert. Je höher der Wuchs, je kräftiger der Körper, je ausgeprägter die Bemuskelung, je stärker (mit gewissen Variationen) die Körperbehaarung, je sonorer die Stimme, desto „männlicher" die Erscheinung.

Dies Idealbild entspricht einem psychologisch-dynamischen „Männlichkeits"-Konzept, das weitgehend auf Leistungsfähigkeit und Autonomie abstellt und in dem daher die entsprechenden körperlichen und psychischen Merkmale – Kraft, Mut, Selbständigkeit, Durchsetzungsvermögen, Unabhängigkeit, Selbstsicherheit, Selbstbewußtsein, Aktivität und Dominanzstreben – ganz besonders relevant sind.

Die individuelle Anpassung an dieses Idealbild körperlicher „Männlichkeit" wird nicht über Umwege, beispielsweise über die weibliche Bewunderung, belohnt, sondern ganz unmittelbar. Größe, Kraft, Potenz und Dynamik sind sowohl im primitiven Überlebenskampf wie auch im zivilisierten sozialen Konkurrenzkampf nützlich (beispielsweise finden höhergewachsene Männer leichter einen Arbeitsplatz als kleinwüchsigere[16]). Die „Attraktivität" des männlichen Körpers läßt sich – als selbstbestimmte und selbstbezügliche Größe – weder auf eine abstrakte Ästhetik noch auf „Sex-Appeal" reduzieren. Ihre spezifische Anziehungskraft auf das andere Geschlecht wird von Männern ganz anders definiert, und „Schönheit" hat darin einen geringen Stellenwert. Im allgemeinen (abgesehen von bestimmten, zeitlich begrenzten Lebensabschnitten, z.B. der Pubertät, oder in Phasen starker Verliebtheit) ist sie eher eine randständige, mit Sicherheit jedoch niemals die zentrale Dimension ihrer Identität.

Wenn Männer ihren Körper „idealisierenden" Behandlungen und Manipulationen aussetzen, dann eher wegen des unmittelbaren Nutzens, den sie daraus ziehen, als zur Steigerung ihres Appeals für das andere Geschlecht. Sie bevorzugen dazu Mittel und Methoden, die ihre Körper weiter „vermännlichen", d.h. die Distanz zum weiblichen Körper vergrößern. Zunehmender Beliebtheit erfreut sich der Narziß-Sport Bodybuilding[17], der mit seinen ausgefeilten Trainingsprogrammen die Muskelproduktion gezielt anregt und die allgemeine körperliche Leistungsfähigkeit steigert. Diese Genderisierungsvariante fordert durchaus auch ihren Tribut: Gesundheitsschäden, die zum einen durch die Überbeanspruchung des Körpers, zum anderen durch Drogenmißbrauch herbeigeführt werden, der immer hemmungs-und rücksichtsloser betrieben wird. (Weil er sich als zu „klein und schwächlich" empfand, schluckte sich der Profi-Bodybuilder Benazida, 1,58 m, quer durch das reichhaltige Anabolika-Angebot, bis er im Alter von 33 Jahren einem Lungenödem erlag; Schilow, Bodybuilding-Europameister 1989, starb im Jahr darauf an den Folgen seines Muskeldrogenkonsums. Das Todesrisiko wird in den USA zunehmend auch von der männlichen Schuljugend als Preis für echte Muskelmännlichkeit in Kauf genommen; an den Kosten des operativen Eingriffs, durch den er seinen Körper von 1,64 m auf 1,78 m „Regelgröße" verlängern ließ, wollte ein 32jähriger Deutscher allerdings auch seine Krankenkasse, wenn auch letztlich erfolglos, mit 40.000 DM beteiligen.[18])

Der muskelgestählte Männerkörper als unmittelbarer Ausdruck von Überlegenheit über „minderwertigere" Menschen und als Voraussetzung der Herrschaft über sie hat schon im Dritten Reich seine Funktion als heldisches Vorbild der männlichen Jugend („hart wie Kruppstahl, zäh wie Leder...") erfüllt. Gegenläufige Anregungen zur Steigerung männlicher Attraktivität – nicht durch verschärfte Maskulinisierung, sondern durch eine Androgynisierung, das heißt eine Annäherung an traditionell als „weiblich" erachtete Merkmale und Ausprägungen – finden beim Großteil der Männer wenig Gehör. Sie stehen (ebenso wie auch viele Frauen) einer Androgynisierung eher ablehnend gegenüber. Viele empfinden bereits die neuerdings von der Kosmetikindustrie propagierte „Ästhetisierung" des männlichen Körpers (z.B. durch Benutzung von Deodorants oder Toilettenwasser) als absolut unnötige oder gar unzumutbare Beeinträchtigung ihres Wohlbefindens.

Männer, die sich der Maskulinitäts-Norm offen entgegenstellen, laufen Gefahr, mit Spott und tiefgreifenden Verdächtigungen (Zweifeln an ihrer „Männlichkeit" oder an ihrer Heterosexualität) konfrontiert zu werden. Der Unterschied zwischen den Geschlechtern – so mühsam durch allerlei Kniffe und Regeln erzeugt und verstärkt – darf auch nicht durch unbotmäßige Männer ungestraft in Frage gestellt oder gar nivelliert werden: Da kann schon ein kleines Schmuckstück, das traditionell dem weiblichen Geschlecht zugeordnet wird, viel Ärger auslösen (die Oberfinanzdirektion Freiburg verbot 1990 einem Zollbeamten das Tragen eines 3 mm großen Ohrsteckers wegen der „Gefahr einer Feminisierung"[19]).

Abgesehen von dem aufmerksam überwachten „Feminisierungsverbot" ist der Druck, der über Körperideale speziell auf Männer ausgeübt wird, vergleichsweise geringfügig. Ihre Spielräume sind relativ weit und die allgemeine Toleranz gegenüber Abweichungen innerhalb dieser Grenzen recht hoch. Reine Schönheitsmängel stürzen Männer im allgemeinen nicht in ernste Lebenskrisen und geben ihnen nur selten einen Anlaß, ihre Körper zu quälen und kosmetischen oder chirurgischen Eingriffen preiszugeben.

Da sie sich selbst definieren, können sie auch ihren Fettbäuchen, Glatzen oder Tränensäcken bereits mit verbalen Mitteln den Stachel ziehen, bevor er ihr Selbstbewußtsein nachhaltig verletzen könnte. Von Männern, die ihren Bierbauch zum „Paulanermuskel" umdefinieren und zum stolzen Symbol männlicher Trinkfestigkeit hochstilisieren, die ihre Glatzen, Falten und Tränensäcke als attraktivitätssteigernden Ausdruck von Reife und Lebenserfahrung achten und schätzen, könnten Frauen durchaus lernen, mit unerreichbaren Schönheitsidealen ohne Verlust von Selbstwertgefühl umzugehen.

Die scheinbar allen Veränderungen in einer hochtechnisierten und hochzivilisierten Kultur trotzende Ausrichtung des männlichen Körperideals an Muskelkraft und körperlichem Leistungsvermögen wäre tatsächlich ein Anachronismus, würde sie ausschließlich von den Anforderungen der Arbeitswelt abgeleitet. Die meisten Männer benötigen heute für ihre tägliche Arbeit keine Körperkraft, sondern bewältigen sie durch intelligente Manipulation von Maschinen. Die entscheidende und nach wie vor bedeutsame Funktion übernimmt die Dimension der körperlichen Überlegenheit in der sozialen Organisation des Geschlechterverhältnisses als Herrschaftsverhältnis. Zwar ist auch im Konkurrenzkampf der Geschlechtsgenossen untereinander eine maximale Ausprägung von „Männlichkeit" nicht von Nachteil. Gegenüber jener Gruppe von Menschen, die durch ein antagonistisches Genderkonzept von vornherein als unterlegen definiert werden, ist sie hingegen eine absolute *Notwendigkeit.*

Die Entmachtung des Frauenkörpers

Innerhalb eines polaren und hierarchischen Genderkonzepts wird die „Maskulinisierung" des männlichen Körpers nach selbstdefinierten Kriterien durch die ebenfalls explizit männlichen Vorstellungen und Wünschen folgende „Feminisierung" des weiblichen Körpers ergänzt. Männer konstruieren nicht nur ihr eigenes Körperideal, sondern zeichnen auch für das Idealbild von „Weiblichkeit", das Frauen als Norm vorgegeben wird, verantwortlich.

Dieses Körperideal legt Frauen innerhalb aller entscheidender Parameter auf Minimalausprägungen fest. Merkmale und Eigenschaften, die am männlichen Körper geschätzt und spezifisch gefördert

33

werden, werden am weiblichen Körper abgelehnt, verachtet, und unterdrückt.

Der historische Vergleich zeigt, daß die Vorstellungen vom idealen Frauenkörper großen Schwankungen unterliegen, die Veränderungen der Rolle der Frau in der Gesellschaft reflektieren. Da sich auch männliche Bedürfnisse nicht generell über einen Kamm scheren lassen, kursieren manchmal gleichzeitig verschiedene weibliche „Ideal-standards". Immer noch weit verbreitet ist jedoch das Ideal der zierlichen, schlanken, kleinen, körperlich unbehaarten, schwach bemuskelten Frau, deren Konturen sanft geschwungen, rund und gefällig und deren Oberfläche weich und glatt ist. Ihr Körper soll weder Kraft noch Stärke signalisieren, weder Selbständigkeit noch den Mut, der Frauen zur Übernahme von Macht qualifizieren würde. Dieses Standardmodell wurde durch provokative Gegenbilder des öfteren kritisch in Frage gestellt (z.B. durch die konturlosen, bubiköpfigen „Bohnenstangen" der Charleston-Ära oder – allerdings ohne besonders durchschlagenden Erfolg – durch die muskelgestählte, durchtrainierte, leistungs-orientierte moderne Powerfrau).

Wenn neue Idealbilder mit dem Eindringen und der Konkurrenz von Frauen in gesellschaftlichen Bereichen verbunden ist, die vordem Männern vorbehalten waren, werden sie als Bedrohung der vorherrschenden „Männlichkeits"-Ideologie wahr- und ernstgenommen. Manche Männer reagieren darauf äußerst empfindlich – das heißt in besonders giftiger, sexistischer und abfälliger Weise. Woody Hayes, der legendäre Footballtrainer der Universität von Ohio, konnte sich noch 1974, ohne damit seinen Job zu riskieren, mit folgenden Worten über die Beteiligung von Frauen am Sportprogramm einer benachbarten Universität (des Oberlin College) äußern: „Ich höre, sie lassen jetzt sogar *Frauen* in ihr Sportprogramm rein. Das ist eure Frauenbefreiung, Jungs – ein Haufen gottverdammter Lesben... Ihr könnt euren Arsch wetten, daß, wenn ihr Frauen dabei habt – und darüber habe ich mit Psychologen gesprochen –, ihr einen Scheißdreck wert seid. No, Sir! Der Mann muß herrschen... Die beste Art, eine Frau zu behandeln, ist sie flachzulegen und zu vögeln."[20]

Leistungssportlerinnen, allen voran Kraftsportlerinnen, müssen auch bei uns mit besonders krassen, den Rahmen „ästhetisch" begründeter Vorurteile gegenüber „unweiblicher" Muskelausprägung bei weitem sprengenden Angriffen rechnen; sie werden im Kern ihrer Identität angegriffen und böse diffamiert („gemästete Mannweiber mit dem Gemüt eines Schlachterhundes"[21]), um sie davon abzuhalten, sich Männern reservierte Merkmale anzueignen.

In seiner extremsten Form zwingt das weibliche Schönheitsideal dem Frauenkörper ein geradezu mitleiderregend schwindsüchtiges, kümmerliches Format auf, das Macht weder begründen noch symbolisieren kann. Allein die Vorstellung körperlicher Gewalttätigkeit solcher Frauen – vor allem gegenüber Männern – ist absurd und geradezu lächerlich; sie beflügelt daher auch weniger die Phantasie von Frauen selbst als vielmehr die von Karikaturisten und Witzezeichnern, die „gewalttätige" Ehefrauen – vorzugsweise mit Küchengeräten bewaffnet – gegen Männer ins Feld führen (wobei nicht übersehen werden sollte, daß der Witz gerade im Absurden liegt). Eine Frau, die sich mit dem patriarchalen Körperideal und dem zugrundeliegenden Weiblichkeitskonzept voll identifiziert, kann und wird ihren Körper niemals direkt als aggressive Waffe gegen einen Mann richten.

Dem Druck, der von den strengen Normen des Schönheitsideals ausgeht und der sie psychisch weitaus stärker belastet als Männer, können sich Frauen in unserer Gesellschaft kaum entziehen. Er ist ein integrales Element der Massenmedien, allen voran der Werbung. Jedes Reklamebild, jeder Fernseh-Spot und jeder Film erinnern unmißverständlich und mahnend an die vorgegebenen Werte.[22] Dadurch werden Frauen praktisch ständig zur Aufmerksamkeit gegenüber ihrem Körper und zur Kontrolle seiner Erscheinung gezwungen. Obwohl sie dafür viel Zeit und Energie opfern, erreichen sie niemals ein wirklich befriedigendes, endgültiges Ergebnis. Der Erfolg ist immer nur relativ, die Frustration gleichsam mitprogrammiert.

Das problematische Verhältnis zum eigenen Körper und ihre Entmündigung durch das fremddefinierte, an den Interessen anderer orientierte Attraktiviäskonzept fördent die Bereitwilligkeit von Frauen, ihre Körper im Sinne des Ideals zu manipulieren. Seit den 50er Jahren nehmen Methoden und Mittel der direkten körperlichen Umformung zu. Grenzenloser Anpassungswille und Schönheitswahn überschreiten gelegentlich sogar die Grenzen der Zerstörung des aufgrund seiner Unvollkommenheit ungeliebten Körpers. Frauen sind leichte und willfährige Opfer selbsternannter „Experten" für weibliche Schönheit und ernähren von der Kosmetik über die Diätetik bis zur Schönheitschirurgie ganze Berufssparten: Da werden Teile (Nasen, Ohren, Kinnpartien etc.) „korrigiert" und das Gesicht („face-lifting") oder gleich der ganze Körper (durch Extremdiäten, Fettabsaugungen oder Darmverkürzungen) den Normen von Jugendlichkeit und Schlankheit entsprechend restauriert. Die Ästhetisierung und Fraktionalisierung der Frauen wird endgültig zur Selbst-Zerstörung, wenn die Ideale eigene Krankheitsformen hervorbringen oder unterstützen (z.B. Anorexie und Bulimie, an denen bereits Millionen von Frauen leiden; in den USA ist angeblich die Hälfte aller jungen Frauen davon betroffen, und ca. 150 000 sterben jährlich daran[23]).

Die extremen Auswüchse des Schönheitswahns verweisen auf den gewalttätigen Charakter des Körperideals, das Frauen aufgezwungen wird, und der im allgemeinen dadurch verschleiert wird, daß ihm viele scheinbar zwanglos, freiwillig und ohne sichtbare körperliche Beeinträchtigungen folgen. Dabei wird außer acht gelassen, daß jede Form von Fremddefinition – auch ein übergestülptes Schönheitsideal – die Betroffenen entmündigt und sich auf ihre Beziehung zum eigenen Körper und ihr Selbstwertgefühl verheerend auswirkt. Da das vorgegebene Ziel, die absolute „Makellosigkeit" – wenn überhaupt – nur von einer verschwindenden Minderheit tatsächlich erreicht werden kann, wird der eigene Körper für die meisten Frauen zur Quelle ständiger Frustrationen. Je länger an seiner Perfektionierung gearbeitet wird, um so ferner rückt allein schon aufgrund des Zeitfaktors das Ziel. Das Mißverhältnis zwischen Ideal und Realität wird dem eigenen Körper als Unzulänglichkeit angelastet, wofür er dann gehaßt wird. Unterstützt wird die selbstzerstörerische Folge dieses Trugschlusses durch das Wuttabu, das Frauen die Ableitung negativer Energien nach außen praktisch verbietet und sie darin bestärkt, sie auf das Selbst, den eigenen Körper, umzudirigieren.

Das patriarchale Attraktivitätskonzept zerstört weibliches Selbstbewußtsein nachhaltig; Frauen geraten unter den Einfluß einer fremden Kontrollmacht, die unmittelbar auf den Kern weiblicher Macht abzielt, um sie sich anzueignen – auf ihre sexuelle Potenz. Jedes Zeichen einer autonomen weiblichen Sexualität wird entweder gnadenlos vernichtet (der DUDEN reduziert beispielsweise „Potenz" auf die „Fähigkeit des Mannes zum Geschlechtsverkehr") oder durch die patriarchalen Symbole des „Sex-Appeal" übertüncht und ersetzt.

In primitiven Gesellschaften durften und dürfen Frauen ihre Körper ungeniert präsentieren. Steinzeitliche Idole – z.B. die berühmte „Venus von Willendorf" – verkörpern Weiblichkeit durch mächtige, runde und raumgreifende Formen, die biologische Fortpflanzungs- und Ernährungsfunktionen pointiert hervorheben. Zugleich verweisen sie auf die Anerkennung und die Wertschätzung, die Frauen aufgrund ihrer weiblichen Reproduktionskraft zu anderen Zeiten zuteil wurde.

Die Körperformen neuzeitlicher Weiblichkeits-„Idole", die uns z.B. die Werbung anbietet, repräsentieren primär männliche Projektionen auf die Frau: Durch groteske Verzerrungen und Neu-Konturierungen sowohl des Körpers (überdimensionale Brüste, „Wespentaille", extreme Beinlänge, winzige Hände und Füße) als auch des Gesichts (Überbetonung des Hirnschädels im Verhältnis zum Gesichtsschädel, Vergrößerung von Augen und Mund[24]) wird ihre Sexualität entschärft, auf „Sex-Appeal" verkürzt bzw. auf den Ausdruck blöder, kindischer Hilflosigkeit reduziert. Nichtsdestoweniger werden diese Formen, die z.B. die „Barbie"-Puppe verkörpert, geradezu schwärmerisch als ideal angepriesen: „Sie war perfekt. Die lang erwartete Göttin."[25]

Ein Blick auf Genderisierungspraktiken fremder Kulturen schärft das Auge für die Wahrnehmung ihrer primären Funktion der Kontrolle und Domestikation weiblicher Sexualität. Bei aller Unterschiedlichkeit in den Methoden wird doch deutlich, daß patriarchale Systeme vor allem durch die körperliche Entmachtung, Funktionalisierung und Entdynamisierung des weiblichen Körpers aufrechterhalten werden. Der Phantasie scheint dabei keinerlei (humanitäre) Grenze gesetzt zu sein: Mann schreckt auch vor lebensbedrohlichen Eingriffen und gräßlichsten Verstümmelungen nicht zurück, um die weibliche Physis seinen spezifischen Wünschen – oder auch Ängsten – anzupassen. Mary Daly faßt in ihrem Buch „Gyn/Ökologie" (1981) einige der perversesten Praktiken unter dem Begriff „Sado-Ritual-Syndrom" zusammen (z.B. die chinesische Tradition des Füßeeinbindens: Weiblichen Kindern werden die Füße durch enges Bandagieren derart verkrüppelt, daß sie sich ihr Leben lang kaum noch schmerzfrei bewegen, geschweige denn laufen können; sie werden dadurch buchstäblich ans Haus, an ihre häuslichen Funktionen und an den Mann, dem sie zu Diensten sein sollen, gefesselt. In der offiziellen Legitimation dieser „kulturellen" Praxis wird der Apekt der Demobilisierung und Verkrüppelung allerdings nicht thematisiert. Sie wird ausschließlich unter dem Aspekt der Steigerung weiblicher Attraktivität betrachtet. Die Manipulation der Fußstumpen – „erotisierende Lotoshaken" – steigert allein den sexuellen Genuß des Mannes in der geschlechtlichen Begegnung).

Andere Kulturen zerstören im Zuge der Zurichtung des weiblichen Körpers entsprechend männlicher Bedürfnisse die weibliche Sexualität radikal, an der Wurzel. In manchen arabischen und afrikanischen Ländern herrschen noch immer Bräuche, die mit der männlichen „Beschneidung" nicht mehr als den Namen gemeinsam haben, denn in Wirklichkeit handelt es sich um die komplette Entfernung der weiblichen Lustorgane. In Somalia wird noch heute praktisch jedes Mädchen, die meisten mittels der „Infibulationsmethode", auf diese Weise kastriert. Nach Aussage der somalischen Politikerin und stellvertretenden Gesundheitsministerin Raqiya ist dies die schlimmste Form genitaler Verstümmelung: Die Klitoris, die kleinen und Teile der großen Schamlippen 6- bis 12-jähriger Mädchen werden vollständig amputiert, die Wunde an den Rändern bis auf eine streichholzdicke Öffnung zugenäht, damit Urin und später das Menstruationsblut austreten kann. Dauerinfektionen und ständige Schmerzen sind die unmittelbare Folge.

Die Infibulation funktioniert wie ein „natürlicher" Keuschheitsgürtel. Sie garantiert dem späteren Ehemann des Mädchens die Jungfräulichkeit und „Unversehrtheit" (!) seiner Braut. Frauen müssen diesem Eingriff praktisch obligatorisch zustimmen, denn nur so haben sie in einer Gesellschaft, in der sie nur als Besitz betrachtet werden und ausschließlich als legitime Ehefrauen überhaupt einen gewissen Wert haben, eine Überlebenschance. Ihr eigenständiges Lustpotential wird dabei vollständig vernichtet, die heterosexuelle Vereinigung mit dem Ehemann gerät erneut zum Trauma, da er – als Beweis seiner „Männlichkeit" – seine Braut ohne Zuhilfenahme eines Werkzeugs, allein mit seinem erigierten Geschlechtsteil, zu „öffnen" versucht.[26]

Auch auf einer rein symbolischen Ebene lassen sich viele Beispiele für den differenzierten Umgang mit der männlichen und weiblichen Sexualität in patriarchalen Strukturen finden. Vielfältige, zumeist auch sexuelle Projektionen auf die Kopf- und Körperbehaarung ziehen sich praktisch durch die ganze Menschheitsgeschichte. Kopfhaare symbolisieren „männliche" Kraft und Potenz (Samson), eine ursprüngliche, unzivilisierte Wildheit (Tarzan), Widerstand gegen gesellschaftliche Normen (Hippies und „Gammler"), individuellen Nonkonformismus (Karl Lagerfeld), gesellschaftliches Außenseitertum oder Elitebewußtsein. Im Prozeß der individuellen Zivilisation wird die Bändigung des Haars zum Symbol der gesellschaftlich erwünschten, generellen Triebunterdrückung und Triebkontrolle (Struwwelpeter) und Wildwuchs auf dem Kopf zum Zeichen der Revolte gegen die Macht, Autorität und Denkungsart der Vätergeneration.

Im psychoanalytischen Interpretationsrahmen wird die sexuelle Bedeutung der Kopfhaare besonders hervorgehoben, und ihre Entfernung mit einer sexuellen Kastration gleichgesetzt. Folgt man dieser Interpretation, dann wird die weibliche Sexualität durch den spezifischen Umgang mit ihrem Kopfhaar nicht grundlegend zerstört, sondern diszipliniert und funktionalisiert. Frauen tragen ihr Haar traditionell lang, aber eben nicht wildwachsend und offen, sondern wohlgepflegt. Es symbolisiert eine Art von Sexualität, die durch einen

Mann „aktiviert" und genutzt werden muß und kann: Das Märchen von „Rapunzel" verweist uns darauf, wie er sich der weiblichen Haarpracht bedienen kann, um sein Ziel zu erreichen. Im Film wird das Öffnen geflochtener Zöpfe, das Lösen hochgesteckter Haarkränze oder der Spangen, die Haare sittsam zusammenhalten, als Vorstufe zum Sexualakt inszeniert.

Die Behaarung des Körpers und des Gesichts ist, als prähistorisches Relikt unserer wilden, d.h. aggressiven, „tierischen" Vergangenheit, ein exklusiv „männliches" Attribut und wird daher am weiblichen Körper verabscheut und durch glatte Ästhetik ersetzt. Da die männliche Körperbehaarung im Alltag den Blicken zumeist verborgen bleibt, verpassen die Stylisten der Werbebranche den tadellos gekleideten und messerscharf gescheitelten „harten" Männern gern einen „Dreitagebart" als Zeichen ihrer, tief unter dem kulturellen Lack verborgenen, „männlichen" Unabhängigkeit, Aggressivität, Potenz und Kampfbereitschaft. Bei Frauen konzentriert sich der Sex-Appeal haarmäßig auf die wallende Mähne auf dem Kopf, die Männer gut im Griff haben, während ihre restliche Körperbehaarung (manchmal sogar die Schambehaarung) besonders sorgfältig, grundsätzlich und radikal getilgt wird („bis an die Wurzeln!").

Der Zusammenhang zwischen der „Totalenthaarung" der Frauen und der Herrschaft über sie und ihre Sexualität wird deutlich, wenn wir die ursprüngliche Signalfunktion der Körperbehaarung mit in Betracht ziehen. Das Aufrichten der Körperhaare (Haarsträuben) ist eine stammesgeschichtlich uralte Drohgebärde behaarter Tierarten, die im Kampf um soziale Rangplätze, um Status und den Zugang zu Nahrungsquellen und Ressourcen eingesetzt wird. Bei aller gebotenen Vorsicht in bezug auf direkte Übertragungen von Erkenntnissen der vergleichenden Verhaltensforschung auf die Menschen liegt die Vermutung nahe, daß diese Funktion auch bei uns noch eine gewisse Bedeutung hat (unsere Körperhaare sträuben sich ganz unwillkürlich, wenn wir in Bedrängnis geraten).

Die „Enthaarung" auf der Grundlage kultureller, ästhetischer Argumente beraubt Frauen *grundsätzlich* einer archaischen, einschüchternden Drohgebärde. Die Vermutung, daß dies beabsichtigt ist, wird dadurch bestätigt, daß auch andere Verhaltensweisen, die einen eindeutigen Drohcharakter haben, aus dem körpersprachlichen Verhaltensrepertoire von Frauen weitgegend getilgt worden sind und von Frauen kaum noch benutzt werden (z.B. das dominante Drohstarren und sog. Führungsberührungen, auf die ich später genauer eingehen werde).

Das direkte Ausspielen körperlicher Überlegenheit gilt im gesitteten Umgang der Geschlechter als eine „grobe Flegelei".[27] Der Kavalierskodex, der dieser Einstellung zugrundeliegt, eröffnet subtilere Möglichkeiten der Geschlechterhierarchisierung. Sie beruhen weniger auf einer platten, plakativen Demonstration männlicher Stärke, sondern werden im wesentlichen durch weibliches Verhalten realisiert oder von weiblichem Verhalten abgeleitet. Die ritualisierte Darstellung von „Unterlegenheit" (hilflos lächeln, zustimmend nicken, sich klein machen und den Kopf demütig schief legen), das Kernelement der femininen Selbstdarstellung, verpflichtet den gesitteten Mann geradezu auf bestimmte „Hilfestellungen". Die patriarchale Definition der Frau als hilfsbedürftiges, unselbständiges, schwaches Wesen verhilft ihm – quasi unter der Hand – zu einer stattlichen Zahl von Vorrechten, derer er sich nicht zu schämen braucht, denn sie vervollständigen sein – auch von Frauen geschätztes – Image als „ritterlicher" Mann.

Die Regeln des guten Benehmens gestatten der Frau zwar das Rauchen in der Öffentlichkeit, nicht jedoch, sich im Beisein eines Mannes die Zigarette eigenhändig anzuzünden. Sollte er nicht selbst damit ausgestattet sein, erlaubt ihm die Etikette sogar den Übergriff auf ihr Feuerzeug: Mit „liebenswürdiger Selbstverständlichkeit" darf er es ihr aus der Hand nehmen, um sie damit zu bedienen.

Einen eindrucksvollen Beweis für die Entmündigung von Frauen durch den Kodex der Höflichkeit liefern die für den gemeinsamen Besuch von Gaststätten gültigen Verhaltensregeln, die dem Mann Vorrang und weitgehende Vollmachten garantieren: *„Er* betritt das Lokal, das ja so etwas wie ein unbekanntes Gelände ist, *zuerst. Er* bahnt ihr den Weg, *geht* also auch im Lokal *voran. Er wählt* den Tisch."[28] *„Er ist* der Dame beim Ablegen der Garderobe *behilflich. Er rückt* seiner Begleiterin *den Stuhl zurecht. Er* läßt sich von der Dame ihre Wünsche sagen und *gibt sie dann mit seiner eigenen Bestellung beim Kellner auf. Er sucht den Wein aus*, wobei er seine Begleiterin selbstverständlich fragen kann, ob sie Rhein-, Mosel-, Franken- oder einen anderen Wein vorziehe."[29] (Hervorhebungen von mir.) Dem Akt des Bezahlens wird unter dem Aspekt der einseitigen Demonstration von Macht besondere Aufmerksamkeit zuteil: Die Handlung selbst wird ausschließlich dem Mann zugestanden, selbst dann, wenn er sich dabei der Geldmittel der Frau bedient, die sie ihm vorher (heimlich) zustecken muß.[30] Merkwürdigerweise erlischt das apart begründete Vortrittsrecht des Mannes beim Betreten des Lokals („unbekanntes

Gelände", beim Verlassen desselben – die scheinbar weniger gefährliche Straße darf die Frau durchaus vor ihm betreten.

Die Reihenfolge, die Art des „Auftretens" und die näheren Umstände beim Betreten von Räumlichkeiten sind ebenso wie die Manipulation von Größenverhältnissen klassische Hierarchiezeichen. Ranghöhere können ihre soziale Überlegenheit auf recht unterschiedliche Weise zu erkennen geben: entweder dadurch, daß sie ihre Vorrechte selbstbewußt in Anspruch nehmen, oder auf eine sensiblere, geradezu „majestätische" Weise dadurch, daß sie zugunsten „Schwächerer" generös – aber deutlich erkennbar – darauf verzichten.

In der feudalen, klar hierarchisch strukturierten Gesellschaft war die Geschlechtszugehörigkeit als Statuskategorie noch von nachrangiger Bedeutung. Das Nibelungenlied berichtet ausführlich über einen Machtkonflikt zwischen zwei hochrangigen Frauen, der sich im Streit um das Vortrittsrecht beim Betreten einer Kirche öffentlich konkretisierte und sich letztlich verheerend auf ihre gesamte Sippe auswirkte. Ebenso begnügt sich der englische Prinzgemahl in der Öffentlichkeit heute noch ganz selbstverständlich mit einem Platz im Hintergrund seiner Frau, der ranghöheren Königin.

Das „gute Benehmen" im bürgerlichen Sinn beruht zwar ebenfalls auf verbindlichen Regeln, hebt aber nicht ausschließlich auf soziale Rangunterschiede ab, sondern auf vielfältigere und komplexere Faktoren ab (z.B. Alter, Gebrechlichkeit, Krankheit, Behinderung und vor allem auch das Geschlecht). Aufgrund dieser psychologischen Differenzierung ist es möglich, die „prinzipielle" Ungleichheit der Geschlechter respektive die „grundsätzliche" Nachrangigkeit der Frau alltäglich zu manifestieren. Damit kann nun auch zwischen Menschen, die auf der sozialen Ebene einander eigentlich gleichgestellt sind, ein Machtunterschied symbolisiert und bekräftigt werden, ohne daß die Machtdimension dabei besonders hervorgehoben werden muß.

Im privaten Umgang der Geschlechter haben sich männliche Vor(tritts)rechte so selbstverständlich etabliert, daß sie kaum noch besonders ins Auge fallen. Der Abstand, in dem ein moslimischer Mann seiner Frau in der Öffentlichkeit voranschreitet, mag uns aufgrund seiner auffalligen Weite vielleicht noch belustigen; wir übersehen aber, daß sich auch bei uns durchaus vergleichbare, wenn vielleicht auch diffizilere Muster eingebürgert haben. Auch in unserer Gesellschaft drücken Paare in der Öffentlichkeit ihre Zusammengehörigkeit im wesentlich nicht durch egalitäre, unhierarchische Bindungsformen aus (z.B. durch Nähe oder symmetrische Körperhaltungen, Handkontakte oder Umarmungen), sondern zumeist durch klar hierarchisierende Formen (z.B. durch einseitiges Unterhaken der Frau). Selbst Paare, die Hand-in-Hand nebeneinander gehen, bevorzugen eine bestimmte Handhaltung, die den Mann in eine leichte Vorrangposition bringt (vgl. Kap. 5).

Am privaten Familieneßtisch pervertiert das durch die gesellschaftliche Etikette verankerte Vorrecht der „Dame des Hauses", die Mahlzeit zu eröffnen, meist zu einer reinen Servierordnung: Die Mutter teilt den anderen Familienmitgliedern die Speisen zu – dem Vater die besten Stücke zuerst – und nimmt sich selbst zuletzt. Ebenso rangiert auch die Frau, die jeder erfolgreiche Mann als Garantin seines gesellschaftlichen Erfolgs „an seiner Seite" braucht, nicht gleichwertig neben, sondern sprichwörtlich hinter ihm („*hinter* jedem erfolgreichen Mann steht eine schöne Frau!").

Bei gemischtgeschlechtlichen Paarbildungen nennen wir jeweils die männlichen Partner meist ganz selbstverständlich zuerst (Adam und Eva, Mann und Frau, Vater und Mutter, Söhne und Töchter, Bruder und Schwester, Hänsel und Gretel, Romeo und Julia).[31] Manchmal allerdings, fast wie um zu zeigen, welche Wertedistanz zwischen den Geschlechtern liegt, stellen wir Frauen noch deutlicher hintan. Häufig schiebt sich des Mannes „liebstes Kind", sein Auto dazwischen; ein Autorenpaar ging sogar so weit, auch Gott eine geschlechtsspezifische Vorgehensweise zu unterstellen, der „dem *ersten* Menschen, Adam, zunächst alle Tiere und *schließlich* ein Weib" zur Unterhaltung bereitstellte (Hervorhebung von mir).[32]

Größenrelationen und heterosexuelle Partnerwahl

Körpergröße ist ein zentraler Angelpunkt der sozialen Wahrnehmung, und hat als solcher großen Einfluß auf die Zuschreibung psychischer Eigenschaften und bestimmter Fähigkeiten, beispielsweise der Intelligenz: Hochgewachsene Menschen werden – unbegründeterweise – für intelligenter gehalten als kleinwüchsigere. Solche Vorurteile beeinflussen zum einen das Selbstwertgefühl, zum anderen aber auch – in Gestalt bestimmter sozialer Erwartungen und Reaktionen der Umgebung – die Lebensrealität (z.B. die Chancen bei der Jobsuche[33]).

Obwohl eine rein körperliche Überlegenheit als Kriterium für die Übertragung und Legitimation von Macht und Status faktisch obsolet geworden ist, hat sie durch diese Verknüpfung mit Vorstellungen von entsprechenden seelischen oder geistigen Fähigkeiten und Eigenschaften ihre Bedeutung als Zeichen einer sozialen Rangordnung beibehalten. Sowohl der natürliche, wenn auch begrenzte Zusammenhang zwischen Macht und Körpergröße bzw. -masse als auch die einfache Manipulierbarkeit von Größenrelationen machen sie zu einem psychologisch äußerst wirkungsvollen symbolischen Ordnungsmittel.

Die individuelle Erscheinung kann durch bestimmte Bekleidungsstücke (z.B. überdimensional hohe Kopfbedeckungen kirchlicher Würdenträger oder von Militärs, etwa der Garde der britischen Königin) oder durch manipuliertes Schuhwerk vergrößert werden. „Überragende" Positionen können auch durch die Gestaltung von Räumen (z.B. durch Podeste) oder durch Möbelstücke (z.B. erhöhte Thronsessel) erreicht werden; von besonderer Bedeutung für die Darstellung von Hierarchien sind körperliche Arrangements und Verhaltensrituale (z.B. „Verkleinerungen" durch Kopfschieflegen, Einknicken des Körpers, Verbeugungen, Knickse etc.).

Die Erfüllung von Größennormen ist zwar im Alltag von gewissem Vorteil, für sich allein aber ebensowenig ein hinlängliches Kennzeichen von Macht wie die Vortäuschung eines „Gardemaßes" durch allerlei Tricks. Wahre Macht zeigt sich darin, daß ihre Inhaber nicht an äußerlichen Kriterien gemessen werden, sondern diese – für andere – bestimmen und festlegen. Sie gestalten eine soziale Wirklichkeit durch Regeln, denen sie selbst nicht unterworfen sind.[34] Der eher mickrige Friedrich der Große demonstrierte insofern seine wahre Größe und Macht gerade dadurch, daß er sich mit ausgesucht hochgewachsenen Subalternen – den „Langen Kerls" – umgab.

Im Alltag werden soziale Unterschiede meist durch weitgehend unbewußte körperliche Arrangements und Verhaltensrituale sichtbar gemacht, die tief in der Stammesgeschichte sozialer Wesen wurzeln. Die vergleichende Verhaltensforschung hat nachgewiesen, daß viele Tierarten ihre sozialen Strukturen durch differenzierte symbolische Verhaltensweisen erzeugen. Durch *Imponiergehabe*, das den eigenen Körper und die gesamte Erscheinung optisch vergrößert (durch Aufpumpen des Brustkorbs, Sträuben der Haare, Aufrichten des Körpers und demonstratives Zeigen der „Breitseite"), wird zum einen körperliche Überlegenheit, zum anderen eine prinzipielle Kampfbereitschaft signalisiert. Durch *Unterwerfungsgehabe* wird der Körper symbolisch verkleinert (durch Abducken, sich Krümmen und Verrenken), wodurch freiwillige Unterwerfung und Friedfertigkeit signalisiert werden.

Das kommunikative Repertoire von Menschen weist eine ganze Reihe durchaus vergleichbarer Verhaltensweisen auf. Formales Unterwerfungsgehabe (z.B. Verbeugungen oder Niederknien) ist ein integraler Bestandteil von ritualisierten „Rahmenhandlungen", die sozialen Interaktionen vorangestellt werden oder sie abschließen (z.B. Begrüßung, Verabschiedung, Gebet). Es wird praktisch ständig vollzogen. Je nach Ausführung und Kontext kann es eine Menge unterschiedlicher Bedeutungen transportieren: Ehrfurcht, Unterwerfung, Respekt, Ohnmacht, Furcht, Wunsch nach Frieden, Bewunderung, Anbetung, eine nachrangige Position oder bloß eine „gute Kinderstube".

Die genaue Form der Ausführung von Unterwerfungsritualen, die im Kern immer Manipulationen von Größenrelationen beinhalten, wird einem Individuum von seiner jeweiligen gesellschaftlichen Position oder seiner spezifischen Lebenssituation vorgeschrieben. Indem eine Person sich – fein dosiert – „kleiner" macht, kann sie ihr Verhältnis zur anderen Person oder Institution differenziert, der hierarchischen Distanz genau entsprechend, darstellen.

Die Auswirkungen von ritualisiertem Unterwerfungsverhalten auf die Beziehungswahrnehmung sind komplexer Natur: Je deutlicher und weiter sich eine Person selbst „erniedrigt", desto größer erscheint die von ihr sinnfällig erzeugte und zugleich akzeptierte soziale Distanz. Aus dem Ausmaß der Selbsterniedrigung kann daher in gewissem Rahmen auch auf die relative Macht der anderen Partei geschlossen werden. Insofern, als körperliche Unterwerfung tatsächlich „Minderwertigkeit" und ein geringes Selbstwertgefühl signalisiert, wird auch das antagonistische Verhalten – die stolze, aufrechte Haltung – zu einem stereotypen Zeichen von Überlegenheit, Verachtung und Schamlosigkeit.[35]

Der extremste Akt der Unterwerfung besteht darin, sich flach, mit dem Gesicht nach unten, auf den Boden, einem anderen „zu Füßen" zu legen. Diese Pose wird heute nur noch im sakralen Raum zur Kommunikation mit Gott und als Zeichen tiefer Ehrfurcht vor seiner übermenschlichen Macht benutzt (z.B. bei der Priesterweihe in Rom). Goffman hat allerdings anschaulich dargestellt und einleuchtend interpretiert, daß und warum die modernen Massenmedien von diesem extremsten Erniedrigungsmuster bei der Darstellung von Frauen reichlich Gebrauch machen, wenn auch in leicht abgewandelter Form. Insbesondere die Werbung stellt Frauen (und Kinder) im Gegensatz zu Männern, bei denen die aufrechte Haltung bevorzugt wird, überzufällig oft auf dem Boden oder auf einem Bett liegend dar.

„Der Fußboden wird auch mit den weniger sauberen, weniger reinli-

*chen, weniger erhabenen Teilen eines Zimmers assoziiert, z.B. dem
Plätzchen des Hundes, der Abstellecke für Körbe oder für schmutzige
Wäsche, Schuhe und dergleichen. Außerdem ist die liegende Stellung
am wenigsten geeignet, um aus ihr zur physischen Selbstverteidigung
überzugehen, und daher macht sie einen vom Wohlwollen der Umgebung abhängig. (Natürlich ist das Liegen am Fußboden oder auf einem
Sofa oder Bett auch ein konventioneller Ausdruck sexueller Verfügbarkeit.)*"[36]

Diese stereotype Darstellungspraxis macht ein Verhaltensmuster, das
als starkes Unterwerfungssignal aus dem normalen Alltagsverhalten
weitgehend eliminiert wurde, zum Ausdruckselement von „Weiblichkeit"
schlechthin. Männer nehmen heute selbst deutlich abgeschwächte
Erniedrigungsposen (z.B. den fernöstlichen „Kotau", bei dem ein
kniender Mensch den Boden vor seinem Herrscher mit der Stirn
berührt) ausschließlich in einem sakralen Kontext ein (Moslems ist er
als Gebetshaltung vorgeschrieben). Während der einfache Christ selbst
im Umgang mit seinem Gott nur noch eine kniende Haltung einnimmt,
vollzieht das Oberhaupt der katholischen Kirche, der Papst, gelegentlich ein stärkeres Ritual, das vor allem seine Position als oberster
Repräsentant einer kirchlichen Großmacht hervorhebt: Zum Zeichen
der liebevollen Verbundenheit küßt er vor dem Betreten fremder
Kontinente den Boden seines Gastlandes.

Erniedrigungshaltungen entfalten ihre volle emotionale Wirkung
vor allem dann, wenn sie nicht als formelles Ritual, sondern sozusagen
als ganz persönliches Zeichen eingesetzt werden. Mit seinem spontanen Kniefall vor dem Warschauer Ghetto-Denkmal festigte Willy Brandt
im Jahre 1970 durch die symbolische Erniedrigung, mit der er die
historische Schuld der Deutschen anerkannte und persönlich auf sich
nahm, seinen Ruf als „Versöhner von Macht und Moral". (Dazu von
Weizsäcker: *„Ein tiefes Menschengefühl wurde zum Ausdruck eines
Regierenden. Niemand hatte es erwartet. Keiner hat es vergessen. Es hat
die Dinge verändert. Es hat den Völkern einen neuen Weg eröffnet."*[37])

Aus den männlichen Interaktionsmustern mit Frauen ist ein derartig
deutliches Erniedrigungsverhalten als Zeichen demütiger Ehrfurcht
weitgehend verschwunden, was von manchen den „sexuellen" Konnotationen (z.B. des Kniens) angelastet wird. Es ist allerdings wahrscheinli-
cher, daß die „sexuellen" Konnotationen des Kniefalls weniger die
Ursache als eine Folge der historischen Veränderung des Geschlechterverhältnisses sind, das zuungunsten von distanzierter Verehrung, Ach-

tung und Bewunderung zunehmend sexualisiert wurde. Zwischen Männern kann man ihn nach wie vor auch außerhalb institutionalisierter Rituale, als Ausdruck spontaner Bewunderung, durchaus noch beobachten (z.B. bei jugendlichen Verehrern von männlichen Stars).

In heute üblichen Begrüßungsritualen besteht die Erniedrigung eigentlich nur noch in einer „Intentionsbewegung" – einer Körperhaltung oder Bewegung, die den Akt der Erniedrigung nur noch leicht andeutet. Der „Kratzfuß" vergangener Zeiten weicht den immer knapper ausfallenden Verbeugungen (bei denen aus dem aufrechten Stand entweder die Hüfte abgeknickt oder nur noch der Kopf leicht geneigt wird); Frauen „knicksen" pflichtgemäß nur noch bei hochformellen Anlässen – z.B. zur Begrüßung von Mitgliedern des englischen Königshauses.

Das allmähliche Verschwinden formalisierter Erniedrigungsrituale aus der alltäglichen Interaktion, insbesondere zwischen den Geschlechtern, darf nicht als Zeichen der Auflösung seiner hierarchischen Organisation mißverstanden werden. Die Wirkung von Hierarchisierungsmustern wird im Gegenteil deutlich gesteigert, wenn sie nicht als gesellschaftliche Rituale, sondern als Ausdruck der individuellen Persönlichkeit und als „spontanes" Verhalten von Frauen und Männern in Erscheinung treten.

Die Polarisierung der Geschlechter entlang der Machtdimension ist heute so fest verankert, daß selbst eine absolute Nivellierung der ursprünglich relevanten körperlichen Unterschiede den Herrschaftscharakter des Geschlechterarrangements zwischen „starken" Männern und „schwachen" Frauen nicht ohne weiteres aufheben könnte. Unter den Möglichkeiten und Wegen, den Mann als den prinzipiell „Stärkeren" und „Größeren" erscheinen zu lassen, erweist sich die Verankerung machtspezifischer Geschlechterrelationen als der Königsweg.

Bekanntschaftsanzeigen, die praktisch in jeder Tageszeitung zu finden sind und schon aus Kostengründen die knappe, konzentrierte und präzise Form bevorzugen, sind ausgezeichnete Quellen, an denen die Relevanz der männlichen Überlegenheit in der gegenseitigen Anziehung überprüft werden kann. In einer in der *Süddeutschen Zeitung* 1991 erschienenen Annonce beschränkte sich ein Mann bei der Beschreibung seines eigenen Aussehens auf sachliche Informationen („Körper: 44 J., 180 cm, 80 kg") und eine knappe positive Bewertung („Aussehen: o.k."); seine „Wunschfrau" beschrieb er in ästhetisierenden und zugleich klar hierarchisierenden Kategorien: „1/2 sein Alter, schlank, gutaussehend; mit dem Wunsch, immer noch besser auszusehen. Kann auf ihren eigenen schönen Beinen stehen; genießt es, sich führen, formen, fallenzulassen."

Das relative Größenverhältnis der Geschlechter ist ein zentrales Element der heterosexuellen Anziehung. Daher finden sich zumeist auch solche Frauen und Männer zu Paaren zusammen, die durch ihre individuellen körperlichen Ausmaße gemeinsam männliche Überlegenheit respektive weibliche Unterlegenheit symbolisch darstellen. Durch die Einbeziehung einer rein biologischen Dimension wird die Hierarchie der Geschlechter grundsätzlicher als andere Hierarchien verankert und ihr sozialer Charakter zugleich verschleiert. Da auch unterdurchschnittliche und kleinwüchsige Männer trotz schwindenden „Angebots" meist Partnerinnen wählen, die kleiner, jedenfalls aber nicht größer sind als sie selbst, wird „etwas, das sonst nur eine statistische Tendenz wäre, beinahe zur Gewißheit"[38]: Männer *sind* einfach größer als Frauen.

Ein kleiner Mann, der unter seinem Mangel effektiv zu leiden hat, wird durch diese Paarnorm psychisch wieder etwas entlastet; sie ermöglicht ihm zumindest in seinem ganz privaten Lebensbereich eine Position von körperlicher Überlegenheit und eine Kompensation für andernorts erlittene Kränkungen. Angesichts der Wertschätzung „angemessener" Größenverhältnisse und der Umsicht, mit der die körperliche Überlegenheit des Mannes gesellschaftlich inszeniert wird, verwundert es kaum, daß „verkehrte" Verhältnisse extrem selten eingegangen werden. Für diesen Fall werden verschiedenste Hilfsmittel gewerblich angeboten (z.B. spezielle Schuhe) und diverse Tricks anheimgestellt, durch die eine normgerechte Größenrelation vorgetäuscht werden kann (je nach Selbstbewußtsein der PartnerInnen kann entweder die Frau auf das Tragen hochhackiger Schuhe verzichten – was problematisch sein kann, wenn dieses zugleich als wesentliches Attribut von Weiblichkeit empfunden wird –, oder der Mann trägt seinerseits höhere Absätze; da dies seinen Mangel aber nur unzulänglich verbirgt und darüber hinaus auch durchaus unerwünschte Assoziationen erwecken könnte („Zuhälter"), werden Erhöhungsschuhe für Männer auch mit „unsichtbarer Innensohle" angeboten).

Die geradezu monomanische Fixierung unserer Gesellschaft auf die Demonstration männlicher Überlegenheit äußert sich insbesondere in den massenmedialen Inszenierungen des „idealen Paares". In ihrer Funktion als „Bewußtseinsproduzenten" greifen Illustrierte, Film und Fernsehen häufig auf die einfach herstellbare und äußerst wirkungsvolle Körpersymbolik zurück. Goffman konnte nachweisen, daß Macht, gesellschaftlicher Einfluß, Rang und Autorität in Zeitschriftenanzeigen häufig ausschließlich durch eine Größenrelation ausgedrückt werden. In dem von ihm untersuchten Werbematerial wurden Frauen durchweg kleiner dargestellt als die mit ihnen gemeinsam abgebildeten Männer. In den wenigen Fällen mit umgekehrten Größenrelationen wurde deutlich, daß die Personen nicht primär als Geschlechtswesen, sondern als VertreterInnen bestimmter sozialer Schichten inszeniert waren: Die Frauen waren eindeutig höheren Schichten zugeordnet, die Männer ihnen ebenso eindeutig sozial untergeordnet, was durch zusätzliche Zeichen klargemacht wurde (ihre Bekleidung wies die Männer als Domestiken – Butler, Gärtner, Chauffeure – oder als Angehörige des Dienstleistungssektors – Kellner – aus, die Frauen hingegen als Damen der Oberschicht).[39]

Auch bei der Besetzung und Ausstattung von Filmrollen wird peinlich auf „korrekte" Größenverhältnisse geachtet. Sind Fehlkombinationen aus übergeordneten Gründen unvermeidlich, so wird – wie aus Hollywood berichtet – die Illusion vom idealen Paar trotz kurz geratenem männlichem Darsteller und allzu hochgewachsener Schauspielerin durch allerlei Tricks aufrechterhalten.

Eine einmalige Gelegenheit, die Figuren und ihre Relationen von vornherein der Geschlechterideologie exakt anzupassen, bietet der Zeichentrickfilm. In der Trickzeichnung manifestiert sie sich vor allem in geradezu grotesken Größenverhältnissen. Der Walt-Disney-Erfolgsfilm des vergangenen Jahres – „Die Schöne und das Biest" – führt die übersteigerte Betonung „männlicher" und „weiblicher" Gendermerkmale in extenso vor. Die männlichen Protagonisten werden zu kraftstrotzenden Riesen aufgebläht, während die weibliche Hauptfigur auf zwergenhafte Dimensionen und zugleich auf ihre „zerbrechliche" Schönheit reduziert wird (ihr Rufname ist „Belle!"), die alle „wesentlichen" Merkmale einer erwachsenen Frau enthält – ausgeprägter Busen, Wespentaille, und ein Kindchenschema-Gesicht mit riesigen, weit geöffneten, bewundernd blickenden Kulleraugen. Man könnte tatsächlich vermuten, die Trickzeichner würden sicherheitshalber selbst die Aufgabe übernehmen, die Virginia Woolf ironisch-bitter als die zentrale Funktion von Frauen in einer patriarchalen Kultur definiert hat: „Frauen haben über Jahrhunderte hinweg als Spiegel gedient mit der magischen und köstlichen Kraft, das Bild des Mannes in doppelter Größe wiederzugeben."[40]

Ein Blick in die Schaufenster professioneller Porträt-Fotografen zeigt, wie tief der Wunsch nach männlicher Überlegenheit im Bewußtsein der Menschen verankert ist. Auf offiziellen Hochzeitsfotos, die als visuelle Metaphern der legalen Verbindung zwischen den Geschlechtern deren wesentliche Aspekte klar herausstellen, werden die „in Liebe" vereinten Paare traditionell in hierarchischer Anordnung präsentiert – oft unter Zuhilfenahme hollywoodreifer Täuschungsmanöver und Tricks. Paare, in denen die Frau den Mann um Haupteslänge überragt, haben bestenfalls in der „Gag"-Werbung eine Chance. (Eine Werbung des Bayernwerks, die 1989 in Tageszeitungen geschaltet wurde, bildete eine solche „falsche" Brautpaarkombination unter folgendem Titel ab: „...im Prinzip geht alles, *aber ohne Strom läuft nichts.*")

Auch im Geschlechterverhältnis offenbart sich „wahre Größe" nicht in der perfekten Erfüllung oder verzweifelten, trickreichen Anpassung an die vorgegebenen, rigiden Normen, sondern durch die Loslösung und Unabhängigkeit davon. Das erfordert sowohl eine kritische Distanz zum Schönheitsideal als auch zu gesellschaftlichen Normen, die Männer aus zwei Gründen leichter herstellen können als Frauen. Zum einen ist ihr Selbstwertgefühl sozialisationsbedingt weniger von „Äußerlichkeiten" abhängig, zum andern können sie leichter in gesellschaftliche Bereiche aufsteigen, in denen sie Normen eher setzen als sich ihnen unterwerfen zu müssen. Aus einer mächtigen Position heraus ist es nicht besonders schwer, gesellschaftliche Konventionen bezüglich der Partnerwahl ohne Prestigeverlust bzw. sogar mit relativem Gewinn zu brechen.

Körperlich unterdurchschnittliche Männer können auch durch die Verbindung mit einer überragenden Partnerin Status und Unabhängigkeit demonstrieren. Sie beweisen damit, daß sie sich in ihrem generellen Anspruch, aus der Gesamtheit aller potentiellen Partnerinnen uneingeschränkt wählen zu können, von der Gesellschaft nicht behindern lassen. Eine beeindruckende Reihe körperlich auffällig kleiner Potentaten (von Napoleon bis König Hussein) beweist zur Genüge, daß mangelhafte Körpergröße für Männer mit ausgeprägtem Machtbewußtsein, Ehrgeiz und den entsprechenden psychologischen Fähigkeiten weder ein Stigma noch ein unüberwindliches Karrierehindernis ist, im Gegenteil.[41] Sie scheint auf manche eher noch als zusätzlicher Leistungsansporn zu wirken.

Weniger mächtige, ehrgeizige und angesehene Männer werden allerdings von ihrer Umgebung ebenso wie Frauen mit Spott und Kritik bedacht und korrektiven Maßnahmen unterworfen, wenn sie gegen das ungeschriebene Gesetz der Geschlechterrelation verstoßen. Eine „halbe Portion" handelt sich mit der Wahl einer überragenden Partnerin verschärfte Häme ein. (Ein Sportjournalist der *Süddeutschen Zei-*

tung eröffnete seinen Artikel über einen etwas glück- und glanzlosen Fußballer mit dem erhellenden Statement: „Es fängt damit an, daß Ehefrau Marianne drei Zentimeter größer ist."[42]) Die Kritik richtet sich zielgenau auf die „Männlichkeit" und gipfelt häufig in grundsätzlichen Zweifeln an der Durchsetzungskraft des Betroffenen gegenüber seiner Frau und der Unterstellung einer Machtumkehr in der Beziehung („Pantoffelheld").

Frauen, die unübersehbar gegen das Dogma der körperlichen Unterlegenheit verstoßen, wird jeder Zentimeter zum Verhängnis. Da sie mit ihrem Körper stärker identifiziert werden und ihr Selbstwertgefühl in stärkerem Maß von der Erfüllung der Attraktivitätskriterien abhängig ist, leiden sie bereits individuell mehr unter ihrer Abweichung von der Idealnorm als Männer. Durch die Verbindung mit einem kleineren Mann ziehen sie sich zusätzlich zu den Etikettierungen, die ihre Kernidentität angreifen („Mannweib") noch weitere psychologische Unterstellungen zu (Herrschsucht, Dominanz etc.), die ihr subjektives Wohlbefinden und Selbstwertgefühl schwerlich steigern dürften.

Die „richtigen" Größenverhältnisse zwischen den Geschlechtern sichern die männliche Vorherrschaft auf realer wie auch symbolischer Ebene. Im privaten Bereich wurzeln sie im ganz realen Machtverhältnis zwischen Eltern und Kindern, dessen Strukturen bis in unsere Erwachsenenbeziehungen hinein lebendig und wirksam bleiben. Eine Frau, die kleiner und körperlich schwächer ist als ihr männlicher Partner, ist diesem auch konkret unterlegen. Sie kann sich ihm gegenüber nicht wirklich durchsetzen oder ihn gar gefährden (wie die 136 kg schwere Amerikanerin, die sich aus Wut auf ihren Mann setzte und ihn dabei zerquetschte[43]). Sie kann ihn nicht einmal symbolisch „in Frage stellen". Das Gefälle zwischen ihnen erlaubt keinen Blick „von oben herab", sondern nur einen „Aufblick" (vgl. Kap. 2).

Die systematisch erzeugte körperliche „Unterlegenheit" im privaten Arrangement der Geschlechter bildet das physische Fundament für die emotionale Abhängigkeit vom Mann. Wie ein Kind gegenüber seinen Eltern fühlt sich die kleine und kraftlose Frau *wirklich* ohnmächtig und läßt sich, nach vernünftiger Abwägung ihrer beiderseitigen Möglichkeiten und im Vertrauen auf ihren Partner, bereitwilliger auf ein passives Abhängigkeitsverhältnis zu ihm ein.

Die konsequente Umsetzung der relativen Rangordnung der Geschlechter in der heterosexuellen Paarbildung macht die Geschlechterhierarchie zu einer kaum hinterfragten Selbstverständlichkeit. Wir nehmen den Augenschein für bare Münze und arrangieren uns weitgehend damit. Kinder können durch entsprechende Nachfragen allerdings in eine beträchtliche Erklärungsnot geraten: In der beliebten Fernsehsendung DINGSDA, in der Erwachsene Begriffe erraten müssen, die verschiedene Kinder in ihren eigenen Worten umschreibend erklären, beschrieb ein Junge „Frau" unter anderem als „etwas, das immer kleiner ist als ein Mann". Durch eine Nachfrage verblüfft, versuchte er diesen Sachverhalt damit zu begründen, daß Frauen eben „immer später geboren werden als Männer". Der Hinweis auf die Mädchen in seiner Klasse, von denen einige größer als die gleichaltrigen Jungen waren, ließ ihn zunächst gänzlich verstummen, bis er sich in die Scheinwelt der Erwachsenen hinüberrettete: „Bei den Erwachsenen ist es eben so!"[44]

Anmerkungen

1 Der Gynäkologe A. Wischnik wies auf dem 2. Perinatalmedizinischen Symposium in Mannheim 1992 anhand einer Auswertung von 500 computertomographischen Aufnahmen weiblicher Becken darauf hin, daß in den letzten Jahrzehnten eine zunehmende „Verrundung" des weiblichen Beckeneingangs stattgefunden hat: Die Beckenform jüngerer Frauen nähere sich „mehr und mehr infantilen Verhältnissen" an (*Süddeutsche Zeitung*, 5.3.1992).

2 In Wirklichkeit sind die körperlichen Unterschiede zwischen den Geschlechtern eher fließend und überlappend. Unterschiede in der Körpergröße erhalten ihre besondere Signalfunktion erst durch die *selektive Partnerwahl*, die bewirkt, daß Paare in der Regel der Normvorstellung entsprechen, derzufolge Männer stets größer sein müssen als Frauen.

3 Werbung für eine Herrenlederjacke in einem Prospekt der Firma *Hein Gericke*, Postwurf Januar 1993.

4 Vgl. Heimat- und Miedermuseum der Stadt Heubach.

5 Nur „heiße Luft": Tatsächlich bot 1992 eine kalifornische Firma zum Preis von umgerechnet etwa DM 100.- einen Bikini mit aufblasbarem Oberteil an.

6 Dieses Adjektiv benutzte der Sportmediziner Rolf Förster, als er auf dem ersten deutschen „Schmerztag" in Frankfurt darauf hinwies, daß bereits eine Absatzhöhe von mehr als 3 cm den Bewegungsapparat, insbesondere die Wirbelsäule, stark belastet.

7 Theaterkritik (*Süddeutsche Zeitung*, 28.1.1993).

8 Vgl. G. Weiler, 1985, S. 85 ff.

9 Vgl. L. Cardella, 1991, und die entsprechenden Reaktionen in Sizilien auf die Veröffentlichung dieses Romans.

10 Vgl. Eakins & Eakins, 1978.

11 Vgl. *Süddeutsche Zeitung*, 14.10.1991.

12 Zitate aus *SZ-Magazin* Nr.19, 1991.

13 Vgl. *Die Zeit* Nr.34, 19.8.1983, S. 37.

14 Vgl. T. Laqueur, 1992.

15 Vgl. N. Wolf, 1991.

16 Vgl. Jourard & Secord, 1955.

17 Daß durch die allmähliche Metamorphose des Körpers in einen anzugsprengenden

Muskelklops originär „männliche" Bedürfnisse befriedigt werden und nicht die Wünsche des anderen Geschlechts, wird auch darin deutlich, daß die in der Regel eher belustigten bis ablehnenden Reaktionen von Frauen an der Attraktivität des Extrem-bodybuilding nichts ändern.

18 Vgl. *Süddeutsche Zeitung*, 11.2.1993.

19 Vgl. *Süddeutsche Zeitung*, 8.8.1990.

20 N. A. Shinabargar, S. 397.

21 Berichtet von Marina Kail, der Frauenbeauftragten im Bundesverband der deutschen Gewichtheber (*Süddeutsche Zeitung*, 14.1.1993).

22 Vgl. C. Schmerl, 1984 und 1992, und G. Mühlen-Achs (Hg.), 1990.

23 Vgl. N. Wolf, 1991.

24 Dadurch wird das sog. „Kindchenschema" künstlich erzeugt – ein soziales Signal der Hilflosigkeit, das in der Tierwelt als natürliches Körperschema unreifer Individuen Schutz- und Pflegeinstinkte auslöst – und dauerhaft mit „Weiblichkeit" verknüpft.

25 B. Boy, 1988.

26 *Vgl. Süddeutsche Zeitung*, 26.1.1990.

27 Graudenz/Pappritz, 1971, S. 230.

28 Ein solches gut eingeschliffenes Muster konnte ich im Speisesaal eines Urlaubshotels beobachten. Eine Mutter versuchte, übrigens erfolglos, ihre beiden Kinder mit folgendem Argument daran zu hindern, den gedeckten Tisch, an dem sie alle seit geraumer Zeit saßen, vollständig einzusauen: „Wir wissen ja noch gar nicht, wo wir sitzen!" In der Tat zogen sie nach dem Eintreffen des dazugehörigen Mannes und Vaters, dem der Tisch offenbar nicht behagte, an einen anderen Tisch um.

29 Graudenz/Pappritz, a.a.O., S. 545.

30 Graudenz/Pappritz, a.a.O., S. 264-272.

31 Vgl. Trömel-Plötz, 1982, S. 94.

32 I. Klebe, 1989, S. 185.

33 M. Argyle, 1975, S. 336.

34 Vgl. Berger & Luckmann, 1969.

35 Vgl. E. Goffman, 1981, S. 165.

36 E. Goffman, a.a.O., S. 169.

37 Vgl. *Süddeutsche Zeitung*, 10./11.11.1992. Nach Brandts Tod bezeichnete die *SZ* den Kniefall neben dem Abschluß der Ostverträge als herausragendsten Moment seiner Regierungszeit.

38 E. Goffman, a.a.O., S.120.

39 E. Goffman, a.a.O., S.122.

40 V. Woolf, 1981, S. 43.

41 „Er mißt keine 170 Zentimeter", schrieb die *Süddeutsche Zeitung* über den texanischen Milliardär Ross Perot, als er sich anschickte, den Präsidenten der nunmehr einzigen Weltmacht zu entmachten, „aber will ganz hoch hinaus".

42 *Süddeutsche Zeitung*, 23.9.1991.

43 Vgl. *SZ-Magazin* Nr.1, 1993; während dieses Geschehen als eine der 1000 „Absonderlichkeiten" des Jahres 1992 Eingang in die Annalen fand, finden sich Berichte über ähnlich monströse, aber umgekehrte Verhältnisse des öfteren (in der Rubrik „Leute von heute") in der Tageszeitung (z.B. die Verlobung eines 133 kg schweren, 20jährigen Sumo-Ringers mit einer 50 kg leichten 19-jährigen Frau, die jedoch nur als „Nacktmodell" bezeichnet wurde).

44 Persönliche Mitteilung von Mitarbeiterinnen des *Dingsda*-Teams.

GENDERLEKT: DIE KÖRPERDIALEKTE DER GESCHLECHTER

Auf körperlichen Unterschieden allein kann, selbst wenn sie betont und verstärkt werden, in einer zivilisierten Gesellschaft per se kein Herrschaftsverhältnis zwischen den Geschlechtern errichtet werden. Sie stellen mehr oder weniger nur eine – wenn auch scheinbar ziemlich tragfähige und glaubwürdige – Grundlage dafür bereit. Das Weitere übernimmt dann die „Körpersprache", deren wichtigste Funktion als Instrument der Selbstdarstellung und der Kommunikation die Errichtung und Aufrechterhaltung einer sozialen Ordnung ist.

Eine prinzipiell ungleiche Verteilung der körpersprachlichen Mittel, eine wechselseitige Legitimierung respektive Tabuisierung bestimmter, machtrelevanter Verhaltensweisen konstituiert zwischen Frauen und Männern ein Herrschaftsverhältnis, das sich der bewußten, rationalen Kontrolle und Reflektion weitgehend entzieht – denn „Tatsache ist, daß menschliches Verhalten gewöhnlich die höchst automatische Ausführung traditioneller Programme ist oder unbewußtes Reagieren auf Kontextveränderungen".[1]

In der körpersprachlichen Sozialisation wird bei beiden Geschlechtern insbesondere auf die Entwicklung und Verinnerlichung solcher Ausdruckselemente und Verhaltensmuster Wert gelegt, die die angenommene und postulierte Überlegenheit von Männern über Frauen so klar und unmißverständlich wie möglich zum Ausdruck bringen. Die Grundlage dafür bildet die patriarchale Grundordnung, die durch differenzierte Machtprivilegien hergestellt wird: die Macht, anderen ein bestimmtes Verhaltensrepertoire vorzuschreiben (Definitionsmacht); die Macht, Verhaltensweisen anderer eigenen Maßstäben entsprechend nach Belieben zu bewerten (Interpretationsmacht); die Macht, die Einhaltung der Vorschriften zu überwachen (Kontrollmacht); und nicht zuletzt die Macht, falsches, unbotmäßiges Verhalten zu bestrafen (Sanktionsmacht).

Diese Grundordnung garantiert Personen männlichen Geschlechts eine weitgehend exklusive Nutzung jener Verhaltenselemente, die in einem eindeutigen Zusammenhang mit Macht und Dominanz stehen.

Ihre Verhaltensprivilegien werden durch Tabuisierung der entsprechenden Verhaltensweisen für Frauen und durch eine strenge, von der gesamten Umwelt ausgeübten Kontrolle optimal abgesichert. Dadurch werden Frauen so weit wie möglich daran gehindert, sich „wie Männer" zu benehmen.

Die Differenzierung der Geschlechter auf der Verhaltensebene setzt sich auf der symbolischen Ebene der Bedeutung und Bewertung von Verhalten fort. Ein durchgehender „Doppelstandard" sorgt dafür, daß jeder Geste, jeder Verhaltensweise je nach Geschlecht der Person, die sie vollzieht, unterschiedliche Bedeutungen unterlegt werden, so daß selbst identische Verhaltensweisen letztlich unterschiedlich bewertet werden (eine laute, erregte Stimme wird beim Mann als Ausdruck aggressiver Wut, bei der Frau als Ausdruck von „Hysterie" interpretiert).

Diese gezielten Eingriffe in das Kommunikationssystem Körpersprache beschränken seine effektiven Funktionsmöglichkeiten und reduzieren damit auch seinen tatsächlichen Gebrauchswert entscheidend. Die Komplexität des körpersprachlichen Verhaltensrepertoires, die prinzipielle Mehrdeutigkeit seiner Signale wird durch das Herrschaftspostulat zerstört. Es wird in zwei Inventare aufgespalten, auf die einzelne Elemente planmäßig verteilt werden. Frauen und Männer schöpfen unter diesen Umständen bei der Entwicklung ihres individuellen körpersprachlichen Kommunikationsstils nicht mehr aus der gleichen, gemeinsamen Quelle. Beide Geschlechter können im Prinzip keine optimale, funktional umfassende „Körpersprache" entwickeln, sondern nur eine Art Dialekt, einen den Gendervorschriften entsprechenden „Genderlekt".

Die Körperdialekte der Geschlechter sind für sich genommen jeweils unvollständig und auf eine ganz spezifische Weise defizitär; sie ergänzen sich aber gegenseitig. Die Reduktion der Körpersprache auf einen Genderlekt macht die Körperkommunikation einerseits berechenbarer und vorhersagbarer; andererseits disqualifiziert aber gerade der Verlust einer gemeinsamen Bezugsbasis und ihr komplementärer Charakter den Genderlekt prinzipiell als Instrument einer egalitären, herrschaftsfreien Kommunikation. Beides hat nämlich zur Folge, daß Frauen und Männer, die sich gendergerecht verhalten, insbesondere in ihren gemeinsamen Interaktionen, durch ihre alltäglichen und weitgehend unbewußten Verhaltensweisen beständig ein hierarchisches Muster zwischen sich erzeugen. Somit reduziert die umfassende Genderisierung der Körpersprache das gesamte Spektrum ihrer kommunikativen Möglichkeiten letztlich endgültig auf eine soziale Ordnungsfunktion.

Die Genderisierung der Körpersprache schränkt zwar beide Geschlechter verhaltensmäßig ein, allerdings durchaus nicht in derselben Weise oder in gleichem Umfang. Männer werden nicht ebenso global wie Frauen mit ihrem körpersprachlichen Ausdrucksverhalten identifiziert. Ihr Verhalten wird weder vorrangig noch ausschließlich als Ausdruck ihres „Geschlechts" betrachtet, sondern als Ausdruck ihres sozialen Status bzw. ihrer individuellen Persönlichkeit.

Da Männer in allen sozialen Schichten gleichermaßen vertreten sind, muß ihr Verhaltensrepertoire, allein um seiner Signalfunktion als Statusvariable nachkommen zu können, wesentlich umfangreicher sein als das der Frauen. Nicht alle können sich ausschließlich in mächtiger und dominanter Weise gerieren – eine unterlegene soziale Position kann durchaus auch Männern ein Verhaltensmuster der „Unterwerfung" (meist jedoch gegenüber anderen Männern) aufzwingen.[2] Aus dem unterwürfigen und subordinierten Verhalten eines Mannes schließen wir daher meist unmittelbar auf seinen sozialen Status zurück. Wir interpretieren es nicht vorrangig als Ausdruck einer „Störung" in seiner psychologischen Geschlechtsidentität – obwohl das Muster der Unterwerfung den Kern des „femininen" Verhaltenskodex bildet. Bedient sich ein Mann in seiner Selbstdarstellung allerdings dezidierter „Weiblichkeits"-Chiffren, die er womöglich noch exaltiert überzeichnet (wie es manche Homosexuelle tun, deren Verhalten in der Folge dann als „effeminiert" oder noch abfälliger als „tuntig" bezeichnet wird), besteht Anlaß zu tiefergehenden Vermutungen und Rückschlüssen; diese beziehen sich dann nicht mehr auf die soziale (Status) oder die psychologische Ebene (Persönlichkeitsmerkmale), sondern auf den innersten Kern seines Selbst, seine Genderidentität.

Da Frauen unmittelbarer als „Geschlechtswesen" betrachtet werden, wird auch ihr kommunikatives Verhalten weniger als direkter Hinweis auf ihren sozialen Status, sondern in erster Linie als unmittelbarer Ausdruck von Gender aufgefaßt. „Männliches" Verhalten ist Frauen zwar in gewissem Umfang, als Ausdruck bestimmter psychologischer Merkmale, gestattet, es wird ihnen jedoch selbst dann nicht wirklich persönlich zugestanden, wenn sie, was ohnehin selten genug vorkommt, einen hohen sozialen Status erreicht haben. Dies macht deutlich, daß zwischen Menschen „mächtige" Verhaltensweisen nicht primär als geschlechtsunspezifisches, allgemeines Signal von Macht und Machtstreben benutzt werden, sondern daß sie vorrangig mit dem Geschlecht gekoppelt und exklusiv Männern vorbehalten sind.

Dominanzverhalten von Frauen wird vor dem Hintergrund der Genderbestimmungen primär psychologisch interpretiert und beurteilt: genauer gesagt als Ausdruck einer „Störung" (das Spektrum spannt sich von der „eisernen Lady" bis zur bekennenden „Domina"). Bestimmte Posen, z.B. das Sitzen mit weit gespreizten Beinen oder rittlings auf Stühlen, die bei Männern als Zeichen „entspannter" Dominanz gelten, werden bei Frauen zu sexuellen Chiffren des Sich-Anbietens, die zu weitergehenden Etikettierungen und Unterstellungen von sexueller Libertinage oder Käuflichkeit führen.

Das Kernstück der genderisierten Körpersprache ist ihre weitgehend naturalisierte, alle Kommunikationskanäle durchdringende Herrschafts-symbolik. Sie zeigt sich in der Gestik, der Mimik, dem Blickverhalten, den Körperhaltungen und -bewegungen, dem Verhalten im Raum und auch in bestimmten Aspekten des Sprechverhaltens und der Rhetorik. Vier prägnante Eigenschaften der Körpersprache, in denen sie sich von anderen Kommunikationssystemen grundlegend unterscheidet, ermögli-chen und gewährleisten die ebenso umfassende wie gründliche Etablie-rung dieser Herrschaftsstruktur: ihre *Omnipräsenz* („man kann nicht nicht kommunizieren!"[3]), ihre *Vielfältigkeit* (sie schließt den gesamten Körper ein), ihre biologische und soziohistorische *Verankerung* und nicht zuletzt der weitgehend unbewußte *Automatismus*, der einge-schliffene Muster gegen bewußte Versuche der Umstrukturierung äu-ßerst resistent macht.

Das Herrschaftsverhältnis der Geschlechter manifestiert sich auf drei Ebenen der Körperkommunikation, die im folgenden ausführli-cher behandelt werden sollen: erstens in einer umfassenden und rigiden *Disziplinierung* des weiblichen Verhaltens und Benehmens; zweitens in der *Ritualisierung und Verankerung einer durchgängigen Dominanz-Unterwerfungsstruktur*, und drittens in der *Kontrolle bzw. Steuerung des emotionalen Ausdrucks*.

Die tragenden Säulen dieses komplexen Herrschaftsgebäudes bil-den vielfältige Dominanz-Unterwerfungs-Muster. Bei ihrer Errichtung knüpft die Erziehung an ein tief verankertes soziales Ordnungsystem an, das aber in entscheidenden Aspekten seiner ursprünglichen Struk-tur spezifisch verändert und im Sinne und zum Nutzen des kulturell definierten Musters der Geschlechterherrschaft umfunktionalisiert wird.

Dominanz-Unterordnungsrituale dienen in tierischen Gesellschaf-ten der Aufrechterhaltung einer sozialen Ordung und der Sicherung des sozialen Friedens. Dominanzverhalten ist daher kein Ausdruck eines generell erteilten Privilegs, sondern nicht mehr als eine kommuni-kative Verhaltensstrategie, die gezielt und umsichtig eingesetzt wird und gegenüber der Gemeinschaft immer wieder legitimiert werden muß. Ihre wichtigste Funktion besteht darin, aggressive Auseinandersetzungen zwischen Individuen so weit wie möglich zu verhindern, indem sie durch symbolische Interaktionen ersetzt werden. Soweit bekannt, werden sie im Tierreich weder spezifisch noch gar vorrangig als Mittel zur Hierarchisierung der Geschlechter eingesetzt.

Ritualisiertes Dominanzverhalten (z.B. Zähnefletschen, Drohstarren, Aufpumpen des Brustkorbs, Stöckeschwingen und Lärmen[4]) wird konkret-aggressiven Handlungen vorgeschaltet und repräsentiert diese auf eine differenzierte und durchaus modulationsfähige Weise. Es signalisiert einen individuellen Anspruch auf Vorrang und Macht. Dementsprechend signalisiert das komplementäre Element dieses Rituals, das aus symbolischen Akten der Unterordnung besteht (z.B. „Verkleinerungen" und Verrenkungen des Körpers, Anbieten von bestimmten „Sozialleistungen" wie Fellpflege, Lausen oder Ablecken und diversen Signalen der Friedfertigkeit), die Akzeptanz dieses Anspruchs und einen freiwilligen Verzicht auf einen tatsächlichen Kampf um sozialen Aufstieg in der Gruppe. Es leuchtet unmittelbar ein, daß dieses äußerst sinnvolle Ritual seinen eigentlichen Sinn verlöre, würden bestimmte Individuen von vornherein und für alle Zeiten entweder auf den einen oder auf den anderen Teil verbindlich festgelegt werden. Eine optimal an den Bedürfnissen der Gesamtgemeinschaft orientierte Sozialstruktur muß auch so flexibel sein, individuelle und situationsspezifische Verhaltensentscheidungen zu ermöglichen.

Bei der Übernahme des Dominanz-Unterordnungsrituals in das menschliche Verhaltensrepertoire werden seine beiden Elemente verbindlich mit der Kategorie Geschlecht verknüpft. Frauen werden auf eine stereotype Zurschaustellung von ritualisierten Zeichen der Unterordnung gegenüber Männern verpflichtet und dadurch ganz generell symbolisch entmachtet, gleichsam politisch „kastriert". Ritualisiertes Dominanzverhalten bleibt allein Männern vorbehalten – einerseits als differenziertes Kommunikationsinstrument für ihre Auseinandersetzungen untereinander, andererseits als prototypisches „Gendersignal" im Umgang mit Frauen.

Nur im ersten Fall dient es in seinem ursprünglichen Sinn noch am ehesten entsprechender Weise der Errichtung einer „sinnvollen" sozialen Ordnung, wobei der jeweilige Rangplatz über die Mittel entscheidet, die eingesetzt werden dürfen. Im Umgang mit Frauen haben männliche Dominanzrituale eine völlig andere Funktion. In der Geschlechterinteraktion werden diese vergleichsweise feinen Instrumente einer disponiblen Hierarchie zu plumpen, ultimativen Beweismitteln einer „grundsätzlichen", nicht mehr zu hinterfragenden Überlegenheit.

Die Verankerung des Genderlekts in der Persönlichkeitstruktur von Frau und Mann stellt sicher, daß Frauen auf männliche Dominanzdisplays nicht in gleicher Weise und mit gleichen Mitteln wie Männer reagieren und sich dadurch als prinzipiell gleichwertige Konkurrentinnen gleichsam selbst disqualifizieren. Wenn Frauen auf männliche Dominanz reflexhaft mit dem komplementär entgegengesetzten und als Ausdruck von „Weiblichkeit" tief verinnerlichten Unterwerfungs- und Befriedungsverhalten reagieren, komplettieren sie damit unbewußt das Herrschaftsmuster zwischen den Geschlechtern und bestätigen und legitimieren es letztlich selbst.[5]

Dieses Herrschaftsmuster ist kein natürliches, sondern ein durch und durch soziales Phänomen. Dies wird gerade durch den Vergleich mit tierischem Verhalten, der ansonsten meist in der gegenteiligen Absicht gezogen wird, aufgrund der dargestellten spezifischen Unterschiede zwischen dem tierischen und dem menschlichen Gebrauch ritualisierten Verhaltens letztlich bestätigt. Letzten Endes bestimmt nicht das biologische, sondern das soziale und psychologische Geschlecht darüber, welche instrumentellen und expressiven menschlichen Fähigkeiten ein Individuum in der Interaktion mit anderen zum Einsatz bringen kann.

Je nach dem Grad der Identifikation mit dem Genderkonzept und seinen psychologischen Definitionen paßt ein Individuum sein Verhalten den vorgegebenen Normen an. Je mehr es mit den psychologischen Genderdefinitionen übereinstimmt, desto klarer tritt das entsprechende Element des Dominanz-Unterordnungsrituals verhaltensmäßig in Erscheinung. Frauen mit ausgeprägter Geschlechtsrollenorientierung, also besonders feminine Frauen, vermeiden dominante und aggressive Verhaltensweisen stärker als weniger feminine Frauen und als die meisten Männer. Besonders maskuline Männer, die sich weitgehend an der traditionellen männlichen Geschlechtsrolle orientieren – und in extremer Weise entsprechend überidentifizierte „Machos" – benutzen hingegen mit Vorliebe gerade solche Verhaltensweisen und Ausdrucksmittel, die Dominanz, emotionale Unabhängigkeit, Härte und Aggressivität signalisieren. Treffen nun zwei solche am traditionellen psychologischen Genderkonzept orientierte Individuen aufeinander, realisieren sie gemeinsam die Idealvorstellung einer hierarchisch strukturierten Geschlechterbeziehung, an deren Spitze immer der Mann steht. Um diese Position zu erreichen und zu erhalten, ist insbesondere der überidentifizierte „Macho" durchaus bereit, nicht nur symbolische „Drohgebärden", sondern auch reale körperliche und psychische Gewalt einzusetzen.

Unter „normalen" Umständen ist dies jedoch kaum nötig. Die komplementäre Beteiligung der Frauen an der Errichtung der gemeinsamen Beziehungsstruktur befreit den individuellen Mann vom Zwang, seine Position durch konkrete Unterdrückungsmaßnahmen zu sichern. Das Geschlechterverhältnis erscheint infolgedessen oberflächlich zwanglos und in seinem Wesen geradezu umwerfend natürlich.

Individuen, die sich mit dem ihnen aufgrund ihres biologischen Geschlechts zugewiesenen Genderkonzept nur wenig oder gar nicht identifizieren können, und insbesondere jene, die sich am jeweils konträren Konzept orientieren (z.B. androgyne oder transsexuelle Menschen), weichen daher auch in ihrem individuellen Verhalten entscheidend von der Norm ab. Ihr Verhalten liegt quer zur propagierten Differenz. Daß sie sich scheinbar beliebig aus beiden, ideologisch so mühsam wie säuberlich getrennten körpersprachlichen Repertoires bedienen, irritiert ihre Umgebung gewaltig. Solche AbweichlerInnen, die in ihrem alltäglichen Verhalten den bedeutsamsten und höchstwahrscheinlich folgenschwersten „Unterschied" in unserer Gesellschaft beständig in Frage stellen, bestätigen damit in letzter Konsequenz dessen sozialen Zwangscharakter.[6] Sie stoßen deshalb bei denen, die sich diesem Zwang unterworfen haben, geradezu zwangsläufig auf eine breite Front von Ablehnung, werden mit negativen psychologischen Etiketten belegt, stigmatisiert und gesellschaftlich ausgegrenzt.[7]

Die soziale Ordnungsfunktion der menschlichen Genderlekte wird vor allem aus einer erweiterten Perspektive, die ihrem komplementären Charakter hinlänglich Rechnung trägt, augenfällig, d.h. dann, wenn feminine und maskuline Elemente nicht jeweils für sich allein, sondern gemeinsam, in ihrem Zusammenspiel analysiert werden. Bisher haben nur wenige ForscherInnen den geschlechtsspezifischen Machtaspekt der Körpersprache von vornherein zur zentralen Untersuchungskategorie gemacht.[8] Der Großteil der Erkenntnisse, die diesen Zusammenhang beleuchten können, muß nachträglich aus Untersuchungen extrapoliert werden, in denen zwar systematische Verhaltensunterschiede gefunden, aber ursprünglich nach anderen Kategorien rubriziert wurden.

Um die durchgehende Unterschiedlichkeit der Körperdialekte in Form und Funktion zu belegen, werden im folgenden aber nicht nur explizite wissenschaftliche Forschungsergebnisse herangezogen, sondern auch typische Produkte der Trivialkultur. Dabei erweist sich das Menschenbild der Medien aufgrund seiner plakativen Stereotypie und sperrfeuerähnlichen Präsenz als wahre Indizien-Goldgrube, um die Herrschaftsfunktion der genderisierten Körpersprache zu belegen.

In die lange Zeit recht eintönige Stereotypie speziell des Frauenbilds ist allerdings in letzter Zeit etwas Bewegung gekommen. Es läßt sich eine gewisse Tendenz erkennen, die möglicherweise als differenzierte Reaktion des Medienapparats auf die wachsende Unzufriedenheit von Frauen mit ihrem eingeschränkten Repertoire und auf die zunehmende Bereitschaft, sich „männliche" Gesten und Ausdrucksweisen anzueignen („Maskulinisierung"), zu verstehen ist. Dem ursprünglich schlichten, aber krampfhaften Beharren auf einer traditionellen, durchweg gesitteten Körpersprache von Frauen, das ihre mediale Darstellung lange kennzeichnete, stehen nun zwei neue Trends entgegen. Einerseits der zweifelhafte „Fortschritt", den die privaten TV-Anbieter mit ihren Softpornoprogrammen eingeleitet haben und der in Wahrheit eine reaktionäre Verschärfung der Geschlechterpolarisierung darstellt: In diesen Programmen werden Frauen vollständig auf ihre Körper bzw. ihre Sexualität reduziert und für die Befriedigung eher primitiver männlicher Bedürfnisse funktionalisiert. Diese Veränderung kann aus ideologiekritischer Perspektive quasi als patriarchaler „Ordnungsruf" verstanden werden, der Frauen nachdrücklich an ihre „wahre" Bestimmung erinnern soll.

Dem steht ein recht kleines Häuflein alternativer Leitbilder gegenüber, deren Attraktivität (übrigens nicht nur für Frauen) unter anderem auch darauf beruht, daß sie mit ihrem Verhalten die relativ engen Grenzen des femininen Kodex durchbrechen und eher feministisch, das heißt machtvoll, durchaus unter Verwendung deutlicher Dominanz- und auch Drohsignale, agieren. Für diese neue Variante des Frauenbilds lassen sich allerdings bedeutend weniger Beispiele anführen. Nach wie vor beeindruckt das weibliche Polizistinnenpaar aus der gleichnamigen Uralt-TV-Serie „Cagney & Lacey": zwei weibliche „Kumpels", die sich viele Jahre lang allein gegen eine übermächtige Masse rein männlich besetzter „buddy-movies" (Männerpaare in Film und Fernsehen) durchsetzen mußten; neuerdings gesellen sich ihnen, allerdings nur mit Einzelauftritten, weitere Frauenteams zu (z.B. „Thelma & Louise"; die körpersprachliche Revolution dieser Titelheldinnen gegen ihre Einschränkungen durch Genderlekt-Vorschriften wird nur noch von ihrer ebenso „genderuntypischen" gegenseitigen Solidarität und Zuneigung überboten).

Disziplinierung

Die durchgängige Macht-Ohnmachtstruktur wird, da sie die Basis des Geschlechterverhältnisses bildet, mit großer Sorgfalt, Konsequenz und

Nachdrücklichkeit in die Körper ihrer ProtagonistInnen einprogrammiert. Eine alle zivilisierten Gesellschaften kennzeichnende, umfängliche Verknüpfung des gesamten Verhaltensbereichs mit einer gesellschaftlich definierten Moral bietet sich als Ausgangspunkt dafür an, insbesondere das Verhalten und Benehmen der Frauen einem strengen und ausgeklügelten Regelwerk von „Zucht und Ordung" zu unterwerfen. Das besondere Augenmerk auf „Sittlichkeit" speziell des weiblichen Verhaltens hat eine beachtliche historische Tradition.

Entsprechende „Mahnworte" des Apostels Paulus an seine verstreuten Gemeinden sprechen allein durch das zahlenmäßige Mißverhältnis von männlichen und weiblichen Adressaten Bände: Von 327 Appellen richten sich 267 speziell an Frauen, während Männer mit 60 Ordnungsrufen davonkommen.

Auch im Mittelalter wurde, wie die zahlreichen und ausdrücklichen Vorschriften, die in der zeitgenössischen Literatur zu finden sind, zeigen, das Alltagsverhalten von Frauen mit besonderer Aufmerksamkeit reguliert[9] (z.B. sollten sie nicht mit übereinandergeschlagenen Beinen sitzen und beim Gehen keine allzu großen Schritte zu machen[10]). Viele allgemeine Regeln der „Hoflichkeit" haben ausschließlich das Verhältnis der Geschlechter zum Gegenstand. Es fällt auf, daß die Imperative des „Maßhaltens" öfter und ausdrücklicher an Frauen als an Männer adressiert sind – selbst wenn sie männliche Handlungen betreffen. Den Herren selbst werden im Umgang mit Frauen keine expliziten Verbote (z.B. der Berührung) auferlegt. Statt dessen werden die Hofdamen angewiesen, Männern die Berührung (ihres Busens) nicht zu gestatten. Ihnen werden auch andere Aktivitäten explizit verboten – z.B. ein direkter Blickkontakt mit einem Mann, die Zurschaustellung ihres Körpers und der Ausdruck ganz bestimmter Gefühlsregungen.[11]

Die letztgenannte Vorschrift konkretisiert sich beispielsweise in der Anweisung, in Anwesenheit „eines bedeutenden Mannes" ein Lachen, d.h. den lachenden Mund durch die vorgehaltene Hand zu verbergen. Aus heutiger Perspektive ist die tatsächliche Funktion dieser Regel leicht zu entlarven. Goffman (1981) hat klargestellt, daß ritualisierte Verhaltensweisen, die angeblich etwas verbergen sollen, in Wirklichkeit eine gegenteilige Funktion erfüllen. Erstens gelingt es gar nicht, durch eine solche Geste einen Ausdruck gänzlich zu verbergen – sie weist vielmehr geradezu darauf hin, daß etwas verborgen werden soll; und zweitens macht sie (vor allem wenn das ganze Gesicht oder jedenfalls die Augen bedeckt werden) die Person vorübergehend „blind" und hilflos und liefert sie damit ihrer Umgebung aus.

Die Formulierungen der mittelalterlichen Verhaltensvorschriften zeigen vor allem in der Art ihrer Bezugnahme auf Sexualität interessante Parallelen zwischen der allgemeinen Erziehung der Frauen und der dezidiert körper- und sexualfeindlichen Zucht der Mönche auf. Sie machen außerdem deutlich, daß schon damals Frauen nicht nur die Verantwortung für das eigene Benehmen, sondern auch für das der Männer übertragen wurde und daß sie für Fehlleistungen beider Geschlechter zur Verantwortung gezogen wurden. Es entbehrt nicht einer gewissen Ironie, daß gerade die, die im eigenen Verhalten nicht nur ganz allgemein wesentlich drastischer eingeschränkt, sondern vor allem in ihren Kommunikationsmöglichkeiten mit Männern umfassend entmachtet wurden (es fehlen beispielsweise Angaben dazu, mit welchen Mitteln und auf welche Art sie denn ihren moralisch legitimierten Verpflichtungen gegenüber Männern Nachdruck hätten verleihen können), mit der Aufgabe betraut wurden, für die Einhaltung allgemeiner Moralgesetze zu sorgen und diese zu garantieren. Damit wurde ihnen eine Rolle aufgezwungen, in der sie unter den gegebenen Umständen von vornherein zum Scheitern verurteilt waren. Die Vermutung liegt nahe, daß gerade dieses vorprogrammierte Scheitern für die Aufrechterhaltung des Herrschaftsverhältnisses zwischen den Geschlechtern durchaus nützlich war und ist, denn es dient traditionell als Ansatzpunkt und wesentliche Voraussetzung für eine „Sündenbock"-Konstruktion, die ihre Wirkung auf beide Geschlechter nicht verfehlt.

Die gründlichste Ausarbeitung und die unmißverständlichsten Formulierungen von Mitteln und Zielen der Kontrolle weiblichen Verhaltens blieben einem Mann vorbehalten, der nichtsdestoweniger als Kulturkritiker von Rang und als Sozialrevolutionär in die Geschichte der Pädagogik eingegangen ist.

„Duldet nicht, daß sie auch nur einen Augenblick in ihrem Leben über die Stränge schlagen. Gewöhnt sie daran, mitten im Spiel unterbrochen zu werden und anderen Pflichten ohne Murren zu folgen. Die bloße Gewohnheit genügt hierin, weil sie der Natur Beistand leistet. Aus diesem zur Gewohnheit gewordenen Zwang entsteht die Folgsamkeit, die die Frauen ihr ganzes Leben lang brauchen, weil sie immer entweder einem Mann oder den Urteilen der Gesellschaft unterworfen sind und sich niemals über diese Urteile hinwegsetzen dürfen." (Jean-Jacques Rousseau, 1762)

Noch heute werden Mädchen bei der Aufzucht und in der Erziehung durch massive Verhaltenskontrollen und strengeren Drill stärker diszipliniert als Knaben: Beim Stillen werden ihnen weniger Trinkpausen zugestanden, sie werden früher entwöhnt, müssen aber eher selbständig und „ordentlich" essen lernen.[12] Als Maximen der körperlichen Selbstinszenierung schlagen Sauberkeit und Ordentlichkeit bei Mädchen lebenslang stärker durch als bei Jungen. Sie erfreuen sich nur ausnahmsweise oder in zeitlich begrenzten Lebensabschnitten einer gewissen Freiheit von Zucht und Ordnung, die für Knaben heute nahezu selbstverständlich ist. In der neuen „Jugendkultur" der 90er Jahre wird beispielsweise Schlampigkeit und eine gewisse Zügellosigkeit als Ausdruck primär männlicher Freiheit nahezu weltweit durch die gleichen stereotypen Symbole kodifiziert – durch offen getragene Basketballstiefel, Freizeitkleidung in bequemer Überweite und verkehrt herum aufgesetzte Baseball-Mützen. Mädchen haben in dieser Welt keinen Stammplatz, sondern höchstens den Status vereinzelter und sporadischer Paradiesvögel.

Die Regeln des guten, mit anderen Worten des ordentlichen und gezügelten Benehmens begrenzen die individuelle weibliche Freiheit nach wie vor eng und umfassend. Sie bereiten auf ein Leben vor, in dem fremden Ansprüchen und Bedürfnissen mehr Gewicht beigemessen wird als eigenen, und zielen auf die Entwicklung zentraler „weiblicher" Eigenschaften – liebenswürdige Gefälligkeit und Selbstlosigkeit im Einsatz für ein definiertes Gemeinwohl – ab. Die Verbindung zwischen der Disziplinierung auf der Verhaltensebene und der Genese einer entsprechenden Charakterstruktur wird durch eine Kette moralischer Imperative hergestellt, die sich gleichfalls durch ihre dezidierte Ausrichtung am Fremdwohl charakterisieren lassen: Sei höflich, nett und freundlich, rücksichtsvoll, zuvorkommend, mitfühlend, respektvoll und stets dankbar!

Durch diese spezifische Sozialisation (im buchstäblichen Sinn) trägt weibliches Verhalten, auf Kosten und zu Lasten von Frauen, entscheidend zur Qualitätsverbesserung des sozialen Klimas und zum Wohlbefinden anderer bei. Ein erschütterndes Beispiel für die ultimativen Konsequenzen einer typischen Mädchensozialisation lieferten vier kleine, 8- bis 11-jährige Mädchen 1989 in Südkorea: Sie vergifteten sich unter Anleitung der Ältesten gemeinsam mit Rattengift, um ihre Eltern finanziell zu entlasten. Mit ihrem Freitod wollten sie – so ihre Begründung – zur Verbesserung des Lebens ihres dreijährigen Bruders beitragen und seine Chancen auf eine gute Schulausbildung erhöhen.[13]

Die Shell-Jugendstudie 1992 konstatierte in unserer westlichen Kultur durchaus vergleichbare Bevorzugungsstrukturen: Auch im wiedervereinten Deutschland sind Söhne „Nummer 1" in der Familie und genießen dementsprechende Privilegien, ohne dafür Gegenleistungen erbringen zu müssen. Obwohl sich aus der Studie ergab, daß sich vor allem Mädchen (und Frauen) für ihre Eltern engagieren, investieren diese vor allem in die Ausbildung ihrer Söhne.[14]

Nur deshalb, weil Männer auch von solchen sozialen Verpflichtungen weitgehend befreit sind, geraten Frauen gesellschaftlich ins Hintertreffen. Auf männlicher Seite konstatiert die Jugendstudie hingegen unter anderem auch einen besorgniserregenden Anstieg von Gewaltbereitschaft und Gewalttätigkeit. Wir leisten uns den zunehmend unvertretbaren Luxus, Empathie, Fürsorglichkeit, Respekt, Rücksichtnahme und Freundlichkeit nur einer Hälfte der Menschheit systematisch anzutrainieren. Angesichts der bestehenden Machtverhältnisse zwischen den Geschlechtern wird die mangelhafte Sozialisation von Männern zu selten direkt kritisiert. Vor der Zumutung, sich den allgemeinen Regeln des zivilisierten Umgangs ebenso wie Frauen zu unterwerfen, schützt Männer ihr sozialer Status ebenso wie die gendertypische Geduld und der Langmut der Frauen.

Dominanz- und Unterordnungsrituale

Die allgemeine räumliche Bewegungsfreiheit von Männern ist größer als die der Frauen; sie beanspruchen, besetzen oder kontrollieren durchweg größere *Territorien* und größere persönliche *„Pufferzonen"* (vgl. dazu Kap. 3 und 5). Untergeordnete Männer und Frauen reagieren darauf generell mit Respekt, und räumen ihnen zusätzlich auch noch Privilegien ein, z.B. das Vorrecht, in ihre eigenen Territorien und persönlichen Räume nach Belieben einzudringen. „Trottoir"-Studien zeigen, daß Frauen Männern auf öffentlichen Wegen und Plätzen freiwillig und bereits so weit im voraus ausweichen, daß diese in ihrer geradlinigen „Streckenführung" nicht behindert werden – ein hochgradig unbewußtes Muster, an das sich auch Männer mittlerweile so gewöhnt haben, daß Abweichungen davon – wie jede Frau in der Öffentlichkeit leicht selbst überprüfen kann – fast zwangsläufig zu Zusammenstößen führen. („Wir machen ihnen Platz, und sie nehmen ihn uns weg, je nach den Umständen offen oder verdeckt."[15])

Vergleiche der Körperhaltungen zeigen folgende, für unsere Zeit und Kultur typischen Unterschiede auf: Männer nehmen im allgemeinen wesentlich entspanntere, raumgreifendere, und asymmetrischere Haltungen ein als Frauen (z.B. dürfen sie ihre Füße leger auf Tische oder Stühle legen oder stellen, breitbeinig rittlings oder seitlich auf

Stühlen sitzen, ein Bein über die Stuhllehne hängen etc.). Mit breitbeinigem, festem Stand, in die Hüften gestemmten, weit abgewinkelten Armen und scharf nach außen gerichteten Ellenbogen signalisieren sie Kampfbereitschaft und vermitteln den Eindruck „gespannter Aggressivität". Eine ebenfalls typisch maskuline Haltung, bei der sich die Person im Stuhl oder Sessel zurücklehnt, dabei die Hände um den Nacken legt und die Ellenbogen mit gestrecktem Rücken nach außen drückt („entspannte Aggressivität"), vermittelt weniger persönliche Dominanzbedürfnisse als den sozialen Status des „ranghöchsten" Individuums in einer Gruppe von Männern (und wird daher, um der Zielgruppe entsprechend zu schmeicheln, gern von einer gezielt auf Männer gerichteten Werbung inszeniert).

Die eher entspannten maskulinen Körperhaltungen, die sowohl Dominanz als auch Status ausdrücken, sind für den Akteur wesentlich angenehmer und bequemer als die für Frauen typische, schmale, zusammengezogene, „ellenbogenlose" Körperhaltung. Frauen müssen ihre Arme eng am Leib und die Beine geschlossen halten. Dies setzt eine ständige Muskelanspannung voraus, die sich von der Körperanspannung kurzzeitig eingenommener männlicher Dominanzposen deutlich unterscheidet. Sie ist Ausdruck einer umfassenden Selbstkontrolle, die ein hohes Maß an Energie bindet und außerdem ein klassisches Mittel der Selbstunterdrückung (indem „unpassende", störende Gefühle verdeckt werden) und der Unterwerfung unter gesellschaftliche Anforderungen („Ohren steif halten!"). Diese eher allgemeinen Aspekte von Körperhaltungen zeigen, daß durch die Genderisierung bereits auf einer vorsymbolischen Ebene allgemeiner Steuerungs- und Kontrollprozesse eindeutig machtrelevante Differenzen verankert werden.

Einen symbolischen Machtaspekt von Körperhaltungen machen hingegen die medialen Inszenierungen weiblicher Posen deutlich, die je nach Zielgruppe recht unterschiedlich sind. Richtet sich die Botschaft an die „Durchschnittsfrau", so werden die weiblichen Models bevorzugt in stereotypen Unterordnungsposen, schmal und klein, häufig an der Seite eines männlichen Partners, der sie in jeder Beziehung überragt, in Szene gesetzt. Vor allem in der Werbung erfreuen sich klassische Methoden der Verkleinerung, z.B. das „verschämt" angewinkelte Knie oder die schräge Kopf- oder Körperhaltung, die die subjektive Standfestigkeit symbolisch aufheben und eine gewisse „unterwürfige Schüchternheit" vermitteln, ungebrochener Beliebtheit.

Für das „gehobene" Publikum, das als selbstbewußter eingeschätzt wird (z.B. von *VOGUE* oder *COSMOPOLITAN*), werden Frauen zunehmend in dominanten Posen dargestellt, die auch einen gewissen Status vermitteln sollen. Um negative Assoziationen mit „Beziehungsproblemen" zu vermeiden, die davon eventuell abgeleitet werden könnten (vergl. Kap. 1), treten sie allerdings auffällig häufig solo, ohne männlichen Partner, in Erscheinung.

Die Pornographie, die sich bekanntlich primär an ein männliches Publikum richtet, begnügt sich selten mit der schlichten Darstellung von Unterlegenheit; über das Transportmittel Sexualität wird der Akt der Unterwerfung der Frau durch den Mann inszeniert. Die provokativ-dominanten Körperhaltungen ihrer weiblichen Modelle (z.B. breitbeiniges Sitzen mit gespreizten Beinen) können in diesem Kontext kaum als Ausdruck subjektiven Selbstbewußtseins aufgefaßt werden. Sie pervertieren zu Chiffren pseudoaggressiver, herausfordernder Käuflichkeit.

In unserem Alltagsverhalten, im täglichen Umgang miteinander, durch Gestik, Mimik und unser visuelles Verhalten inszenieren wir beständig vielfältige und sehr beeindruckende Dominanz-Unterordnungsmuster. Die Gestik hat dabei, aufgrund ihres spezifischen Zeichencharakters und ihres besonderen Stellenwerts als direktes Verbindungsglied zwischen der Körpersprache und der total abstrakten Verbalsprache, eine besonders wichtige Funktion.

Die Gestik ermöglicht die Konstruktion zweier Arten von Zeichen, die sich in ihrer psychologischen Bedeutung und in ihrer kommunikativen Wirkung grundsätzlich unterscheiden: *Präzisionszeichen* und *Machtzeichen.* Erstere sind signifikante Elemente eines präzisen, differenzierten, sensiblen, eher feinmotorischen Kommunikationsstils, von dem auf korrespondierende Charaktereigenschaften – „intellektuelle" Feinsinnigkeit, Sensibilität und Genauigkeit bei der Entwicklung von Gedanken – zurückgeschlossen wird. Machtzeichen hingegen charakterisieren auf sozialer Ebene einerseits den „Souverän" und seine dementsprechend hohe und einflußreiche Position und andererseits, in Form bestimmter körperlicher Berührungen (z.B. Umarmungen) auch zwischenmenschliche „Besitz"- und Abhängigkeitsverhältnisse (diese werden in Kap. 5 behandelt). Auf psychologischer Ebene kennzeichnen sie den macht- und selbstbewußten, dominanten „Macher" – vor allem aber sind sie, sozusagen kontrapunktisch zur eher als „feminin" eingestuften Präzisionsgestik, Ausdruck echter „Virilität" und deshalb im heterosexuellen Umgang Männern vorbehalten.

Als Elemente der Körpersprache haben Machtzeichen eine Eigenschaft, die sie für einen politischen Gebrauch geradezu prädestiniert. Sie sind keine rein abstrakten Symbole, sondern sogenannte Intentionsbewegungen, d.h. ansatzweise Durchführungen jener konkreten Macht-handlungen, die sie zeichenhaft symbolisieren. Gesten, bei denen ein Arm erhoben wird, z.B. das „Victory"-Zeichen oder der „Hitler-Gruß", sind insofern modulierte Andeutungen eines Schlages, dessen Aggres-sivität und Dominanzcharakter in der stilisierten Ausführung sichtbar werden.

Solche Zeichen sind im kollektiven Bewußtsein fast aller Kulturen verankert und übernehmen wichtige Funktionen bei der sozialen Strukturierung von Gesellschaften. Ihre hochgradige Schematisierung erhöht zwar einerseits ihre Unmißverständlichkeit und Effektivität, erleichtert aber andererseits auch ihren Einsatz in subversiver oder provokativer Weise. Illegale Machtzeichen (z.B. der „Hitler-Gruß") können bereits durch minimale Abänderungen, die seine ursprüngli-che Bedeutung nicht wirklich verändern oder gar zerstören, dem Verdikt entzogen und in aggressiver Weise sogar gegen die legalen Autoritäten gerichtet werden (die deutsche Justiz kann daher beispiels-weise gegen neonazistische Varianten des „Hitler-Grußes", z.B. den sog. „Kühnen-Gruß", bei dem nicht die flache Hand, sondern nur drei Finger des ausgestreckten Arms abgespreizt werden, nicht vergleich-bar vorgehen).

„Männliche" Gestik muß entschieden und klar sein, nachdrücklich, wettbewerbsorientiert und, wenn nötig, auch aggressiv. Das entspre-chende Repertoire enthält daher auch eine ganze Anzahl eindeutiger Drohgebärden. Ein Zeichen, das insbesondere für den Umgang ameri-kanischer Männer miteinander typisch ist und sich wegen der Dominanz amerikanischer Film-und Fernsehproduktionen auch bei uns zuneh-mend verbreitet, ist der dominante durchgestreckte Zeigefinger: Er richtet sich entweder mit einer aggressiven Stoßbewegung direkt gegen die andere Person und dringt „phallisch" in deren persönlichen Raum ein, oder er wird, als Ausdruck von Autorität und Status, „warnend" erhoben.

Ein weiteres klares Machtzeichen ist die geballte Faust, die meist zur Untermauerung sprachlicher Aussagen eingesetzt wird. Höchste Aggressivität (im Sinn und als Ausdruck von Kampfbereitschaft und eines unbedingten Willens zum Sieg) symbolisiert der dynamische Faustschlag ins Leere. Diese Geste hat sich vor allem im modernen Sport eingebürgert, speziell in solchen Sportarten, die große Massen von Zuschauern anlocken (z.B. Fußball und Tennis); sie ist ebenso wie das dynamische „Schaulaufen" mit hochgestrecktem Zeigefinger (Fuß-baller) oder die vergleichbare Siegespose im Tennis ein Ritual, das seine Wirkung sowohl nach außen wie auch nach innen (Selbstmotivation) ausübt. Als solches wird es zunehmend auch von Sportlerinnen vollzogen.

Das Abspreizen von Gliedmaßen, z.B. eines Daumens, hat als symbolischer Ausdruck von Dominanz – aus vergleichbaren Gründen wie die weiträumigeren Intentionsbewegungen des Schlagens, aber auch weil es weniger drastisch und aufwendig ist – eine lange Tradition. Daumensignale des Volkes an den Kaiser (aufgerichtet als „Befreie ihn!"-, gesenkt als „Töte ihn!"-Zeichen) konnten im alten Rom einem versklavten Gladiatoren Leben und Freiheit schenken oder sein Ende besiegeln.

Vollkommen ritualisierte Daumenzeichen werden noch heute häufig benutzt (z.B. als „O.K."-Signal); diesbezüglich lassen sich keine prinzipiellen, höchstens Häufigkeitsunterschiede zwischen den Geschlechtern erkennen; das kann dadurch erklärt werden, daß solche Zeichen häufig mit einer bestimmten sozialen Position oder bestimmten Berufen verbunden sind, in denen Frauen eher unterrepräsentiert sind (z.B. im Flugverkehr). Hillary Clinton, die „erste Frau" Amerikas, kommuniziert beispielsweise häufig einer ihr zujubelnden Menge durch einen hochgestreckten Daumen ihre Anerkennung.

Als spezifische Elemente einer ganz persönlichen Selbstdarstellung und Persönlichkeitscharakterisierung sind sie jedoch weitgehend Männern vorbehalten: Männer lassen ihre Daumen oft „gefährlich" aus den Hosen- oder Westentaschen herausragen, in die sie ihre Hände vergraben, oder sie haken sie fest und „bestimmt" in Hosenträger, -bund oder -gürtel ein. Frauen stellen sich hingegen kaum in solchen Posen dar, selbst wenn sie Hosen tragen. Sie setzen – wenn überhaupt – Machtzeichen in anderer, eher kommunikativer Funktion ein, z.B. zur Pointierung inhaltlicher Positionen. Als hervorragendes Beispiel dafür kann die eindrucksvolle Machtgestik der selbstbewußten „Vollblutpolitikerin" Trude Unruh genommen werden, die schon aus reinen Altersgründen dem heterosexuellen Attraktivitätszwang entronnen ist: Sie verlieh in ihren öffentlichen Auftritten als Repräsentantin einer gesellschaftlich unterprivilegierten Gruppe ihren Forderungen durch die Verwendung ausgeprägter Machtzeichen (geballte Faust, hochgereckter Daumen, heftige Bewegungen etc.) entsprechenden Nachdruck.

Männliches Gestikulieren hat überwiegend Statement-Charakter: Es richtet sich deutlicher auf oder sogar gegen eine andere Person, macht die Einstellung zu ihr sichtbar, kommentiert, grenzt ab und wird häufig auch als symbolische Waffe eingesetzt. Dabei haben Gesten, die einen besonders beleidigenden Charakter haben und in der klaren Absicht vollzogen werden, die andere Person zutiefst zu demütigen, oft sexuelle Konnotationen bzw. Hintergründe. Vordergründig vermitteln bestimmte obszöne Armbewegungen und Fingerzeichen (z.B. das Festhalten eines Oberarms mit der anderen Hand und das gleichzeitige Hochschnellen des Unterarms mit geballter Faust, oder der hochgereckte Mittelfinger, die beide eine gewaltsame vaginale oder anale Penetration andeuten) und entsprechende Verbalinjurien („Fuck You!") negative Einstellungen, Verachtung, Haß oder Wut. Solche Zeichen werden bevorzugt von gesellschaftlich ungenügend integrierten Randgruppen benutzt, finden aber zunehmend auch Eingang in das männliche Alltagsrepertoire.

Die Funktionalisierung männlicher Sexualität zum Zweck der Beleidigung und als Mittel aggressiver Attacken auf andere Personen – durch den symbolischen Verweis auf die sexuelle Erregung (Erektion) und symbolische Andeutungen des Geschlechtsakts – macht zum einen die traditionelle Verbindung zwischen männlicher Sexualität und gewalttätiger Dominanz sichtbar; zum anderen aber auch die soziale Entwertung und Verachtung, die jenen zuteil wird, die von den Besitzern solcher als symbolische Waffen wahrgenommener Geschlechtsorgane „benutzt" und somit auch sozial unterjocht werden können (das sind nicht nur Frauen, sondern auch andere Männer, z.B. Gefangene).

Nicht nur zeichenhaft benutzte Phallussymbole, sondern auch relativ schlichte Gesten, z.B. die ostentative Berührung der eigenen Geschlechtsorgane in der Öffentlichkeit machen Dominanzbedürfnisse und eine arrogante Verachtung anderer Menschen augenfällig. Als Mittel der Selbstdarstellung werden sie normalerweise mit einer besonders aggressiven Macho-Mentalität assoziiert (daher irritierte der choreographierte „Griff an den Schritt" die Fans des persönlich eher unsicheren, sanften und freundlichen Michael Jackson, während er als Element zur Charakterisierung des dumpfdeutschen, aggressiven und egozentrischen Fernseh-Spießers „Motzki" durchaus angemessen erschien).

Der aggressive, dominante und beleidigende Charakter obszöner Gesten wird unter einer ganz bestimmten Bedingung – gleichsam par l'ordre de Mufti – aufgehoben: wenn sie sich konkret auf Frauen richten. Dann legen uns auch angesehene Wissenschaftler feinsinnig nahe, sie doch lieber als Komplimente aufzufassen: „Two men are looking at an approaching girl and one man signals to the other, by jerking his hand, that he would like to copulate with the girl. His gesture is a compliment to the girls sexuality..."[16]

Einen vergleichbaren Kompliment-Charakter unterstellt Morris insgesamt zwölf detailverliebt beschriebenen, weitgehend ritualisierten Männergesten, deren objektiver Zweck einzig und allein darin besteht, die Physis von Frauen zu kommentieren und einschlägige sexuelle Assoziationen, Phantasien und Wünsche drastisch zu kommunizieren.[17] Solche Zeichen dienen in Wirklichkeit einem ganz anderen Zweck: einerseits der Dominanz über Frauen (durch öffentliches Bewerten und Taxieren) und andererseits der Bindung untereinander. Als fester und weitgehend akzeptierter Bestandteil des männlichen Repertoires räumen sie dem Taxieren von Frauen einen festen Platz in der Alltagskommunikation ein. Zugleich festigen sie das Bündnis heterosexueller Männer auf einer Macho-Ebene von Obszönitäten und auf Kosten von Frauen. „Komplimentorisch" richten sie sich zwar ausschließlich auf das Objekt Frau (als Kommentar zu „unmännlichen" Männern offenbaren sie sich klar als Zeichen abwertender Verachtung), aber die Anwesenheit von Geschlechtsgenossen scheint oft geradezu eine Voraussetzung dafür zu sein. Für den vereinzelten Mann auf der Straße macht es wenig Sinn, sich mit entsprechenden Zeichen auf eine vorübereilende Passantin zu beziehen, wenn er damit nicht seinesgleichen seine „Männlichkeit" demonstrieren kann.

Das komplexe und umfangreiche Repertoire gestischer Zeichen von Macht, Überlegenheit und Dominanz wird von einer beträchtlichen Anzahl verbalsprachlicher Dominanzmittel ergänzt, unterstützt und abgesichert.[18] Sie zeigen sich in sozialen „Rahmenhandlungen" (Handlungen, in denen Inhalt und Form einer Interaktion durch die Beteiligten definiert werden), bestimmten Konversationsmustern und in der Entwicklung einer geschlechtstypischen, „maskulinen" Rhetorik. In die erste Kategorie fallen z.B. die einseitige, unkooperative Festlegung von Inhalt, Beginn und Ende eines Gesprächs (das berühmte „letzte Wort"), die Definition und Bewertung von GesprächspartnerInnen, die Abgabe von unerbetenen Kommentaren und ironische Überheblichkeit. Zur zweiten Kategorie gehört das von KonversationsanalytikerInnen häufig diagnostizierte Muster der Unterbrechungen, aber auch das bewußte „Überhören" sprachlicher Äußerungen von Frauen; die Verweigerung oder die unangemessene Verzögerung einer Antwort, die Frauen zwingen, Fragen und Aussagen oft mehrfach zu wiederholen; Minimalreaktionen (ein unartikuliertes Grunzen als Reaktion auf eine differenzierte sprachliche Aussage) und insbesondere auch das Muster, auf Fragen nicht ordnungsgemäß mit Antworten, sondern seinerseits mit Fragen – Scheinfragen und Rückfragen – zu reagieren.

Nicht zuletzt sorgt eine umfassende Sexualisierung der männlichen

Rhetorik dafür, daß Frauen aus vielen „Männer"-Gesprächen entweder subjektiv ausgeschlossen (da sie in diesen Gesprächen meist eine „tragende" Objektrolle haben) oder zumindest nachhaltig irritiert und in Verlegenheit gebracht werden können. In amerikanischen Spielfilmen, deren männliche Helden sich in „revolutionären" Entwicklungsphasen befinden, gegen soziale und gesellschaftliche Schranken aufbegehren oder sich auch nur revolutionär gebärden, wird kaum noch ein Satz formuliert, in dem nicht mindestens einmal das Wort „fuck" fällt (beispielhaft dafür sind die Filme von Spike Lee). Aber auch hochangesehene, sozial hochgestellte Persönlichkeiten dürfen sich in Momenten höchster Erregung einer höchst aggressiven, durchsexualisierten Machtrhetorik bedienen, um damit Aggressivität und unbedingten Kampfeswillen zu demonstrieren – und zwar nicht nur im Film (wie z.B. die Figur des amerikanischen Justizministers Robert Kennedy in „Jimmy Hoffa"), sondern durchaus auch in der Realität.

Das alltägliche, genderisierte Verhaltensrepertoire von Frauen enthält keine entsprechenden Machtzeichen. Vor allem aber ist mir kein einziges Zeichen bekannt, das weibliche Sexualorgane repräsentiert und von Frauen in beleidigender und verletzender Absicht kommunikativ eingesetzt wird. Um überhaupt spezifische Ausdrucksformen und Gesten von Frauenmacht zu entdecken, müssen wir in der Geschichte ziemlich weit zurückgehen. Die Entschlüsselung ihrer tatsächlichen Bedeutungen gestaltet sich dann oft zusätzlich schwierig, da sie über einen langen Zeitraum hinweg von patriarchalen Mißdeutungen überlagert worden sind.[19]

Die rituellen Körperhaltungen und Gesten von Idolen und Göttinnenfiguren aus der Steinzeit können, ebenso wie die differenzierte und präzise Fingergestik späterer weiblicher Gottheiten, aus patriarchaler Perspektive bestenfalls der Kategorie „mysteriös" zugeschlagen werden. Dabei ist ihr Machtcharakter – objektiv betrachtet – oft gar nicht besonders schwer zu erkennen. Der bislang älteste Fund (einer österreichischen Archäologin in der Nähe von Krems) ist die rund 32 000 Jahre alte Statuette einer Frau, die einen Arm erhoben hat – eine einfache und ausdrucksstarke Geste, die in unserem kollektiven Bewußtsein bis heute präsent ist.

Das gesamte Bewegungsrepertoire moderner Frauen unterliegt, ebenso wie ihre äußere Erscheinung (vgl. Kap. 1) einer Attraktivitätsnorm, die jeden wie auch immer gearteten Ausdruck von Macht oder Dominanz unterdrückt. Diese Norm stellt Kriterien zur Beurteilung ihrer Bewegungen anheim, die das soziale Durchsetzungspotential von Frauen an die Benutzung „weiblicher" Waffen koppeln, wodurch sie faktisch und symbolisch tatsächlich entwaffnet und an Männer gebunden werden: Anmut, Graziosität, Gefälligkeit und Kooperation. Typisch weibliche Posen sollen keineswegs aggressive Dynamik ausrücken, sondern durch ihre paradigmatische Geschlossenheit, Selbstbezüglichkeit und charakteristische Sanftheit den Eindruck von Inniglichkeit, Aggressionslosigkeit und emotionaler Selbstgenügsamkeit vermitteln. Der weibliche Körper soll nicht konfrontativ eingesetzt oder gar als symbolische Waffe gegen Männer gerichtet werden.

Die Gestik der Frauen wird durch gesellschaftliche Rahmenbedingungen und strenge Beschränkungen auf bestimmte Formen, Funktionen und Bezugsgruppen festgelegt. Gemäß den nach wie vor recht wirksamen Regeln der „guten Sitten", die bei der Anknüpfung von Kontakten zum anderen Geschlecht dem Mann die Initiative vorbehalten, werden Frauen im Prinzip auf den Umgang mit Bekannten oder Verwandten beschränkt.

Diesen gegenüber werden ihre Verhaltensmöglichkeiten, durch vielfältige, gesellschaftlich festgelegte Verpflichtungen und Erwartungen, auf ein relativ schmales Spektrum von Kommunikations- und Kontaktformen reduziert, die den Rahmen von Subordination und Kooperation nicht sprengen: Ihr „Zugriff" auf Männer beschränkt sich weitgehend auf Kontaktformen, die entweder eindeutig affiliativen, das heißt pflegerischen, bewundernden und unterstützenden, oder im weitesten Sinn sexuellen Charakter haben. Ihr Verhalten soll mit anderen Worten nützlich und nicht lästig sein; insbesondere soll es keine Kommentare und Bewertungen von Männern beinhalten oder egoistische Forderungen kommunizieren. Frauen dürfen einem Freund oder Bekannten jederzeit die ausgefallenen Haare sanft und liebevoll vom Ärmel ablesen, ihm aber keineswegs gönnerhaft auf den Rücken schlagen.

Während Männer ihre Hände gezielt zur Abgrenzung von anderen und als symbolische (und natürlich auch reale) Waffen einsetzen, benutzen Frauen die ihren häufig für körpersprachliche „Selbstgespräche". Die Gestik der Frauen ist selbstreflexiver, richtet sich häufiger in emotionaler Weise auf den eigenen Körper. Ihre vielfältigen Selbstberührungen und Eigenkontakthandlungen erfüllen unterschiedlichste Bedürfnisse, die in ihren spezifischen sozialen Lebensbedingungen und psychostrukturellen Eigenheiten gründen. Zum einen dienen sie dem Schutz und der Pflege des Körpers; zum anderen der Überprüfung und eventuellen Wiederherstellung des vorschriftsmäßigen Zustands ihrer äußeren Erscheinung (Ordnen der Frisur, Korrekturen an der Kleidung, Rekonstruktionen des Make-ups etc.); zum dritten ergänzen sie, in ihrer emotionalen Funktion als „Selbstintimitäten", die subjektiv als mangelhaft empfundenen Sozialkontakte (die Frauen entschädigen sich sozusagen selbst durch sanfte Berührungen für die emotionale Nachlässigkeit ihrer Partner); eher flüchtige, fahrige Selbstberührungen der Kleidung oder des Gesichts (Streifen, Wischen, Zupfen) signalisieren Streß und wirken zugleich beruhigend, indem sie aufgestaute Spannungen auflösen und abführen. Selbstumklammerungen, z.B. das typische Händeringen und die Umklammerung des eigenen Oberkörpers mit beiden Armen, sind Gesten, die viele Menschen vor allem im Zustand großer innerer Verzweiflung ausführen; abgeschwächte Formen dieses Verhaltens (z.B. das Umklammern der Beine oder Schenkel mit den Händen) werden hingegen nahezu ausschließlich von Frauen durchgeführt. Ritualisierte Eigenkontakthandlungen (z.B. das Lachen hinter vorgehaltener Hand) signalisieren als persönlichkeitsspezifisches Verhalten eine gewisse „kindliche" Unsicherheit und Schamhaftigkeit; nicht zuletzt werden aggressiv getönte Selbstberührungen (Kratzen und Zupfen im Gesicht, Nägelkauen, Fingerbeißen etc.) auch als Ausdruck innerer Konflikte interpretiert, die durch diese Autoaggressionen abreagiert werden.

Die Medien, insbesondere wieder die Werbung, knüpfen ganz bewußt an die körpersprachliche Selbstreflexivität von Frauen an und tragen, indem sie Frauen stereotyp in entsprechenden Posen und Bewegungen inszenieren, dazu bei, diese als prototypische Gendersignale zu verankern. In Werbespots schmiegen sich Frauen an Gegenstände, Produkte, Tiere oder Menschen stets sanft und behutsam an, und sie berühren auch ihren Körper oder ihre Bekleidung in durchweg zärtlicher, sanfter Weise (Goffman bezeichnete den stereotyp zärtlichen Umgang mit den beworbenen Produkten als den „female touch").

Männern sind derartige, hochgradig emotionsgeladene Selbstintimitäten strengstens verboten: Sie dürfen mit ihrem Körper nicht zärtlich umgehen oder ihn gar selbst liebkosen. Ihre ausgeprägt dominante „Daumensprache" zeigt deutlich, daß selbst Eigenkontakthandlungen primär Status und Dominanz signalisieren müssen. Da herabhängende Arme geringen Status und mangelndes Selbstwertgefühl signalisieren, müssen sie ihre Hände dazu auch noch möglichst hoch am Körper deponieren. In institutionalisierten Männerhierarchien ist diese Haltung, verbunden mit kontrollierter muskulärer Angespanntheit, als

Grundhaltung stets den unteren Chargen vorgeschrieben („Hände an die Hosennaht!").

Besonders klar tritt der ideologische Hintergrund der Genderisierung, der Polarisierung durch ein extrem unterschiedlich definiertes Attraktivitätskonzept, in den visuellen Klischees der Kosmetikwerbung in Erscheinung. Da dieses Terrain für „echte" Männer a priori gefährlich ist, muß das leitende Prinzip der Geschlechterdifferenz besonders plastisch herausgearbeitet werden. Auch für ein von seiner Funktion her identisches Produkt (z.B. ein Duschgel) werden daher extrem unterschiedliche Werbestrategien und -konzepte benutzt.

Weibliche Models verstreichen in Duschgel-Werbespots das Produkt sanft, geradezu selbstverzückt, häufig unter den zärtlich-wohlwollenden bis bewundernd-begehrlichen Blicken eines Mannes auf ihren Körpern; sie verwandeln sich mit eigener Hand in samtweiche Kuschelobjekte. Männer hingegen packen die Flasche kraftvoll und fest mit ganzer Faust, und schütten sich ihren Inhalt – unbeobachtet von Frauen – unter Vermeidung jeglicher zärtlicher Selbstberührung auf den Leib oder tragen ihn mit männlich-rauhen, bestimmten Bewegungen auf. Er ist für sie nicht, wie für Frauen, ein Mittel zur Verschönerung, sondern eher ein Wunderelixier: Das Duschgel verwandelt den Mann in einen Modellathleten, der furchtlos von der höchsten Klippe ins Meer springt.

Abgrenzung, Anerkennung und Bewertung

Auch der visuelle Kommunikationskanal, der vor allem der Informationsaufnahme dient, hat vielfältige kommunikative Funktionen. Bestimmte Veränderungen der Form (z.B. durch Pupillenerweiterung) und des Ausdrucks der Augen und das gesamte visuelle Verhalten signalisieren Aufmerksamkeit und Interesse, übermitteln Gefühle und Absichten, regeln und kontrollieren Interaktionen in direkter und indirekter Weise. In all diesen Bereichen wurden einschlägige geschlechtsspezifische Unterschiede festgestellt.[20]

Schon ab dem 2. Lebensmonat reagiert ein Baby differenziert auf das menschliche Gesicht. Es erkennt es als visuelles Muster und kann das soziale Signal des Lächelns identifizieren und entsprechend beantworten. Dieser kommunikative Austausch reziproker Signale ist der Ursprung und die erste Form des „Blicks der bewundernden Liebe" (adoration love).[21] Er begründet die herausragende Stellung des visuellen Kommunikationskanals für die Kommunikation von Liebe.

Durch Blicke läßt sich weniger die genaue Wertigkeit als vor allem die Intensität von Emotionen recht gut vermitteln. Ihre exakte Bedeutung bleibt hingegen eher im unklaren.[22] Das mag auch damit zusammenhängen, daß Blicke von Anfang an nicht nur sehr unterschiedliche, sondern durchaus auch ambivalente Gefühle transportieren. Gegenseitiger Blickkontakt ist ein primäres Bindungszeichen, das einem Kleinkind die ersten Erfahrungen von Liebe als erlebte Fürsorge und ein Gefühl von Geborgenheit nicht aus dem Körperkontakt, sondern aus einer gewissen Distanz heraus vermittelt; in diese positiven Erfahrungen mischen sich bereits ziemlich früh ebenso starke entgegengesetzte Gefühle – gewaltiger Ärger, intensive Wut und sogar tiefer Haß. Bowlby (1979) hält dies für eine zwangsläufige Folge der Mutter-Kind-Beziehung, die sowohl durch das positive Erlebnis der Nähe wie auch das als unangenehm erlebte Gefühl der Trennung von der Mutter(figur) gekennzeichnet ist.

Haß und Wut sind gefühlsmäßige Mittel der Abgrenzung von anderen Menschen. Ein Blick, der solche Gefühle ausdrückt, stellt eine emotionale Distanz her und hierarchisiert zugleich das Verhältnis durch die Absicht, sich der anderen Person in dominanter Weise zu bemächtigen. Müssen destruktive Gefühle und Impulse von Wut und Haß – aus welchen Gründen auch immer – unterdrückt werden, dann wird der Blickkontakt bewußt vermieden. Ein solches durchgängiges und extremes Blickvermeidungsverhalten ist typisch für autistische Kinder („Medusa"-Komplex). Die Autismus-Forschung führt es darauf zurück, daß eine ursprüngliche Wut unterdrückt wurde, die „in einer aufgrund innerer Selbstzerstörungstendenzen in das Gesicht anderer projizierten Furcht endet".[23] Zwingt man diese Kinder zum Blickkontakt, kommt die Wut wieder an die Oberfläche, und sie wehren sich mit Leibeskräften.

Auch die Kontrolle aversiv-aggressiver Impulse ist ein wichtiger Aspekt der Zivilisation. Als Ausdruck einer erfolgreichen Sozialisierung wird Wutunterdrückung in einem gewissen Umfang von allen Kindern erwartet und gefordert; es ist in diesem Zusammenhang durchaus nicht „unvernünftig" und deshalb auch nicht selten, daß Erziehungsinstanzen den Blickkontakt als ultimativen Beweis für die innere Akzeptanz von Erziehungsmaßnahmen und die Unterwerfung des Zöglings direkt einfordern („Sieh mich an, wenn ich mit dir rede!"). Der erzwungene Blickkontakt ist, im Gegensatz zu dem aus freien Stücken eingegangenen, der eine liebevolle Bindung anzeigt, Ausdruck persönlicher Unterwerfung – entweder unter ein allgemeines Gesetz oder ein dominantes Individuum.

Visuelle Dominanz kann auf zwei ganz unterschiedliche Arten ausgeübt werden – entweder durch direktes und bedrohliches *Starren* oder aber durch absolutes visuelles *Ignorieren*, d.h. bewußtes Übersehen der anderen Person. Das Starren ist eine echte Waffe in einem ganz ursprünglichen Sinn. Es entfaltet seine Wirkung unmittelbar und auch in relativer Unabhängigkeit von den gegebenen sozialen Strukturen. Das Ignorieren drückt hingegen eher eine etablierte Macht und eine gut verankerte Überlegenheitsposition aus.

Wegen seines bedrohlichen, aggressiven Charakters unterliegt das Starren einem ziemlich umfassenden Tabu. Der allgemeine Rahmen des gesitteten Umgangs, der durch Höflichkeit, Diskretion und gegenseitigen Respekt definiert ist, schränkt gerade dieses Dominanzmuster auf wenige, extreme, genau spezifizierte Situationen ein. Nur in extrem hierarchisch organisierten gesellschaftlichen (Männer-)Institutionen (z.B. im Militär) oder in völlig artifiziellen Settings (z.B. im Theater) darf man andere Personen völlig ungeniert, ohne irgendwelche negativen Konsequenzen befürchten zu müssen, anstarren.

Starren ist hochgradig mit „Potenz" und „Macht" – und damit in unserer Gesellschaft geradezu zwangsläufig mit „Männlichkeit" – assoziiert.[24] Die Suche nach weiblichen Beispielen für eine „erfolgreiche" Machtausübung durch Blicke führt weit in die griechische Mythologie zurück, zu Medusa, die imstande und auch willens war, allein durch ihren Blick zu töten.

Durch die kulturelle Verankerung eines umfänglichen Starrtabus wird die Wirkung eines Blicks, der es situativ durchbricht, noch potenziert. Das Tabu verstärkt seine Wirkung als unmißverständlicher Akt der Bedrohung und als Symbol des agressiven Eindringens in die Intimsphäre einer anderen Person, die durch Verlängerung der Blickdauer und durch eine spezifische „Ausdruckslosigkeit" des Blicks noch weiter gesteigert werden kann.

Dies verweist auf den grundsätzlichen Unterschied zwischen dem aversiven Starren und der visuellen Kommunikation positiver, verbindender Gefühle. Der wahrhaftige „Liebesblick" wird hochredundant kommuniziert, d.h. die visuelle Aussage wird in möglichst vielen anderen Kanälen der Körpersprache aufgegriffen und übernommen (durch Lächeln, Distanzreduzierung, körperliche Zuwendung, die Wahl entsprechender Gesprächsthemen etc.) und dadurch verstärkt und verdeutlicht. Das aversive Starren ist hingegen mit einer deutlichen Informationsreduktion in allen anderen Kanälen der Körpersprache verbunden („Pokerface"), die eine nähere Spezifikation der Bedeutung des gezeigten Blicks verhindert und somit entscheidend zur weiteren

Verunsicherung der Betroffenen beiträgt. Ein starrender Drohblick kann andere Menschen buchstäblich in die Flucht schlagen oder sie zumindest derart unter psychischen Streß setzen, daß sie den Starrer in jedem Fall zur Kenntnis nehmen und irgendwie auf ihn reagieren – womit er jedenfalls eines seiner Ziele erreicht hat.[25]

Das Starrtabu ist nicht in allen Sektoren des gesellschaftlichen Umgangs gleichermaßen verbindlich verankert. Die Beobachtung der visuellen Verhaltensmuster von Männern in der Öffentlichkeit zeigt, daß hier das Tabu offenbar lockerer gehandhabt wird. Insbesondere im öffentlichen Raum, den sie als ihre Domäne betrachten (vgl. Kap. 3), machen Männer Frauen in einem geradezu unglaublichen Umfang zu Zielscheiben visueller Dominanz. Der Versuch, dies zu verschleiern, indem es zum Zeichen für Bewunderung erklärt wird, ist unschwer als ideologische Rechtfertigungsstrategie zu entlarven (ebenso wie die im letzten Abschnitt behandelten Umetikettierungen der sexualisierten Bewertungsgesten zu Komplimenten). Dem Starren fehlen nämlich nahezu alle entscheidenden Merkmale, die eine Übermittlung positiver Gefühle der Bewunderung charakterisieren:

Ein echter Bewunderungsblick zwischen Fremden ist ebensowenig starr und direkt, wie respektvolle Berührungen hart und zupackend sind. Daß Männer über einen solchen Blick (im Prinzip) durchaus verfügen und wie er sich abhebt vom unverschämten und dominanten Taxieren, hat vor allem der Regisseur Truffaut des öfteren ganz wunderbar vorexerziert: Er ist sanft und verstohlen, er sucht nach Informationen, anstatt Bewertungen abzugeben, er drückt eher verschwommen emotionale Sehnsüchte aus, als plumpe und direkte Forderungen zu stellen. Zwischen Menschen, die bereits eine Beziehung eingegangen sind, ist der echte Bewunderungsblick das überzeugendste Zeichen einer Liebe, die nicht auf Sexualität verkürzt ist. Interessanterweise ist dieser Blick – darauf werde ich bei der Analyse des „typisch" weiblichen, demonstrativen Bewunderungsblicks zurückkommen – nicht unbedingt, sondern sogar eher selten mit dem sozialen Signal des Lächelns gekoppelt.[26]

Im männlichen Repertoire haben aversive und dominante Abgrenzungsblicke aus zwei Gründen eine zentrale Funktion: zum einen, weil sich die psychostrukturelle Entwicklung des männlichen Individuums (infolge der Definition von „Männlichkeit") in absoluter und totaler Abgrenzung von „Weiblichkeit" vollzieht, weswegen Zeichen der Abgrenzung gegenüber Frauen zu quintessentiellen Elementen des Ausdrucks von „Männlichkeit" werden[27]; zum zweiten ist er, als ein stammesgeschichtlich, quasi biologisch verankertes Signal und als

Element der Körpersprache, in der Dominanz in optimaler und effizienter Weise kommuniziert werden kann, für die Regulierung der primär von Dominanz und Machtstreben gekennzeichneten Sozialbeziehungen zwischen Männern geradezu unabdingbar. Beide Gründe haben dazu geführt, daß Männer sich auf diese visuelle Form von Dominanzausübung ein Privileg gesichert haben.

Der grundsätzliche Dominanzcharakter ihres visuellen Verhaltens wird insbesondere in öffentlichen Begegnungen zwischen einander unbekannten Männern offensichtlich. Sind die „Kontrahenten" entsprechend aggressiv aufgeladen, so kann, im Kampf um Dominanz und im Streß gegenseitiger Abgrenzung voneinander, die visuelle Ebene buchstäblich zum Schlachtfeld werden, wie die Textpassage aus einem Lied der rechtsradikalen deutschen Band „Endsieg" veranschaulicht:

„Siehst du einen Türken in einer Straßenbahn, schaut er dich irgendwie provozierend an, dann stehst du einfach auf und haust ihm eine rein, du ziehst dein Messer und stichst siebzehnmal hinein."

In der visuellen Begegnung mit Frauen können Männer sich schon deswegen entspannen, weil Frauen auf visuelle Dominanz im allgemeinen „gendergerecht" reagieren – d.h. nicht mit gleichen visuellen Mitteln wie Männer, also konfrontativ, sondern mit komplementären Mustern der Unterordnung (Blickabwendung und Blickvermeidung). Halten sie dem männlichen Blick jedoch stand oder erwidern sie ihn gar, so können Männer dieses Verhalten unterschiedlich interpretieren: entweder als dominante „Kriegserklärung" oder als Ausdruck eines erotischen bzw. sexuellen Interesses an ihrer Person. Die meisten ziehen – aus naheliegenden Gründen – die Unterstellung erotischer Motive einer möglichen Konfrontation sicherlich vor. Eine private Kleinanzeige zeigt die Nachhaltigkeit der Wirkung solch visueller Begegnungen:

„Längerer Blickkontakt! Montag, 8.4.91, 14.25 Uhr, Maximilianstraße vor Louis Vuitton. Die junge Dame mit schwarzen langen Haaren, English House bzw. Unützer-Tüte, grüner Hose und dunkelgrauem Mantel möchte sich für ein Wiedersehen (ohne Termindruck) bitte mit Telefonnummer, unter... melden." [28]

Einer Frau, die den Krieg nicht riskieren kann oder mag und erotischen „Mißverständnissen" nicht unnötig Vorschub leisten will, bleibt als einzige „akzeptable" Alternative nur die Vermeidung des Blickkontakts. Der Frauen seit Jahrhunderten vorgegebene, sittsam gesenkte Blick, das hierarchische Reziprok des dominanten Starrens der Männer, ist ein Akt der Selbstentwaffnung, der den Aggressor durch die symbolische Anerkennung seiner Macht besänftigen soll. Er ist die traditionelle und noch heute gültige Chiffre weiblicher Bescheidenheit, die als angemessenes Zeichen und Ausdruck einer untadeligen Moral allseits hochgehalten wird.

Im Gegensatz zum relativ primitiven Muster des Starrens ermöglicht das alternative visuelle Machtmuster, das bewußte Übersehen, eine wesentlich „kultiviertere" Kommmunikation von Einschätzungen und Werthaltungen gegenüber anderen Personen. „Civil inattendance" (Goffman), das taktvolle Übersehen von bestimmten Ausdrucksformen oder Verhaltensweisen anderer Menschen, deren Zurkenntnisnahme für diese peinlich wäre, ist ein wesentliches Element des zivilisierten Umgangs, der uns heute durch einen im Prinzip allgemeingültigen Anstandskodex vorgeschrieben wird. Das war nicht immer so. Im Feudalismus war das Blickverhalten noch klar als Herrschaftsprinzip verankert, und die Mächtigen konnten ihren Untergebenen ein Blickvermeidungsverhalten so zwingend vorschreiben, daß diese ihnen unter Umständen niemals direkt ins Gesicht schauen durften.

Als kommunikative Dominanztaktik ist die Strategie einer selbstbewußten Blickvermeidung zwar wesentlich subtiler als das Starren, in ihrem Erfolg aber auch stärker von den sozialen Rahmenbedingungen und der individuellen Position innerhalb einer Hierarchie abhängig.[29] Blickvermeidung konstituiert per se kein Machtverhältnis, sie vermittelt es sozusagen nur reflektorisch.

In prinzipiell gleichwertigen Interaktionen kann Blickvermeidung jedenfalls die Bedingungen für die Durchsetzung eigener Ziele gegenüber einer anderen Person verbessern, ohne daß unmißverständliche, entlarvende Signale der Dominanz eingesetzt werden müßten. (Beispielsweise ist es eine bei AutofahrerInnen recht beliebte Taktik, sich durch bewußte Blickvermeidung gegenüber den jeweiligen „Kontrahenten" im Straßenverkehr ein Wegerecht (Vorfahrt) zu erschleichen oder die Wegerechte anderer zu blockieren. Diese Methode, die nur unter Bedingungen prinzipieller Gleichheit funktioniert, ist nur so lange erfolgreich, als der eigene Vormachtsanspruch von den anderen auch anerkannt wird.)

In ihrer subtilsten Form äußert sich Blickvermeidung in Form einer gegenüber dem „normalen" Muster nur reduzierten visuellen Aufmerksamkeit. Damit wird zwar Desinteresse signalisiert, die betroffene

Person aber nicht grundsätzlich in Frage gestellt; sie bleibt in ihrer Identität gleichsam unangetastet.[30] Die drastischste Form der Blickvermeidung, das totale Übersehen kommt hingegen einer völligen Negation der Person gleich und kann auf eine kaum einklagbare Weise vernichtende Verachtung vermitteln.

Der Jazz-Trompeter Miles Davies differenzierte in seiner typischen, selbstversunkenen, vielfach aber auch als als arrogant empfundenen Präsentationsweise körpersprachlich recht fein zwischen seinem Publikum, dem er jahrelang ostentativ den Rücken zuwandte, und seinen Mitspielern, denen gelegentlich die Ehre eines Blickkontakts zuteil wurde. „Nahm er die bunten Gläser während eines Konzerts einmal ab, um einem Musiker in die Augen zu blicken, so schien dies eine der höchsten Auszeichnungen."[31]

Die dominante Blickvermeidung kann ihre Wirkung im wesentlichen nur im Rahmen etablierter Machtstrukturen entfalten. Menschen mit niedrigem Status, die kein „Ansehen genießen", können damit keine Dominanz, sondern nur Unterwerfung signalisieren.[32] Eventuelle Mißverständnisse bei der Interpretation eines visuellen Musters, die aus einer falschen Wahrnehmung zugrundeliegender Machtverhältnisse erwachsen können, werden meist durch ihre unmittelbaren Verhaltenskonsequenzen schnell aufgeklärt.

Die geschlechtsspezifischen Unterschiede in der Nutzung des visuellen Kommunikationskanals und die unterschiedlichen kommunikativen Strategien und Reaktionen von Frauen und Männern verdeutlichen wieder einmal die Divergenz der körpersprachlichen Welt, die genderisierte Frauen und Männer in gemeinsamer Interaktion erzeugen. Eine Frau, die z.B. von einem Mann visuell belästigt wird, kann ihm mit dem einzigen Machtmittel, das ihr offiziell zugestanden wird, mit visuellem Ignorieren, kaum beikommen; es fehlt ihr der soziale Machthintergrund. Das einzige Zeichen, das unmißverständlich, klar und nachdrücklich abgrenzt, der direkte, starrende, emotionslose Blick, ist ihr untersagt. Der Mann wiederum kann (und wird, wo er kann) die Blickvermeidung der Frau nicht als (zugegebenermaßen schwaches) Zeichen der negativen Abgrenzung interpretieren, sondern als Zeichen der Unterwerfung; dann liegt es völlig in seinem Ermessen, sich damit zufriedenzugeben, die Frau durch seinen Blick in Verlegenheit gebracht zu haben, oder sein Vorhaben weiterzutreiben.

Einschlägige, in engen Fahrstühlen durchgeführte sozialpsychologische Experimente haben gezeigt, daß beide Geschlechter auf den deutlichen Abgrenzungsblick eines Mannes gleichermaßen und intentionsgemäß mit Respekt und Zurückhaltung reagieren. Er kann, so zeigte sich, die Grenzen seines „persönlichen Raums" (vgl. Kap. 3) gegenüber Frauen und Männern auf diese Weise sichern und sich vor einer bestimmten Art von eher gedankenloser Zudringlichkeit effektiv schützen. Das Experiment zeigte, daß männliche Personen auf den Abgrenzungsblick von Frauen in genau gleicher Weise reagierten: Der Blick sorgte dafür, daß sie gleich weite respektvolle Abstände wie zu Männern einhielten.

Ganz anders reagierten die Frauen in derselben Versuchssituation, wenn sie unter sich waren: Der Blick einer anderen Frau hielt sie nicht auf Distanz, sie traten vielmehr sogar an diese Frauen, die sie angeblickt hatten, noch näher heran als an andere, die sie nicht angesehen hatten.[33] Anscheinend ordnen Frauen ihre Blickkontakte untereinander einem völlig anderen Kontext zu als Männer. Sie signalisieren nicht primär Zurückweisung oder eine aggressive Warnung, sondern werden als ein erster Schritt zur Entwicklung einer positiven, grundsätzlich freundlich getönten Beziehung empfunden, weshalb sie ihrerseits dementsprechend positiv darauf reagieren.

Das visuelle Verhalten von Frauen hat ebenfalls spezifische psychosoziale Ursachen, die auch mit ihrem gesellschaftlichen Status zusammenhängen. Frauen starren andere nicht primär in dominanter Absicht an, sondern suchen mit ihren Blicken eher nach Informationen. Aus diesem Grund können sie Blickkontakte auch wesentlich besser ertragen als Männer. Ihre insgesamt erhöhte visuelle Aufmerksamkeit gegenüber anderen Menschen ist jedoch nur *ein* Aspekt des typisch weiblichen visuellen Verhaltensmusters.

Das Prinzip der Geschlechterhierarchie schreibt insbesondere den Frauen visuelles „Taktgefühl" vor. Dieses sorgt, angesichts der – durchaus erwünschten – hohen visuellen Aufmerksamkeit von Frauen gegenüber Männern dafür, daß der hierarchische Rahmen durch die visuelle Kommunikation nicht gesprengt und dominantes Verhalten bereits im Ansatz verhindert wird. Insbesondere die äußerst mächtige „Monitor"-Funktion des ernsten, direkten Blicks (der eine deutliche Zurechtweisung unangemessenen Verhaltens ausdrückt) wird durch den Zwang zum taktvollen Übersehen lahmgelegt. Daß Frauen sich an diese Anweisungen tatsächlich auch halten, hat nach Rosenthal und DePaulo (1979) durchaus realistische Selbstschutzgründe: Frauen wissen, oder müssen zumindest fürchten, daß es in erster Linie ihnen selbst schaden könnte, wenn sie an Männern Beobachtungen machen, die deren Image beschädigen oder beeinträchtigen könnten.

Frauen betreiben durch ihre taktvolle Blickvermeidungsstrategie eine äußerst selbstlose Form einseitiger „Imagepflege". Darunter werden im allgemeinen verschiedene protektive Techniken verstanden, Verhaltensweisen, die im weitesten Sinn der „Wahrung eines Gesichts" dienen (z.B. höfliches Übersehen und Übergehen unangenehmer oder peinlicher Verhaltensweisen, diverse Respektsbekundungen, Komplimente etc.). Goffman unterscheidet in diesem Zusammenhang zwischen zwei grundsätzlich verschiedenen Vorgangsweisen. Einer Imagepflege, die sich protektiv auf die andere Person richtet, und einer, die eher der Wahrung des eigenen Gesichts dient. Bei Frauen sind hauptsächlich Methoden der ersten Kategorie zu beobachten, während Männer häufiger selbstprotektive Methoden einsetzen, wobei sie durchaus auch bereit sind, aggressive oder gar image-zerstörende Angriffe auf das Gegenüber durchzuführen.[34]

Frauen suchen in den Gesichtern ihrer Kommunikationspartner häufig auch ganz speziell nach Signalen der Anerkennung und Zustimmung, die ihre tief verankerte Unsicherheit (insbesondere in bezug auf ihre „Attraktivität") zumindest zeitweilig abbauen könnten. Die relativ ausdruckslosen Gesichter von Männern liefern allerdings nur wenig Anhaltspunkte dafür und nur selten jenen Blick, den Frauen so sehr wünschen und den sie selbst scheinbar so bereitwillig verschenken.

Der stereotype Bewunderungsblick, den besonders feminine Frauen im Repertoire haben, saugt sich am Partner geradezu fest und vermittelt ihm hochredundant (durch zusätzliche positive mimische und gestische Rückmeldungssignale wie z.B. Lächeln, weit aufgerissene Augen, beständiges Kopfnicken) begeisterte Anerkennung – von unten. Daß dieser Blick ebensowenig ein echter, wahrhafter Liebesblick ist wie das Starren der Männer, zeigt allein schon seine Verbreitung in der Öffentlichkeit. Ein Liebesblick ist per definitionem auf den privaten, intimen Bereich beschränkt und hat außerdem einen eher diffusen Charakter. Der typisch weibliche Bewunderungsblick wird vor allem durch seine demonstrative öffentliche Zurschaustellung und dadurch, daß er oft mit einem übertriebenen Lächeln verbunden ist, als Ausdruck echter Zuneigung disqualifiziert und wirkt insgesamt irgendwie „falsch" und übertrieben. Zum Ansehen der Frauen selbst trägt er äußerst wenig bei – er wird ganz im Gegenteil von Außenstehenden gern mit Hohn und Spott quittiert. Mit beißendem Spott kommentiert im folgenden Text ein Journalist beispielsweise das visuelle Verhaltensmuster Nancy Reagans:

„Ihr höchstes Ausdrucksmittel, ja ihr Markenzeichen, war der Anbetungsblick. Für die tiefe Intensität der Verzückung, die Nancy Reagan

*bei der öffentlichen Betrachtung ihres Ehemannes an den Tag zu legen
wußte, gibt es Vorbilder allenfalls im Hochbarock (Berninis Heilige
Theresa kommt in den Sinn) sowie in frühen Stummfilmen."*[35]

Ungeachtet des Risikos einer hohntriefenden Verachtung, das Frauen
mit öffentlichen Bewunderungsblicken eingehen, hämmern gerade die
Medien ihnen ein komplexes Muster bereitwilliger, ungeteilter, ausschließlich auf den Mann fixierter Aufmerksamkeit ein. Heterosexuelle
Paare werden meist in einer stereotyp ungleichen visuellen Ausrichtung dargestellt: Der Blick des Mannes fixiert entweder den fiktiven
Betrachter oder konzentriert sich ernst auf die Tätigkeit, die er gerade
vollzieht; der Blick der Frau hingegen ruht, voll Bewunderung und
Hingabe, nur auf ihm.

Nicht zuletzt die Kosmetik bietet Frauen diverse Mittel an, die den
femininen Bewunderungsblick noch intensivieren: ein die Augenpartie
besonders hervorhebendes Make-up; das Aufmalen künstlicher Augenbrauen, die bogenförmig oberhalb der natürlichen, aber abrasierten
Brauen verlaufen; die Erweiterung der Pupillen durch Augentropfen
(das altbewährte Mittel „Belladonna"), die sie um ein Vielfaches vergrößern. Erweiterte Pupillen signalisieren vor allem ein besonderes
erotisches Interesse. Künstliche Erweiterungen sind ein klassisches
Beispiel für ein komplett naturalisiertes Symbol. Sie suggerieren Interesse und beschränken es auf die vom Mann erwünschte Ebene der
Erotik durch eine besonders glaubhafte und schmeichelhafte Lüge.

Ausdruckskontrolle und Transparenz

Die Funktionalisierung von Körpersprache als Herrschaftsinstrument
und ihre vielfältigen Auswirkungen lassen sich an der Mimik besonders deutlich aufzeigen: Erstens erlaubt die komplexe Muskulatur des
Gesichts äußerst fein differenzierte Bewegungen und macht es dadurch enorm ausdrucksfähig. Zweitens ist die Mimik einer der am
einfachsten zu beobachtenden Kanäle der Körpersprache und nicht
zuletzt deshalb am ausführlichsten von allen wissenschaftlich unter-
sucht worden. Drittens hat sie in beiden zentralen Dimensionen des
zwischenmenschlichen Umgangs eine gleichermaßen wichtige Funktion – zum einen als Mittel des Ausdrucks von Gefühlen, zum anderen
als Symbol von Status und Herrschaft. Die emotionale Dimension wird
eher als die „weibliche", die soziale eher als „männliche" Domäne
betrachtet. In beiden Bereichen werden, mit prinzipiell identischen

Ausdrucksmitteln (Lächeln, Stirnrunzeln etc.), jeweils vollkommen unterschiedliche Wirkungen erzielt.

In ihrer ursprünglicheren, emotionalen Ausdrucksfunktion überträgt die Mimik das emotionale Geschehen, das sich im uneinsehbaren Inneren eines Menschen vollzieht, auf die sichtbare Körperoberfläche und macht es damit erst kommunizierbar. Darüber hinaus drücken alle Menschen, unabhängig von Alter, Geschlecht oder kulturellem Hintergrund, die wichtigsten („primären") Gefühle mimisch in genau gleicher Weise aus. Diese sogenannte Ausdrucksuniversalität, die im gesamten Ensemble körpersprachlicher Kommunikationsformen einmalig ist, gewährleistet eine unkomplizierte und vor allem unmißverständliche Übermittlung jener emotionalen Zustände, die in der zwischenmenschlichen Begegnung von herausragender Bedeutung sind: Interesse, Überraschung, Glück, Angst, Trauer, Wut und Verachtung.[36]

Dennoch zeigen vergleichende Studien immer wieder drastische Unterschiede im mimischen Verhalten zwischen Menschen, die verschiedenen Kulturen oder gesellschaftlichen Gruppierungen angehören. Diese Differenzen auf der Ebene des aktuellen Verhaltens können, in Anbetracht der grundsätzlichen Ausdrucksuniversalität, mit um so größerer Berechtigung dem sozialen Kontext des Verhaltens zugeschrieben, d.h. auf die Existenz unterschiedlicher Vorschriften und Verhaltensregeln zurückgeführt werden. Da diese letzten Endes immer auf ein soziales Machtdifferential verweisen, transportiert jedes mimische Zeichen nicht nur „reine" Gefühle, sondern immer auch soziale Informationen über den persönlichen Status und die allgemeine gesellschaftliche Hierarchie. Durch die Formulierung gesellschaftlicher Regeln zur Kontrolle der Mimik wird die emotionale Ebene der sozialen untergeordnet. Auch der Ausdruck von Gefühlen wird damit letztlich zu einem „Statussymbol".

Mimische Regeln dienen zunächst dazu, den Ausdruck von Gefühlen unter Kontrolle zu bekommen, um ihn dann jeweils spezifischen gesellschaftlichen Bedingungen unterordnen zu können. Im Verlauf der individuellen Sozialisation, mit jeder neuen sozialen Rolle, die wir erlernen und verinnerlichen, werden wir mit dementsprechend differenzierten mimischen „Darbietungsregeln"[37] konfrontiert, denen wir Folge leisten müssen. Je früher sie geltend gemacht werden, desto stärker werden sie verinnerlicht. Die Bedingungen, die jeweils eine Gesichtskontrolle bzw. -steuerung veranlassen, können entweder mit der Person selbst verknüpft sein (Geschlecht, Alter, kulturelle Zugehörigkeit, soziale Rolle, Einstellung, Status) oder durch die soziale Situation vorgegeben werden (z.B. ein Begräbnis, ein Staatsakt etc.).

Je später im Leben eine Rolle erlernt wird, desto größer ist offensichtlich auch das Bewußtsein über die mit ihr verbundenen spezifischen Darbietungsregeln. Viele rollenspezifischen Regeln zwingen uns außerdem nicht durchgängig, sondern entweder nur phasenweise oder situationsspezifisch (Schule, Kirche etc.) eine Verhaltenskontrolle oder ein bestimmtes Verhalten auf. Die Regelhaftigkeit der geschlechtsspezifischen Unterschiede bei der Steuerung der Mimik bleibt uns hingegen meist verborgen; wir empfinden sie als „Wesensmerkmale" von Frauen und Männern.

Geschlechtsspezifische Darbietungsregeln sind die ersten, umfassendsten und folgenreichsten Regeln, die uns im Lauf unseres Lebens vorgegeben werden. Die meisten Menschen verinnerlichen sie vollkommen als „Persönlichkeitselemente" und nehmen ihren sozialen Charakter nicht mehr wahr. In diesem Fall bestimmen sie das mimische Ausdrucksverhalten auf planmäßige und dennoch vollkommen unbewußte Weise. Sie enthalten umfassende und äußerst detaillierte Anweisungen zur gendergerechten Modulation des Gesichtsausdrucks. Diese spezifischen *Gender-Scripts* vervollständigen die umfassende Genderisierung des gesamten körpersprachlichen Repertoires, die vor dem Hintergrund ästhetischer, psychologischer und sozialer Ideale die ideologische Polarisierung der Geschlechter zur Realität macht. Diese bildet die Basis einer vollkommen naturalisierten Herrschaftsstruktur, die von zwei Seiten abgesichert wird: durch die symbolische Entmachtung der Frau und die Inszenierung ihrer Zustimmung zur Organisation des Geschlechterverhältnisses als Herrschaftsverhältnis.

Zur Steuerung der spontanen Mimik steht eine Vielzahl unterschiedlicher Kontrolltechniken zur Verfügung: Der Ausdruck eines bestimmten Gefühls kann mimisch modifiziert, d.h. abgeschwächt, verdeutlicht oder verstärkt werden; ein echtes Gefühl kann durch einen neutralen Gesichtsausdruck verborgen – verdeckt oder maskiert – oder durch den Ausdruck eines völlig anderen, auch eines konträren Gefühls ersetzt werden, wodurch das Gefühl gleichsam ins Gegenteil verkehrt wird (körpersprachliches Lügen).

Das Privileg, anderen Menschen verbindliche Regeln für den Ausdruck von Gefühlen vorschreiben zu können, ist an sich bereits Ausdruck einer ganz besonderen Art von Macht – der Macht, andere in ihrem emotionalen „Innersten" zu berühren, sie gleichsam im „eigenen Haus" symbolisch zu entmachten (z.B. indem ihnen der Ausdruck negativer, aggressiver Gefühle – Wut, Zorn oder Haß – verboten wird). Dadurch werden sie in gewisser Weise auch gezwungen, die Gefühle selbst zu kontrollieren, zu unterdrücken, zu verdecken, zu maskieren oder zumindest zu neutralisieren. Die Definitionsmacht der Herrschenden geht über reine Verbote weit hinaus: Untergebenen können bestimmte Maskierungstechniken obligatorisch vorgeschrieben werden – z.B. in Situationen, die eigentlich Wut auslösen müßten, zu lächeln. Damit wird auch in ihrem Bewußtsein die Illusion von Zustimmung und freiwilliger Unterwerfung der Unterdrückten unter das Herrschaftsverhältnis aufrechterhalten.

Darbietungsregeln mit extrem hierarchisierendem Charakter überlagern die ursprüngliche emotionale Funktion der Mimik nicht nur, sondern setzen sie förmlich außer Kraft, indem sie die natürliche Verbindung zwischen Ausdrucks- und Gefühlsebene unterbrechen. Das Bedeutungsspektrum der Mimik reduziert sich unter solchen Bedingungen eigentlich auf die simple Unterscheidung zwischen „legitimen" und „illegitimen" Zeichen. Vorschriftsmäßiges Ausdrucksverhalten signalisiert im Grunde nicht mehr als die Akzeptanz der Regeln. Der Preis der Herrschaft, den auch die Mächtigen zu zahlen haben, besteht also letztlich darin, daß die Mimik ihre zentrale Funktion der Gefühlskommunikation nahezu vollständig verliert. Zurück bleibt eine gründliche emotionale Verunsicherung, ein ständig nagender Zweifel an der Echtheit der Gefühle, die ihnen von Untergeordneten scheinbar entgegengebracht werden, und ein tiefes Mißtrauen in bezug auf ihre wahren Motive. Nirgendwo kommt dieses Konglomerat aus eigener Verunsicherung und auf die Partnerin gerichtetem Mißtrauen deutlicher zum Ausdruck als im klassisch männlichen Eifersuchtssyndrom. Auch heftigste Liebesbeteuerungen können es nicht grundsätzlich auflösen, sondern tragen höchstens noch weiter zu seiner Verstärkung bei.

In Herrschaftsverhältnissen sind differenzierte mimische Strategien geradezu überlebenswichtig. Wird das Herrschaftsprinzip durchschaut, kann eine emotionale Distanz aufgebaut werden, die kühle Taktiken und Strategien ermöglicht. In der Schule ist z.B. der Gesichtsausdruck der SchülerInnen die Hauptinformationsquelle der Lehrkräfte. Ist sie hierarchisch strukturiert und autoritär geführt, dann müssen die SchülerInnen jederzeit in der Lage sein, die ihrer Rolle und der jeweils spezifischen Situation entsprechenden inneren Zustände – wie Interesse, Aufmerksamkeit und Kooperationsbereitschaft – unabhängig von ihrem wahren inneren Zustand mimisch exakt und glaubwürdig darzustellen. Wenn Gefühlsdarstellungen ausschließlich aus der Perspektive des hierarchisierenden Regelwerks interpretiert werden, zieht der spontane Ausdruck echter Gefühle (z.B. Lachen) unter Umständen unangenehme Konsequenzen nach sich (da er womöglich als Zeichen von Insubordination oder gar als Provokation aufgefaßt wird).

Anders verhält es sich mit dem Geschlechterverhältnis und den Regeln, die uns rollenunabhängig, aber geschlechtsspezifisch auferlegt werden. Solche Genderregeln, die den gesamten Verhaltensbereich strukturieren, bestimmen auch die Mimik in wesentlich grundlegenderer und allgemeinerer Weise als rollenspezifische Regeln. Sie beeinflussen bereits die Bereitschaft zum Ausdruck von Gefühlen, sich der Umwelt emotional mitzuteilen, und resultieren andererseits, ebenso unspezifisch, in der Entwicklung unterschiedlicher Fähigkeiten bei der Wahrnehmung und Interpretation der mimischen Signale anderer Menschen.

Frauen wird zu Recht eine besondere mimische „Expressivität" attestiert, dann allerdings fälschlicherweise und kurzschlüssig auf ein entsprechend intensiveres Gefühlsleben zurückgeführt. Da die psychologische Persönlichkeitsforschung bisher keine einschlägigen Unterschiede im emotionalen Bereich von Frauen und Männern nachweisen konnte[38], scheint es sich tatsächlich nur um ein reines „Oberflächenphänomen" zu handeln. Die erhöhte weibliche Expressivität ist eher ein soziales als ein psychologisches Phänomen. Sie entsteht auf der Basis geschlechtsspezifischer Darstellungsregeln und übernimmt spezifische Funktionen, die eine genauere Untersuchung lohnen.

Entsprechendes kann auch in bezug auf die ausgeprägtere körpersprachliche Sensibilität von Frauen vermutet werden. Ihre zweifellos überragenden Dekodierungsleistungen bei der Interpretation nonverbaler Signale sind nicht Ausdruck einer irgendwie „angeborenen" Überlegenheit, sondern entwickeln sich, wie N. Henley überzeugend darlegt, als Folge ihrer untergeordneten gesellschaftlichen Stellung.[39] Eine schwache Position gebietet stets höchste Aufmerksamkeit, vor allem gegenüber den Mächtigen; die schnelle und vor allem auch exakte Interpretation ihrer körpersprachlichen Signale wird zu einem entscheidenden Faktor weiblicher Überlebensstrategien in patriarchalen Strukturen.

„Eiskalte Engel"...

Das *Männlichkeitsscript* schreibt idealtypisch ein muskulär angespanntes, aber möglichst unbewegtes Gesicht und einen ernsten Grundausdruck vor. Das männliche Gesicht soll Bestimmtheit und Selbstkontrolle ausdrücken, aber vergleichsweise nur wenig Gefühle vermitteln.[40] Um diesem Idealtyp „harter Mann" nahezukommen, müssen Männer ihre Mimik stark kontrollieren und viele Gefühlsdarstellungen neutralisieren oder maskieren. Davon sind insbesondere solche Ausdrucksformen betroffen, die mit Gefühlen von Schwäche, Verletztheit oder Schmerz in Verbindung gebracht werden könnten (z.B. Weinen). „Männliche" Mimik ermöglicht insofern kaum einen Einblick in das „Innere" eines Mannes. Sie dient vornehmlich der Kommunikation von Status und Macht (sowohl über andere als auch über sich selbst).

Diese eindimensionale Verbindung zwischen Mimik und Macht setzt den Standard für die Interpretation des gesamten mimischen Repertoires von Männern: Jeder Ausdruck, sei er in Wahrheit noch so „emotional", wird primär aus diesem Kontext heraus wahrgenommen und interpretiert. Beispielhaft für diese spezifische Bedeutungsfixierung sei der Text eines Sportjournalisten zitiert, der sie in seiner interpretierenden Beobachtung eines männlichen „Sporthelden" geradezu lyrisch auf den Punkt bringt:

„Manchmal lächelt er sogar ein wenig, wenn alle anderen ihre Qualen längst nicht mehr verbergen können. In solchen Momenten geht von Miguel Indurain die Aura eines Herrschers aus, der souverän über das Feld der weltbesten Radprofis gebietet."[41]

Das Männlichkeitsscript verbietet nicht den Ausdruck von Gefühlen schlechthin, sondern nur von solchen, die mit Schwäche und Leid assoziiert werden. „Starke", insbesondere auch aggressive Ausdrucksformen (von Zorn, Wut oder Ärger), die zugleich einen gewissen Status und Überlegenheit signalisieren, sind nicht nur durchaus erlaubt, sondern gewissermaßen sogar – schenkt man der stereotypen Mimik männlicher Mannequins Glauben – konstitutive Elemente echter Virilität.

Eine gerunzelte, bedrohlich gefaltete Stirn, ein intensiver, direkter, starrer oder finsterer Blick aus verengten Augenschlitzen, ein zum schmalen Strich gepreßter oder verächtlich verzerrter Mund verleihen einem Gesicht eine intensive „maskuline" Ausstrahlung. Die Wirkung solcher Zeichen entfaltet sich nach außen wie nach innen. Als emotionale Rückkopplungssignale haben sie durchweg entlastende Funktionen, denn sie leiten die negativen Gefühle und Spannungen, die ihnen womöglich zugrundeliegen, nach außen, zum Beispiel auf andere Menschen, ab. Auf diese haben sie dann, als deutlich aversive, abweisende Signale einen dementsprechend einschüchternden Effekt.

Frauen dürfen solche „starken" mimischen Zeichen – zumindest im

Umgang mit erwachsenen Männern – nicht setzen. Die mildeste Form der Strafe, die sie widrigenfalls gewärtigen müssen, besteht in der Anzweifelung ihrer Ernsthaftigkeit. Die Selbstdarstellung einer Frau als wütend, zornig etc. wird einfach verworfen und durch eine andere Interpretation – z.B. süß, sexy etc. – ersetzt, die dann mit Belustigung oder „liebevollem" Spott quittiert wird. Solche Fremddefinitionen siedeln die Bedeutung weiblichen Verhaltens in einen komplett anderen Kontext um. Der genuine Ausdruck von Zorn oder Wut wird durch die Umdeutung in ein „erotisches" Signal im Sinn männlicher Interessen und Bedürfnisse funktionalisiert („wenn du wütend bist, bist du besonders sexy und anziehend!" In Spielfilmen jedenfalls enden weibliche „Wutausbrüche" ohne unmittelbar erkennbare oder nachvollziehbare Logik meist im Bett).

Läßt sich eine Frau darauf nicht ein, indem sie die Fremddefinition und Funktionalisierung ablehnt und auf ihren wahren Gefühlen beharrt, dann folgt die nächste Stufe der „Bestrafung": eine durchweg negative Etikettierung ihrer gesamten Persönlichkeit, wofür ein ganzes Arsenal abwertender Begriffe verfügbar ist („Drachen", „Furie", „Kneifzange" etc.). Der weibliche Einspruch gegen unangemessene Fremddefinitionen und irreführende Kontextfestlegungen (Erotik) wird nicht als Richtigstellung oder als Diskussionsangebot verstanden. Die Verweigerung der Zustimmung resultiert darin, daß der Frau ihre weibliche „Attraktivität" gänzlich abgesprochen wird, und somit letztlich in ihrer Negation als Subjekt.

Zwar kann auch bei Männern ein allzu emotional gefärbter, „übertriebener" Ausdruck von Wut oder Zorn einen gewissen Statusverlust mit sich bringen, da dieses Verhalten dem Männlichkeitsideal absoluter Kontrolliertheit widerspricht. Aber es wäre wenig ratsam, sich als Adressatin solcher Gefühlsausbrüche auf die Wirkung ironischer Definitionsumkehrungen und herablassenden Spotts zu verlassen. Erschwerend kommt hinzu, daß unsere gemeinsame Sprache keine vorgefertigten negativen Etiketten bereitstellt, mit denen wütende Männer geschlechtsspezifisch ironisch abgewertet oder in vergleichbarer Weise der Lächerlichkeit preisgegeben werden könnten wie Frauen.

Die eindrucksvollsten Beispiele für maskuline Mimik und die mimische Kodierung von Macht lassen sich wie immer in den Massenmedien finden. Vor allem im Film wird das idealtypische Konzept durch stereotypes Casting und symptomatische Inszenierungen bis ins Detail umgesetzt. Mimischer Minimalismus, z.B. von Clint Eastwood meisterhaft vorgeführt, wird zur ultimativen Chiffre für männliche „Coolness" und damit zugleich zum Zeichen der Überlegenheit über all jene, die anderen deutlichere Einblicke in ihr Gefühlsleben gestatten („Memmen" und Frauen). Emotionale Beziehungslosigkeit wird als Kern einer absoluten Unabhängigkeit von anderen Menschen stilisiert und idealisiert. Die Fühllosigkeit des grundsätzlich einsamen Helden („loner"), der in einer ihm stets feindlich gesinnten Umwelt unbeirrt seinen Weg geht, drückt sich unmittelbar in seinen versteinerten Gesichtszügen aus. Dieses beängstigend ausdruckslose Gesicht des klassischen Western-Helden („Cowboy-Syndrom") ist mittlerweile in nahezu allen Filmgenres präsent.

Da erscheint es nur logisch, daß die zum absoluten „Männlichkeits"-Ideal hochstilisierte totale Selbstkontrolle in höchster Perfektion letztlich nur von unmenschlichen Wesen erreicht werden kann: Das führt uns eine beeindruckende und immer noch wachsende Reihe „maschineller" Helden oder sonstiger Monster vor, die, obwohl nicht menschlich, nichtsdestoweniger dennoch stets eindeutig „männlich" sind (z.B. das „vulkanische" Crew-Mitglied des Raumschiffs „Enterprise", der geheimnisumwitterte Mr. Spock, oder der unendlich reproduzierte modernere Maschinentypus „Terminator", der von Arnold Schwarzenegger geradezu kongenial verkörpert wird). Den medialen Männlichkeitsvorbildern erwächst aus ihrem Mangel an Expressivität kein erkennbarer Nachteil. Sie werden spätestens nach Ablauf der 90 Minuten in traditioneller Hollywood-Manier dafür meist noch belohnt. Die Fiktion macht die umfänglichen negativen Konsequenzen einer emotionsentleerten, „männlichen" Mimik weder sichtbar noch thematisiert sie diese in irgendeiner Weise.

Eine Mimik, die vielfältige Gefühle differenziert und manchmal auch überzeichnet ausdrückt, wird im Film gezielt zur Charakterisierung wenig maskuliner Helden eingesetzt: als Zeichen persönlicher Schwäche oder einer gewissen, durchaus nicht unsympathischen Trotteligkeit (z.B. Jerry Lewis, Louis de Funes), aber auch von Lächerlichkeit und sozialer Unterlegenheit. Sozial diskriminierte Gruppen, z.B. schwarze AmerikanerInnen, wurden früher durch haarsträubendes Grimassieren und Gestikulieren filmisch charakterisiert. Erst schwarze Schauspieler wie Sidney Poitier, der sich als einer der ersten von diesen Regeln emanzipierte und eine durchweg coole („männliche" und „weiße") Mimik zur Schau stellte, machten den Zusammenhang zwischen Emotionalität und gesellschaftlicher Verachtung evident. Zur Zeit läßt die stereotype Selbstdarstellung schwarzer Jugendlicher (beispielhaft dafür sind die Musik-Videos auf MTV) allerdings eher vermuten, daß nicht wenige sich mit der abwertend gemeinten Fremddefinition nunmehr entweder tatsächlich identifiziert haben oder sie ironisch aufgreifen (entsprechend der selbstbewußten Aufnahme ursprünglich abwertender verbaler Begriffe – z.B. Nigger – in das eigene Sprachrepertoire).

An der Schnittstelle zwischen Realität und Fiktion – in der Selbstdarstellung gesellschaftlich etablierter, real mächtiger Männer im Fernsehen – treten die negativen Konnotationen einer emotional informativen Mimik deutlich zu Tage. Sensible JournalistInnen registrieren die körpersprachlichen Signale von Politikern äußerst aufmerksam und reagieren auf „übermäßige" Emotionen irritiert, belustigt oder mißtrauisch. Eine mangelhafte emotionale „Informationssperre" bringt leicht höhnische Kommentare ein. Mimische „Durchlässigkeit" gibt Anlaß, an der Glaubwürdigkeit, Kompetenz oder Intellektualität schlechthin gründlich zu zweifeln. Beispielhaft dafür ist zum einen der durchweg spöttische Umgang der Medien mit der ausgeprägten Mimik Helmut Kohls (der „Züngler"), zum anderen das tiefe Mißtrauen, mit der Bill Clintons Körpersprache („bear-hug") begegnet wird; mit der Macht eines Mannes – und dieser ist der „mächtigste der Welt" – sinkt offenbar die Bereitschaft seiner Umgebung, freizügig zur Schau gestellte persönliche Betroffenheit, Zeichen von Rührung oder kindlicher Freude bedenkenlos als Ausdruck der Persönlichkeit zu interpretieren. Die von einem Journalisten in diesem Zusammenhang tatsächlich formulierte Frage – „Was will er mit ihnen *symbolisieren*, und was *bedeuten* sie wirklich?"[42] – zeigt, daß auch dem Ausdruck von Zeichen, die primär Emotionen signalisieren, ein politisches Kalkül unterstellt wird.

Männer bezahlen für die beständige und massive Verdrängung, Maskierung oder Abschwächung von Zeichen durchaus vorhandener Gefühle der Schwäche, des Schmerzes oder seelischen Leids einen hohen Preis. Eine großangelegte klinische Untersuchung, in der 23000 PatientInnen und über 500 ÄrztInnen spezifisch befragt worden waren, kam zu dem bestürzenden Ergebnis, daß bei 65% der männlichen Patienten depressive Erkrankungen entweder übersehen oder falsch diagnostiziert wurden, weil sie entweder entsprechende Symptome unterdrückt hatten oder diese von den ÄrztInnen übersehen worden waren. Da unerkannte Erkrankungen auch nicht therapiert werden können, wirkt sich der falsche Nimbus harter Männlichkeit eindeutig und ganz direkt auch zum Schaden der Männer aus.[43]

Die männliche Bereitschaft zur „Undurchschaubarkeit" als Kern maskuliner Mimik wird durch die Geschlechterideologie flankierend gefördert: zum einen durch eine generelle Abwertung von Emotionalität, zum anderen durch ihre exklusive Verknüpfung mit „Weiblichkeit". Die einseitige Verpflichtung von Frauen auf emotionale Expressivität leistet einen entscheidenden Beitrag zur Polarisierung, da sie gerade in der intimsten Kommunikationsdimension eine nahezu unüberbrückbare Verständigungskluft zwischen den Geschlechtern aufreißt. Die Kommunikation *von* Gefühlen tritt hinter die Herrschaft *über* Gefühle, und damit letztlich hinter die Herrschaft über Frauen, die „Gefühlswesen", zurück.

Der mimische „Minimalismus" der Männer stellt das größte Hindernis bei der emotionalen Annäherung der Geschlechter aneinander dar. Frauen sind sich dessen durchaus bewußt, schaffen es aber dennoch kaum, die emotionale Informationssperre der Männer zu durchbrechen, obwohl sie unermüdlich daran arbeiten. Ihr Scheitern ist dadurch vorprogrammiert, daß sie die Mängel der Männer eher als individuelles „Persönlichkeitsproblem" eines einzelnen Individuums betrachten, das deshalb ihrer besonderen Hilfe und ihres Verständnisses bedarf, und nicht als geschlechtsspezifisches Defizit, das von Männern selbst durch bewußte Arbeit an sich selbst behoben werden müßte. Das männliche Defizit gerät so zur persönlichen Herausforderung für die Frau, zum Ansporn, ihre Aufmerksamkeit noch zu intensivieren. Je mehr emotionale Informationen sie ihm allen Widrigkeiten zum Trotz doch noch entlocken kann, desto weniger bleibt ihre Auseinandersetzung mit dem männlichen Innenleben im Spekulativen. Auch deshalb dürfen Frauen ihre Männer sprichwörtlich nicht aus den Augen lassen.

Dem männlichen Image kommt dieses Muster in jedem Fall zugute. Denn solange Frauen aus ihnen, allen Anstrengungen zum Trotz, nichts Konkretes herausholen können, sind sie auf eigene, für Männer eher schmeichelhafte, phantomhafte Idealbilder von Männern angewiesen. Ausdruckslose Gesichter sind, das hat der russische Regisseur und Filmtheoretiker Kuleschow sehr eindrucksvoll nachgewiesen, hervorragende Projektionsflächen, auf die wir völlig beliebige Emotionen projizieren und anschließend dann „wirklich" wahrnehmen können.[44] Je ausdrucksloser ihre Gesichter real also sind, desto mehr profitieren Männer davon, daß Frauen ihre Wunschbilder und romantischen Sehnsüchte in ihren Köpfen selbst kreieren.

Die mit „männlicher" Mimik verknüpften psychologischen Dimensionen der Selbstbeherrschung, der emotionalen Undurchschaubarkeit und der aversiven Abgrenzung von anderen kontrastieren auf das Schärfste mit jenen Dimensionen, die mit einer typisch „weiblichen" Mimik verbunden sind: Emotionalität, Bereitwilligkeit zur Selbstentäußerung und soziale Verbindlichkeit. Der Gedanke, die ausgesprochen expressiven Frauen erfreuten sich in ihrem mimischen Verhalten einer größeren Freiheit als Männer, erweist sich bei näherem Hinsehen bald als falsch. In der Tat wird ihre Mimik durch das Weiblichkeitsscript wesentlich umfangreicheren, feiner differenzierten und rigider gehandhabten Regeln unterworfen, die sich auf Frauen letztlich noch negativer auswirken als die Beschränkungen der Männer durch das Männlichkeitsscript.

Schon die Idealvorstellungen, die Frauen und Männer jeweils von weiblichen und männlichen Gesichtern haben, unterscheiden sich deutlich. Frauen ziehen die Relevanz von Schönheit als Kriterium für die Attraktivität eines männlichen Gesichts schonungsvoll in Zweifel, und sie orientieren sich in ihren Wünschen deutlicher an der Realität als Männer. Das drückt sich in der größeren Übereinstimmung der weiblichen Idealvorstellungen mit dem männlichen Durchschnittsgesicht klar aus. Frauen schätzen vor allem Zeichen von Reife – eine gewisse Markanz der Züge, z.B. hervortretende Wangenknochen und eine breit ausladende Kinnpartie –, fühlen sich aber vor allem durch expressive mimische Signale angezogen, die freundliches Interesse signalisieren („big smile").[45]

Sie selbst werden einem weit strengeren Urteil unterworfen. Männer haben recht genaue und interessanterweise auch ziemlich einheitliche Vorstellungen vom idealen Frauengesicht.[46] Es weicht deutlicher vom statistischen Durchschnitt ab, weist mehr infantile Merkmale auf (große Augen, kleine Nase, kleines Kinn), soll aber auch Reifemerkmale (prominente Wangenknochen und schmale Wangen) besitzen. Seine expressiven Kennzeichen sollen Kontaktbereitschaft und Interesse signalisieren (das zeigt die besondere Vorliebe für erweiterte Pupillen und hohe Augenbrauen, die weit aufgerissene Augen andeuten, und nicht zuletzt das „breite" Lächeln).[47] Bestimmte Ausdrucksformen (z.B. das Lächeln) wirken sich zudem unmittelbarer auf die charakterliche Einschätzung und Bewertung von Frauen als von Männern aus.[48]

Das Weiblichkeitsscript zwingt Frauen geradezu einen emotionalen Offenbarungseid auf. Sie sollen aus ihren Herzen keine Mördergruben machen, sie sollen ihre Gefühle ganz vorbehaltlos zeigen. Manche Gesellschaften haben die einseitige Verpflichtung der Frauen auf Gefühlsdarstellungen regelrecht institutionalisiert – z.B. in der Rolle von „Klageweibern", die bei Totenfeiern Verstorbene in lautstarken Ritualen beweinen. Bei uns wird sie als allgemeines weibliches „Wesensmerkmal" von Frauen schlechthin verankert.

Die besondere emotionale Expressivität der Frauen hat vielfältige Auswirkungen auf ihre gesellschaftliche Lage, die sich durch die Begriffe Statusverlust, Durchschaubarkeit und Selbstabwertung charakterisieren lassen. Zunächst stützt ihre „Ausdrucksgeladenheit" die Vorstellung von der ausgeprägteren weiblichen Emotionalität ab, die unter anderem eine grundlegende Voraussetzung für ihre soziale Abwertung und Zurückstufung hinter den primär als rational eingestuften Mann ist. Vor allem der Ausdruck von „schwachen" Gefühlen, die Hilflosigkeit und Hilfsbedürftigkeit signalisieren, ist in einer Kultur, die Status mit Undurchschaubarkeit und Unabhängigkeit von anderen verknüpft und an die Wahrung des eigenen Gesichts bindet, mit einem klaren Statusverlust verbunden.[49] Des weiteren macht sie, da sie innere Zustände reflektiert, Frauen im weitesten Sinn durchschaubar und in ihren Aktionen berechenbarer. Und drittens zwingt ihnen das Genderscript durch die Einschränkung auf Signale der Unterwerfung ein Verhalten auf, durch das sie selbst sich als unterlegen klassifizieren, während es Männer durch vielfältige Aufmerksamkeits- und Bestätigungssignale aufwertet.

Das Ausdrucksverhalten von Frauen wird von der Gesellschaft, die es durch Regeln vielfältig überformt, nichtsdestoweniger als genuiner Ausdruck von „Weiblichkeit" wahrgenommen. Es wird argumentativ gegen Frauen ins Feld geführt, was ihre Chancen auf eine gleichwertige Beteiligung an gesellschaftlich wichtigen Entscheidungen, auf ihren Einzug in verantwortungsvolle öffentliche Ämter und hochrangige Positionen unterminiert. Dieses Denken beeinflußt langfristig auch das Verhalten der Frauen, zumal in der Öffentlichkeit. Der Vergleich von entsprechenden Meinungen und Einstellungen von 3500 Frauen, die über einen Zeitraum von zehn Jahren erhoben wurden, läßt eine steigende Tendenz zum Verbergen von Gefühlen erkennen. Der Grund: Immer mehr Frauen (1992 waren es bereits 62% der Befragten) stellen fest oder befürchten, daß ihnen ihre emotionale Offenheit vor allem im Berufsleben als Schwäche ausgelegt werden könnte.[50]

Das Männlichkeitsscript, das Ernsthaftigkeit als Grundausdruck des männlichen Gesichts legitimiert, definiert es dadurch als eine emotional neutrale Hintergrundsfläche. Von Frauen wird schon im Grundausdruck eine emotionale Vorleistung erwartet: Das Weiblichkeitsscript schreibt ihnen einen durchgängigen Ausdruck von verbindlicher Freundlichkeit vor (eine Erwartungshaltung, die möglicherweise auch in einem gewissen Zusammenhang mit der gesellschaftlichen Verpflichtung der Frauen auf Arbeit „aus Liebe" gesehen werden kann).

Abweichungen von diesem freundlichen Grundmuster lösen in der Regel bereits eine gewisse Irritation aus, die entsprechende Nachfragen nach sich zieht. Diese machen deutlich, daß „Nicht-Freundlichkeit" von Frauen bereits mit „Un-Freundlichkeit" gleichgesetzt („warum guckst du denn so böse?"), mit Mißfallen betrachtet und nicht selten direkt verbal kritisiert wird. Es scheint, als erfülle bereits der Verlust der vertrauten Bestätigungssignale, der im ausdruckslosen Frauengesicht offenkundig wird, für manche Zeitgenossen schon den Tatbestand eines Affronts. Die Etiketten, die unbotmäßig „unfreundlichen" Frauen zur Strafe angeheftet werden (Xanthippe, Drache oder Furie), verweisen auf den Ursprung dieser merkwürdigen Empfindlichkeit gegenüber weiblicher Ernsthaftigkeit. Die Gesichter erinnern an die Macht, die mit dem verbotenen Ausdruck ursprünglich einmal verbunden war.

Noch klarer wird die symbolische Entmachtungsfunktion der „Expressivitäts"-Verordnung, wenn wir die medial inszenierten Frauentypen betrachten, deren Gesichter bewußt ausdruckslos gehalten werden. Die Konstruktion des Vamp, der eine reine Phantasmagorie männlicher, auf die sexuell potente Frau gerichteter Ängste und Sehnsüchte zugleich ist, baut unter anderem auch auf einer klassischen Macht-Mimik auf – auf individueller Undurchschaubarkeit, verbunden mit dominanten Ausdrucksformen. Die Ausdruckslosigkeit der unbewegten, geradezu starren Züge, der hinter halbgeschlossenen Augenlidern getarnte und dennoch unverschämt direkte Blick sind – wenn sie von Männern benutzt werden (vgl. Robert Mitchum) – unmißverständlich klare Machtchiffren. Im – männlich imaginierten – Frauengesicht verunklaren sich ihre Bedeutungen und versanden als erregend geheimnisvolles „Etwas".

Das Kernelement von Freundlichkeit, das *Lächeln*, ist eines der ältesten, am gründlichsten verankerten, und, da es bereits in den ersten Lebenswochen eines Menschen in Funktion tritt, auch das erste soziale Signal. Es ist ein Zeichen von Friedfertigkeit, das sich aus einem ursprünglich simplen Verteidigungssignal zu einem komplexen Signal der Bindung und der Bestätigung weiterentwickelt hat. Es ist einerseits ein wahrhaft universelles Zeichen, das nicht erst erlernt werden muß (selbst blindgeborene Menschen, denen keine visuellen Vorbilder verfügbar waren, lächeln), andererseits wird es nahezu in allen Kulturen äußerst differenzierten Regeln unterworfen. Dies macht den möglicherweise bedeutsamsten Akt der Körpersprache zu einem sozialen Ordnungselement par excellence.

Das Lächeln ist ein vielschichtiges Signal. Es kann, je nach Situation und Kontext, unterschiedliche Bedeutungen transportieren (Glück, Befreiung, Trauer, Arroganz, Besinnlichkeit etc.) und andere in recht unterschiedlicher Weise betreffen (bestätigend, aufmunternd, vernichtend, auffordernd etc.). In beiden Bereichen zeigen sich klare Genderunterschiede, d.h. Frauen lächeln nicht nur häufiger, sondern auch „anders" als Männer; ihr Lächeln hat durchweg andere kommunikative Funktionen und Auswirkungen auf ihr Gegenüber und auch andere Rückwirkungen auf sie selbst.

Die gewissermaßen vorentscheidende gesellschaftliche Funktion der freundlichen Grundhaltung von Frauen, ihres unspezifischen, verbindlichen Lächelns besteht darin, daß sie einen Rahmen für den Ausdruck und die Interpretation aller anderen mimischen Signale setzen. Wer lächelt, kann nicht gleichzeitig Wut ausdrücken, und wer eine Zurückweisung mit einem freundlichen Lächeln erteilt, muß gewärtigen, daß sie erfolglos bleibt.

Die Verankerung des Lächelns wird daher mit großer Sorgfalt und mit Nachdruck betrieben. Das auflagenstärkste Etikette-Buch Deutschlands behandelt es ausführlich und sogar vorrangig vor den Bekleidungsregeln, die seinen eigentlichen Inhalt bilden. Frauen werden auf das Lächeln geradezu mephistophelisch eingeschworen („In Ihrem Lächeln spiegelt sich Ihr Herz, und Charme ist Ihr wertvollstes Grundkapital"); ständiges Training wird nahegelegt („morgendliche Gesichtsgymnastik"), um es immer weiter zu perfektionieren. Die zynische Verkürzung einer *genuin sozialen* Handlung auf ein stereotypes Kennzeichen von „Weiblichkeit" erreicht im vollkommen automatisierten Lächeln einer sozial isolierten Frau ihren absoluten Höhepunkt – wenn sie „zur Gemeinde jener Glücklichen (gehört), die lächeln können, auch wenn Sie allein sind!" Bleibt am Rande zu vermerken, daß entsprechende Anweisungen in der Männer-Abteilung des Ratgebers selbstverständlich nicht zu finden sind. Männer lächeln nicht „einfach so", sondern, wenn überhaupt, nur aus einem definierten Grund und auf eine ganz bestimmte Weise – in diesem Buch zum Beispiel nur „überlegen" (und zwar über die „Gebote von gestern", gegen die sie auch selbstverständlicher als Frauen verstoßen dürfen).[51]

Um den vielfältigen Bedeutungen des typisch „weiblichen" Lächelns auf die Spur zu kommen, genügt es nicht, es nur in seiner Funktion als simples Gender-Zeichen (für Freundlichkeit oder Friedfertigkeit) zu betrachten. Es hat auch komplexe Funktionen bei der sozialen Selbst-Qualifizierung und im Umgang mit „verbotenen" Gefühlen. Die besondere Rolle, die das Lächeln dabei übernimmt, macht vollends klar, daß die „Expressivität" von Frauen keineswegs eine größere emotionale Freiheit reflektiert, vielmehr ihre umfassende und differenzierte Festlegung auf einen bestimmten sozialen Bereich und bestimmte soziale und psychologische Funktionen.

Einem – wie gezeigt – gnadenlos und massiv aufoktroyierten Ausdruck ständiger, unspezifischer Freundlichkeit kann nur schwerlich immer auch ein entsprechendes Gefühl zugrundeliegen. Den ausführlichen Studien der amerikanischen Mimik-Forscher Ekman und Friesen, insbesondere über die Unterscheidung zwischen echten und unechten Gefühlsdarstellungen, lassen sich interessante Hinweise entnehmen, die den psychologischen Hintergrund des „Dauerlächelns" und anderer Besonderheiten des Lächelverhaltens von Frauen beleuchten.[52]

Ausgehend von unterschiedlichen Techniken der Gesichtskontrolle und den von ihnen empirisch eruierten Mustern „normaler" Gefühlsdarstellungen identifizierten die Autoren zwei Abweichungsmuster, die typisch sind für „unechte" Gefühlsdarstellungen, bzw. auf die tatsächlichen Gefühle einer Person verweisen: „Lügenzeichen" und „nonverbale Lecks". Beide mimischen Muster sind die Folge eines, wenn auch letztlich erfolglosen, Versuchs, Gefühle zu maskieren.

Typische Lügenzeichen sind zum einen Fehler im „timing" eines Ausdrucks: Er setzt entweder unzeitig – zu früh oder zu spät – ein, oder seine zeitliche Dauer ist falsch – meistens zu lang. Wahre Gefühle manifestieren sich, nach Meinung der Autoren, vor allem in relativ schnellen und nur kurz andauernden Signalen (von 4 - 5 sec. Dauer). Des weiteren zeichnen sich unechte Gefühlsdarstellungen durch mangelhafte Koordination mit anderen körpersprachlichen Zeichen aus, d.h. der Ausdruck ist entweder falsch plaziert oder wirkt verhältnismäßig „überzogen". Sie werden außerdem häufig von kurzen, eher unauffälligen Zeichen unterbrochen oder überlagert, die anderen Gefühlen zuzuordnen sind („Mikro-Expressionen"); sie verleihen dem „verlogenen" Verhalten einerseits eine gewisse Hektik, geben aber andererseits Hinweise auf die tatsächlichen Gefühle. Die Mikroexpressionen eröffnen gleichsam ein emotionales „Leck", durch das die entscheidenden Informationen „durchsickern" können.

Drei Lächelmuster, die für Frauen typisch sind – das Dauerlächeln, das deplazierte Lächeln und das gemischte Lächeln –, können vor dem Hintergrund dieser Systematik als mißglückte Maskierungsversuche klassifiziert werden. Das erste weicht vom „timing" her deutlich vom Normalmuster des Lächelns ab; bei dem zweiten läßt sich eine mangelhafte Koordination feststellen, da es oft in Widerspruch mit anderen, vor allem auch mit verbalen Aussagen steht (besonders deutlich, wenn z.B. Nachrichtensprecherinnen bei der Verlautbarung schrecklichster Nachrichten lächeln oder wenn Frauen auch dann lächeln, wenn sie sich negativ abgrenzen oder direkt gegen einen Angriff zur Wehr setzen müssen); das dritte Muster ist ein Lächeln, das von Mikroexpressionen durchsetzt und von „unpassenden" Ausdruckselementen überlagert ist, die anderen Gefühlen zuzuordnen sind. Dieses Lächeln ist, in Anbetracht der realen gesellschaftlichen Lage der Frauen, ein wahrhaft genuiner Ausdruck ihrer „gemischten Gefühle".

Das Lächeln wird, verglichen mit anderen verfügbaren Techniken der Gesichtskontrolle, am häufigsten entweder zur spezifischen Qualifikation oder zur Maskierung eines ursprünglicheren Gefühls benutzt. Ein qualifizierendes Lächeln kann, indem es dem übrigen Verhalten gewissermaßen einen Kommentar hinzufügt, die Bedeutung aller anderen verbalen und nonverbalen Aussagen verändern. So kann eine Person ihr aktuelles Verhalten durch ein (gleichzeitiges oder nachfolgendes) beschämtes oder entschuldigendes Qualifikationslächeln als unpassend und unangemessen abqualifizieren. Gleichzeitig gibt sie damit auch ihr Einverständnis mit der Klassifizierung ihres Verhaltens zu erkennen.

Neben der totalen Simulation eines nicht vorhandenen Gefühls ist die mimische Maskierung echter Gefühle die stärkste und wirkungsvollste Form der Lüge. Der echte Ausdruck wird dabei nicht nur in spezifischer Weise verändert, sondern im Prinzip ausgemerzt. Insbesondere zur Maskierung von negativen, aversiven Empfindungen und Gefühlen (z.B. von Wut oder Ekel) eignet sich das Lächeln – schon aus rein anatomischen Gründen – ganz besonders gut. Beim Lächeln werden die Muskeln im unteren Gesichtsbereich in einer ganz bestimmten Weise bewegt (die Mundwinkel entspannen und heben sich); diese Bewegung ist völlig konträr zu den Bewegungen die nötig wären, um das tatsächliche Gefühl auszudrücken (in der Wut werden die Mundwinkel angespannt und nach unten, im Gefühl des Ekels vor allem nach hinten gezogen).

Das weibliche Genderscript verbietet insbesondere den Ausdruck von Wut. Daher können Frauen, wenn überhaupt, dieses Gefühl meist nur in reduzierter, entsprechend qualifizierter, bruchstückhafter oder maskierter Form ausdrücken. Das Wuttabu beeinträchtigt, indem es die Kommunikation des Gefühls verhindert, zum einen den gesamten Gefühlshaushalt von Frauen. Die negativen Emotionen werden bereits an der Quelle abgefangen und können nicht abgearbeitet werden. Ihre destruktiven Energien richten sich nach innen, auf das Selbst, und hinterlassen dort unverkennbare, zerstörerische Spuren.

Zum anderen wird Frauen durch das Wuttabu zugleich eines der effektivsten kommunikativen Mittel der Durchsetzung eigener Interessen gegenüber anderen entzogen, ihre kommunikativen Kompetenzen also entscheidend eingeschränkt. Mit ihren von positiven Zeichen (z.B. Lächeln) durchsetzten Signalen der Abgrenzung und Abweisung schaden sie sich eher selbst, als daß sie Interaktionspartner wirkungsvoll in ihre Schranken weisen könnten. Die ständigen „Nutzlosigkeitserfahrungen" (Lerner, 1987), die Frauen mit ihrer Wut machen, verstärken ihre Bereitschaft, sich mit den legitimen Methoden der Durchsetzung (den „weiblichen Waffen") gegenüber Männern abzufinden.

Die gemischten Signale der Frauen schützen Männer weitgehend vor selbstbedrohlichen Erfahrungen. Solange sie sich nur an die jeweils positiven Signale halten, können sie ihr Image aufrechterhalten. Die Bedeutungsunschärfe der weiblichen Mimik, der ambivalente Charakter ihrer gemischten Botschaften macht es Männern leicht, das Verhalten von Frauen vorrangig aus der eigenen Bedürfnislage heraus, nach Gutdünken, zu interpretieren. Sie können die abweisenden Signale völlig ignorieren und ausschließlich die „einladenden" Signale zur Kenntnis nehmen und zur alleinigen Grundlage für weitere Verhaltensentscheidungen machen. Die Rechtfertigungsstrategien von Vergewaltigern folgen häufig explizit diesem Schema. Indem sie die verbale Ebene der körpersprachlichen Ebene vollkommen unterordnen, können sie das „Nein" der Frau ignorieren und das Lächeln, mit dem sie die Zurückweisung kommuniziert (vor allem auch, um *sein* Gesicht zu wahren), als Einladung verstehen.

Die vorschriftsmäßige mimische Kontrolle tabuisierter Gefühle gelingt um so schlechter, je stärker diese Gefühle sind. Da sie nur selten vollständig fehlerfrei durchgeführt werden kann, erscheint die Mimik von Frauen, oberflächlich betrachtet, oft irgendwie mehrdeutig, übertrieben oder gar eindeutig „falsch". In Unkenntnis der tatsächlichen Ursachen dieser „Lügenmuster" fällt die negative Charakterisierung auf die Frauen selbst, auf die Bewertung ihres Charakters zurück. So bestätigen scheinbar die Frauen selbst die längst vorgefaßten Meinungen über ihre typisch weibliche „Falschheit".

Es soll hier nicht bezweifelt werden, daß dem typisch weiblichen, gemischten Verhalten tatsächlich auch eine gewisse emotionale Ambivalenz zugrundeliegt. Es wäre jedoch kurzschlüssig, die Zwiespältigkeit, Unentschiedenheit oder Unentschlossenheit von Frauen aus ihrer „Charakterstruktur" heraus zu begründen, ohne die vielfältigen und einschneidenden gesellschaftlichen Überformungen dieser Struktur in Betracht zu ziehen. Aus einer gesellschaftlichen Perspektive erscheint dieses Muster als durchaus konsequenter Ausdruck der strengen und differenzierten, aber in ihrer Wirkung eben auf die Verhaltensoberfläche beschränkten Vorschriften, denen Frauen unterworfen sind.

Das Wissen um die herausragenden Qualifizierungs- und Maskierungsfunktionen des Lächelns macht bislang übersehene Bedeutungsaspekte des weiblichen „Dauerlächelns" evident. Es ist nicht nur, vor allem aber kein natürliches Zeichen weiblicher Friedfertigkeit oder gar der freiwilligen Unterwerfung, sondern auch Folge des starken Zwangs zur Tarnung und Maskierung all jener Signale, die den positiven Gesamteindruck von „Weiblichkeit" stören würden.

Die freundliche Aufmerksamkeit, die Frauen ihren Interaktionspartnern scheinbar so bereitwillig entgegenbringen, wirkt sich vor allem auf diese äußerst angenehm aus. Freundlich und sonnig angelächelt zu werden, erzeugt ein wohliges „Wärme"-Gefühl, stärkt das Selbstbewußtsein und reflektiert auch gesellschaftliches Ansehen (die Mächtigen und Erfolgreichen, schreibt N. Henley, sind „von tausend Sonnen umgeben"). Männer profitieren stärker davon als Frauen, da sie aufgrund ihrer mangelhaften Sensibilität und geringeren Dekodierungsfähigkeit die Ambivalenz weniger registrieren, vielmehr auch das eklatanteste Maskierungslächeln durchaus noch in selbstbestätigender Weise interpretieren können. Der emotionale Gegenwert, den Frauen für die „Besonnung" der Männer erhalten, ist in Anbetracht der männlichen Verpflichtung auf mimischen Minimalismus eher bescheiden. Die negativen Konsequenzen der vorschriftsmäßigen Gefühlsmaskierungen, seine emotionalen Rückwirkungen auf ihren Gefühlshaushalt, tragen Frauen vollends allein.

1 A. E. Scheflen, 1976, S.137.

2 Beispielhaft dafür ist die differenzierte Körpersprache des Komikerpaares Laurel und Hardy (vulgo Dick und Doof): Der kleine, zarte Doof drückt seine Nachrangigkeit und Machtlosigkeit gegenüber dem großen, dicken und schlauen Dick hauptsächlich durch Körperhaltungen, Mimik und Gesten aus, die eigentlich zum „weiblichen" Selbstdarstellungsmuster gehören (schmale, enge Körperhaltung, schräge Kopfhaltung, weit aufgerissene Augen, fistelige Stimmlage); dennoch zweifeln wir nicht an seiner „Männlichkeit".

3 P. Watzlawick u.a., 1969, S.53.

4 Vgl. J. van Lawick-Goodall, 1971.

5 Vgl. Henley & La France, 1984, S.364.

6 Vgl. S. Bem, 1974; Spence & Helmreich, 1978.

7 Vgl. S. Hirschauer, 1989.

8 Vgl. Henley, 1988; Goffman, 1981; Eakins & Eakins, 1978; Wex, 1979; Scheflen, 1976.

9 Vgl. Schmitt, 1992, S. 66 f.

10 Eine weite Schrittlänge gilt heute als typisch männlich; kurze, trippelnde Schritte wirken bei Männern „effeminiert" und gehören zum Repertoire gesellschaftlich besonders stark verachteter, „weiblich" identifizierter Homosexueller; daher werden sie darüber hinaus auch zur hämischen Charakterisierung „unmännlicher" Männer benutzt (z.B. von den Medien).

11 Vgl. Schmitt, a.a.O., S. 213-218.

12 Vgl. Belotti, 1975; Scheu, 1977; Bilden, 1980; Mertens, 1992.

13 Vgl. *Süddeutsche Zeitung*, 2.3.1989.

14 Vgl. *Jugend '92*, herausgegeben vom Jugendwerk der Dt. Shell, 1993.

15 N. Henley, 1988, S.66.

16 D. Morris, 1977, S.198.

17 D. Morris, a.a.O., S. 41f.

18 Vgl. Trömel-Plötz, 1980, 1982, 1984, 1992.

19 Vgl. Göttner-Abendroth, 1984 und 1993; Schilling, 1984, und Voss, 1988.

20 Vgl. C. Kleinke, 1986.

21 Vgl. Douglas & Atwell, 1988.

22 Vgl. Kimble, Forte & Yoshikawa, 1981.

23 Zaslow, 1982, S.163.

24 Vgl. Argyle, u.a., 1974; Exline, 1971; Ellsworth, 1975.

25 Vgl. Ellsworth u.a., 1972; Greenbaum & Rosenfeld, 1978.

26 Vgl. Douglas & Atwell, 1988, S.59.

27 Zur Erklärung des psychologischen Hintergrunds dieses Bedürfnisses vergl. N. Chodorow, 1985.

28 Annonce, erschienen in der *Süddeutschen Zeitung*, 20.4.1991.

29 Vgl. Lochman & Allen, 1981.

30 Vgl. P. Waxer, 1974.

31 Vgl. *Süddeutsche Zeitung*, 8.10.1992, S.23.

32 Vgl. Efran & Cheyne, 1974.

33 Vgl. Hughes & Goldman, 1978; Buchanan, Goldman & Juhnke, 1977.

34 Diese Erkenntnis beruht auf der Analyse einer großen Zahl von Rollenspielen zur interaktiven Durchsetzung und Abgrenzung, die StudentInnen im Verlauf meiner Körpersprache-Seminare an der Universität München durchführten: Dabei zeigte sich

ein deutliches geschlechtsspezifisches Muster in der Wahl von Techniken der Imagepflege.

35 Carlos Widmann, *Süddeutsche Zeitung*, 19.4.1991.
36 Vgl. Ekman & Friesen, 1975.
37 Vgl. P. Ekman, in Scherer & Wallbott (Hrsg.), 1979, S. 52 f.
38 Vgl. Cherulnik, 1979; Brody, 1985; Bilden, 1991.
39 Vgl. N. Henley, 1989, S.27 ff.
40 Vgl. M. Argyle, 1975, S.224.
41 Detlev Hacke über den Radrennprofi Indurain, *Süddeutsche Zeitung*, 24.7.1992.
42 Vgl. *Süddeutsche Zeitung*, 21.1.1993.
43 Vgl. Potts, M.K., Burnam, M.A. & Wells, K.B., Behavior Today, 16.-23.12. 1991.
44 Kuleschow führte Filmausschnitte vor, die das völlig ausdruckslose Gesicht eines Schauspielers zeigten, dem jeweils unterschiedliche filmische Sequenzen vorangestellt waren. Je nachdem, welche Emotionen mit diesen vorangehenden Bildern verknüpft wurden, nahmen die BeobachterInnen auch das Gesicht und den emotionalen Ausdruck des Schauspielers völlig unterschiedlich wahr und zeigten sich von dessen „Ausdruckskraft" hellauf begeistert („Kuleschow-Effekt", beschrieben in B. Balacs, 1961).
45 Vgl. M. Cunningham u.a., 1990.
46 Vgl. B. Riedl, 1990.
47 Vgl. M. Cunningham, 1986.
48 Vgl. Schulman, G.I., & Hoskins, M., 1986.
49 Vgl. Ekman, Friesen & Ellsworth, 1972.
50 Vgl. *taz*, 10.3.1992.
51 Vgl. Graudenz/Pappritz, 1971, S. 147 ff.
52 Vgl. Ekman & Friesen, 1975.

TOPOLOGIE DER MACHT:
RÄUME UND ZWISCHENRÄUME

Menschen definieren und beanspruchen den vorhandenen Raum auf vielfältige Weise. Gleichzeitig erzeugen sie, indem sie miteinander in Beziehung treten, untereinander beständig neue, flexible Räume. Beide Arten von Räumen sind hochgradig gesellschaftlich strukturiert und in hohem Maß symbolisch besetzt.

Die faktische Verfügungsgewalt über vorhandene Räume repräsentiert ebenso wie ihre konkreten Ausdehnungen und besonderen Qualitäten zum einen die ganz reale Macht und den sozioökonomischen Status eines Individuums oder einer Gruppe auf differenzierte Weise. Sie kann sich über ein ganzes Land erstrecken oder aber auf bestimmte Plätze, Straßen, Häuser und Zimmer oder ein bestimmtes Möbelstück („mein" Schreibtisch) beschränkt sein. Sie ermöglicht die Kontrolle über den Zugang zu Räumen – entweder durch generöse Freistellung, durch die Beschränkung auf wenige Privilegierte oder durch die Vergabe exklusiver Rechte – und über die spezifische Nutzung von Räumen durch die Formulierung expliziter Gesetze und Regeln, denen sich die weniger Mächtigen unterwerfen müssen. Zum anderen reflektiert die individuelle Nutzung, Gestaltung und symbolische Besetzung von Räumen auch das jeweilige Selbstbild und die Psychologie eines Menschen auf eindrucksvolle, plakative Weise.

Ein hoher sozioökonomischer Status ermöglicht die Inbesitznahme und Nutzung dementsprechend hochwertiger Räume – z.B. einer großzügigen Wohnung in einer teuren Nachbarschaft mit hohem Sozialprestige und entsprechenden Immobilien- oder Landbesitz. InhaberInnen schmälerer Brieftaschen können ihr Geltungsbewußtsein z.B. durch den Besitz entsprechend überdimensionierter persönlicher Gebrauchsgegenstände zum Ausdruck bringen: Das „dicke" Auto, der „wuchtige" Schreibtisch, die „protzige" Uhr sind gesellschaftlich durchaus anerkannte und sogar ausdrücklich legitimierte Statussymbole, wenngleich ihnen der unangenehme Geruch des „Neureichen" anhaftet. (Einem hamburgischen Geschäftsführer, der die steuerliche Abschreibung eines Luxusschlittens beim Finanzgericht einklagte, wurde die Legitimität seines Anspruchs behördlicherseits sogar wörtlich –

„um den hierarchischen Abstand zwischen dem Chef und den Mitarbeitern zu behaupten" – bestätigt.[1])

Ausladende persönliche Unterschriften, spaltenübergreifende Kleinanzeigen in Tageszeitungen, überdimensionale Türschilder und Visitenkarten signalisieren bereits durch ihr Format den (tatsächlichen oder auch nur beanspruchten) sozialen Rang der Betreffenden. Die Nachricht vom Ableben des einflußreichen Verlegers John Jahr nahm beispielsweise im Familienanzeigenteil der *Süddeutschen Zeitung* mit ein dreiviertel Seiten bzw. 3364 Quadratzentimetern mehr Raum in Anspruch als alle anderen Todesanzeigen zusammen (von immerhin weiteren 24, sozial ganz offensichtlich unbedeutenderen Menschen). Die Hinterbliebenen machten darüber hinaus den exklusiven Status des Verstorbenen auch verbal, durch Verwendung räumlicher und hierarchischer Metaphern („Familienmittelpunkt", „Firmenmittelpunkt", „herausragende Verlegerpersönlichkeit"), klar.

Das bereits mehrfach zitierte und nach seinem Selbstverständnis durchaus noch zeitgemäße Brevier des gesellschaftlichen Umgangs (laut Klappentext „alle gesellschaftlichen Fortschritte der modernen Demokratie" berücksichtigend) gibt u.a. auch verbindliche Richtlinien für das Format von Visitenkarten vor. Die „Herrenkarte" wird mit 9 mal 5 cm dimensioniert, die „Damenkarte" aus nicht näher erläuterten Gründen auf das Format 7,5 mal 4,5 cm beschränkt. (Der Vollständigkeit halber sei darauf verwiesen, daß nicht nur formale, sondern auch textliche Einschränkungen der weiblichen Selbstdarstellung explizit formuliert werden. Die Damenkarte soll nur Informationen über die persönliche Identität und den Familienstand enthalten, aber keine statusrelevanten Angaben.)[2]

Eine weitgehend an Statussymbolik orientierte Nutzung von Raum ist, obwohl ihre erheiternden Aspekte nicht bestritten werden können, durchaus aufschlußreich. Ihre Folgen sind, verglichen mit Konsequenzen einer Raumstrukturierung unter dem Aspekt von gesellschaftlicher Macht und faktischer Herrschaft und mit den Konsequenzen einer aggressiven Raumpolitik, die unter sozio- und psychodynamischen Aspekten der Dominanz betrieben wird, allerdings geradezu harmlos. Ausschließlich statussymbolisch ausgedrückte Machtphantasien können gegebenenfalls ironisiert und als Ausdruck einer, für Parvenüs typischen, Profilneurose („neureiche Protzerei") herabgesetzt werden. Konkrete Raumansprüche haben, in Form von Territorialkämpfen, Eroberungskriegen und einer Politik der Ausgrenzung und Vertreibung, in der Menschheitsgeschichte hingegen eine blutige Spur hinterlassen.

Die spezifische Handhabung von Raum und das Distanzierungsverhalten von Menschen scheinen – im Gegensatz zur Mimik – nicht durch anthropologische Konstanten vorstrukturiert zu sein. Bisher konnten jedenfalls weder universelle Raummuster noch invariante Verbindungen zwischen konkreten Distanzen einerseits und bestimmten psychologischen oder sozialen Merkmalen andererseits eruiert werden. Die Anthropologie des Raums erweist sich, wie E.T. Hall, der gründlichste Analytiker dieses körpersprachlichen Bereichs, den er „Proxemik" nannte, konstatiert, im Gegenteil als eine ganz besondere Ausprägung von Kultur. Die systematischen und unübersehbaren Unterschiede in der Raumnutzung und im räumlichen Verhalten von Frauen und Männern, die im folgenden analysiert werden, können daher als weitere Beweise für den herausragenden Stellenwert des Geschlechterverhältnisses als Kernstück unserer hierarchophilen Kultur verbucht werden.

Ebenso wie aus den kulturell bedingten Strukturen fester Räume läßt sich auch aus den räumlichen Mustern, die zwischengeschlechtliche Interaktionen charakterisieren, auf den gesellschaftlichen Status der Geschlechter und die spezifische Qualität ihres Verhältnisses zueinander zurückschließen. Die Logik der Körpersprache legt die Faktoren *Symmetrie* und *Kongruenz* von Verhaltensweisen zugleich als Basis und als Reflex einer egalitären, herrschaftsfreien Beziehung fest. Diese wird durch das Prinzip der generellen *Austauschbarkeit* des Verhaltens bekräftigt – d.h. jedem Individuum wird prinzipiell dasselbe Verhalten zugestanden. Soziale Gleichwertigkeit von Menschen drückt sich demzufolge in einem prinzipiell gleichen Umfang und einer prinzipiell gleichen Nutzung vorgegebener Räumlichkeiten aus; eine gegenseitige Anerkennung als gleichwertige Subjekte läßt sich in räumlich prinzipiell symmetrischen Interaktionen und entsprechenden Raummustern ablesen. Wenn im Verhalten zweier Individuen das Prinzip der Austauschbarkeit erkennbar wird, machen sie deutlich, daß ihre Beziehung auf Gemeinsamkeit und Gleichwertigkeit aufbaut und nicht durch einseitige Privilegien und Tabus als Herrschaftsverhältnis definiert ist.

Aus der allgemeingültigen Perspektive der Raumlogik betrachtet, bestätigen die Geschlechter durch ihr proxemisches Verhalten auf allen Ebenen ihre hierarchische Ordnung. Das Geschlecht scheint der zentrale Faktor bei der Festlegung des jeweiligen „Platzes" in der Gesellschaft, des psychologischen „Raumbedarfs", des spezifischen Umgangs mit Räumen und unserer individuellen Bewegungsfreiheit im Raum zu sein. Weil Frauen und Männer in ihrem Verhalten von unterschiedlichen Regeln geleitet werden, woraus sich ein weitgehend reziprokes Interaktionsmuster ergibt, erzeugt auch die räumliche Dimension ihrer Interaktionen ein Muster, das das Besondere ihrer Unterschiedlichkeit zum Ausdruck bringt.

Wenn Räume und Zwischenräume primär zur Hierarchisierung benutzt werden, wenn emotionale Zeichen der Sympathie oder Abneigung, von Interesse oder Desinteresse (vermittelt durch Variationen der räumlichen Distanz) zu Statussymbolen bzw. Herrschaftssignalen umfunktioniert werden, hat dies natürlich entscheidende Auswirkungen auf das Verhältnis der Menschen zueinander. Der souveräne Umgang mit einer derartigen Bedeutungsverlagerung, die auch das private Verhältnis betrifft, ist insbesondere für Frauen schwierig, weil sie – wie im Folgenden gezeigt wird – diese weder in ihrem konkreten Verhalten mitmachen noch auf der Ebene der Verhaltensinterpretation nachvollziehen. Durch das Genderkonzept stereotypisierte Frauen und Männer leben insofern letztlich in unterschiedlichen symbolischen Räumen, die sich nicht zur Deckung bringen lassen.

Die Herren der Erde
Pseudoterritorialität, Dominanz und Gewaltlust

Das Territorialitätskonzept ist ein Verhaltenssystem, das ebenso wie das Dominanz-Unterordnungsritual im Grunde nur in tierischen Gesellschaften instinktiv verankert ist und dort sowohl der Erhaltung der Art wie auch der Umwelt dient. Seine wichtigste Funktion ist eine „vernünftige", den Umweltbedingungen angemessene Raumverteilung, die „gegen übermäßige Ausbeutung jenes Teils der Umwelt Schutz bietet, von dem eine Art hinsichtlich Ernährung und Erhaltung abhängt".[3] Territorialität gibt im weitesten Sinn den Rahmen vor, innerhalb dessen bestimmte Dinge getan werden können.

Auch Tiere drücken durch territoriales Verhalten bestimmte soziale (Status) und psychologische (Dominanz) Merkmale aus, beispielsweise indem sie „Duftmarken" setzen und Räume abgrenzen. In gemeinsam genutzten Territorien müssen sich allerdings alle Individuen gleichermaßen den biologisch verankerten sozialen Regelungen unterwerfen, die den individuellen Zugang zu Ressourcen und den sozialen Frieden sichern. Das Territorialitätsprinzip schützt weder ausschließlich noch vorrangig den Status von Mächtigen, sondern garantiert insbesondere auch die Befriedigung der Bedürfnisse rangniedrigerer Tiere. Carpenter konnte nachweisen, daß sich solche Individuen in ihrem Revier sogar regelmäßig gegen dominante Individuen durchsetzten. Auf diese Weise trägt das Territorialitätsprinzip entscheidend zur Optimierung der evolutionären Weiterentwicklung einer Art bei.[4]

Das menschliche Raumverhalten wird, obwohl es häufig mit territorialen Begriffen beschrieben wird[5], nicht durch ein instinktives System geregelt. Das beweist allein schon seine historische und geographische Flexibilität. Es folgte allerdings über einen langen Zeitraum durchaus vergleichbaren Maximen und Regeln. An diese alte Tradition knüpfte – sowohl durch ihre Identität als auch mit ihrer Analyse – die guatemaltekische Indianerin und Friedensnobelpreisträgerin des Jahres 1992, Rigoberta Menchu in ihrer Dankesrede in Oslo an. Sie führte den beklagenswerten Zustand der Menschheit im Prinzip auf die Errichtung eines Machtverhältnisses zwischen Mensch und Natur zurück. Egoistische Dominanzbedürfnisse hätten die Herrschenden dieser Welt dazu verführt, sich zunehmend als „Herren der Erde – und nicht als ihre Kinder" zu betrachten.[6] Sie mahnte das offenbar verlorengegangene Prinzip eines verantwortungsbewußten Umgangs mit den eigenen Lebensressourcen an, von dem die indigenen Völker sich vormals, in tiefem Vertrauen auf die Kräfte der Natur, hatten leiten lassen. („Das Land", so sagen beispielsweise die Maori, „ist eine Mutter, die niemals stirbt.") Aus dieser Haltung heraus überantworteten sie ihren Lebensraum in letzter Konsequenz ihren Frauen und verankerten dieses geschlechtsspezifische Vorrecht explizit und feierlich in ihrer Verfassung:

„The Constitution of the Five Nations: Women shall be considered the progenitors of the nation. They shall own the land and the soil."

Unsere patriarchale Kultur hat das Prinzip einer verantwortungsbewußten Machtausübung außer Kraft gesetzt, indem sie seine beiden Elemente auseinandergerissen und auf die Geschlechter verteilt hat. Dadurch wurde der Weg frei für eine ungehemmte Entwicklung und Durchsetzung einseitiger (männlicher) Besitz- und Herrschaftsansprüche, die sie mit bedenkenloser Entschlossenheit und allen verfügbaren Mitteln gegen andere Menschen und gegen die Natur durchsetzt, ohne daß sie dafür auch eine entsprechende Verantwortung übernimmt.

Die globale Vorherrschaft des männlichen Geschlechts manifestiert sich heute in einer weitgehenden räumlichen Besitz- und Rechtlosigkeit von Frauen. Diese besitzen oder kontrollieren nur noch einen verschwindend geringen Anteil (etwa 1/100 des weltweit verfügbaren Raums). In manchen Ländern ist Frauen Grundbesitz heute per Gesetz schlichtweg untersagt, in anderen hindern Banken durch die Verweigerung von Krediten Frauen erfolgreich an der Entfaltung eines wirtschaftlichen Potentials. Die realen Besitzverhältnisse reflektieren insofern in aller Klarheit den minderwertigen sozio-ökonomischen Status von Frauen und das ganze Ausmaß ihrer politischen Entmachtung.

Die mit Besitz traditionell verknüpfte soziale Verantwortung ist ihnen indes geblieben. Sie wird nach wie vor, als hätten keine tiefgreifenden strukturellen Veränderungen stattgefunden, an die nunmehr entrechteten und machtlosen Frauen delegiert, und diese übernehmen entsprechende Aufgaben und Pflichten weiterhin, ohne auf die Gestaltung der gesellschaftlichen Lebensbedingungen einen entscheidenden Einfluß nehmen zu können. Die jüngste Worldwatch-Studie liefert anschauliche Belege dieser Entwicklung. Die 1992 veröffentlichten Daten entlarven die Vorstellung vom verantwortungsbewußten, männlichen Familienernährer endgültig als Mythos: Nicht Männer, sondern die Frauen sind weltweit die „Haupternährer" ihrer Familien; sie sind es, die mit ihrem Einkommen zunächst das Überleben von Familien sichern und auch eventuelle Überschüsse nicht primär zur Befriedigung eigener Bedürfnisse nutzen, sondern ihren Kindern zugute kommen lassen. Männer jedoch, so die Studie, erteilen ihren Frauen häufig nicht einmal Zugriffsvollmachten auf ihr Einkommen, sondern beharren darauf, über seine Verwendung ausschließlich allein zu bestimmen – mit der Konsequenz, daß ein großer Teil in Genußmittel zum persönlichen Gebrauch (Alkohol, Tabak) umgesetzt und in Konsumgüter und andere Frauen investiert wird.[7]

Die gesellschaftlichen und die psychologischen Auswirkungen der geschlechtsspezifischen Aufspaltung von Macht und Verantwortung beeinträchtigen die Lebensqualität und das öffentliche Leben aller Menschen in vielfältiger Weise. Im psychosozialen Konstrukt von „Männlichkeit" wird das nunmehr auf eine Dimension reduzierte Territorialitätsprinzip psychisch verankert, wobei es eine ebenso brisante wie kollektiv verdrängte Verbindung mit dem psychologischen Konzept Dominanz eingeht. Es entsteht eine typische *Pseudoterritorialität*, mit der Männer sich in durchweg unangenehmer – zum einen Teil eher harmloser, zum anderen aber furchtbarer und zerstörerischer Weise – Raum verschaffen.

Zu ihren vergleichsweise harmlosen Erscheinungsformen zählen Verhaltensmuster, die zwar durchaus an das „Markieren" und „Imponieren" instinktgesteuerter territorialer Tiere erinnern, jedoch keineswegs damit gleichgesetzt werden können. Obwohl einige dieser typischen Verhaltensmuster zweifellos einer niedrigeren Zivilisationsstufe zuzurechnen sind als der, die Frauen und Männer vermeintlich gemeinsam erreicht haben, werden sie von der Gesellschaft nur als lästige, aber scheinbar unausrottbare Ausdrucksformen von „Männlichkeit" betrachtet und gleichsam notgedrungen toleriert: beispielsweise das Spucken in der Öffentlichkeit und das lautstarke Gegröle, mit dem Gruppen von Männern (z.B. Fußball-Fans) ihre Präsenz in den Straßen akustisch zu verstärken pflegen. (Ein Ritual, das in seiner psychologischen Wirkung auf konkurrierende Banden durchaus dem „Lärmterror" vergleichbar ist, der andernorts, z.B. in Nicaragua, systematisch als eine Form der psychologischen Kriegsführung eingesetzt wird).

Einen besonderen symbolischen Stellenwert hat die weitverbreitete Angewohnheit, öffentlich, außerhalb der dafür vorgesehenen Räume, zu urinieren. Ohne erkennbaren oder nachvollziehbaren Grund (sozusagen ohne „Not", die allein ein solches Verhalten in einer zivilisierten Umgebung halbwegs rechtfertigen würde), manchmal sogar unmittelbar nach dem Verlassen von Kneipen oder Wohnungen, in denen entsprechende Einrichtungen verfügbar gewesen wären, urinieren Männer „wild" gegen Hauswände, Bäume, Autos usw.: „Ob Pissoirs existieren oder nicht, überall gibt es Eckenpiesler."[8]

Männer verstecken sich dabei nicht, sie hocken sich auch nicht auf den Boden (was beispielsweise die nordamerikanischen Apachen tun[9]). Eine solche „schamhafte" Haltung behält unsere Kultur ausschließlich Frauen vor. Männer werden von klein auf trainiert, ihr „Geschäft" in aufrechter Haltung zu verrichten.[10] Die Körperhaltung ist anscheinend das zentrale sinngebende Element dieses spezifischen Verhaltensmusters: Sie hebt den natürlichen Akt des Wasserlassens auf eine neue, symbolische Bedeutungsebene, verleiht ihm einen zutiefst „männlichen", geradezu revolutionären, „unzivilisiert-wilden" Charakter.

Auch die psychoanalytische Entwicklungspsychologie mißt dem Akt des „männlichen" Urinierens im Zusammenhang mit der „erhöhten urethralen Erotik" (Mertens, 1992) der frühen genitalen Phase beim Jungen besondere Bedeutung bei. Hier findet sich ein erhellendes Fallbeispiel, das auch in Hinblick auf das tiefe Verständnis des Therapeuten, das die Wahl der Worte durchschimmern läßt, bemerkenswert ist:

„Unter dem Vorwand der leichteren Sauberhaltung des Klosetts hatte die Ehefrau einen Patienten gezwungen, sich wie eine Frau beim Urinieren hinzusetzen, was der Patient lange Zeit auch gefügig mach-

te. Eines Tages fiel ihm angesichts eines Traumbilds ein, wie ungeheuerlich stolz er war, als sein Vater ihm auf einer Reise gestattete, ins Waschbecken des Hotelzimmers zu urinieren, wozu er zuvor auf einen Stuhl klettern mußte. Kurze Zeit später hatte er seinen Vater bei einem Verkehrsunfall verloren, aber diese Szene im Hotelzimmer blieb für ihn eine Reihe von Jahren bedeutsam, bis sie sich in den Wirren der Pubertät verlor. Als ihm diese Erinnerung wieder einfiel, reagierte er zunächst mit Traurigkeit und dann mit starken Wutgefühlen auf die Zumutungen seiner Frau, und daß er sich dies schon seit einigen Jahren gefallen ließ.“ [11]

Eine wahrscheinlich zu profane Frage bleibt offen: Wer von beiden übernimmt wohl die Zumutung, das Klosett zu putzen?

Die besondere Bedeutung dieses Akts in der Etablierung der männlichen Geschlechtsrolle erklärt wohl auch seine außerordentliche, bis in die abstrakt-verbale Kommunikationsebene hineinreichende Attraktivität. In einer Variante der Fäkalsprache, die speziell auf das Urinieren Bezug nimmt („von dem laß' ich mir doch nicht ans Bein pinkeln", „dem pinkel' ich noch aufs Grab!" etc.), wird vor allem aggressive Dominanz und „virile" Arroganz kommuniziert. Aus dieser Perspektive ergibt auch die beharrliche Vorliebe von Filmregisseuren für den Drehort „Pissoir" einen gewissen Sinn: Hier hecken echte Männer, die wirklichen „Macher", die Dunkelmänner und „Revolutionäre" Schulter an Schulter und angesichts ihrer potentesten Waffen ihre Komplotte aus.

Das pseudoterritoriale Markierungsverhalten zivilisationsresistenter Männer kann als Ausdruck von Ungezogenheit halbwegs zwischen Ärger- und Lächerlichkeit angesiedelt werden. Weit schwerwiegender erweisen sich andere Konsequenzen aus der Verbindung von Dominanz und Territorialität. Nicht zuletzt verdankt auch der Krieg, der „Vater" aller Dinge, sein soziales Geschlecht der psychostrukturellen Verankerung und kulturellen Legitimierung dieser Verbindung. Darauf verweisen uns die unübersehbaren Übereinstimmungen zwischen zentralen Elementen des „Männlichkeits-Ethos" und des „Ethos" des Krieges. [12]

Jene Persönlichkeitsaspekte, in denen sich das idealtypische Genderkonzept „Männlichkeit" sich vom „Weiblichkeits"-Konzept zentral unterscheidet, sind zugleich auch die grundlegenden Voraussetzungen für die Entwicklung einer Bereitschaft, gegen klar definierte Gegner um Vorherrschaft und Macht zu kämpfen: das Ideal einer vollkommenen subjektiven *Autonomie*, die vielfältige Unabhängigkeitsbestrebungen nach sich zieht, und das Ideal einer scharf von seiner Umgebung abgegrenzten *Identität*, die ständige Bereitschaft und Fähigkeit zur Selbstverteidigung als unabdingbar erscheinen läßt.

Das psychosoziale „Männlichkeits"-Konstrukt fördert und verstärkt durch Betonung und positive Bewertung von Abgrenzungsmustern und die Legitimierung von aggressiver Dominanz die Entwicklung territorialer Anspruchshaltungen, und es ermöglicht einen weitgehend unreflektierten Umgang damit. Abgrenzungen führen dadurch geradezu zwangsläufig zur Hierarchisierung. Konkurrenten und Gegner sind nicht einfach „anders", vom Selbst verschieden, sondern werden aus einer von Dominanzbedürfnissen geprägten, hierarchischen Betrachtungsperspektive als unterlegen und minderwertiger betrachtet. Diese Einstellung manifestiert sich u.a. in grundsätzlich abwertenden Bezeichnungen und Namen. Sie können – in Form dehumanisierender Begriffe – auf ein Niveau sinken, das selbst die letzte Gemeinsamkeit mit menschlichen Feinden negiert. (Im Jargon deutscher Skinheads sind die Gegner am linken Rand des gesellschaftlichen Spektrums z.B. „Zecken".)

Mit zunehmend negativer Abgrenzung von anderen und dem Grad ihrer haßerfüllten Abwertung verändern sich auch räumliche Ansprüche. Eigene Reviere werden fest begrenzt und martialisch gesichert; fremde Territorien je nach subjektiver Bedeutung aggressiv umkämpft. Psychologisch flankiert werden territoriale Auseinandersetzungen durch Vorstellungen von der grundsätzlichen Überlegenheit über den „Feind", dessen Unterlegenheit beliebig begründet werden kann – rassisch, völkisch-national, religiös oder geschlechtlich.

Die psychostrukturelle Verankerung eines von globaler Verantwortung losgelösten Herrschaftsbedürfnisses, das letztlich nur durch eine gewaltsame Landnahme zu befriedigen ist, macht, wie die Geschichte zu Genüge beweist, Individuen zu willfährigen, leicht manipulierbaren Marionetten gerissener Demagogen: Die Nationalsozialisten konnten beispielsweise mit ihrer „Lebensraum"-Ideologie, die sie durch die bewußte Förderung komplementärer Minder- und Überwertigkeitsphantasien („Untermenschen" – „Herrenvolk") psychologisch unterfütterten, in ihrem „Volk ohne Raum" breite Zustimmung zur kriegerischen Erweiterung des angestammten Territoriums erzeugen.

Die Verinnerlichung der zentralen identitätsstiftenden Aspekte des „Männlichkeits"-Konstrukts ist eine entscheidende Voraussetzung für die Entwicklung einer Bereitschaft zu gewaltsamen Auseinandersetzungen und die lustvolle Besetzung von Gewalt. Frauen fallen daher – nicht aus biologischen Gründen, sondern insofern sie genderkorrekt

„anders" identifiziert sind – als kriegerisches Potential weitgehend aus. Aber auch nicht alle Männer ziehen schlechterdings begeistert in den Krieg. Doch selbst wenn wir attestieren, daß Kriege nicht (immer) ausschließlich von Männern geführt werden und möglicherweise auch nicht ausschließlich von ihnen zu verantworten sind, kann doch niemand ernsthaft bestreiten, daß vor allem sie unter den gegebenen Sozialisationsbedingungen die dafür ausschlaggebenden Persönlichkeitsmerkmale entwickeln.

Die zivile Gesellschaft belohnt gendergerechte Kriegsbereitschaft und die korrespondierenden „männlichen" Psycho- und Verhaltensmuster. Eine aktive Kriegsteilnahme hebt traditionell das Sozialprestige eines Mannes und verleiht ihm einen, symbolisch durch Ehrentitel und Orden vergoldeten, Nimbus erstrebenswerter Heldenhaftigkeit. Frauen in einschlägigen Machtpositionen, die unbeugsame Härte beweisen und selbst vor bewaffneten Auseinandersetzungen nicht zurückschrekken, werden dementsprechend durch ein „Männlichkeitsattest" ausgezeichnet: Margaret Thatcher, oberste Kriegs„herrin" ihres nicht weniger martialischen Fußvolks, wurde nach der erfolgreichen Verteidigung „britischen" Territoriums auf den Falkland-Inseln/Malvinas inoffiziell zum „einzigen Mann im Kabinett" gekürt.

Die Einführung der allgemeinen Wehrpflicht für Männer schuf die Voraussetzung, auch unkriegerische, weniger „männlich" identifizierte Individuen in einen exklusiven Männerbund hineinzuzwingen, der sie nach eigenem Selbstverständnis erst endgültig zu „echten Männern" machen würde. Armeen verpassen Männern diesen letzten Schliff durch die besondere Hervorhebung und ungeteilte Wertschätzung zweier zentraler Aspekte von „Männlichkeit": der Bereitschaft zur gewalttätigen Auseinandersetzung und der maximalen Abgrenzung von Frauen und Emotionalität. Im Männerbund müssen sie beides demonstrativ unter Beweis stellen – durch „mannhaftes" Ertragen und Austeilen von Brutalitäten und einen möglichst zotigen, emotionslosen Umgang mit Sexualität, die letztlich auf einen Dominanzakt verkürzt wird – und sich auf dieser Ebene miteinander verbrüdern. Der nahezu weltweite Ausschluß der Frauen vom Wehrdienst gründet demzufolge weniger in der selbstlosen Aufopferungsbereitschaft der Männer zum Wohl der Gemeinschaft, sondern dient vor allem der Sicherung patriarchaler Grundmuster.

Unsere Kultur legt als Kern echter „Männlichkeit" nach wie vor Härte, Gewaltbereitschaft und eine eindeutig heterosexuelle Ausrichtung fest. (Der sanfte „Softie" und der Homosexuelle werden demgemäß als

„unmännlich" betrachtet.) Die spezifischen „Männlichkeits"-Angebote von Armeen sind der Grund für ihre starke psychologische Anziehungskraft, die manche freiwillig und nicht selten sogar als Söldner in „fremde" Truppen eintreten läßt. Sie bestätigen und bestärken den soldatischen Mann – auf der Ebene der Gewalt wie der Sexualität – in seiner individuellen „Männlichkeit" und geben ihm den Raum, sie entsprechend auszuleben.[13]

Kampftruppen, aus denen Frauen generell ausgeschlossen sind, erteilen Männern zum einen ein geschlechtsspezifisches Gewaltmonopol; zum anderen garantieren sie durch den Ausschluß von Homosexuellen bzw. durch demonstrative Heterosexualität die sexuelle „Sicherheit" der Soldaten; deren durchweg derbe, zotige und sexistische Kommunikations- und Interaktionsmuster verhindern die unerwünschte Verbindung von Emotionalität und Sexualität zugunsten einer eindimensionalen Verknüpfung von Sexualität mit männlicher Dominanz (beides würde durch homosexuelle männliche „Hingabe" aneinander in Frage gestellt).

Beide Grundfesten dieser Männerbastion wurden in der Armee der Vereinigten Staaten gründlich und unter großem Getöse erschüttert. Zuerst in den 70er Jahren, als Frauen – Jahrzehnte nach der Einbeziehung der schwarzen Männer – erstmals in nennenswerter Zahl in den Militärdienst eintraten. Diesen Affront konnte man(n) durch differenzierte Maßnahmen und eine räumliche Trennung weiblicher und männlicher Soldaten seelisch noch einigermaßen verarbeiten. 1993 drängte es auch die letzte gesellschaftliche Gruppe, die bislang noch explizit vom „Dienst an der Waffe" ausgeschlossen ist, an die Gewehre: die Homosexuellen. Im Verlauf der aufgeregten öffentlichen Diskussion über ihre offizielle Zulassung machte ein Obergefreiter seinem gequälten Männerherzen Luft, indem er sich voll Abscheu gleich von beiden gleichermaßen irritierenden Zumutungen distanzierte: „Das ekelt mich an. Es ist in Ordnung, wenn sie alle Frauen und die Schwulen in denselben Zug versetzen – haltet sie nur von mir fern."[14]

Die Verknüpfung von Gewalttätigkeit und Heterosexualität im Konzept des soldatischen Mannes baut auf die (im 2. Kapitel besprochene) Wahrnehmung und Benutzung der männlichen Genitalien als aggressive Waffe und ihre symbolische Gleichsetzung mit realen Waffen auf. Der Verlust des kriegerischen Handwerkszeugs im Akt der militärischen Entwaffnung gerät zum psychologischen Trauma. Der von Theweleit zitierte zeitgenössische Chronist zeigt durch die Art der Beschreibung eines solchen Vorgangs (nach Beendigung des 1. Weltkriegs), daß er vor allem als „Entmännlichung", buchstäblich als „Kastration" erlebt wurde:

„Jetzt erst waren sie wirklich wehrlos! Hier schnitt sich die Nation auf Befehl zielsicher die Geschlechtsteile ab – wozu brauchen wir die noch in den kommenden Zeiten der internationalen Verbrüderung, des Weltfriedens, der Menschenliebe, des allgemeinen Glücks? Wozu?"[45]

Der systematische Einsatz des männlichen Genitals als ultimative Kriegswaffe zur Vernichtung einer fremden, verhaßten Kultur wird zur Zeit im ehemaligen Jugoslawien vorexerziert. Das Besondere an der dort geübten Praxis der systematischen und massenhaften Vergewaltigungen beschränkt sich allerdings weitgehend darauf, daß sie erstmals vor den Augen der Weltöffentlichkeit vollzogen wird, ohne daß die sich zum gezielten Eingreifen genötigt sieht. Mit den offiziellen Argumenten, mit denen territoriale Kriege meist gerechtfertigt werden – der sozialen Verantwortung für das Wohl der eigenen Gemeinschaft und insbesondere dem Schutz von Frauen und Kindern – läßt sich die Sexualisierung von Gewalt nicht in Einklang bringen. Den im Balkankrieg von den Männern der jeweiligen Gegenseite vergewaltigten Frauen droht nämlich „zu Hause", sollten sie lebend dorthin zurückkehren, die unter Umständen tödliche Bestrafung durch den eigenen Mann oder Bruder.

Sie verweist vielmehr auf die weitgehend verdrängte, dunkle Kehrseite von „Männlichkeit", auf die negativen Folgen der Betonung von Autonomie, der Verherrlichung männlicher Dominanz, auf einen abgründigen Egoismus und eine tiefe soziale Verantwortungslosigkeit. Die gigantischen Ausmaße der Ressourcenvernichtung während des Kriegs um Kuwait zeigen mit erschreckender Klarheit, daß mit den gegenseitigen Macht- und Herrschaftsbedürfnissen auch die Bereitschaft zur langfristigen Zerstörung der eigenen Lebensressourcen – zum Kampf nach dem Prinzip der „verbrannten Erde" – wächst. Während Männer sich allerorten zu militärisch und paramilitärisch organisierten Verbänden, zu locker strukturierten Banden oder auch zu relativ chaotischen Horden zusammenfinden und planmäßig oder haßerfüllt gegeneinander vorgehen, ergreifen die Frauen verfeindeter Gruppen mitsamt ihren Kindern sogar gemeinsam (so geschehen im ehemaligen Jugoslawien) die Flucht.

Die psychostrukturellen Zusammenhänge zwischen „Männlichkeit" und Gewalt werden durch die universelle Verbreitung, den besorgniserregenden, explosionsartigen Anstieg der Gewaltbereitschaft und die fortschreitende Brutalisierung der Umgangsformen auch im zivilen Leben bestätigt. Marodierende, waffentechnisch hochgerüstete, zumeist jugendliche Banditen berauben im Katastrophengebiet Somalia Hilfstransporte und stehlen ihren verhungernden Landsleuten, unorganisierten Alten, Schwachen, Kindern und Frauen die letzten Überlebensmittel. Vor deutschen Asylbewerberlagern und Ausländerwohnsitzen rottet sich periodisch ein blutrünstiger Mob zusammen, bereit, unter „Deutschland den Deutschen!"-Gegröle Molotow-Cocktails in Wohnungen und auf schlafende Kinder zu werfen. Mädchen und Frauen, wiewohl von den sozialen Folgen der deutschen Wiedervereinigung weitaus härter betroffen als Männer[16], beschränken sich in der Regel auf Beifallskundgebungen und verbale Zustimmung zu den aggressiven Aktionen der Männer. Die Mehrheit der Frauen bestätigt somit durch ihr konkretes Verhalten, ebenso wie die Männer durch ihres, die Vermutung, daß das Genderkonzept bei der Steuerung des Verhaltens (hier der Verhaltensreaktionen auf die reale oder vermeintliche Bedrohung ihres „Lebensraums") absolute Priorität hat. Beide Gruppen reagieren gendergerecht: die Männer aggressiv-konfrontativ, die Frauen defensiv-unterstützend, nicht mit Angriffen auf andere, sondern mit Rückzug in die Privatsphäre, aus der heraus sie den Männern ideologische Rückendeckung geben.[17]

Auch in der scheinbar unmotivierten, vandalistischen Zerstörung öffentlichen Eigentums, im „Hooliganismus" und in den erbitterten Bandenkriegen, die bislang vor allem in den Metropolen der westlichen Hemisphäre ausgefochten werden, hat „Männlichkeit" einen zentralen Stellenwert: in Form gegenseitiger Abgrenzungs- und Dominanzkämpfe, im Bedürfnis nach Errichtung klarer Dominanzhierarchien, bei der Zurschaustellung eines aggressiven Machismo und in dem entfesselten Hedonismus, der in purer Lust an der Gewalt gipfelt. „Frustriert" fallen gelangweilte Jugendliche in öffentliche Territorien ein und verwüsten sie entweder in scheinbar blinder Zerstörungswut oder versuchen, sie durch brutalen Terror in Gebietsanteile aufzuspalten, „claims" abzustecken und gegenüber rivalisierenden Banden zu verteidigen.

Auch der renommierte amerikanische Historiker Gordon Craig hält den rechtsradikalen Aufmarsch, den wir seit Ende 1991 erleben, weder für ein spezifisch deutsches noch für ein in erster Linie politisches Problem. Die politischen Etiketten, die die Gruppen sich selbst und ihren Gegnern zur Kennzeichnung anheften oder die ihnen von außen aufgeklebt werden (linke Skins, rechte Skins, Faschos usw.) haben keine wirkliche Bedeutung; sie sind eher hilflose nachträgliche Kategorisierungsversuche einer zunehmend panisch reagierenden Umgebung, die in ihren traditionellen Theorien keine rechte Erklärung für die Explosion von Gewalt und Brutalität finden kann und ihre Augen vor radikaleren, greifbar naheliegenden Erklärungen noch immer fest verschließt.

Die Faszination purer, aus einer vereinten Männermasse „herausexplodierender" Gewalttätigkeit treibt sogar den sozial saturierten, gutbetuchten Mittelstand – die „Hooligans" – Wochenende für Wochenende in ekstatische Ersatzschlachten. Eine entfesselnde Gruppeneuphorie vertreibt die im Bewußtsein angepaßter Normalbürger eventuell vorhandenen moralischen Skrupel schnell. Buford – ein zeitweiser „Mitläufer" – setzt in seinem Buch „Geil auf Gewalt" die Formen der gewalttätigen Auseinandersetzungen zwischen Hooligans nicht nur mit religiösen und sexuellen Exzessen gleich, er beschreibt sie sogar als absolute Klimax aller denkbaren Obsessionen. Im Detail zeigt er die ekelhaften Grausamkeiten auf, derer im landläufigen Sinn durchaus „anständige" Bürger fähig sind, wenn „das Element der Zivilisation ausfällt" und sie „eingereiht und vereint... die geballte Energie und triumphierende Machtvollkommenheit derer, die plötzlich eine Masse sind", verspüren.[18]

Im besonderen Maß verhalten sich auch organisierte Straßengangs „territorial". Oft benennen sie sich sogar nach einer Straßenkreuzung oder einem Platz im Zentrum ihres Reviers, und sie „markieren" seine Grenzen (z.B. durch Graffiti).[19] Obwohl sich auch in solchen Gangs nach wie vor zumeist männliche Jugendliche organisieren, scheint vor allem in Kreisen sozial besonders und mehrfach stigmatisierter Großstadt-Mädchen (z.B. junger Türkinnen in Berlin) die Bereitschaft zu wachsen, traditionell männliche Organisations- und Aktionsformen zu übernehmen, als Bande gewaltbereit aufzutreten und öffentliche Räume für sich zu reklamieren. In diesem Verhalten macht sich ein gesellschaftlicher Trend zur zunehmenden „Maskulinisierung" allgemeiner menschlicher Verkehrsformen bemerkbar, der aus der Perspektive der Betroffenen zwar in gewisser Weise verständlich ist, nichtsdestoweniger aber auf durchaus deprimierende Weise das Dilemma offenkundig macht, in das Frauen geraten, wenn sie in einer durch und durch „männlichen" Welt traditionell „männliche" Rechte (der Selbstverteidigung, der Durchsetzung eigener Bedürfnisse etc.) beanspruchen: Als Frauen zwischen prinzipiell „unmöglichen" Alternativen gefangen, können sie nur entweder das Richtige im Falschen oder das Falsche im Richtigen tun und dabei, wie auch immer sie entscheiden, letztlich nur verlieren.

Neben der weitgehenden räumlichen Entmachtung und Entrechtung der Frauen wird auch ihre Bewegungsfreiheit in der Öffentlichkeit, ihre Mobilität vielfältig begrenzt. Die Aufspaltung des gesamten Lebensraums in eine öffentliche und eine private Sphäre ist eine Vorbedingung für die Abspaltung und differenzierte Ausgestaltung eigener Bereiche, in denen Männer ihre ganz spezifischen Bedürfnisse in exklusiver Atmosphäre entfalten und befriedigen können. Aus diesen Räumen sind Frauen, jedenfalls in ihrer Eigenschaft als gleichwertige Subjekte, konsequent ausgeschlossen.

Der Umfang der geschlechtsspezifischen „Säuberung" der Öffentlichkeit ist immer noch beachtlich. In Abhängigkeit davon, welchen spezifischen männlichen Bedürfnissen sie Raum geben sollen, werden verschiedene Bereiche definiert, strukturiert und gegen Frauen abgesichert: Ein Sektor dient beispielsweise der Erhaltung und Tradierung gesellschaftlicher und politischer Macht; ein anderer der ungestörten Befriedigung männlicher Sexualität; ein weiterer der liebevollen Pflege eines umfänglichen „Männlichkeitskults". Die spezifische Funktion der Räume und ihr politisches oder psychologisches Gewicht legen die Art und die Begründung des Ausschlusses von Frauen und die Mittel, mit denen er vollzogen wird, fest.

Die Verbannung der Frauen aus der Öffentlichkeit, bzw. ihre Ausgrenzung aus definierten „Männerräumen" durch differenzierte Zugangs- und Mobilitätsbeschränkungen dient zunächst der Sicherung männlicher Privilegien. Sie eröffnet darüber hinaus zugleich vielfältige Möglichkeiten, Frauen immer wieder, gleichsam en passant zu taxieren, abzuqualifizieren und ihnen ihren minderwertigen Status drastisch vor Augen zu führen. Einige Beispiele: In Irland werden Frauen noch heute durch „No Dogs, No Ladies"-Schilder am Betreten von „Pubs" (!) gehindert; in seiner Eigenschaft als unbeschränkter Herrscher über Saudi-Arabien bestrafte König Fahd Frauen, die im Jahr des Golfkriegs demonstrativ gegen das Autofahrverbot verstießen, mit dem Einzug ihrer Pässe[20]; auf dem Münchner Oktoberfest hat sich 1992 eine „komische" Variante des Raubrittertums eingebürgert: Gruppen reichlich angetrunkener Männer forderten von Passantinnen, die ihren Kriterien hinreichend genügten („alles was ‚blond' und ‚blau' ist, muß zahlen!"), in den Bierzelten „Wegegeld" in „Küßchen-Währung".[21]

Je länger und tiefer ein räumliches Privileg in einer Kultur gründet, desto weniger bedarf es plumper Sexismen oder gar unverdeckter Gewalt, um es aufrechtzuerhalten. Virginia Woolfs Bericht über ihre

Abweisung von der Schwelle eines traditionellen Machtraums macht die Aura selbstverständlicher Rechtmäßigkeit, die den Wächter der Wahrung männlicher Interessen umgibt, förmlich greifbar:

„...an dieser Stelle langte ich an der Tür an, die in die Bibliothek führte. Ich muß sie wohl geöffnet haben, denn sofort erschien wie ein Schutzengel, der mit flatterndem schwarzem Gewand anstelle von weißen Flügeln mir den Weg versperrte, ein abweisender, silberhaariger, freundlicher alter Herr, bedauerte mit leiser Stimme, während er mich hinauswinkte, daß Damen in die Bibliothek nur zugelassen sind, wenn sie von einem Kollegiumsmitglied begleitet werden oder ein Empfehlungsschreiben haben." [22]

Im Gegensatz dazu ist in dem Sektor, der für die Befriedigung heterosexueller männlicher Bedürfnisse reserviert ist, die Anwesenheit von Frauen natürlich quintessentiell. Allerdings werden sie auch hier nicht als gleichwertige Subjekte benötigt, sondern nur in ihrer Eigenschaft als integrale Elemente diverser Befriedigungsszenarien. In einschlägigen Bars treten Frauen in genau definierten, ausschließlich an männlichen Bedürfnissen orientierten Rollen, mit klar umrissenen Aufgaben und in einer Kostümierung auf (z.B. als „Häschen" im Playboy-Club), die jeden Zweifel daran im Keim erstickt. Dringen Frauen in solche Räume – etwa in die berühmt-berüchtigte Herbertstraße des Hamburger „Vergnügungsviertels" Sankt Pauli – unbegleitet, unbefugt, aus eigenem Antrieb oder gar in Verfolgung eigener Interessen – sozusagen als „Freie" – ein, hält sich das Vergnügen meist in durchaus erträglichen Grenzen; es kann allerdings auch recht schnell ins Gegenteil umschlagen.

Vollends gefährlich wird es für Frauen, wenn sie Kultstätten der „Männlichkeits"-Pflege durch ihren Zutritt förmlich „entweihen". Da kann es schon genügen – wie eine amerikanische Reporterin schmerzlich erfahren mußte –, wenn sie in die Umkleidekabinen von Sportlern eindringen. Bei dem Versuch, eine Football-Mannschaft nach dem Spiel zu interviewen, entging sie nur mit knapper Not einer Gruppen-Vergewaltigung: Die Männer machten ihr auf diese Weise – und auch durch unmißverständliche verbale Äußerungen – klar, daß nackte Kerle von einer neugierigen Fremden nicht ungestraft zu passiven Objekten ihres Interesses degradiert werden.

Die zahlreichen „Sperrzonen", die den Aufenthalt von Frauen in der Öffentlichkeit empfindlich einschränken, gänzlich verunmöglichen oder zum Spießrutenlauf machen, werden auf der Zeitschiene korrespondierend ergänzt. Eine inoffizielle Festlegung von „Sperrstunden" beschränkt die Anwesenheit von (alleinstehenden) Frauen in der Öffentlichkeit auf bestimmte „legitime" Tageszeiten. Die Nacht ist für „ehrbare" Frauen sowieso tabu.

Mit einem spontanen Eintritt in die an männlichen und somit fremden Bedürfnissen orientierte Öffentlichkeit geht eine Frau das nahezu unkalkulierbare Risiko ein, sich entweder „am falschen Ort" oder „zur falschen Zeit" einzustellen. Fährt sie nachts allein S-Bahn oder sitzt sie gar zur späten Stunde noch allein in einer Kneipe, verdoppelt sich ihr Risiko. Einerseits muß sie ganz real um ihre Sicherheit fürchten, zum anderen werden eventuelle männliche Übergriffe von der öffentlichen Meinung nicht zuletzt *ihr* persönlich zur Last gelegt und schlagen sich letztlich auch in einer negativen moralischen Bewertung *ihrer* Person nieder. In der öffentlichen Meinung, die patriarchale räumliche Machtverhältnisse und Strukturen unreflektiert aufgreift und zur Grundlage moralischer Werturteile macht, trägt die Frau nicht nur die Verantwortung für ihre persönliche Sicherheit im öffentlichen Raum ganz allein, sondern wird zu dem Schaden, den sie eventuell nimmt, durch die Auflage einer „Mitschuld" auch noch bestraft. Patriarchale Definitionen von Sperrzonen und Sperrzeiten für Frauen exkulpieren die potentiellen Täter. Denn wenn schlichte Anwesenheit vor Ort bereits als Provokation gilt, trägt das Opfer die Verantwortung für die Tat.

Diese Logik macht umgekehrt die Akzeptanz der einschränkenden und demobilisierenden Regelungen, denen Frauen unterworfen sind, zu einem zentralen Element von „Weiblichkeit", das Seriosität und Reputierlichkeit signalisiert. Will eine Frau als „anständig" gelten, dann muß sie die ihr gesetzten Grenzen notgedrungen akzeptieren. Die sensible Antizipation der negativen Sanktionen, die auf unbotmäßige Übertritte in „Männerreviere" scheinbar zwangsläufig folgen, tragen letztlich zur Fesselung der Frauen an den häuslichen, privaten Lebensraum bei. Die drastische Ausmalung angeblicher Gefahren, die in der Öffentlichkeit ihrer harren, erzwingt geradezu ihr Einverständnis mit der generellen Aufspaltung der Räume nach Geschlecht. Erleichtert überlassen sie die Öffentlichkeit den Männern.

Offiziell wird die drastische Beschneidung weiblicher Bewegungsfreiheit mit ihrer relativen körperlichen Schwäche, Kraftlosigkeit und der daraus abgeleiteten erhöhten Schutzbedürftigkeit begründet. Diese Argumente schreiben weibliche Schwäche lapidar fest und sind darüber hinaus nicht nur falsch, sondern, da sie an der Realität weiblichen

Lebens und Leidens weit vorbeizielen, auch noch ausnehmend verlogen. Mittlerweile sollte allgemein als bekannt vorausgesetzt werden können, daß der Frau, die durch bluttriefende Horrorgeschichten vor der Öffentlichkeit gewarnt und damit letztlich an das Heim gebunden wird, gerade dort die größte Gefahr für Leib und Seele droht. Kriminalstatistiken decken auf, daß der Großteil der tätlichen Übergriffe auf Frauen und Mädchen eben nicht in der Öffentlichkeit, auf der Straße stattfinden, sondern im „Schutzraum" der Familie. Die Täter, die ihnen schwere und schwerste körperliche und seelische Verletzungen zufügen, sind nicht Fremde, sondern mehrheitlich ihre männlichen Angehörigen und Bekannten.[23]

Selbst wenn wir der merkwürdigen patriarchalen Logik folgten, derzufolge nicht potentielle Täter, sondern die potentiellen Opfer in ihrer Bewegungsfreiheit eingeschränkt werden müssen, um Verbrechen zu verhindern, machte die Beschränkung der Frauen keinen Sinn. Denn Männer werden nicht nur öfter als Frauen zu Gewalttätern, sie werden auch wesentlich häufiger selbst Opfer männlicher Gewalt. Demzufolge könnte nur eine umfassende Beschränkung der männlichen Mobilität entscheidende Besserungen herbeiführen – ein Vorschlag zur Entkriminalisierung der Städte, den die damalige Ministerpräsidentin Golda Meir tatsächlich in dieser Form einmal einbrachte. Ein Beschluß, der auf dem deutschen Juristentag 1992 gefaßt wurde, stellt möglicherweise einen zwar unbewußten, dennoch aber richtigen Schritt in diese Richtung dar: Die JuristInnen sprachen sich für die Einschränkung der allgemeinen Bewegungsfreiheit in Form eines Fahrverbots als eine neue Art von Generalstrafe aus, die als unspezifische „Allzweckwaffe" gegen jegliche Form von Kriminalität zum Einsatz gebracht werden könnte.[24]

Frauen, die männliche Bedürfnisse nach exklusiven Räumen jahrhundertelang toleriert haben, stoßen bei dem Versuch, ihrerseits vergleichbare Ansprüche zu realisieren, kaum auf Verständnis oder gar auf Gegenliebe. Erheben sie Anspruch auf eine eigenständige oder exklusive Nutzung von Räumen, aus denen Männer explizit ausgeschlossen sind – z.B. in Frauenbuchläden, Frauenkneipen, Frauenhotels etc. – lösen sie damit wie eh und je Verständnislosigkeit, Verwunderung, Belustigung, Häme, Spott und immer wieder auch – aus zutiefst gekränkter, wutentbrannter Seele – aggressiven Protest und brutale Invasionsversuche aus.

Der Begriff „Öffentlichkeit" ist im patriarchalen Verständnis, das

Frauen en bloque in die private Sphäre der Familie abschieben möchte, nicht viel mehr als ein unverdächtigeres Synonym für „männliches Terrain". Männer fühlen sich in Stadt und Land, auf Straßen und Plätzen mindestens ebenso sicher und „zu Hause" wie in ihren privaten Räumlichkeiten, und sie benehmen sich dementsprechend. Ein australisches Forscherpaar, das auf dem Zebrastreifen eines Kreuzungsbereichs PassantInnen beobachtete, konstatierte, daß Frauen und Männer sich wie Angehörige unterschiedlicher Kulturen benehmen. Während die Männer den Platz gleichmäßig, mit zügigen, festen Schritten überquerten, machten die Frauen aufgrund ihres zögerlichen, unregelmäßigen und unentschlossen wirkenden Verhaltens geradezu einen „verwirrten und verstörten" Eindruck.[25]

Die scheinbare Unsicherheit von Frauen in der Öffentlichkeit reflektiert weniger ihre „Psychologie" als eine psychologisch gut verankerte gesellschaftliche Realität. Ihre weitgehende Entrechtung und Entmachtung im Hinblick auf den Raum, in dem sie sich bewegen, nimmt vielen sogar den Mut, in Hotels oder Restaurants als selbstbewußte Gäste aufzutreten und gegen die branchenübliche Abspeisung mit minderwertigen Räumen und Plätzen zu protestieren. Sich als Alleinstehende schon „freiwillig" mit Schlechterem zufrieden gebend, müssen sie darüber hinaus noch gewärtigen, vom männlichen Publikum oder Personal in eindeutiger Absicht belästigt zu werden. In Häusern der gehobeneren Klasse sind sie davor zwar weitgehend gefeit, dafür kann es ihnen dort passieren, daß sie überhaupt nicht bedient werden, da wiederum ihnen, den „unbegleiteten" Frauen, eindeutige Absichten unterstellt werden.

Die Ergebnisse verschiedener Bürgersteiguntersuchungen zeigen auch, daß und wie Frauen an der Errichtung patriarchaler Raummuster mitwirken. Sie erleichtern Männern durch defensives, ausweichendes, ehrerbietiges Verhalten in der Öffentlichkeit die Einnahme und Behauptung von Vorrangpositionen. Bei Begegnungen mit Männern weichen sie häufiger und frühzeitiger als diese aus. Sie lassen sich durch räumliche Aufdringlichkeit (z.B. durch ein zu nahes Herantreten) leichter aus Positionen (z.B. an Bushaltestellen) vertreiben. Von diesem in der heterosexuellen Begegnung gemeinsam erzeugten hierarchischen Muster hebt sich das gleichgeschlechtliche Begegnungsmuster von Frauen so drastisch wie wohltuend ab: Wenn Frauen aufeinandertreffen, machen sich beide gegenseitig Platz.[26]

Im patriarchalen Verständnis ist das private Heim, dessen Festungscharakter durch ideologische Sprachkonstruktionen verschleiert und verscheingoldet wird (das „Reich", die „Domäne" der Frau), eigentlich der einzig wahrhaft legitime Aufenthaltsort für Frauen. Es ist somit zugleich der Ort des planmäßigen Aufeinandertreffens der Geschlechter. Seine klare geschlechtsspezifische Strukturierung bringt allen Familienmitgliedern die jeweilige Stellung der Geschlechter, ihren „Wert" und den spezifischen Charakter ihres Verhältnisses zueinander alltäglich zu Bewußtsein. Insbesondere Kindern, für die das Heim noch mit der Welt identisch ist und diese vollständig repräsentiert, prägen sich typische Muster in vorbildhafter Manier ein.

Ihren Kern bildet ein klassisches System einseitiger räumlicher Privilegien und Verpflichtungen: Die Vorrechte werden von Familienmännern beansprucht und von den Familienfrauen für sie etabliert, legitimiert und gegen den Rest der Familie durchgesetzt („Kinder, bleibt in eurem Zimmer und seid leise, der Vater arbeitet, schläft, liest..."). Frauen selbst genießen innerhalb des Heims, dessen prägenden Strukturen sie in ihrer spezifischen Existenzform als Hausfrauen weit umfassender als Männer ausgesetzt sind, keinerlei persönliche Vorrechte.

Die Konfiguration von Räumlichkeiten zum Zweck der vorrangigen Nutzung durch Frauen und Kinder hat eine lange Tradition. Sie bringt allerdings weder immer noch zwangsläufig eine völlige Entmachtung nach außen und innen und die soziale Isolation und Vereinzelung der Frauen mit sich. In gutsituierten islamischen Familien beispielsweise hatte die Etablierung eines solchen Raums – des Harems – primär nicht die Funktion, die Frauen gefängnisartig von der Außenwelt abzuschotten. Seine Mauern richteten sich eher gegen die Mobilität familienfremder erwachsener Männer; ihnen war der Zutritt explizit verboten. Der Harem war ein „heiliger Raum", der von den Frauen in eigener Regie verwaltet wurde. Die älteste hatte als Mutter des zugehörigen Paschas die absolute Befehls- und Schlüsselgewalt inne. Ihre Vorrangstellung wurde durch tägliche Rituale bekräftigt (z.B. durch einen Handkuß, den alle in hierachischer Reihenfolge – vom Pascha über die Frauen, Kinder, Dienerinnen bis hin zu den Eunuchen, die den Harem bewachten – nacheinander zu entbieten hatten). Die Frauen hatten völlige Bewegungsfreiheit und nutzten den Raum zu vielfältigen, auch gemeinsamen Aktivitäten (z.B. rituellen Bädern). Selbständig und gemeinsam entschieden sie nicht zuletzt auch über die Modalitäten und die Reihenfolge, in der sie dem Pascha intime Kontakte gewährten.

Die in Europa vorherrschenden häuslichen Traditionen isolieren die Frauen, deren Lebens- und Arbeitsbereich die private Sphäre nicht überschreitet („Hausfrauen"), systematisch voneinander, entmachten sie nach außen wie auch nach innen und verbannen sie in eine symbolische Nicht-Existenz. Nicht selten machen bereits Türschilder an Wohnungen und Häusern klar, welchen Stellenwert der „Hausherr" der Frau (und den Kindern) zubilligt: Hinter dem lapidaren Verweis auf *einen* männlichen Bewohner, der bestenfalls um Berufsangaben oder Statuskennzeichen erweitert wird (Prof., Dr., Ing. etc.) verbirgt sich womöglich – wir erfahren es nicht – eine fünfköpfige Familie.

Die innere Organisation der Wohnräume bestätigt die solcherart erweckten Befürchtungen zumeist. Auch innerhalb „seines" Hauses repräsentiert der Mann ganz allein die Gesamtheit der Familie, und er verfügt darüber hinaus, oft als einziges Familienmitglied, über exklusive Räumlichkeiten. In großbürgerlichen und finanzkräftigen Kreisen kann sich der Mann beispielsweise, nach der gemeinsamen Einnahme der Mahlzeiten, zur (von Frauen) ungestörten Siesta in ein „Herrenzimmer" zurückziehen. In einer großartigen Szene des Films „*Giganten*" verstößt Liz Taylor in der Rolle der jungen, unkonventionellen Ehefrau eines konservativen Hausherrn (Rock Hudson) bewußt gegen dieses ungeschriebene Gesetz: Sie gesellt sich, unter den entsetzten Augen der angepaßten Damenrunde und zur Belustigung der politisierenden Herrenrunde den Männern zu und stürzt durch aktive Redebeiträge ihren Ehemann in unbeschreibliche Verlegenheit. Mit Ausnahme der Protagonistin selbst interpretieren alle Beteiligten, Frauen wie Männer, das Geschehen als einen klaren Verstoß gegen die interne Ehehierarchie und daher in erster Linie als deutliches Zeichen männlicher Führungsschwäche.

Im bürgerlichen Ambiente hat sich das väterliche Arbeitszimmer als das absolute, sakrosankte Machtzentrum der Familie etabliert. Es hat derart einschneidende Auswirkungen auf den Lebensrhythmus der gesamten Familie, daß es in kaum einer einschlägigen Autobiographie an entsprechenden Hinweisen mangelt:

„Von neun Uhr morgens bis zwölf Uhr mittags muß man sich still verhalten, weil der Vater arbeitet, und von vier bis fünf Uhr nachmittags hat es im Haus auch wieder leise zu sein: es ist die Stunde der Siesta. Sein Arbeitszimmer zu betreten, während er dort mysteriös beschäftigt ist, wäre die gräßlichste Blasphemie. Keines von uns Kin-

dern hätte sich dergleichen je in den Sinn kommen lassen. Schon mit geringeren Verfehlungen kann man den Vater erheblich irritieren." [27]

Das Privileg, sich innerhalb der Familie zurückziehen zu können, genießen jedoch nicht nur Schriftsteller wie Thomas Mann, die ihrer kreativen Tätigkeit ausschließlich zu Hause nachgehen. Andere Väter, die durch ihre Berufstätigkeit den größten Teil ihrer Zeit an außerhäusliche Orte gebunden sind (beispielsweise der Vater Hans Falladas, der häufig gar bis „spät nachts bei Gericht" zu tun hatte), beanspruchen nichtsdestoweniger ein Zimmer „für sich allein", das sie dann, wie Fallada in bezug auf seinen Vater bemerkte, vor allem mit Bedeutsamkeit und Macht erfüllen. [28] Und selbst solche „Hausherrn", deren Raumansprüche beim besten Willen nicht mit intellektuellen, ruhebedürftigen Tätigkeiten legitimiert werden können, gestalten Sektoren des familiären Gesamtraums im Sinn ihrer ganz persönlichen Bedürfnisse um – und sei es nur der Keller.

In den von einer Familie gemeinsam benutzten Räumen setzt sich die geschlechtliche Asymmetrie ungebrochen fort. Väter erheben exklusive Ansprüche – auf die Auswahl und Benutzung von Möbelstücken, freie Platzwahl am Tisch etc. –, und Mütter sorgen selbstlos dafür, daß diese Privilegien von den Kindern angemessen respektiert werden. Der Proxemik-Forscher E.T. Hall begründet in Beantwortung der rhetorischen Frage „Wem gehört das Schlafzimmer?" das männliche Raumprivileg mit der Schutzfunktion einer abgeschlossenen „privaten Sphäre": „In den Wohnungen des gehobenen englischen Mittelstandes ist es der Mann, nicht die Frau, der die Zurückgezogenheit des Schlafzimmers genießt, vermutlich als Schutz vor den Kindern, die die englischen Muster der Privatheit noch nicht internalisiert haben." [29]

Die männlichen Vorrechte mögen noch so winzig und manchmal geradezu lachhaft erscheinen – dennoch sollten wir ihre Wirkung nicht unterschätzen. Insbesondere in den Augen der nachwachsenden Generation verdichtet sich die Fülle der vielfältigen Wahrnehmungen einer legitimen Vormachtstellung und der herausragenden Bedeutung des Mannes und Vaters vor der Frau und Mutter zu einem geschlossenen, die gesellschaftliche Realität vorwegnehmenden und repräsentierenden Gesamtbild.

Die Möglichkeit zum vorübergehenden Abbruch des sinnlichen Kontakts zur Umwelt, zum periodischen Rückzug aus sozialen Bezügen ist psychologisch außerordentlich wichtig. Die Grundempfindung des Alleinseins, vielmehr noch die einer absoluten Einsamkeit, ermöglicht psychische Grenzerfahrungen, die von starken Emotionen – sowohl positiven wie auch extrem unangenehmen – begleitet werden können. Das angenehme Gefühl, „völlig losgelöst" in einem undefinierbaren Raum zu schweben, können wir uns heute – durch Anmietung eines „Lilly-Tanks" – schon erkaufen. Der Mensch schwebt darin, ganz von warmem Salzwasser umspült, eine Zeitlang wie in einem künstlichen Mutterleib, der ihn nach außen völlig isoliert. Eine unfreiwillige Isolation, z.B. die Einzelhaftverwahrung im sog. Isoliertrakt eines Gefängnisses, kann hingegen als extrem unangenehm empfunden werden und sogar psychische Störungen (von einfachen Konzentrationsstörungen über Halluzinationen bis hin zum totalen Irre-Sein) auslösen.

Die einseitigen Raumprivilegien innerhalb der häuslichen Sphäre ermöglichen eigentlich nur Familienvätern einen periodischen Rückzug. Sie genießen ein Höchstmaß an Privatheit und Intimsphäre, ohne sich gänzlich auszuschließen. Ihr Privileg auf Einsamkeit muß nicht bezahlt werden – weder mit dem Verlust der sozialen Anteilnahme an ihrer Person noch der Segnungen eines Familienlebens schlechthin. Sie haben die Freiheit, ebenso selbstbestimmt und sporadisch, wie sie sich zurückgezogen haben, in den emotionalen Schoß der Familie, die zwischenzeitlich von den Frauen in Gang gehalten wurde, auch wieder zurückzukehren. Beides ist ihrer individuellen „Produktivität", die sie auch ihrer weitgehenden Befreiung von sozialen Familienpflichten verdanken, förderlich. Die Konsequenzen der traditionellen Arbeitsteilung, insoweit sie die Frauen und deren kreative Möglichkeiten betreffen, können klarer nicht formuliert werden als in Virginia Woolfs Essay „Ein Zimmer für sich allein".[30]

Sein innerfamiliärer Exilantenstatus ermöglicht dem Vater weitgehende Autonomie. Seine Existenz in der Familie hat einen eher sporadischen Charakter, der nicht nur der eigenen Kreativität zuträglich ist, sondern als Zeichen der Unabhängigkeit zugleich auch seine superiore Position in der Familie deutlich macht. Mit dem Ausmaß seiner „Unerreichbarkeit" wächst dazu noch seine Attraktivität für Frau und Kinder – wenigstens bis zu dem gewissen Punkt, an dem Entfremdung einsetzt. Um den sozialen Kontakt zum „Fußvolk" nicht gänzlich zu verlieren, muß daher auch der Mächtigste seine „splendid isolation" periodisch durchbrechen. (Selbst unsere demokratisch gewählten Volksvertreter nehmen, ganz unabhängig von ihrer tatsächlichen Bürgernähe, von Zeit zu Zeit wie umjubelte Stars aus der Unterhaltungsbranche gern ein „Bad in der Menge", um ihren Anhängern emotional präsent zu bleiben.)

Erstaunlicherweise scheint selbst eine totale soziale Isolation, die von den meisten Menschen als unangenehm und manchmal geradezu lähmend empfunden wird, bei einer bestimmten Sorte von Männern die Kreativität keineswegs zu behindern, sondern sie im Gegenteil sogar noch zu beflügeln. Eine erkleckliche Anzahl von Schriftstellern, Wissenschaftlern und mehr oder weniger erfolgreichen Politikern (z.B. Cervantes, Sir Walter Raleigh, Adolf Hitler, Eldridge Cleaver etc.) verfaßten ihre entscheidenden Werke in einer Gefängniszelle. Jean Genet und der Marquis de Sade stilisierten die Bedingung der sozialen Zwangsisolation gar zur ultimativen Voraussetzung für die optimale Entfaltung ihrer künstlerischen Potenz („Prison made me"[31]).

Hausfrauen mit Familie erleben in ihrem Alltag kaum einmal die entspannende und befreiende Wirkung eines selbstbestimmten, zeitlich begrenzten Rückzugs aus sozialen Bezügen. Das verhindert sowohl ihr Heim, das dafür keine entsprechenden Räumlichkeiten bietet, als auch ihre uneingeschränkte Veranwortlichkeit für das reibungslose Funktionieren des Familienlebens. In Zeiten, in denen zunehmend und erfolgreich sogar Kinder ihr Recht auf Intimsphäre – per Anschlag an der Kinderzimmertür – geltend machen, sind erwachsene Hausfrauen die letzten und einzigen, denen in der Familie weiterhin jede Möglichkeit zum Rückzug in private Ungestörtheit verwehrt bleibt. Ihre Identifikation mit dem „Heim" und zeitlich wie örtlich unlimitierten Familienpflichten, ist total. Ihre Verantwortlichkeiten fesseln sie nachhaltig an einen Ort, dessen innere Strukturen sie – allen Lippenbekenntnissen zum Trotz – eindeutig als nachrangig definieren.

Auch die zunehmend beengteren Raumverhältnisse neuzeitlicher Wohnungen konnten bislang das väterliche Arbeitszimmer nicht gänzlich ausrotten – die moderne, doppelt berufstätige Frau und Mutter begnügt sich hingegen nicht selten mit einem im gemeinsamen Schlafzimmer oder im Kinderzimmer aufgestellten Schreibtisch. Die Suche nach bedeutungs- und machtschwangeren Elogen auf mütterliche Arbeitszimmer in der Literatur bleibt erfolglos. Wozu auch ein exklusives „Arbeitszimmer", wenn sich die Arbeit ja doch gleichmäßig auf das ganze Haus verteilt? Was hätten Frauen davon, es Männern gleich als Statussymbol zu etablieren, wenn ihre Arbeit ja doch nicht, wie die der Männer, einer von familiären Bezügen abgehobenen Selbstverwirklichung, der psychologischen Selbstbestätigung oder zumindest einem anerkannten Broterwerb dient, sondern zum Wohl der gesamten Familie und aus reiner Liebe geleistet wird? Die Vorstellung eines häuslichen Raums, der exklusiv von der Frau und Mutter zu einer von ihr beliebig definierbaren Betätigung oder auch nur zum Zwecke der sporadischen Isolation benutzt werden könnte, ist scheinbar so absurd und offenbar auch so beängstigend, daß der Begriff „Frauenzimmer" heute nur noch als abfällige Geschlechtsbezeichnung benutzt wird.

Intergalaktische Distanzen

Wenn Menschen aufeinandertreffen, erzeugen sie gemeinsam zwischen sich einen informellen und flexiblen Raum, den sie durch Bewegungen, durch Annäherung oder Rückzug voneinander, durch Veränderungen ihrer Körperhaltungen ständig neu modellieren und umgestalten können. Die Ausdehnung und die konkrete Form der Räume, die auf solche Weise entstehen, sind symbolische Repräsentationen des Selbst in seiner Beziehung zu anderen. Sie reflektieren sowohl das individuelle Selbstkonzept als auch die persönlichen Einstellungen zueinander und kommunizieren emotionale Befindlichkeiten (Zuneigung und Symphatie, Abneigung und Widerwillen, Angst, Ehrerbietung, Bewunderung oder Verachtung). Sie informieren darüber hinaus über die spezifische soziale Qualität einer Beziehung und den sozialen Status der Beteiligten und repräsentieren daher letztlich auch das Ausmaß und das gegenseitige Verhältnis von Macht oder Ohnmacht.

Wir neigen dazu, solche gemeinsam erzeugten Strukturen vor allem psychologisch zu interpretieren. Die Vorliebe für sprachliche Metaphern, die emotionale Befindlichkeiten in räumliche Muster übersetzen, macht dies evident: „Einander nahestehen" meint symmetrisch empfundene und erzeugte emotionale Nähe, „jemandem zu nahe treten" oder „auf die Pelle rücken" verweist auf eine einseitige Invasion der Intimsphäre und damit auf die unerwünschte Intimisierung einer Beziehung; „sich zurückziehen", „Abstand nehmen" bezeichnet eine bewußte Reduktion von Emotionalität, den Versuch der Versachlichung oder das Ende einer Beziehung; wer gar „Welten zwischen sich und anderen" vermutet, verweist unmißverständlich auf die völlige Unvereinbarkeit von Charakteren.

Räumliche Abstände drücken Machtverhältnisse aus und sichern sie zugleich. Mit der persönlichen oder sozialen Machtpotenz, mit der Aggressivität oder dem gesellschaftlichen Status einer Person wächst auch der Abstand, den andere ihr gegenüber vernünftigerweise oder gezwungenermaßen einhalten. Potentielle Gegner oder Konkurrenten werden so – durch soziale Distanzierung – in sicherem Abstand gehalten. Die Chancen der Machterhaltung steigen, da erstens eventuelle Attacken bereits im Vorfeld wahrgenommen und abgewehrt werden können und zweitens mit zunehmender Distanz zwischen „oben" und „unten" auch das Verhältnis ent-emotionalisiert und versachlicht wird; nicht zuletzt signalisiert eine große räumliche Entfernung, als klassisches Zeichen von „Ehrerbietung", die Anerkennung des Verhältnisses und seiner spezifischen Struktur.

Im extrem hierarchisch strukturierten Gesellschaftssystem Indiens werden den Angehörigen der verschiedenen Kasten ihre Interaktionsabstände exakt vorgeschrieben (und auf dem Land angeblich auch heute noch weitgehend eingehalten). Die räumliche Distanz ihrer Repräsentanten zeigt den sozialen Abstand zwischen den Kasten direkt an: Die Distanz, die Angehörige der untersten Kaste gegenüber Angehörigen der höchsten Kaste wahren müssen, ist die Summe aller Abstände, die innerhalb des gesamten Kastensystems von allen dazwischenliegenden Kasten respektiert werden müssen.[32]

In Europa regelte ein höfisches Zeremoniell den Umgang des ebenso streng hierarchisch organisierten Adels auf der Basis vergleichbarer Distanzierungsregeln. Auch heute noch schreiben bestimmte gesellschaftliche Institutionen, z.B. Armeen, den unteren Chargen explizit die Einhaltung von Respektsabstände vor, die den „persönlichen Raum" von Vorgesetzen schützen und Statusunterschiede deutlich machen (in der US-Armee beträgt diese Annäherungsgrenze z.B. drei Schritte). Im zivilen Leben, in dem auf explizite Formulierungen von Distanzierungsvorschriften verzichtet wird, entwickeln sich als Folge realer Machtdifferentiale nichtsdestoweniger durchaus vergleichbare Verhaltensmuster. Allerdings wird bei uns mit dem immer knapperen Rohstoff Raum nicht mehr so verschwenderisch umgegangen wie auf dem Subkontinent oder „bei Hofe".

Leider hat Hall, der Begründer der proxemischen Forschung, seine scharfsichtigen kulturanthropologischen Raumanalysen nicht von sich aus auf die Analyse der Geschlechterbeziehung ausgeweitet. Obwohl er bei der Beschreibung und funktionalen Erklärung unterschiedlicher Distanzzonen durchaus zwischen sozialer und persönlicher Herrschaft und zwischen einer emotionalen und einer sozialen, hierarchischen Beziehungsdimension differenziert, führt Hall die Kategorie *Geschlecht* nicht systematisch ein, sondern bezieht sie nur in beiläufiger, mehr anekdotischer als analytischer Weise ein. Die Frauen, die bei ihm beispielhaft auftauchen, nehmen ausnahmslos relativ untergeordnete Positionen ein. Entweder sind sie als Hausfrauen von vornherein ausschließlich in den privaten Lebensraum integriert und dort quasi naturwüchsig ihren Ehemännern unterstellt, oder sie besetzen als Berufstätige Posten, die ihre geschlechtsspezifische Unterordnung unter einen Mann verschleiern und sozial legitimieren (z.B. den einer „Empfangsdame", die im Vorzimmer des Chefs den Zugang zu dessen Sphäre bewacht). Nie erscheinen sie als autonome Subjekte mit eigenständigen räumlichen Ansprüchen oder gar als potentielle Konkurrentinnen im Raum. Wenn Hall Raumstrukturen unter Machtaspekten analysiert, bleiben Männer stets unter sich.

Der stärker sozialpsychologisch orientierte Zugang zur körpersprachlichen Dimension der Proxemik, für den der von Robert Sommer 1969 geprägte Begriff *personal space* steht, hat sich vor allem in den U.S.A. durch seine breit gefächerten, auch interdisziplinär verknüpften Forschungsaktivitäten diesbezüglich als fruchtbarer erwiesen.[33] Nicht zuletzt die Differenzierung zwischen sozialen und psychologischen Aspekten der Macht, zwischen gesellschaftlichem Status und persönlichkeitsspezifischer Dominanz hat entscheidend dazu beigetragen, daß zunehmend auch geschlechtsspezifische Raummuster thematisiert und analysiert wurden.

Die proxemischen Muster der privaten Geschlechterinteraktion weisen bei näherer Betrachtung in vielerlei Aspekten geradezu frappierende Übereinstimmungen mit den Mustern sozial begründeter Hierarchien auf. Diese lassen sich zu drei Komplexen zusammenfassen: dem konkreten und relativ einfach feststellbaren *Umfang* des jeweiligen „persönlichen Raums"; der *emotionalen Besetzung* und *persönlichen Gewichtung* (der „elektrischen Ladung") dieses Raums; und drittens den daraus resultierenden, differenzierten *Reaktionen auf Grenzverletzungen* und *Invasionen* des persönlichen Raums durch andere. Die substanziellen Unterschiede zwischen den Geschlechtern in diesen drei Bereichen spiegeln sowohl die realen sozialen Machtverhältnisse zwischen ihnen als auch grundlegende Unterschiede ihrer „Sozialcharaktere" wider – kurz gesagt, ihre „Gendermentalität".

Distanz, Sinnlichkeit und Emotion

Die körperliche Distanz zwischen KommunikationspartnerInnen bestimmt, indem sie den allgemeinen Wahrnehmungs- und Interaktionsrahmen definitiv festlegt, letztlich die Bedingungen ihrer Kommunikation. Sie entscheidet – durch die Festlegung der sinnlichen Dimensionen der gegenseitigen Wahrnehmung – über das Sensorium, das der Kommunikation zugrundegelegt werden kann, und bestimmt auch, welche Kommunikationsformen und -kanäle dabei benutzt werden können. *Alle* körpersprachlichen Kommunikationskanäle sind prinzipiell nur in großer räumlicher Nähe verfügbar. Nähe aktiviert die Sinnesmodalitäten des Riechens, Spürens oder gar des Schmeckens und ermöglicht damit gegenseitige Wahrnehmungen in einer Qualität, die aus größerer Entfernung heraus, in der nur noch die Modalitäten des Sehens oder Hörens verfügbar sind, prinzipiell nicht zu erreichen ist. Mit zunehmender Distanz zwischen Interagierenden verlieren immer mehr Sinne und mit ihnen die spezifischen emotionalen Qualitäten, die sie repräsentieren, ihre Funktion und ihre Bedeutung. Mit der Komplexität der Wahrnehmung verlieren Interaktionen zugleich auch entscheidend an Emotionalität.

Gleichzeitig verändert sich auch der aktive Ausdrucks- und Handlungsspielraum der Interagierenden. Geringe Entfernungen ermöglichen sinnlich komplexere Interaktionen. Die besondere Qualität der Körpersprache, ihre Fähigkeit zum quasi stufenlosen Ausdruck von Gefühlen ermöglicht eine differenzierte Ausdrucksweise, durch die das zugrundeliegende Gefühl genau und sensibel wiedergegeben werden kann (z.B. kann Zuneigung oder Mitgefühl durch einen Blickkontakt, einen formalen Händedruck, eine leichte körperliche Berührung, eine feste Umarmung, einen Kuß usw. ausgedrückt werden). Die Körpersprache gestattet es, Empfindungen und Gefühle *analog und direkt* in Handlungen umzusetzen. Mit wachsender Entfernung voneinander verlagern sich auch die kommunikativen Aktionen auf eine abstraktere, visuelle oder akustische Kommunikationsebene. Die „Versachlichung" von Kommunikation als Folge oder Ausdruck wachsender räumlicher Entfernung läßt sich selbst auf der verbalen Ebene der Gesprächsinhalte, wie linguistische Analysen zeigen, feststellen (je größer die räumliche Distanz, desto sachlicher der Gesprächsinhalt).[34]

Der komplex-sinnliche Charakter extremer Nähe-Interaktionen, die „primitive" Wahrnehmungen auf der Geruchs- und Geschmacksebene einschließen und eine Kommunikation über das ursprünglichste und größte Kommunikationsinstrument – die Haut – ermöglichen, ist die materielle Grundlage ihrer besonderen emotionalen Intensität. Es ist nicht weiter verwunderlich, daß in unserer hochzivilisierten patriarchalen Kultur, die Rationalität hoch- und Emotionalität geringschätzt, diese „primitiven" Wahrnehmungsmodalitäten umfassenden und gezielten Säuberungs- und Übertünchungsprozessen zum Opfer fallen. Während sie im Intimbereich noch eine gewisse Bedeutung haben, werden sie aus sozialen Interaktionen heute weitgehend ausgeblendet. Gerüche haben ihren Charakter und ihre Bedeutung als differenzierte Informationsträger weitgehend eingebüßt und werden, da sie sich nichtsdestoweniger weit über die Grenzen der intimen Zone hinaus verbreiten können, primär als Belästigung empfunden und dementsprechend bekämpft (als erste deutsche Stadt registrierte München im Jahre 1992 die Ausdünstungen verschiedener Stadtviertel geradezu generalstabsmäßig in einer Art „Stink-Kataster").

Insbesondere die Wahrnehmung von Gerüchen menschlichen Ursprungs wird in unserer Kultur (auf der Ebene sozialer Beziehungen) meist als peinlich empfunden. Durch exzessive Anwendung deodorierender Substanzen sind sie aus unserem kollektiven Kommunikationsapparat beinahe vollständig eliminiert worden. Die Anrüchigkeit steht offensichtlich in einem ursächlichen Zusammenhang mit der Natürlichkeit eines Geruchs. Durch künstliche Essenzen (die ihrerseits zunehmend zur Belästigung werden) versuchen wir, Gerüche natürlicher Provenienz so weit wie möglich zu verdecken oder wenigstens soweit zu modifizieren, daß ihr ursprünglicher Charakter maskiert wird. Wir riechen nicht mehr, wir „duften" höchstens noch. Selbst Säuglinge bleiben von entsprechenden Transformationsaktionen nicht mehr verschont: Neuerdings gibt es sogar Babyparfüms zu kaufen, die den unverwechselbaren Säuglingsgeruch mit unterschiedlichen Duftnoten „veredeln".

In anderen Kulturen haben Gerüche ihre ursprünglichen Kommunikationsfunktionen als Distanzierungsmechanismen und Transportmittel persönlicher Informationen beibehalten; ein Beispiel aus dem arabischen Raum zeigt, daß sie dort nach wie vor als wesentlich erachtet werden:

„Ein Mann, der am Morgen sein Haus verläßt, kann von seinem Onkel zu hören bekommen: ‚Habib, dein Magen ist sauer, und dein Atem riecht nicht allzu gut. Besser, du redest heute mit den Leuten nicht zu nahe.'" [35]

In unserer weit unsinnlicheren europäischen Kulturtradition klingen solche Wahrnehmungen nur noch im unsinnlichsten aller Kommunikationssysteme, der total abstrakten Verbalsprache, an: Wir sprechen nur noch von einer menschlichen „Wärme" oder „Kälte", die wir nicht mehr konkret zu fühlen bereit sind; wir weisen Zumutungen mit den Worten „das schmeckt mir aber gar nicht" zurück und drücken Abneigung durch Sätze wie „den kann ich nicht riechen" oder „den würd' ich nicht mal mit der Kneifzange anfassen" aus.

Hall konnte in allen Kulturen, deren proxemisches Verhalten er beobachtete und analysierte, vier unterschiedliche Raumzonen identifizieren, mit denen jeweils ganz bestimmte Beziehungsqualitäten eindeutig korrespondierten: eine *Zone der intimen Distanz*, die er als „die tröstliche und beschützende Distanz bei der körperlichen Liebe, aber auch beim Ringen" bezeichnete; eine *Zone der persönlichen Distanz*, die ein Organismus offenbar zu seinem Schutz und seiner Abgrenzung gegenüber anderen behauptet und die er „Grenze der persönlichen Herrschaft im eigentlichen Sinn" nannte; eine *soziale Distanz*, die er als „Schranke der Herrschaft" definierte; und schließlich eine *öffentliche Distanz*, die zum einen die Funktion einer persönlichen Sicherheitszone gegenüber Fremden zu haben scheint, da sie im Fall einer Bedrohung genügend Raum für Ausweich- oder Verteidigungsmanöver läßt, zum anderen ein klares Statussymbol ist: Sie setzt gewissermaßen eine Ehrfurchtsgrenze fest, die gegenüber besonders bedeutenden, mächtigen Persönlichkeiten nicht unaufgefordert überschritten werden darf.[36]

Diese vier Zonen legen den interaktiven Raum für unterschiedlichste Arten von Kommunikationen und unterschiedliche Qualitäten von Beziehungen kulturunspezifisch, d.h. in allen untersuchten Gesellschaften in vergleichbarer Weise, fest. In ihren konkreten Ausmaßen können sie sich allerdings beträchtlich unterscheiden. Für die nordamerikanische weiße Mittelschicht (und damit in etwa auch für entsprechende mitteleuropäische Gesellschaftsschichten) beispielsweise konnte Hall folgende Maße feststellen: Als intim gilt eine Distanz bis zu 45 cm; die persönliche Distanz liegt zwischen 45 cm und 120 cm, die soziale Distanz zwischen 120 und 360 cm; alle weiteren, darüber hinausgehenden Entfernungen haben öffentlichen Charakter.

Auf der Ebene konkreten Verhaltens unterscheidet sich die menschliche Proxemik kaum von der tierischen. Vergleichende Studien haben gezeigt, daß beispielsweise auch Vögel oder Affen genau festgelegte räumliche Distanzschemata benutzen, um ihr Verhältnis zueinander auszudrücken und ihre Gefühle füreinander deutlich zu machen. Distanzen haben, neben anderen Faktoren, großen Einfluß auf soziale Aktivitäten und ihre Reaktionen aufeinander (was aus Benennungen wie „Fluchtdistanz", „kritische Distanz", Individualdistanz" oder „Gruppendistanz" hervorgeht[37]). Die Grenzen ihrer Raumzonen liegen allerdings innerartlich weitgehend fest und werden recht starr gehandhabt. Die menschlichen Raumzonen sind hingegen – sowohl bezüglich ihrer konkreten Dimensionierung als auch ihrer spezifischen psychologischen Charakterisierung – äußerst flexibel.

Neben den offensichtlich kulturell bedingten Unterschieden wird die menschliche Proxemik auch von einer ganzen Reihe sozialer und psychologischer Faktoren tiefgreifend beeinflußt. Als Anthropologe und Bürger einer Gesellschaft mit ausgeprägt multikulturellem Hintergrund interessierte sich der US-Amerikaner Hall primär für kulturelle Variationen der Proxemik und ihre dramatischen Auswirkungen auf das soziale Zusammenleben. Seine aufschlußreichen Studien beweisen nicht nur, daß räumliches Verhalten – trotz unbestrittener biologischer und stammesgeschichtlicher Verwurzelung – ein weitgehend erlerntes, soziales Phänomen ist. Weil sie die schwerwiegenden Probleme aufzeigen, die sich aus der Einbindung von KommunikationspartnerInnen in unterschiedliche proxemische Systeme ergeben können, öffnen sie uns auch die Augen für die Wahrnehmung der sozialen und psychologischen Aspekte der auffälligen Unterschiede im Raumverhalten von Frauen und Männern. Diese sind Ausdruck grundlegend unterschiedlicher emotionaler Besetzungen und „elektrischer Aufladungen" ihres persönlichen Raums, die sie im Umgang miteinander letztlich schon auf der Ebene primitiver Wahrnehmungs- und Interpretationsmuster scheitern lassen.

„Persönlicher Raum" und das Bedürfnis nach Privatheit

Sommer definierte *personal space* als jenes Mindestmaß an informellem Raum, über das ein Individuum verfügen können muß, um sich hinlänglich wohl zu fühlen. Er stellte sich diesen Raum wie eine unsichtbare Blase oder eine Art Aura vor, die den Abstand zwischen Menschen festlegt und reguliert.[38] Diese Vorstellung wurde später weiterentwickelt und präzisiert: Der *persönliche Raum* wurde mit einem dreidimensionalen elektrischen Spannungsfeld verglichen, das entweder mit positiver oder mit negativer Energie aufgeladen sein kann und dessen emotionale Spannung mit abnehmender Distanz steigt und mit wachsender Distanz sinkt. Dieses Vorstellungsbild gibt die psychologische Komplexität des persönlichen Raums tatsächlich genauer und differenzierter wieder. Es erklärt sowohl das Phänomen, daß eine persönliche Annäherung positive wie negative Empfindungen auslösen kann (je nachdem, ob der persönliche Raum der betreffenden Person positiv oder negativ geladen ist und wie die persönliche Grenze definiert ist: als emotionale Kontaktfläche zu anderen oder als Mauer, als Bollwerk gegen andere), als auch die Tatsache, daß sich positive wie negative Gefühle mit zunehmender Nähe intensivieren.[39]

Die konkrete Dimensionierung und die spezifische emotionale Aufladung des persönlichen Raums und seiner Grenzen sind wesentliche Aspekte des Selbst und der Selbstrepräsentation eines Individuums. Sie reflektieren innerhalb des von der jeweiligen Kultur vorgegebenen Rahmens eine Reihe von sozialen und psychologischen Faktoren: die soziale Stellung und den relativen Rangplatz eines Individuums, eventuelle besondere Lebensumstände (z.B. die Inhaftierung in einer engen Gefängniszelle, die mit anderen geteilt werden muß, oder Krankheiten, die eine Person abhängig von fremden Hilfestellungen machen), den ganz spezifischen „Sozialcharakter", die „Mentalität" eines Individuums, einzelne herausragende Persönlichkeitsmerkmale (Aggressivität, Ängstlichkeit etc.) oder momentane emotionale Bedürfnisse. Im statistischen Durchschnitt beanspruchen wir MitteleuropäerInnen einen persönlichen Raum von ungefähr 120 cm Durchmesser. Unter den verschiedenen Faktoren, die Abweichungen verursachen können, hat Gender, das soziale Geschlecht, neben und in Verbindung mit dem Alter und der psychischen Gesundheit die stärksten und durchgängigsten Auswirkungen.[40]

Es wurde vielfach nachgewiesen, daß Männer generell mehr persönlichen Raum beanspruchen als Frauen; darüber hinaus neigen auch Menschen mit bestimmten psychischen Problemen (Schizophrene, Sozialängstliche und Neurotiker, die ihren persönlichen Raum als „Sozialpuffer" auffassen und von anderen eher negativ abgrenzen) dazu, ihre Raumansprüche dementsprechend zu erweitern. Besonders hohe Raumansprüche entwickeln männliche Individuen, die in bestimmten Persönlichkeitsaspekten vom Durchschnitt abweichen: z.B. Strafgefangene mit hohen Aggressivitätswerten und einer Neigung zur Gewalttätigkeit und Jugendliche, bei denen „abweichendes Verhalten" diagnostiziert worden war.[41] Mit unterdurchschnittlich kleinen persönlichen Räumen begnügen sich hingegen Frauen, psychisch Extravertierte und Menschen mit ausgeprägter Affiliation (d.h. Zusammengehörigkeitsgefühl und Bedürfnis nach Verbundenheit mit anderen).

Eine persönliche Sphäre, über die ein Individuum frei und selbstbestimmt verfügen kann, ist eine Grundvoraussetzung für persönliche Entfaltung, emotionale Entspannung und angenehme Kommunikationsbedingungen.[42] Als Erweiterung des Körperselbst bildet sie die *zone sanitaire*, die die Bedingungen für einen periodischen Rückzug ins Innere des Selbst optimiert, der für die psychische Regeneration, die Erholung von sozialem Streß und die Abschirmung von unerwünschter Kommunikation unabdingbar ist und letztlich die psychische Gesundheit garantiert.

Das Bedürfnis nach Errichtung einer schützenden und geschützten Privatsphäre scheint universell zu sein.[43] Aufgrund seiner vielfältigen kulturellen Überformungen konkretisiert es sich jedoch auf unterschiedliche Weise. Manche Menschen benötigen feste, dauerhafte und nach außen abschließbare Räumlichkeiten, in die sie sich völlig zurückziehen müssen, um sich als „privat" empfinden zu können; andere fassen Privatheit eher als eine mobile, tragbare Einheit auf, die sie je nach Bedarf allein durch ihr Verhalten, z.B. durch verschiedene Methoden der Distanzierung, jederzeit und überall errichten können. In unserem Land wird Privatheit meist mit umfassender räumlicher und sinnlicher Isolation gleichgesetzt; EngländerInnen hingegen können sich in der Regel bereits dann schon ausreichend entspannen, wenn sie die Kommunikation etwas reduzieren.

Dementsprechend differenziert kann auch ein akutes Bedürfnis nach Privatheit geäußert werden: durch sozialen Rückzug, durch Manipulationen der Umgebung, durch verbale, je nach Dringlichkeit auch aggressiv vorgetragene Aufforderungen an andere, sich entsprechend zurückzuziehen, durch körpersprachliche Defensivsignale (Abwendung des Körpers, des Gesichts, der Augen, Verhüllen des Gesichts oder der Augen mit Objekten, z.B. dunklen Brillen oder den Händen).

Das Bedürfnis nach Privatheit wird ebenso wie die Mittel und Methoden, die ihm Ausdruck verleihen, von der emotionalen Aufladung des eigenen persönlichen Raums entscheidend beeinflußt. Die Weichen für eine geschlechtsspezifische Aufladung mit unterschiedlichen Energien werden bereits in frühester Kindheit durch einen differenzierten körperlichen Umgang mit Kleinkindern gestellt (vgl. Kap. 4). Sowohl der Körper als auch der persönliche Raum von Mädchen werden umfassend „emotionalisiert" und primär mit „positiver" Energie besetzt. Der Knabenkörper hingegen wird, dem Männlichkeitsideal von Härte, Empfindungslosigkeit und Autonomie entsprechend, durch rauhere Umgangsformen einerseits emotional abgehärtet, andererseits in seinen Abgrenzungsbedürfnissen deutlicher respektiert. Er soll nicht zur emotionalen Spielwiese, sondern als Instrument für den sozialen „Überlebenskampf" in einer harten und hierarchischen Welt qualifiziert werden.

Gesellschaftliche Erziehungsinstitutionen verstärken diesen Aspekt der frühkindlichen Körpersozialisation zumeist unreflektiert. Aggressive körperliche Auseinandersetzungen werden als Mittel der Konfliktbearbeitung nur in Hinblick auf Mädchen generell abgelehnt und gegebenenfalls negativ sanktioniert. Zwischen Knaben werden sie – innerhalb bestimmter Grenzen – als durchaus angemessene Formen gegenseitiger Abgrenzung voneinander und der Durchsetzung eigener Interessen gegen andere aufgefaßt und als spezifisch männliches „Kräftemessen" weitgehend akzeptiert. Den Schulhof im bayrischen Rottalmünster ziert seit Herbst 1992 sinnigerweise ein „Lausbuben-Denkmal", zwei schulranzenbepackte männliche Schüler darstellend, die heftig miteinander kämpfen. Die *Süddeutsche Zeitung* stellte in ihrem Kommentar zielgenau auf die identitätskonstituierende Komponente körperlicher Gewalt ab, ohne deren geschlechtsspezifischen Charakter zu thematisieren noch zu problematisieren: „Es soll Buben daran erinnern, daß das seit jeher beliebte Kräftemessen nicht in brutale Gewalt ausarten darf."[44] (Die Mädchen scheinen einer solchen mahnenden Erinnerung offenbar nicht zu bedürfen.)

Als sphärische Erweiterung des Körperselbst reflektiert der mit unterschiedlichen Emotionen besetzte und spannungsmäßig entsprechend „aufgeladene" persönliche Raum den innerpsychischen Referenzraum, der das soziale Beziehungsgefüge eines Individuums repräsentiert. Seine spezifischen Charakteristika machen die Dimensionen und Qualitäten deutlich, die die Beziehungen zu anderen Menschen entscheidend bestimmen: In einem vertikal dimensionierten Raum, der eine Hierarchie repräsentiert, bilden „unten" und „oben" die wesentlichen Markierungspunkte; ein horizontal dimensionierter Raum repräsentiert eine unhierarchische Beziehungsebene, die stärker durch psychologische Kriterien der Nähe, Gleichheit und Attraktivität als durch soziale Kriterien der Macht oder Dominanz gegliedert ist.

Das spezifische Dominanztraining in einer typisch männlichen Körpersozialisation schlägt sich im Bedürfnis und der Bereitschaft nieder, vertikal strukturierte psychische Referenzräume auszubilden, in die Personen bestimmten Macht- und Statuskriterien entsprechend eingeordnet werden. Männliche Sozialbeziehungen lassen sich aus diesem Grund meist gut als Hierarchien darstellen. Für Frauen, die systematisch auf die Ausbildung horizontal gegliederter Referenzräume hintrainiert werden, sind emotionale Kriterien maßgeblicher: z.B. der Grad der Bekanntschaft oder der Ähnlichkeit mit einer bestimmten Person und ihre Anziehungskraft. Die unterschiedlichen Positionen in einem typisch weiblichen Referenzraum reflektieren weniger den objektiven sozialen Status als vielmehr die subjektive emotionale Nähe zum Selbst.

Der Niederschlag der geschlechtsspezifischen körperlichen Umgangsformen und Verhaltensmuster in der Psychostruktur der Geschlechter bildet das entscheidende psychische Fundament ihrer Entfremdung voneinander: Genderkorrekt sozialisierte weibliche und männliche Individuen beanspruchen infolgedessen nicht nur unterschiedlich große persönliche Räume, sondern besetzen diese auch mit unterschiedlichen Emotionen und setzen sie unter unterschiedlich gepolte Spannungen. Dies hat eklatante Auswirkungen auf ihr gemeinsames soziales Leben und ihre konkreten Interaktionen.

Die weibliche Proxemik ist insgesamt differenzierter als die der Männer, da sie von vielfältigeren Bedingungsfaktoren beeinflußt wird. Untereinander halten Frauen generell geringere Interaktionsabstände ein als Männer. Hat eine Frau die Möglichkeit, den Abstand zu anderen Personen selbständig und völlig frei zu bestimmen, dann reflektieren die gewählten Distanzen recht genau den jeweiligen Grad ihrer emotionalen Nähe (ihrer Bekanntschaft oder Freundschaft). Gegenüber unbekannten Menschen wahren Frauen die größte Distanz, wobei Männern gegenüber deutlich größere Abstände eingehalten werden als gegenüber Frauen. Im Kontakt mit Freunden und Bekannten reduzieren sie die Distanz; am engsten interagieren sie – außer in ihren erotisch-sexuellen Beziehungen – mit ihren „besten Freundinnen".[45]

Männer hingegen halten zu anderen Männern – völlig unabhängig vom jeweiligen Grad ihrer Bekanntschaft oder Freundschaft – konstant gleich weite Abstände ein. Dieses relativ undifferenzierte Distanzierungsverhalten wird in der wissenschaftlichen Literatur oft mit einer „Furcht vor Homosexualität" erklärt. Obwohl männliche Interaktionsmuster zweifellos auch von solchen Aspekten beeinflußt sein können, scheinen doch zumindest zwei weitere bedenkenswert zu sein, die die spezifischen Eigenheiten ihres persönlichen Raums berücksichtigen: Erstens stehen Männer aufgrund seiner negativen „Ladung" und seines „Limes-Charakters" ständig unter einem gewissen Streß; um den sozialen Frieden untereinander aufrecht zu erhalten, müssen sie sich durch wechselseitige Anerkennung ihrer Grenzen (d.h. Wahrung von Distanz) den Respekt erweisen, der dafür unabdingbar ist. Zweitens lösen aufgrund der vertikalen Dimensionierung ihres psychischen Referenzraums Annäherungen von anderen Männern grundsätzlich eher ungute Gefühle – selbstbedrohliche Vorstellungen von potentieller Dominanz und Machtausübung – aus, die Anspannung und u.U. sogar Angst auslösen.

Einschlägige Feldstudien bestätigen, daß Männer unseres Kulturkreises körperliche Nähe zu ihren Geschlechtsgenossen meist als unangenehm empfinden und mit Vorstellungen von Bedrohung und Konkurrenz verbinden.[46] Beispielsweise wurde festgestellt, daß sich die Zeitspanne zwischen dem Betreten eines öffentlichen Pissoirs und dem Einsetzen des entspannenden Urinflusses zunehmend verlängert, je mehr Männer bereits anwesend sind; ein Autor erklärt dies ausdrücklich mit dem Anstieg von negativer Spannung, der Irritation und Unbehagen auslöst.[47] Da aber keinerlei Anstalten gemacht werden, in Männertoiletten durch vergleichsweise geringfügige architektonische Veränderungen einen besseren Schutz der Intimsphäre – vergleichbar dem von Damentoiletten – zu gewährleisten, ist es sicher nicht allzu abwegig, dahinter ein Kalkül – oder mindestens ein Prinzip – zu vermuten: die wahrhaft radikale, d.h. an ihren Wurzeln ansetzende Institutionalisierung des „Wettbewerbs" als Leitprinzip männlicher Sozialbeziehungen.

Dafür spricht auch die Tatsache, daß der Streß, den Männer durch ihre schiere Präsenz untereinander erzeugen können, auch an weniger anrüchigen Orten und unter weniger anonymen Bedingungen nachweisbar ist, in denen weder eine unspezifische „Homosexualitätsfurcht", noch gar eine konkrete Angst vor entsprechenden Übergriffen berechtigt erscheint. Denn weder eine nähere Bekanntschaft noch eine Freundschaft zwischen Männern hat denselben entspannenden, distanzreduzierenden Effekt, der für Frauenbeziehungen charakteristisch ist. Ein solcher „Beziehungseffekt" läßt sich nur in Beziehungen feststellen, an denen Frauen beteiligt sind – egal ob sie untereinander oder mit Männern interagieren. Resümierend bleibt festzuhalten, daß jene persönlichen Eigenschaften und Fähigkeiten, die ein interaktives Klima des Vertrauens schaffen, in dem sich die InteraktionspartnerInnen soweit entspannen und beruhigen können, daß tatsächlich ein völlig angst- und streßfreies „Aufeinanderzugehen" möglich wird, unter den gegebenen gesellschaftlichen und psychologischen Bedingungen anscheinend nur von Frauen entwickelt werden.

Soziale Dichte und Invasion

Soziale Lebensbedingungen, die weder die Errichtung und Aufrechterhaltung persönlicher Räume noch den Schutz der Privatspäre ermöglichen, werden als übermäßige soziale Verdichtung, als „Pferchung" (crowding) bezeichnet und objektiv wie subjektiv als Verschlechterung betrachtet. Daß die sozialwissenschaftliche Forschung dieses Phänomen fast nur mit negativen Begriffen belegt hat, ist vor allem dem auch sonst weitverbreiteten kultur-und geschlechtsspezifischen Bias zuzuschreiben: Erkenntnisse aus der Beobachtung männlichen Verhaltens, noch dazu begrenzt auf eine bestimmte Kultur und Schicht, werden häufig sogar wider besseren Wissens verallgemeinert. Insofern stellt auch der Begriff „Pferchung" praktisch nur auf jene negativen Konsequenzen von Verdichtungen ab, die sich im Verhalten männlicher Individuen des westlichen Kulturkreises erkennen lassen, und blendet den unterschiedlichen Umgang anderer Kulturen und insbesondere von Frauen mit sozialer Dichte einfach aus.

Sowohl die subjektive Wahrnehmung als auch die Reaktionen auf soziale Verdichtung werden jedoch wesentlich von kulturellen Traditionen und der Geschlechtszugehörigkeit einer Person beeinflußt. Je älter eine Kultur ist, um so weniger Probleme scheinen ihre Angehörigen dabei zu haben, und Frauen reagieren durchweg – sogar in unserer extrem kontaktfeindlichen westlichen Kultur – anders, weniger aggressiv darauf als Männer, weil sie ihren persönlichen Raum anders strukturieren und mit anderen Emotionen aufladen als diese. Ihr Verhalten auf engem Raum spiegelt die positiven, verbindlichen Qualitäten ihres subjektiven Referenzraums wider, in dem Abgrenzung von anderen und Selbst-Verteidigung keine integrale Bedeutung haben. Da sich Frauen anderen Menschen schon aus freien Stücken mit größerer Leichtigkeit öffnen können, setzt sie auch eine unfreiwillige Nähe (eine von außen ausgelöste Verdichtung) weniger unter Streß. In der spezifisch weiblichen Wahrnehmung hat der eigene persönliche Raum nicht den Charakter eines Burggrabens, sondern dient eher als Verbindungsraum. Diese Einstellung schlägt auf die Bedürfnisse durch, die mit dem Anspruch an Privatheit verbunden sind und wird in der Formulierung „privacy is communion"[48] auf den Begriff gebracht.

Die amerikanische „Crowding"-Forschung begann mit den berühmten, über vierzehn Jahre ausgedehnten Beobachtungen Calhouns an Generationen von Rattengesellschaften. Unter künstlich erzeugten sozialen Verdichtungsbedingungen veränderte sich das Verhalten der Tiere dramatisch und durchweg in negativer Richtung. Es entstand ein „Verhaltenspfuhl", in dem Aggressionen, Perversionen und asoziales Verhalten an der Tagesordnung waren.[49]

Beobachtungen an Tieren höherer Ordnung machen jedoch schnell klar, daß eine solche, eindeutig negative Entwicklung keineswegs eine unumgängliche Folge sozialer Verdichtung sein muß. Schimpansen verhalten sich beispielsweise unter vergleichbaren Bedingungen wesentlich „sozialer" als Ratten: Ihre Fürsorge füreinander (in Form gegenseitiger Fellpflege, Lausen etc.) steigt sogar, und sie kämpfen seltener miteinander als unter freieren, normalen Lebensbedingungen.[50]

Der menschliche Umgang mit sozialer Dichte erweist sich vollends als ausgesprochen flexibel. Als Beispiel für einen differenzierten und weitgehend auch erfolgreichen Umgang bietet sich das äußerst dicht besiedelte Inselreich Japan (335 Menschen pro Quadratkilometer) an. Trotz immenser Wohnungsnot und beträchtlicher Verkehrsprobleme (die städtische U-Bahn beschäftigt „Pusher", die an den Stationen die Fahrgäste von außen in die Waggons hineindrücken) ist die Hauptstadt Tokio, in der über 8 Mill. EinwohnerInnen auf engstem Raum zusammenleben, eine der am reibungslosesten funktionierenden Metropolen der Welt. Vergleichende Kriminalstatistiken weisen sie zudem als eine der sichersten aus. Als reiches Land kann Japan seine übermäßige Dichte durch allerlei urbanen „Luxus" (menschenfreundliche Stadtplanung, üppige Grünanlagen, hervorragende Infrastruktur) kompensieren. Wesentlichen Einfluß hat mit Sicherheit auch die traditionelle „Raummentalität" der JapanerInnen, die ihnen ermöglicht, ihre individuellen Bedürfnisse so weit zu reduzieren und so fein zu differenzieren, daß sie ihre Privatsphäre durch symbolische Mittel oder minimale architektonische Veränderungen errichten und aufrechterhalten können (im traditionellen japanischen Heim schirmen hauchdünne, mobile Reispapierwände die BewohnerInnen offensichtlich ausreichend voneinander ab). Vor allem aber sind ihre Interaktionen von ausgefeilten, stark formalisierten und ritualisierten Umgangsformen bestimmt: In einer Kultur, deren Sprache kein Äquivalent für „Privatheit" aufweist, entschärfen Untergebene die Bedeutung ihrer körperlichen Annäherung an Vorgesetzte beispielsweise durch die alltägliche Begrüßungsformel „Ojama shimasu!" („Entschuldigen Sie, daß ich Ihnen zu nahe trete!")

„Crowding"-Studien innerhalb unserer westlichen Kultur konstatieren als Verdichtungsfolge hingegen ziemlich einheitlich einen Anstieg von Aggression und Gewalttätigkeit. Allerdings erscheint selbst eine Generalisierung auf die männliche Population ziemlich fragwürdig, wenn die näheren Umstände ins Auge gefaßt werden: Ein Großteil wurde nämlich in amerikanischen Männergefängnissen durchgeführt. Es ist leicht nachvollziehbar, daß eine Pferchung von Zuchthausinsassen den allgemeinen Aggressionspegel in diesen Institutionen hochtreibt, wenn wir zugrundelegen, daß Männer ihre persönlichen Räume generell negativer besetzen und daß mit steigender Aggressivität auch ihre Raumansprüche wachsen. Besonders aggressive Männer empfinden eine allgemeine soziale Verdichtung genau wie individuelle Annäherungen frühzeitiger als selbst-bedrohlich und reagieren darauf in genderspezifischer, persönlichkeitstypischer, eindimensionaler, aggressiver Weise. Unerwünschte räumliche Annäherungen haben bei ihnen eine zumindest ebenso gewaltauslösende Wirkung wie Diebstahl oder eine direkte verbale Provokation. Die Gefährlichkeit besonders gewalttätiger Individuen potenziert sich dadurch, daß sie ihre „kritische Distanz" bis auf die vierfache Größe erweitern.[51]

Vergleichbare Untersuchungen aus Frauengefängnissen sind mir nicht bekannt. Es spricht allerdings – zumal auch die Kriminalstatistiken kaum Aufstände, Randale, Rebellionen und Gewalttätigkeiten in solchen Anstalten verzeichnen – nur wenig für die Annahme, daß Frauen, selbst unter objektiv gleichen Lebensbedingungen, untereinander einen vergleichbaren Aggressionsstau und aggressive Verhaltensmuster entwickeln. Experimentelle „Crowding"-Studien in einem „normalen" Umfeld bestätigen dies[52]: Selbst unter Bedingungen hoher sozialer Verdichtung (wenn sie z.B. über einen längeren Zeitraum in sehr kleine Räume mit zu enger Bestuhlung eingepfercht wurden) reagierten Frauen nicht nur durchweg positiv aufeinander, sondern sogar positiver als unter Normalbedingungen. Die positive „Ladung" ihrer persönlichen Räume übertrug sich anscheinend auch auf die Einschätzung der anderen Frauen, mit denen sie den Raum teilten. Sie nahmen sich gegenseitig nicht als Rivalinnen im Kampf um ein begrenztes Revier wahr, sondern betrachteten sich als gleichwertige Teile eines gemeinsamen Ganzen: als Gruppe, die im Begriff war, eine *gemeinsame* Erfahrung zu machen. Die Pferchbedingungen verstärkten die positiven Bindungen der Frauen untereinander und ihr gegenseitiges Verständnis füreinander, und sie erhöhten ihre Kooperationsbereitschaft.

Ganz anders reagierten in derselben experimentellen Situation männliche Versuchspersonen aufeinander; sie betrachteten einander als Rivalen und Konkurrenten, beurteilten sich gegenseitig schlechter als unter Normalbedingungen und entwickelten nicht kooperative, sondern kompetitive Einstellungen zueinander. Interessanterweise lagen diesen sehr unterschiedlichen Einschätzungen der Mitbetroffenen und den unterschiedlichen Verarbeitungsmustern keine unterschiedlichen, sondern völlig identische Wahrnehmungen und Bewertungen der objektiven Lage zugrunde. Beide Geschlechter beschrieben die Pferchsituation gleichermaßen als „unangenehm" und „unnormal", verarbeiteten diese identische Erfahrung jedoch auf völlig unterschiedliche Weise und vor allem mit unterschiedlichen Konsequenzen für ihre Umgebung.

141

Frauen verhalten sich unter räumlichen Streßbedingungen anscheinend also noch „sozialer" als sonst. Das Verhalten und die Einstellungen von Männern verändern sich zwar insgesamt vergleichsweise weniger, aber in einer deutlich negativen Weise und Richtung. Durch bestimmte Veränderungen der Situation kann allerdings ihr Wohlbefinden wieder deutlich gehoben werden: wenn ihnen eine Aufgabe gestellt wird, die ihnen Gelegenheit gibt, sich individuell zu bewähren und „Ansehen" zu erringen (mit anderen Worten: eine Hierarchie zu errichten und in ihr individuell aufzusteigen). Unter solchen Bedingungen sinkt wiederum das subjektive Wohlbefinden von Frauen: In einer kompetitiven Atmosphäre können sie ihre angenehmere Situationsdefinition, die auf prinzipieller Gleichheit, Gemeinsamkeit und positiver Bindung untereinander basiert, nicht aufrechterhalten.

Der persönliche Raum umgibt den Körper wie eine unsichtbare Schutzzone. Die Anerkennung und Respektierung seiner Grenzen durch andere ermöglicht uns individuelle Integrität, verhindert unerwünschte Intimität und schafft Raum für freie, selbstbestimmte Entscheidungen. In egalitären Beziehungen zwischen prinzipiell Gleichwertigen erkennen alle Beteiligten ihre Grenzen gegenseitig in gleicher Weise an. Verletzt eine Person die Grenzen einer anderen systematisch und bewußt, dann ist die Beziehung ungleichwertig und das Verhältnis ein Machtverhältnis. Solche *Invasionen* in den persönlichen Raum lösen bei den Betroffenen außerordentlich starke Emotionen aus, die sich zu hilflosem Zorn und ohnmächtiger Wut steigern können, wenn erfolgversprechende Verteidigungs- oder Abwehrreaktionen untersagt oder unterdrückt werden. Sie sind daher außerordentlich wirksame Dominanzmittel.

Rational begründete oder institutionell legitimierte Invasionsberechtigungen signalisieren Macht, Status und soziales Prestige. Schwartz (1968) führt beispielsweise das hohe Ansehen, das Ärzte in unserer Gesellschaft genießen, u.a. auch auf ihre Invasionsprivilegien zurück. Ihr Beruf legitimiert sie, tief in die Privat- und Intimsphäre anderer Menschen, selbst in deren Körper einzudringen, ohne ihnen ihrerseits vergleichbare Rechte einräumen zu müssen.

Da die Grenzen des persönlichen Raums unsichtbar sind, müssen sie aus dem gegenseitigen Verhalten und den emotionalen Reaktionen von Interagierenden sensibel erschlossen werden. In Interaktionen, die von gegenseitigem Respekt getragen sind, stimmen sie mit den unaufgefordert eingehaltenen Abständen überein. Zwingen uns äußere Gegebenheiten, z.B. eine überfüllte Straßenbahn, Grenzüberschreitungen förmlich auf, so beeilen wir uns, dies durch eindeutige Verhaltensweisen (z.B. Blickvermeidung und „geschlossene" Körperhaltungen) oder verbal (durch Erklärungen und Entschuldigungen) klarzustellen. Einer bewußt und mit voller Absicht durchgeführten Invasion können daher mit hoher Wahrscheinlichkeit persönliche Dominanzbedürfnisse mit dem Ziel, die andere Person einzuschüchtern, sich zu unterwerfen oder zu verletzen, unterstellt werden.

Ein gewaltsamer Einbruch in einen persönlichen Raum entmündigt das Opfer gleichsam, da er ihm die Entscheidungsfreiheit über die Form und Qualität seiner Beziehung zu anderen nimmt. Ihm wird ein fremder Wille und Wunsch – sei es nach Dominanz und Herrschaft oder nach Intimität und Lustbefriedigung – aufgezwungen und ohne Rücksicht auf seine eigenen Bedürfnisse durchgesetzt. Seine Reaktion darauf ist einerseits von seiner Wahrnehmung und Interpretation der Invasionsmotive des Täters und andererseits ebenso entscheidend auch von seinen potentiellen Verhaltensmöglichkeiten und seiner subjektiven Bereitschaft und Fähigkeit, die eigenen Grenzen zu schützen und zu verteidigen, bestimmt.

Entsprechend dem Äquilibriums-Modell von Argyle & Dean (1965), das davon ausgeht, daß jede Invasion ein prinzipiell als angenehm empfundenes „Gleichgewicht" stört bzw. zerstört und die Betroffenen deshalb danach trachten, es in irgendeiner Form wiederherzustellen, können Individuen darauf auf zwei ganz unterschiedliche Arten reagieren: entweder mit *Kompensation* oder mit *reziprokem Verhalten*. Eine Kompensation reduziert die unerwünschte Intimität durch eigene Distanzierung (z.B. durch körperliches Zurückweichen, durch Abwendung des Körpers, durch das Errichten körperlicher „Barrieren", etwa durch Verschränken der Arme, durch Blickkontaktvermeidung, durch die Verweigerung eines Gesprächs etc.). Theoretisch wird damit der ursprüngliche Status der Beziehung wiederhergestellt. Mit einer reziproken Strategie übernimmt das Invasionsopfer die Verhaltensweisen und -strategien des Invasoren. Es weicht nicht zurück oder aus, sondern verteidigt seinen persönlichen Raumanspruch aktiv und aggressiv, indem es seinerseits versucht, die andere Person zum Rückzug und damit zur Wiederherstellung des vorherigen Zustands zu veranlassen. Daß sich das Opfer damit gleichsam zum Kampf stellt, macht diese Strategie gefährlich. Es geht nicht nur um eine beliebige oder gar dezidiert friedliche Wiederherstellung des ursprünglichen, angenehmeren Zustands, sondern um die Wiederherstellung des ursprünglichen *Machtgleichgewichts*.

In ihrer Wahrnehmung und Beurteilung von Invasionen unterscheiden sich Männer und Frauen nicht prinzipiell voneinander. Beide Geschlechter empfinden sie gleichermaßen als unangenehm und reagieren emotional mit Irritation, Verstörtheit, Angst, erhöhter Spannung oder allgemeinem Unbehagen (Männer reagieren dabei auf frontale, Frauen auf seitliche Annäherungen negativer[53]). In ihren reaktiven Strategien unterscheiden sie sich jedoch gewaltig voneinander.

Die Wahl einer Verteidigungsstrategie wird meist weder auf rationaler Ebene getroffen noch liegt sie ausschließlich im persönlichen Ermessen der Betroffenen. Sie wird von diversen sozialen und psychologischen Faktoren – von konkreten Machtverhältnissen, der „Charakterstruktur" und von situativen Bedingungen – mit beeinflußt. Die „Polarität" der Geschlechter und die eklatanten Unterschiede in ihren Körperdialekten, die ihnen praktisch bestimmte Reaktionsmuster anheimstellen, haben entscheidende Auswirkungen.

Männer bevorzugen in der Regel aggressive, konfrontative, reziproke Gegenstrategien, womit sie zugleich eine Eskalation der Situation bis hin zur gewalttätigen Auseinandersetzung in Kauf nehmen. Frauen reagieren hingegen meist defensiv, mit kompensatorischen Strategien, die so weit wie irgend möglich noch gewisse verbindliche Elemente beinhalten (vor allem das soziale Lächeln) und dem Angreifer die Wahrung seines Gesichts ermöglichen.[54]

Zu dieser Polarisierung hinsichtlich interaktiver Abgrenzungsstrategien leistet die traditionelle weibliche Sozialisation einen entscheidenden Beitrag. Jede Form körperlicher Aggression als Mittel der Auseinandersetzung wird von vornherein abgeblockt. Frauen werden von klein auf kompensatorische Verhaltensstrategien gegenüber Männern als elementarer, sinngebender Ausdruck von „Weiblichkeit" systematisch eintrainiert. Reziproke, d.h. gleichwertige Reaktionen auf unerwünschte Invasionen und aggressive Übergriffe auf ihren Körper werden dadurch bereits im Vorfeld der konkreten Begegnung der Geschlechter ausgeschaltet. Da Männern keine vergleichbaren Grenzen gesetzt werden, wird körperliche Gewalt somit männlichen Privileg.

Außer den „legitimen" – defensiven und kompensatorischen – Körperstrategien (Blockbildung durch Verschränkung der Arme, körperliche Abwendung, Flucht „aus dem Feld" etc.) sind Frauen nur ganz bestimmte, „schwache" reziproke Gegenmaßnahmen gestattet; sie beschränken sich auf den vergleichsweise distanzierten und daher wenig „schlagkräftigen" visuellen Kanal: ein empörter Blick, ein abweisendes Gesicht, ein betontes „Übersehen" etc. Solche Abgrenzungs- oder Dominanzversuche können von männlichen Invasoren ganz leicht durch eigene, wirkungsvollere Reziproken zunichte gemacht werden. (Da genügt u.U. bereits ein dominantes „Übersehen" weiblichen Protests – ein äußerst beliebtes „männliches" Mittel zur Durchsetzung eigener Ziele.) Die grundsätzliche Schwäche „weiblicher" Mittel läßt Frauen im Extremfall nur die Flucht als letzten Ausweg.

Eine Flucht setzt der unangenehmen Situation zwar ein Ende, hat aber, wie jede kompensatorische Strategie, den psychologischen Hautgout einer Niederlage. Wer das Handtuch wirft, bestätigt die Dominanz des Angreifers und damit letztlich die Ordnung der Geschlechter. Erschwerend kommt hinzu, daß Rückzug, Ausweichen und Distanzierung nicht ausschließlich kompensatorische Abwehrformen von Invasion sind, sondern zugleich auch Kernelemente des Musters der Ehrerbietung, das Untergebenen gegenüber Mächtigen verbindlich vorgeschrieben werden kann.

Ein weiteres Hindernis bei der Entwicklung angemessener und erfolgversprechender Abgrenzungsstrategien gegenüber Männern ist, daß diese ihre Invasionsmotive gern ideologisch vernebeln. Frauen werden in ihrer Wahrnehmung gezielt getäuscht und auf eine falsche Interpretationsfährte gelockt. Man legt ihnen nahe, aufdringliches Verhalten nicht primär als Ausdruck von Dominanzbedürfnissen zu betrachten, sondern es entweder als typisches, gewissermaßen unveränderliches „Wesensmerkmal" (nach dem Motto: Männer sind eben so!) als gegeben hinzunehmen oder es gar als persönliches Kompliment aufzufassen; in diesem Fall wird die Invasion weiblicher Räume durch Männer als „natürliche" Reaktion auf die erotische Anziehungskraft der Frauen hingestellt. Mit anderen Worten: Sie haben die Aufdringlichkeit letztlich selbst zu verantworten.

Es kann kein Zweifel darüber bestehen, daß eine unerwünschte Invasion keinesfalls ein erotisches oder gar ein Liebesverhältnis zwischen zwei prinzipiell gleichwertigen PartnerInnen konstituiert. Sie ist vielmehr Ausdruck einer perversen Beziehungsstruktur. Jedoch selbst in sexuell perversen, z.B. sado-masochistischen Beziehungen ist eine einseitige Invasion nicht wirklich unerwünscht, sondern Teil des einvernehmlich hergestellten Befriedigungsszenarios. Der Versuch, den ständigen und massiven männlichen Invasionen in weibliche Räume, die körpersprachlich als klare Mißachtungssignale einzustufen sind, generell eine erotisch-sexuelle Komponente zu unterschieben oder sie gar damit gleichzusetzen, ist nicht mehr als eine – leider allzu häufig erfolgreiche – Vernebelungsstrategie.

Die Herrschaftsstruktur der Geschlechterbeziehung, die sich in durchweg reziproken Verhaltensmustern manifestiert, kann durch das Prinzip der Verhaltensumkehrung – den simplen Rollentausch – ganz leicht offengelegt werden. Wären die Invasionen der Männer tatsächlich nur Reflexe der erotischen Anziehungskraft von Frauen oder wirkliche Komplimente, spräche eigentlich nichts gegen einen solchen Rollentausch – im Gegenteil: Es würde die heterosexuelle Erotik entscheidend bereichern, wenn auch Frauen ihr entsprechendes Interesse bzw. ihre Bewunderung von Männern durch körperliche Annäherung ebenso direkt und unvermittelt ausdrücken könnten. Genau das ist aber nicht der Fall. Im Gegensatz zu Männern sind Frauen streng gehalten, die persönlichen Grenzen des anderen Geschlechts deutlich zu respektieren.

„Eine Frau kann ungestraft *innerhalb der persönlichen nahen Zone* ihres *Mannes verweilen. Ganz anders liegt die Sache für eine* andere *Frau."*[55] (Hervorhebung von mir.)

Tatsächlich wiegt weibliches Eindringen in den persönlichen Raum eines fremden Mannes deshalb schwerer, weil Frauen damit ein Privileg durchbrechen oder zumindest in Frage stellen. Wenn sie, was ohnehin selten genug passiert, es tatsächlich wagen, sich fremden Männern über Gebühr anzunähern, werden sie daher – je nach Einschätzung ihrer Motive – differenziert bestraft: Wird ihrem Verhalten ein Dominanzbedürfnis unterstellt, können Männer, die im Gegensatz zu Frauen kaum Schwierigkeiten haben, dominante Invasionen zu erkennen und entsprechend darauf zu reagieren, bedenkenlos in durchaus reziproker Weise – mit Angriff und rüder Zurechtweisung – antworten. Wird ihr Verhalten auf einer „erotischen" Schiene und als Ausdruck eines sexuellen Interesses interpretiert, leidet ihre Reputation als „anständige" Frau. Sie können ganz schnell in den üblen Verdacht geraten, sich mit Hilfe solcher Signale „verkaufen" zu wollen (wie oder direkt als „Nutten").

Unpersonen

Die gesellschaftliche Akzeptanz eines individuellen Anspruchs auf Privatsphäre hängt u.a. auch vom sozialen Status der betreffenden Person, von dem Ansehen, das sie gesellschaftlich genießt, ab. Eine Gesellschaft, die einem Individuum das Recht auf Privatheit zur Gänze verweigert, entzieht ihm damit in letzter Konsequenz auch seinen

Status als gleichwertiges menschliches Subjekt und degradiert es zur „Unperson". Die Hauptfunktion dieser Abwertung ist, einen Menschen absolut zu entmachten und zum Wohle anderer zu funktionalisieren. Sie ist sozusagen eine grundlegende Voraussetzung für die Ausbeutung von Menschen, die in die intime Sphäre ihrer Beherrscher integriert werden und dort tatsächlich besonders wichtige Funktionen übernehmen sollen. Der Aufenthalt von Menschen, die als Unpersonen abgestempelt wurden, in den Räumlichkeiten ihrer Beherrscher, selbst ihr Eindringen in deren persönlichen Raum und deren Intimsphäre verliert jegliche Bedrohlichkeit – ihre Anwesenheit muß nicht einmal bewußt zur Kenntnis genommen werden.

Der Prototyp sozial quasi „unsichtbarer" Unpersonen sind HaussklavInnen und in begrenztem Maß auch die Leibdienerschaft und sog. Domestiken. Diese wahrhaft „gezähmten", ans Haus gefesselten Menschen verrichten ihre tägliche Arbeit innerhalb der Privatsphäre, in unmittelbarer körperlicher Nähe oder direkt „am Leib" ihrer Herrschaft. Ihre ganze Person wird auf ihre Dienstleistungen reduziert. In den Südstaaten der U.S.A. mußten die persönlichen SklavInnen von Gentlemen noch im 19. Jh. im Schlafzimmer ihres Herrn nächtigen, um für eventuell erforderliche oder erwünschte Dienstleistungen jederzeit verfügbar zu sein und sie davor zu bewahren, eigenhändig für die Befriedigung ihrer Bedürfnisse sorgen zu müssen: „If I wanted a glass of water during the night, what would become of me?"[56]

Diese spezifische Form der Sklaverei hat im gesellschaftlichen Fortschritt – spät, aber doch – ihr Ende gefunden. Nicht jedoch die in manchen Aspekten durchaus vergleichbare Funktionalisierung und Objektivierung der Frau als Dienstleistungsinstitution des Mannes. Zwar konnte das luxuriöse „Aufgabensplitting", von dem der Philosoph Demosthenes noch profitierte – *„Geliebte halten wir zu unserem Vergnügen, Konkubinen für unseren täglichen persönlichen Dienst und Ehefrauen, damit sie uns legitime Kinder gebären und uns den Haushalt führen"* – nicht bis ins 20. Jh. aufrechterhalten werden. Heute müssen sämtliche männlichen Ansprüche – zumindest offiziell – im wesentlichen von der einen, der legitimen Gefährtin befriedigt werden. Die „Bekehrung der Frauen zu niederen Diensten" auf der Basis der „gemeinschaftsbezogenen Tugend" war, wie der Wirtschaftswissenschaftler John Kenneth Galbraith unmißverständlich klarmacht, für den Staat von unschätzbarem sozio-ökonomischem Wert und von ungeheurer gesellschaftlicher Tragweite:

„Die Verwandlung der Frauen in eine heimliche Dienstklasse war eine

ökonomische Leistung ersten Ranges. Diener für niedere Arbeiten konnte sich nur eine Minderheit der vorindustriellen Gemeinschaft leisten. Im Zuge der Demokratisierung steht heute fast dem gesamten männlichen Bevölkerungsanteil eine Ehefrau als Dienerin zur Verfügung.[57]

Wie groß auch heute noch dieses heimliche Heer weiblicher Dienerinnen ist, das in durchaus leibdienerischer Weise und im Schutze ihrer sozialen „Unsichtbarkeit" diese „niederen Arbeiten" verrichtet, dabei von den zugehörigen Männern total auf diese Dienstleistungsfunktionen reduziert wird und eigene Ansprüche weder formulieren noch durchsetzen kann, sei dahingestellt.

Obwohl der persönliche Raum und die Intimsphäre von Frauen nicht nur innerhalb der Familie, sondern auch in der Öffentlichkeit von anderen weniger respektiert und leichtfertiger durchbrochen und besetzt wird als der von Männern[58], erscheint es aus patriarchaler Perspektive dennoch durchaus logisch und konsequent, ihre totale Aufhebung vor allem innerhalb der Privat- und Intimsphäre von Ehe und Familie zu betreiben. Daß viele Frauen sich gerade in ihrer Funktion als Hausfrauen und Mütter eine Privatsphäre zum sporadischen Rückzug weder schaffen können noch es anscheinend wirklich wollen, habe ich weiter oben bereits dargestellt.

In der patriarchal organisierten Familie sind es praktischerweise die Frauen selbst, die Kinder und Ehemann legitimieren, je nach Bedarf in ihren persönlichen Raum einzudringen, sie in ihrer eigenen Tätigkeit zu unterbrechen und ihre uneingeschränkte Aufmerksamkeit einzufordern. Es soll darüber hinaus auch noch Ehemänner geben, die unter dem Begriff „eheliche Pflichten" in erster Linie die ständige Bereitschaft ihrer Frauen zum sexuellen Intimkontakt verstehen.

Eine diesbezüglich konservativ ausgerichtete Psychologie trägt zur „Naturalisierung" solcher Strukturen mit einer verräterischen Begrifflichkeit bei (z.B. heißt es, daß Frauen Invasionen besser „ertragen" und weniger Raum „benötigen" als Männer). Dies erleichtert zum einen die Aufrechterhaltung eines männlichen Überlegenheitsdenkens (die „natürliche" Friedfertigkeit und Aufopferungsbereitschaft von Frauen bedarf ebensowenig einer besonderen Anerkennung, wie Männer für ihre „natürliche" Dominanz und Gewaltbereitschaft zur Verantwortung gezogen werden dürfen), zum anderen die Beibehaltung polarisierter Verhaltensmuster (denn der Gedanke, daß auch Männern durch dementsprechende Sozialisation ein sozialverträglicheres, eher defensiv als aggressiv angelegtes Interaktionsmuster beigebracht werden könnte, rückt damit in utopische Ferne).

Welches der beiden stereotypen räumlichen Interaktionsmuster der Geschlechter letztlich „pathologischer" ist – jenes, das auf Mißachtung und Verletzung des eigenen persönlichen Raums und seiner Grenzen ausschließlich mit „friedlichen" Mitteln oder mit ambivalenten, d.h. den Übergriff teilweise bestätigenden Signalen reagiert, oder jenes, das auf Annäherung grundsätzlich aggressiv und gewalttätig reagiert und Nähe als potentielle Bedrohung interpretiert – ist eine Frage der Betrachtungsperspektive und von gesellschaftlichen Zielvorstellungen. Unbestreitbar ist, daß Frauen zur Zeit für ihre ausgeprägtere „Sozialverträglichkeit" von unserer Gesellschaft weder mittel- noch langfristig belohnt werden, sondern dafür – wenn auch indirekt – schwer bezahlen müssen. Denn die konsequente und dauerhafte Vorenthaltung einer geschützten Privatsphäre und der Nutzung ihres rekreativen Potentials ist in jedem Fall pathogen und schlägt sich in entsprechenden psychischen Störungen und Erkrankungen nieder, die an Frauen ungleich häufiger diagnostiziert werden als an Männern.

ANMERKUNGEN

1 *Münchner Abendzeitung*, 23.9.1989.
2 Graudenz/Pappritz, 1971, S.527 f.
3 E.T. Hall, 1976, S. 23.
4 Vgl. C. R. Carpenter, 1958.
5 So vermittelte z.B. die *SZ* unter der Überschrift „Autofahrer sind wie wilde Tiere" die Ergebnisse einer Studie des britischen Automobilverbands AA mit der Bemerkung, daß beim Autofahren „der Instinkt zum Tragen komme, Territorium zu verteidigen" (12.3.1993).
6 Vgl. *Süddeutsche Zeitung*, 20.10.1992.
7 Vgl. L. R. Brown u.a., 1993.
8 Barbara Linner vom Büro des Städtischen Kommunalreferenten in München, zitiert im *Münchner Stadtanzeiger*, 18.3.1993.
9 Vgl. J.G. Bourke, 1992, S.22.
10 Am Strand wurde ich zufällig Zeugin eines derartigen Sozialisationsprozesses: Als sich der nackte Kleine zum Pinkeln in den Sand hocken wollte, zog ihn die Mutter unverzüglich wieder hoch, stellte ihn frontal vor die Stange des Sonnenschirms, unter dem beide saßen, und wies ihn eigenhändig an, seinen Urinstrahl dagegen zu richten.
11 W. Mertens, 1992, S.101.
12 Vgl. S. Kitch, 1991.
13 Vgl. R. Seifert, 1991 und 1992, und K. Theweleit, 1980.
14 *Süddeutsche Zeitung,* 30.1.1993.
15 Zitiert in K. Theweleit, a.a.O., S. 84.
16 Die ostdeutschen Frauen sind die „Verlierer der Einheit". Sie stellen 64% aller Erwerbslosen, 2 Millionen von ihnen sind ohne Arbeitsplatz, und 800 000 leben am Rande des Existenzminimums (dpa-Meldung, 27.8.92).
17 Die spezifische Form der weiblichen Kollaboration soll keineswegs verharmlost oder

in ihrer Bedeutung heruntergespielt werden. Auch Frauen offenbaren in gelegentlich veröffentlichten verbalen Äußerungen eine entsetzliche Gefühllosigkeit. Im Rahmen eines Fernsehinterviews reagierte z.B. eine Mutter, erstmals mit der Beteiligung ihres halbwüchsigen Sohnes an einem Brandüberfall auf ein Asylberwerberheim konfrontiert, darüber scheinbar mit einer gewissen Scham. Der Eindruck verflüchtigte sich jedoch mit ihrer nachfolgenden Erklärung: „Die Häuser sind doch dann zerstört, da können doch nachher auch keine Deutschen mehr drin wohnen" (*Eins Plus*, 17.3.1993).

18   B. Buford, 1992.

19   Vgl. Ley & Cybriwski, 1974.

20   Vgl. *Süddeutsche Zeitung*, 14.10.1991.

21   Vgl. *Süddeutsche Zeitung*, 28.9.1992.

22   V. Woolf, 1981, S.12 f.

23   Vgl. Kavemann & Lohstöter, 1984, und Statistik des LKA München.

24   Vgl. *Süddeutsche Zeitung*, 17.9.1992.

25   Vgl. Henderson & Lyons, 1972.

26   Vgl. N. Henley, 1988, S. 66.

27   K. Mann, 1963, S. 23.

28   H. Fallada, 1992, S.69 und 104.

29   E.T. Hall, 1976, S. 145.

30   V. Woolf, Erstveröffentlichung Renate Gerhard Verlag, Berlin, 1978.

31   Westin, 1967, S.40.

32   Vgl. M. Argyle, 1975, S. 319.

33   Vgl. Harper, Wiens und Matarazzo, 1978; Siegman & Feldstein, 1978.

34   Vgl. M. Joos, 1962.

35   E.T. Hall, a.a.O., S. 161.

36   Vgl. Hall, a.a.O., S. 122-129.

37   Vgl. E.T. Hall, a.a.O., S. 21-52, und Hediger, 1961.

38   Vgl. R. Sommer, 1969, S.VIII.

39   Vgl. L.A. Hayduk, 1983, S. 293.

40   Vgl. M. L. Patterson, in Siegman/Feldstein, 1978; Harper/Wiens/Matarazzo, 1978;
Aiello & Jones, 1971.

41   Vgl. A.F. Kinzel, 1970.

42   Vgl. A.F. Westin, 1967, S.32.

43   Vgl. I. Altman, 1975.

44   Vgl. *Süddeutsche Zeitung*, 16.9.1992.

45   Vgl. Aiello & Jones, 1971; J.R. Aiello, 1987.

46   Vgl. Freedman, 1975; Freedman, Levy, Buchanan & Price, 1972.

47   Vgl. Middlemist, Knowles & Matter, 1976.

48   Sisk, 1975, S.102.

49   Vgl. E.T. Hall, a.a.O., S.36-46.

50   Vgl. F. de Waal, 1989.

51   Vgl. A.F. Kinzel, 1970.

52   Ross, Layton, Erickson und Schopler, 1973.

53   Vgl. Baxter & Deanovich, 1970.

54   Vgl. Felipe & Sommer, 1966.

55   E.T. Hall. S.125.

56   Zitiert in E. Goffman, 1973, S.152.

57   J.K. Galbraith, 1976, S. 41.

58   Vgl. Vrugt, A. & Kerkstra, A., 1983.

BERÜHRUNG UND KÖRPERKONTAKT

Der Stoff, aus dem Gefühle sind

Dem zentralen Bedürfnis nach Anerkennung der eigenen Grenzen durch andere steht das ebenso tiefe Grundbedürfnis aller sozialen Wesen, der Wunsch nach körperlichem Kontakt mit anderen, gegenüber. Das dialektische Verhältnis von Nähe und Distanz begründet den besonderen Charakter und Stellenwert von Berührungen in der zwischenmenschlichen Interaktion. In diesem komplexen Spannungsfeld gewährleistet nur eine *rundum adäquate Befriedigung* des „Seelenhungers" nach Berührung unsere physische und psychische Gesundheit und eine normale körperliche und seelische Entwicklung im Verlauf der Kindheit.[1]

R. Spitz (1945) brachte als erster die schweren Fehlentwicklungen, die er bei Kleinkindern in einigen Säuglings- bzw. Findelheimen diagnostizierte und unter dem Begriff „Hospitalismus" zusammenfaßte, mit einem Mangel an Kontaktmöglichkeiten in Verbindung. Diese Babies erhielten – bei ansonsten guten bis sehr guten Aufzuchtbedingungen – in ihren ersten fünf Lebensmonaten nur etwa 1/10 der üblichen körperlichen Zuwendungen. Ihre Mortalitätsrate war unglaublich hoch: Die Kinder „verhungerten" buchstäblich aus Mangel an körperlichen Kontakten.[2] Zunehmend depressiver und passiver werdend, zeigten sie sich trotz ausreichender medizinischer Versorgung extrem krankheitsanfällig, konnten mehrheitlich selbst im dritten Lebensjahr noch nicht sprechen und entwickelten auch keine altersgemäße normale Autoerotik (d.h. sie lernten auch nicht, ihr Berührungsdefizit durch Selbstberührungen auszugleichen).

Die Beobachtungen und Schlußfolgerungen von Spitz wurden in der Folge von anderen Forschern mehrfach bestätigt.[3] Das Ehepaar Harlow konnte sogar (in einer sowohl wegen ihrer Ergebnisse als auch wegen der Mitleidlosigkeit ihrer Durchführung als klassisch zu bezeichnenden experimentellen Tierstudie) den Beweis für den Primat des Körperkontakts über alle anderen Formen sensorischer Stimulation und Kommunikation erbringen. Die gravierenden Einschränkungen der artgerechten körperlichen Kontaktmöglichkeiten lösten bei ihren Versuchstieren irreparable Schädigungen des Sozialverhaltens aus.[4]

151

Die Harlows hielten neugeborene Rhesus-Äffchen monatelang in totaler sozialer Isolation und stellten ihnen zur Grundversorgung mit Wärme und Nahrung nur eine „Surrogat"-Mutter zur Verfügung – ein zylindrisches Drahtgestell, in das eine Wärmelampe und ein Fläschchen eingebaut waren. Die schweren Entwicklungs- und Verhaltensstörungen der Tiere konnten auch durch spätere Wiedereingliederung in den sozialen Horden-Verband nicht mehr restlos behoben werden. Eine vergleichsweise geringfügige Veränderung der Versuchsanordnung hatte jedoch dramatische Auswirkungen: die Verwandlung der zwar warmen, aber harten, drahtigen „Nahrungsmutter" – durch eine Gummi- und Samtverkleidung – in eine weiche „Kuschelmutter". Obwohl diese kein Fläschchen in sich trug, bevorzugten die Affenkinder sie, die ihnen warmen, weichen, „felligen" Kontakt spendete, vor der „Nahrungsmutter". Etwa ein halbes Jahr lang verbrachten sie täglich mehr als 12 Stunden eng an diese weiche „Mutter" geklammert und verließen sie nur kurz, um an der „Drahtmutter" Nahrung aufzunehmen; in angsterregenden Situationen nahmen sie stets nur bei ihr Zuflucht. Sie entwickelten eine so tiefe emotionale Beziehung zu dem felligen Surrogat, daß ein Wiedersehen selbst nach zweijähriger Trennung noch heftigste Gefühlsausbrüche auslöste. Das AutorInnenpaar schloß daraus: Die Liebe eines Kindes zur Mutter basiert nicht ihrer primären Versorgungsfunktion (mit Nahrung), sondern aus dem „zuverlässigen Kontakt-Komfort" der mütterlichen Oberfläche.

Körperkontakt unterscheidet sich als Kommunikationssystem schon auf rein physiologischer Ebene grundlegend von allen anderen Instrumenten der Körpersprache. Die Haut, unser größtes, ursprünglichstes und für die emotionale Kommunikation wahrscheinlich wichtigstes Sinnesorgan, ist in diesem System zugleich Sender und Empfänger. Sie kann durch Veränderungen ihrer Oberfläche Gefühle unterschiedlichster Qualität ausdrücken und kommunizieren – z.B. Angst oder Scham durch Schwitzen oder Erröten. Ihr „Sendeprogramm" kann rational kaum beeinflußt oder durch bewußte Steuerung verändert oder verhindert werden (oft verstärkt die Wahrnehmung einer unerwünschten und daher als peinlich empfundenen Veränderung der Haut diesen Ausdruck noch zusätzlich – wenn wir merken, daß wir rot werden, werden wir noch röter und beginnen aus Verlegenheit u.U. sogar noch zu schwitzen). Auch dauerhafte Veränderungen oder Erkrankungen der Haut, z.B. Schuppenflechte, werden von der psychosomatischen Dermatologie heute weitgehend als unbewußte Hilferufe interpretiert, die auf psychische Probleme oder Erkrankungen verweisen.

Entwicklungspsychologisch stellt die Haut mit ihren zahlreichen Rezeptoren (diverse Empfangsinstrumente für Druck, Temperatur, und Schmerz) und differenzierten Signalen (Veränderungen der Farbe, des Geruchs, der Feuchtigkeit, der Temperatur und des Geschmacks) die erste und entscheidende Wahrnehmungs- und Kommunikationsebene dar. Wir Menschen bleiben zwar, anders als niedrigere Organismen, nicht für immer darauf beschränkt; aber die primitiven, unvermittelt starken Hauterfahrungen der Kindheit prägen das emotionale Grundmuster, das auch weiterhin unser soziales Leben tiefgreifend beeinflußt.

Zu den ersten sensorischen Eindrücken, die unser Gehirn verarbeiten muß, gehört die vorgeburtliche Empfindung des innigen Kontakts mit dem Mutterleib, der unseren Körper vollständig umschließt:

„Wir schweben in einer warmen Flüssigkeit, sind in einer vollkommenen ‚Umarmung' zusammengekuschelt, schwingen im Rhythmus der Bewegungen der Mutter mit und hören den Pulsschlag ihres Herzens. Da wir während der langen Entwicklungszeit vor der Geburt keinen anderen Umweltreizen ausgesetzt sind, prägen sich diese ersten starken Eindrücke unserem Hirn unauslöschlich ein. Sie bedeuten Sicherheit, Geborgenheit und Passivität."[5]

Solche Empfindungen bilden das Fundament der ersten zwischenmenschlichen Beziehung, die in der Regel entweder zur biologischen Mutter oder zu einer anderen weiblichen Person hergestellt wird; wesentlich seltener übernimmt der biologische Vater und kaum jemals eine fremde männliche Person die damit verbundenen Aufgaben[6]; „Mutter" soll dennoch nicht als biologische Kategorie begriffen werden, sondern als Zusammenfassung bestimmter psychologischer, sozialer und kommunikativer Funktionen, die *prinzipiell* von jedem Menschen übernommen werden könnten, in der Regel aber von Frauen übernommen werden.

Nach der Geburt löst das Kind sich aus der vollkommenen Umarmung der biologischen Mutter. Aus der hautnahen, distanzlosen, undifferenzierten Verschmolzenheit mit ihr entwickelt es sich allmählich zu einem eigenen, von ihr verschiedenen, selbständigen Wesen. Die periodische Wiederbelebung der primitiven Körperempfindungen der vorgeburtlichen Periode spielt dabei eine wichtige Rolle. Durch bestimmte Umgangsformen, z.B. durch körpernahes Halten und Herumtragen mit wiegenden und schaukelnden Bewegungen stellt die Mutter die Kontinuität des pränatalen Gefühls der Geborgenheit her und verankert es in den sich kontinuierlich herausentwickelnden psychischen Strukturen des Kindes.

Auch die psychologische Funktion der Haut differenziert sich nachgeburtlich. Einerseits wird sie zunehmend als *Grenze* des Selbst wahrgenommen, andererseits dient sie – zunächst als einzige und allein deshalb extrem wichtige – *Kontaktfläche* zur Umgebung. Sie wird daher mit intensiven und unterschiedlichsten Gefühlen besetzt, die das gesamte Spektrum kindlicher Bedürfnisse widerspiegeln – den Wunsch nach größtmöglicher Nähe und Intimität ebenso wie das Bedürfnis nach absoluter Autonomie. Die Haut wird zur wichtigsten „Schnittstelle" zwischen dem Selbst und der Außenwelt und bleibt ein Leben lang der bedeutendste Austragungsort des menschlichen Urkonflikts zwischen Bindung und Distanzierung, zwischen Selbstbehauptung und Selbstverlust.

In den ersten sechs Monaten, in der Phase der „Mutter-Kind-Symbiose" (Mahler), entsteht zwischen der Bezugsperson und dem Kind auf der Basis ihrer gemeinsamen Körperkommunikation in der Regel eine feste und gegenseitige emotionale Bindung. Dies ist die Voraussetzung für die Entwicklung jenes seelischen „Urvertrauens" (Erikson), das die Grundlage für ein sicheres Selbstgefühl bildet. Der spezifische Verlauf und das Resultat dieses grundlegenden körperlich-seelischen Prozesses wird als zweite, die „psychische Geburt" eines Menschen bezeichnet. Die Art des Umgangs mit dem kindlichen Körper gibt diesem Prozeß eine entscheidende Richtung. Sie bestimmt, ob und wie das Kind lernt, seine Haut als Körper-Grenze wahrzunehmen, mit welchen Gefühlen es diese Grenze in Verbindung bringt und möglicherweise dauerhaft besetzt und wen es letztlich als Verfügungsinstanz darüber zu begreifen lernt – sich selbst oder andere.

Eine normale psychische Entwicklung bedarf also nicht nur, wie Spitz aufzeigte, einer bestimmten Quantität an körperlichen Kontakten, sondern sie wird ebenso entscheidend auch durch die spezifische Qualität der körperlichen Stimulationen beeinflußt. Erlebt ein Kind die hochsensible Grenz- und Schutzschicht seines sich eben erst entwickelnden „Ichs" nicht als Teil seines Selbst, sondern als „Spielfläche" für andere, deren Zugriff es sich nicht entziehen kann oder darf, so kann es nicht lernen, zwischen Selbst- und Fremdbestimmung genau und sicher zu unterscheiden. Seine seelische Entwicklung wird dadurch schwerstens behindert. (Nach Anzieu beeinträchtigen qualitative Mängel der Wahrnehmung und emotionalen Besetzung der eigenen Haut die Entwicklung eines „Haut-Ichs", das die erste und entscheidende Vorstellung ist, die wir von uns selbst haben, was schwerste und nahezu therapieresistente psychische Störungen (Borderline-Störungen) auslöst.[7]

„Es *ist ein Mädchen!"* – „Ich *bin ein Junge!*"[8]

Die Geburt eines Menschen offenbart sein biologisches Geschlecht schlagartig. Im wesentlich länger andauernden Entwicklungsprozeß der „psychischen Geburt", der vielfältigen Einflüssen von außen unterliegt, entsteht die seelische Grundstruktur eines Menschen allmählich. Es bedarf dazu der Mitwirkung anderer, die sich in ihrem Kontaktverhalten dem Kind gegenüber in vielerlei Hinsicht voneinander unterscheiden. Bei aller individueller Unterschiedlichkeit ist ihnen eines erwiesenermaßen gemeinsam: daß sie in ihrem körperlichen Umgang mit Mädchen und Jungen entscheidende und folgenschwere Unterschiede machen.

Die Familie ist die erste Instanz, die Kindern gesellschaftliche Normen vermittelt und dafür Sorge trägt, daß diese auch übernommen, das heißt so weit wie möglich verinnerlicht werden. Sie leitet und begleitet den *individuellen Prozeß der Zivilisation*: die Umwandlung eines äußeren Zwangs in einen Selbstzwang. Nach Elias vollzieht sich dieser Prozeß ebenso wie der Prozeß der gesellschaftlichen Zivilisation „bis heute weitgehend blind".[9] Von Geburt an spielt dabei das biologische Geschlecht eine entscheidende, differenzierende Rolle.

Die gesellschaftlich definierten Idealbilder von Weiblichkeit und Männlichkeit beeinflussen bereits die Wahrnehmung von Babies und Kindern; diese werden nicht, wie die beiden Begriffe vermuten lassen könnten, als geschlechtsneutrale Wesen wahrgenommen und behandelt, sondern stets entweder als Mädchen oder als Jungen. Bei Vätern wirken sich diese stereotypen Idealvorstellungen deutlicher aus als bei Müttern: Sie diskriminieren bereits bei Neugeborenen klarer nach genderspezifischen Kriterien (Väter beschreiben beispielsweise – bei gleichem Gewicht und gleicher Größe – ihre Söhne als „kräftig", ihre Töchter jedoch als „zart"[10]).

Da der Geschlechtsdimorphismus in unserer Kultur tief verankert ist, beeinflußt das vorherrschende Genderkonzept den Verlauf und das Ergebnis der gesamten emotionalen und kognitiven Entwicklung eines Kindes. Psychische Entwicklung bedeutet auch schrittweise Anpassung des eigenen Wahrnehmungs- und Verarbeitungsapparats an die vorgegebenen Strukturen. Das Kind lernt also, die aus der Außenwelt und aus seinem Inneren eintreffenden Informationen in das alles durchdringende Gender-System einzuordnen, indem es dessen Wahrnehmungskategorien und Beurteilungskriterien übernimmt.[11]

Es lernt, Verhalten – sowohl sein eigenes wie auch das anderer Menschen – nicht an einem allgemeingültigen Gesetz zu messen, sondern seine Angemessenheit an zwei differenten, zum Teil sogar gegensätzlichen Normensystemen zu überprüfen, die jeweils nur für ein Geschlecht Gültigkeit haben. Es lernt, sein Verhalten einer – der aufgrund seines biologischen Geschlechts als passend befundenen – Norm anzupassen, und blendet die andere als irrelevant aus. Gelingt ihm das, wird es von seiner Umgebung belohnt und in seinem Verhalten bestärkt (Mädchen etwa für fürsorgliches Verhalten, Sanftmut und Reinlichkeit, Jungen für Tapferkeit, scheinbare Schmerzunempfindlichkeit, Mut und gesellschaftlichen Ehrgeiz). Das kulturelle Erziehungsziel der bürgerlichen Gesellschaft des 20. Jh. – *„‚einen ganzen Mann‘ aus dem Jungen zu machen und das Mädchen so zu erziehen, daß es später geschickt die Umwelt manipuliert"* [12] – ist erreicht, wenn das Kind seine Wahrnehmungs-, Denk- und Verhaltensmuster an die gesellschaftlich definierten Gendernormen vollkommen angepaßt hat.

Schon in den 40er Jahren hat Margaret Mead festgestellt, daß Jungen je nachdem, wie Erwachsene mit ihnen körperlich umgehen, extrem unterschiedliche Charaktere entwickeln. Durch den Vergleich dreier primitiver Kulturen, die in entsprechenden Verhaltensmustern stark voneinander abwichen, konnte sie nachweisen, daß auch der männliche Sozialcharakter – ebenso wie der weibliche – vor allem durch die sozialen Verhältnisse geprägt und geformt wird („boys are made, not born!"), und nicht, wie veränderungsunwillige Männer gern argumentieren, einfach seine wilde und gleichsam unbezähmbare „Natur" reflektiert. An Meads (in der Folge vielfach angezweifelte und methodisch kritisierte) Ergebnisse knüpfte in den späten 80er Jahren Judith Arcana wieder an.

Auf der Basis ausführlicher und intensiver Gespräche mit 60 amerikanischen Müttern und deren Söhnen stellte sie fest, daß und wie die Söhne auf das gesellschaftlich vorherrschende Dominanz-Unterordnungsverhältnis der Geschlechter vorbereitet werden: sowohl durch Mütter als auch durch Väter, und zwar in einer recht typischen arbeitsteiligen Manier. Die Arbeit der Mütter besteht vorwiegend darin, ihren Söhnen durch ständige Verfügbarkeit und durch das bereitwillige „Verströmen" selbstloser und bedingungsloser Liebe ein relativ diffuses Gefühl von Macht und Überlegenheit über Frauen zu vermitteln. Die Väter hingegen vermitteln ihnen die konkreten Erscheinungsformen und Handlungsmuster von „Männlichkeit".[13] Zu diesem Behufe verbringen sie – obwohl in der Familie meist nur eher sporadisch präsent – mit Söhnen mehr ihrer kostbaren Zeit als mit Töchtern, regen sie mehr an, schenken ihnen mehr Beachtung, und sprechen mehr mit ihnen.[14]

Die vor allem in den ersten Jahren lebenswichtigen körperlichen Kontakte werden in der Regel von Müttern hergestellt.[15] Auch sie verhalten sich – sowohl während der Ausführung alltäglicher Versorgungsfunktionen, in bezug auf das entwicklungspsychologisch so bedeutsame Halten und Wiegen, das Sicherheit und ein Gefühl von „Angenommensein" vermittelt, als auch in bezug auf spezifischere sensorische Stimulationen – je nach Geschlecht des Kindes erstaunlich unterschiedlich.

Anfänglich werden Söhne von den Müttern körperlich bevorzugt: Sie genießen in den ersten Lebensmonaten mehr Schutz und Sicherheit, profitieren stärker von der ausgeprägteren Empathie ihrer Mütter und den häufigeren bewundernden Rückmeldungen über ihre aktiven Körperfunktionen und -fähigkeiten. Folgende konkreten Verhaltensmuster sind durch verschiedene empirische Untersuchungen gut belegt:

• Männliche Säuglinge werden von Müttern und anderen weiblichen Pflegepersonen öfter und länger im Arm gehalten als weibliche;

• die Bereitschaft von Müttern, ihre Säuglinge zu stillen, ist größer, wenn diese männlichen Geschlechts sind; nahezu alle Mütter von Söhnen wollen ihre Kinder stillen, aber nur zwei Drittel der Mütter von Töchtern;

• Söhne werden auch real häufiger gestillt und gefüttert als Mädchen;

• während des Stillvorgangs registrieren die Mütter die Bedürfnisse männlicher Säuglinge sensibler und reagieren deutlicher darauf; Söhnen werden mehr Trinkpausen zugestanden als Töchtern, und sie werden insgesamt später entwöhnt;

• Söhne werden häufiger und in anderer Weise als Töchter von ihren Müttern taktil stimuliert; insbesondere ihre Geschlechtsteile werden auf eine sehr zärtliche Weise behandelt (z.B. während der Säuberung des Genitalbereichs) und ihre Funktionen (etwa wenn der Säugling während des Windelns spontan uriniert) entweder zärtlich-belustigt zur Kenntnis genommen oder geradezu „bewundernd" hervorgehoben; durch solche Verhaltensmuster trägt die Mutter entscheidend zur Sexualisierung des männlichen Körpers und zur emotionalen Besetzung seines Geschlechtsapparats mit positiven Gefühlen bei; die Geschlechtsteile der Mädchen, schon rein anatomisch schwerer zugänglich, werden diesbezüglich vernachlässigt oder sogar mit unspezifisch-negativen Etiketten versehen („da unten rum" muß vor allem Sauber-keit Einzug halten);

• die Grobmotorik von Jungen wird besonders gefördert; selbst bei fremden Kleinkindern (6 Monate alten Jungen) reagieren Frauen stär-ker auf grobmotorische Bewegungen und regen diese auch von sich aus mehr an; bei den eigenen Söhnen fördern Mütter bereits ab dem dritten Monat ganz gezielt die Muskelaktivitäten; im Umgang mit Töchtern überwiegen hingegen sanfte, zärtliche Körperkontakte.[16]

Dieses für Jungen ausgesprochen vorteilhafte Interaktionsverhalten der Mutter verändert sich jedoch etwa nach dem ersten Lebenshalbjahr, mitten in einer psychologisch schwierigen Entwicklungsphase, in der sich das Kind aus der engen Beziehung zur Mutter schrittweise zu lösen beginnt. Da es in seinem neuen „Freiheitsdrang" das symbiotische Verhältnis zur Mutter nun erstmals auch als unangenehm und einengend empfindet und dadurch in emotionale Konflikte gerät, ist seine Gefühlslage in diesem Zeitraum besonders labil.

Ein wesentlicher Aspekt der gesellschaftlich vorgegebenen und weitgehend auch von der Mutter als wünschenswert erachteten „Männlichkeit" ist die Verselbständigung und deutliche Abgrenzung des Sohnes als ein grundlegend „anderes" Wesen. Sie muß von Müttern nicht nur akzeptiert und respektiert, sondern gefördert und mitverantwortet werden. Die deutlichen und systematischen Verände-rungen in ihrem Verhalten stellen die entscheidenden Weichen für die Entwicklung in Richtung „Männlichkeit". Mütter ziehen sich nun von einem Sohn etwas zurück und fördern (bereits ab dem dritten Lebensmonat) gezielt sein explorierendes, selbständiges, loslösendes Verhalten.[17] Damit unterstützen sie ihn, den sie bisher taktil umfassen-der und intensiver versorgt hatten als Töchter, auch in seinen altersgemäßen Loslösungsbestrebungen stärker, ermuntern ihn zur kontinuierlichen Erweiterung seines Aktionsradius und zur optimalen Ausnutzung seiner wachsenden Handlungs- und Kommunikations-möglichkeiten. Die Kommunikation zwischen Mutter und Sohn verla-gert sich zunehmend auf Distanz-Modalitäten. Diese gezielten Hilfe-stellungen bereiten Söhne gründlicher auf die später im sozialen Umgang mit anderen Menschen wesentlichen Kommunikationsformen vor.[18]

Das „Abrücken" vom Sohn spiegelt nicht unbedingt die innersten Bedürfnisse einer Mutter wider; es entspricht jedoch dem patriarchalen Auftrag, Söhne „rechtzeitig" loszulassen, um ihre „Männlichkeits"-

Entwicklung nicht zu behindern oder gar zu gefährden. Die Gesellschaft – vor allem, aber nicht nur personifiziert durch den Vater – überwacht daher die ordnungsgemäße Auflösung der intensiven frühen Mutterbindung der Söhne mit Argusaugen und überträgt der Mutter selbst einen entscheidenden Anteil an dieser Aufgabe. Oft werden sie geradezu gezwungen, lösungsunwillige Söhne aus der Bindung hinauszudrängen, von sich „wegzustoßen", damit sie „selbständig", das heißt „männlich" werden können.[19] Anderenfalls werden sie als „schlechte" Mütter diffamiert und für eventuelle Mißentwicklungen ihrer Söhne – notabene für Weichheit, Empfindsamkeit, Sensibilität und Emotionalität – voll zur Verantwortung gezogen. Der Druck der Gesellschaft auf Mütter von Söhnen ist extrem und ihre Fügsamkeit daher dementsprechend groß – auch weil sie vermeintlich dafür belohnt werden, Männer hervorzubringen: Es gibt immer noch Frauen, denen die Geburt eines Sohnes als höchster, adelnder Lebenszweck erscheint.

Die Veränderungen im Kontaktverhalten der Mütter sind nicht ausschließlich sozial oktroyiert. In gewissem Umfang sind sie normale, einfühlsame Begleitungen und Unterstützungen des organischen Reifungsprozesses, in dessen Verlauf sich die kommunikativen Bedürfnisse und Fähigkeiten der Säuglinge und damit auch die Modalitäten ihrer Körperkommunikation verändern. Alle Kinder lösen sich mit der Zeit der für die ersten Monate charakteristischen *„Nähe-Modalität"*, in der unmittelbare Kontaktformen des Haltens, Berührens, Wiegens etc. vorrangig waren, und wechseln zu *„Distanz-Modalitäten"* über, in denen der visuelle und der akustische Kommunikationskanal dominieren. Dieser natürliche Wechsel, der um den sechsten Lebensmonat herum vollzogen wird, leitet seitens des Kindes zugleich auch die Weiterentwicklung der ursprünglich symbiotischen, unspezifischen Mutterbindung ein.

Innerhalb von zwei, drei Jahren differenzieren sich zudem auch die Berührungsbedürfnisse des Kleinkindes. Aus der selbstlosen Zufriedenheit im Zustand symbiotischer Verschmolzenheit erwachsen mit zunehmender Verselbständigung und realistischer Erkenntnis von konkreten Abhängigkeiten *spezifischere Bedürfnisse*. Im Stadium des gefühlsmäßigen Oszillierens zwischen dem Wunsch nach distanzierter Selbständigkeit und dem Wunsch nach emotionaler Nähe und Sicherheit vermitteln die zärtlichen Berührungen der Mutter nicht mehr ausschließlich positive Gefühle von Liebe und Geborgenheit, sondern lösen zunehmend auch negative Gefühle aus. Auch der Umgang mit anderen Personen trägt dazu bei, das kindliche Berührungsspektrum in negativer Richtung – durch die Erfahrungen von Einengung, Zwang, Bedrohung, Schmerz und Erniedrigung – zu erweitern. Solche Erfahrungen haben ganz andere Reaktionen zur Folge als der unspezifisch angenehme „caring touch" der frühen Zeit: den Wunsch nach sicherer Abgrenzung, unter Umständen auch ein Bedürfnis nach Dominanz, nach Kontrolle der Macht, die von anderen durch Berührungen ausgeübt wird.

Die Geschlechtsspezifik der Verhaltensveränderungen der Mutter verweisen jedoch in aller Deutlichkeit auf die unterschiedlichen gesellschaftlichen Ansprüche, die später, im Erwachsenenalter, an die Kommunikations- und Bindungsfähigkeit ihrer Kinder gestellt werden. Diese sind in den kulturellen Genderdefinitionen von „Weiblichkeit" und „Männlichkeit" bereits vorweggenommen. Da sie in Form einseitiger Berührungsprivilegien bzw. -tabus kodiert sind, dient ihre Verankerung nicht zuletzt auch der Darstellung grundsätzlicher Statusunterschiede zwischen den Geschlechtern.

So legen generelle Verhaltensunterschiede im Umgang mit Mädchen und Knaben bereits in dieser frühen Phase die Grenzen und Zugänglichkeiten weiblicher und männlicher Körper auf eine unterschiedliche Weise fest. Dies bestimmt, wie Beobachtungsstudien an Erwachsenen deutlich zeigen, ein Leben lang die Bedingung heterosexueller Taktilkommunikation.

Ein aktiver, selbstbestimmter Rückzug der Mutter versetzt einem Kind in dieser labilen Phase auch einen tiefen Schrecken und löst in ihm die beängstigende Befürchtung aus, sie womöglich ganz zu verlieren. Das kleine Kind kann weder das Abhängigkeitsverhältnis seiner Mutter vom Vater und der Gesellschaft noch dessen ideologischen Hintergrund erfassen; noch weniger kann der bisher liebevoll versorgte Sohn den Primat des patriarchalen Entfremdungspostulats über die „Fesseln der Liebe" (Benjamin), das die Lösung von der Mutter als Vorausetzung der „Mannwerdung" festlegt, wirklich begreifen. Das Verhalten der Mutter frustriert ihn; sein Zorn richtet sich jedoch nicht gegen die Ideologie, die ihn seiner Mutter entfremdet, sondern gegen sie, die diese Trennung im höheren Auftrag vollzieht. Er macht ihn nicht zum Kämpfer gegen das Prinzip Patriarchat, sondern letztlich sogar zum Frauenhasser – denn die Verletzung und Wut können so tief verdrängt werden, daß sie sich nur in dieser hochemotionalen Form einen Weg nach außen bahnen können.

Auf körperlicher Ebene besteht der Preis der neuen „männlichen"

Freiheit in einer empfindlichen Einschränkung oder gar im totalen Verlust des gewohnten mütterlichen Kontaktkomforts. Der verwöhnte Sohn, der sich auch daran gewöhnt hat – vor allem wenn die Mutter zuverlässig und selbstlos genug war –, sie als seine ständig verfügbare Versorgungseinheit zu betrachten, empfindet sowohl seine ausgeprägte Anspruchshaltung gegenüber der Mutter als auch seine Enttäuschung und Wut auf sie gleichermaßen als berechtigt. Ihr aktiver Rückzug liegt zwar inhaltlich durchaus auf seiner „Verselbständigungslinie", entspricht aber formal nicht den gewohnten subjektiven Machtverhältnissen; in ihm offenbart ihm die Mutter letztlich ihren Charakter als selbständiges, von ihm unabhängiges und nicht ausschließlich auf ihn fixiertes Wesen.

Der Umgang der Mutter mit einem weiblichen Baby ist anfänglich vergleichsweise weniger körperintensiv und nicht im selben Maß von bewundernder Zärtlichkeit geprägt wie ihr Umgang mit dem Sohn – er wird dafür aber auch nicht abrupt und in einer für Mutter und Kind gleichermaßen schmerzlichen und zerstörerischen Weise unterbrochen. Er verändert sich weniger offensichtlich, in seinen Auswirkungen auf das Kind aber letztlich in dennoch dramatischer Weise. Die ursprünglichen Bindungsformen werden nicht einfach nur beibehalten, sondern nun, im kritischen Entwicklungsabschnitt der beginnenden Verselbständigung sogar noch intensiviert. Von dem Lebenszeitpunkt an, ab dem der Sohn in die Welt geradezu hinausgedrängt wird, wird das Mädchen von der Mutter, aber auch von anderen Personen, durch vermehrte Berührungen und bindende Kontaktformen in der Unselbständigkeit geradezu festgehalten.[20]

Das Beharren auf einem berührungsintensiven Kontaktmuster legt Töchter auf eine nun nicht mehr entwicklungsgemäße Nähe-Modalität der Kommunikation fest.[21] Es konterkariert den natürlichen, notwendigen und die Verselbständigung fördernden Prozeß der Distanzierung. Weder akzeptiert noch fördert es die kindliche Neugier auf die weitere Umgebung und das wachsende Interesse an „Fremden". Der Tatendrang der Töchter wird gebremst, ihr Körper motorisch weitgehend deaktiviert und ihr Aktionsfeld auf enger begrenzte Bereiche beschränkt. Von besonderer Bedeutung ist dabei eine ganz spezifische Maßnahme, durch die Mädchen an der Entwicklung und Ausbildung von körperlichen Abgrenzungsmechanismen und Verteidigungsstrategien behindert werden: die Tabuisierung von Abweisungssignalen.

Kinder beiderlei Geschlechts sind schon sehr früh in der Lage, ihrem Unwillen gegenüber unerwünschten Annäherungen oder körperlichen Stimulationen unmißverständlich Ausdruck zu verleihen. Ablehnungs- und Abscheusignale, durch die beispielsweise unpassende und daher möglicherweise lebensgefährliche Speisen zurückgewiesen werden, sind wegen ihrer vitalen Bedeutung anscheinend sogar genetisch stärker verankert als soziale Bindungssignale (selbst das wichtigste Bindungssignal, das soziale Lächeln bedarf zu seiner vollen Ausprägung eines Vorbilds; das mimische Abscheusignal ist hingegen genetisch vollständig vorprogrammiert und wird quasi automatisch präsentiert[22]). Darüber hinaus sind sie auch deshalb von außerordentlicher Bedeutung und Tragweite, weil sie die einzigen kommunikativen Mittel sind, mit denen schon ganz kleine Kinder die ihnen vollkommen überlegenen Erwachsenen steuern und manipulieren können.

Sie garantieren dem Kind nicht nur seine körperliche Integrität, sondern ermöglichen ihm, das Kontaktverhalten anderer Menschen recht differenziert zu bewerten. Durch seine eindrucksvolle Ganzkörpersprache (mimische Abscheusignale, Abwendung des Kopfes oder des ganzen Körpers, „Aufbäumen" oder wütendes Geschrei) kann es Kontakte als unerwünscht klassifizieren und dieses unmißverständlich mitteilen. Letztlich legt es durch diese deutlichen Zeichen auch die psychologische Funktion eines Kontakts fest. Das Kind macht damit das einzig relevante Kriterium für eine sinnvolle Bewertung von Berührungen klar: seine *Freiwilligkeit.* Abscheusignale offenbaren letztlich den Zwangscharakter von Berührungen.

Mädchen und Jungen werden gerade im Hinblick auf den Gebrauch von Abweisungssignalen sehr unterschiedlich erzogen. Dem Weiblichkeitsstereotyp entsprechend müssen Mädchen nicht nur hübsch(er), sondern vor allem anderen Menschen gegenüber stets lieb und freundlich sein. Dies wird bestens gewährleistet, indem man beides miteinander verknüpft. Man hindert sie also zumeist mit ästhetischen Argumenten (ein „böses" Gesicht ist nicht hüsch!) daran, Abscheusignale zu präsentieren. So entsteht die paradoxe Situation, daß gerade Mädchen, die häufiger und in einer umfassenderen Weise als Jungen von anderen Menschen berührt werden, intensiver als diese davon abgehalten werden, unerwünschte Berührungen als solche zu klassifizieren, entsprechendes Fremdverhalten negativ zu bewerten und aktiv abzuwehren.

Weibliche Körpersozialisation zielt nicht vorrangig auf die Konstitution einer rundum abgegrenzten Identität durch der Ausbau der Körperoberfläche als feste Ich-Grenze ab. Der weiblichen Haut werden in erster Linie Funktionen aufgetragen, die ihre Attraktivität für andere steigern. Dieser Entwicklung zur allseitigen körperlichen Verfügbarkeit stünde die Selbstwahrnehmung der Haut als „Befestigung" sehr im Wege.

Mädchen werden daher auf allen Ebenen des Umgangs mit Berührung und Körperkontakten – bei der Definition, der Bewertung und der Reaktion darauf – an der Differenzierung nach dem Kriterium der Freiwilligkeit, an einer klaren Unterscheidung zwischen erwünschten und unerwünschten Berührungen behindert: bei der *Wahrnehmung* des Macht- und Dominanzcharakters angeblich „liebevoller" Berührungen; bei der *Bewertung* von Fremdverhalten nach eigenen, auf eigenen Empfindungen gründenden Kriterien; und in der Entwicklung angemessener defensiver oder aggressiver *Reaktionsformen*.

Das intensive und undifferenziert „wohlmeinende" Körperkontaktmuster von Erwachsenen umgibt weibliche Kinder gleichsam wie ein süßlich-falscher Gefühlsbrei, der sie in ihrer Bewegungsfreiheit vielfach behindert und es ihnen extrem erschwert, sich selbst, die eigenen Gefühle wahrzunehmen und eventuelle negative Bedeutungsaspekte aus dem Verhalten anderer herauszudifferenzieren. Und selbst wenn ihnen dieses, ungeachtet aller Fallen, die in ihrer Sozialisation errichtet werden, doch gelingt, dürfen sie sich noch lange nicht in angemessener Form gegen Übergriffe auch zur Wehr setzen.

Mädchen lernen früh, ihre negativen Empfindungen im Zusammenhang mit Berührungen zu negieren, ihren Unwillen dagegen zu unterdrücken und sie, vor allem im engeren und weiteren Familienkreis, im Widerspruch zu den eigenen Gefühlen als „angemessenen" Ausdruck von Zuneigung zu tolerieren. Sie lernen mit anderen Worten, Berührungen ihres Körpers nicht aus eigener Perspektive und Bedürfnislage heraus zu interpretieren – z.B. als Belästigung –, sondern übernehmen statt dessen einfühlsam die Täterperspektive: Aus der Belästigung wird dadurch eine „liebenswürdige Schmeichelei", ein Tribut, der ihrer Attraktivität gezollt wird und den sie aus Rücksicht gegenüber fremden Gefühlen auch hinzunehmen hat.

Dies ist die erste Lektion in weiblichem „role-taking", das später in der totalen Übernahme der männlichen Perspektive auf sich selbst endet, in der absoluten Unterordnung der eigenen Empfindungen und Wahrnehmungen unter scheinbar allgemeingültige, in Wahrheit jedoch nur männliche und daher „fremde" Definitionen. Sie ist zugleich eine Einführung in den geschlechtsspezifischen Doppelstandard: Zur

Absicherung der einseitigen Berührungsprivilegien von Männern gegenüber Mädchen und Frauen werden diese in eine eigene Kategorie eingeordnet (Erotik), die Dominanz herausgefiltert und mit einem positiven Etikett („Kompliment") versehen, das sie als „wünschenswert" klassifiziert; die Alternative („unerwünscht") bleibt damit unversehens auf der Strecke. Da es im männlichen Ermessen liegt, prinzipiell jede Berührung als Kompliment zu definieren, haben Frauen es schwer, Kontakte zurückzuweisen.

Identifikation, korrekte Bewertung und gegebenenfalls eine selbstbewußte Zurückweisung unerwünschter Berührungen erfordert von Mädchen einen wesentlich größeren geistigen Aufwand als von Jungen. Weil Mädchen mehr als Jungen auf innerfamiliäre Beziehungen festgelegt und an das Haus gebunden werden, haben sie dazu auch weniger Möglichkeiten als diese, in Konfrontationen mit fremden Menschen, denen sie emotional weniger „verpflichtet" sind, Erfahrungen im Umgang mit negativen, aggressiv gemeinten Berührungen zu sammeln und Verteidigungs- oder Gegenwehrstrategien praktisch einzuüben. Sie werden auf einer frühkindlichen Vorstellungsstufe fixiert, in der Berührungen grundsätzlich als freundlich, affiliativ, harmlos empfunden wurden.

Jungen erhalten bereits im Vorfeld konkreter Kontakte entscheidende „Schützenhilfe" durch unsere Gesellschaft, die einen zärtlichen, berührungsintensiven Umgang generell auf Mädchen und Frauen beschränkt. Zwischen Frauen und Männern ist er eindeutig einem erotischen, sexuellen Kontext vorbehalten und unter Männern in der Regel als „weibisch" verpönt. Schon der kleine Sohn kann sich also auf einen allgemeinen gesellschaftlichen Konsens berufen, wenn er zärtliche Berührungen seines Körpers durch andere als unpassend zurückweist, und er kann sogar mit Zustimmung rechnen, wenn er dies mit deutlich aggressiven Verhaltensweisen bekräftigt.

Männer lernen früh, dem Freiwilligkeitskriterium entsprechend klar zwischen erwünschten und unerwünschten „Zärtlichkeiten" zu unterscheiden. Als selbstbewußte, von anderen abgegrenzte Subjekte können sie unliebsame Berührungen als absolut illegitimes Eindringen in ihre persönliche Sphäre bewerten. Sie haben sowohl das Recht als auch die Mittel, Zudringlichkeiten unmißverständlich zurückzuweisen. Eine deutliche Demonstration von Widerwillen gegenüber plumpen Vertraulichkeiten wird von ihrer Umgebung im allgemeinen anerkennend quittiert – selbst wenn sie sich gegen öffentlich übermittelte Zärtlickeiten der eigenen Mutter richtet.

Daß Söhnen dabei auch aggressive Methoden der Zurückweisung zugestanden werden, ist ihrem Selbstbewußtsein zuträglich. Auf Zurückweisungen durch Mädchen reagiert ihr Umfeld hingegen eher irritiert und oft sogar ärgerlich. Abweisende Haltungen von Mädchen stoßen bei Erwachsenen auf wenig Verständnis und ernten in der Regel keine Bewunderung. Sie werden eher negativ etikettiert („sei doch nicht so böse!"), in ihrer Bedeutung trivialisiert („mit so einem Gesicht siehst du aber gar nicht hübsch aus!"), total umdefiniert („wenn du zornig bist, bist du besonders hübsch!") oder schlichtweg ignoriert. Dieser bereits im Kindesalter einsetzende Überwältigungsmechanismen zieht sich in Form spezifischer Schwierigkeiten bei der Durchsetzung gegen andere durch das ganze Frauenleben und manifestiert sich bei vielen in einer durchweg mangelhaften Abgrenzung.

„Mutterliebe"

Die Körpersprache des kleinen Kindes signalisiert in erster Linie Bedürfnisse. Diese müssen von einer Bezugsperson (im folgenden Mutter genannt) durch körperliche Handlungen zuverlässig befriedigt werden, um sein Überleben zu sichern. Die mütterlichen Manipulationen des kindlichen Körpers sind jedoch von Anfang an mehr als nur reine Versorgungstätigkeiten. Sie transportieren zugleich auch eine komplexe Beziehungsbotschaft, die aufgrund der extremen Abhängigkeit des Kindes ebenfalls von vitaler Bedeutung ist. Ihr Inhalt läßt sich auf zwei spezifische Aspekte von Liebe verdichten: *bedingungslose Bewunderung* (adoring love) und *umfassende Sorge* (caring love).[23]
    Aus den lebenswichtigen Pflegehandlungen der Mutter extrapoliert das Kind die emotionalen Grundelemente, die seine erste Vorstellung von Liebe bilden. Die Quintessenz dieser Liebe, die ein absolutes Gefühl der Geborgenheit vermittelt und alle entscheidenden Elemente in sich birgt – Fürsorge, Mitgefühl, Empathie und eine positive *Identifikation* zwischen Mutter und Kind – drückt sich im schlichten Akt des Haltens aus.

Die Beziehung zwischen Mutter und Kind ist alles andere als egalitär, als „gleichwertig". Der weitgehenden Machtlosigkeit und Abhängigkeit des Kindes steht seitens der Mutter eine nahezu unbegrenzte Macht gegenüber, die sich unmittelbar aus der Unreife und der Unfähigkeit des Kindes, allein zu überleben, und somit aus seiner absoluten Hilfsbedürftigkeit ableitet. Die Machtausübung durch eine Mutter ist in diesem Lebensabschnitt des Kindes daher nicht nur legitim, sondern geradezu überlebensnotwendig.

Mütterliche Macht leitet sich nicht aus einem sekundären Dominanzbedürfnis ab, dessen Ziel die Unterwerfung einer anderen Person unter den eigenen Willen ist (folgen Mutter-Kind-Beziehungen tatsächlich einem solchen Muster, so ist dies bereits Ausdruck spezifischer Fehlentwicklungen); sie speist sich im Gegenteil aus einer primären, selbstlosen, altruistischen und verantwortungsvollen Grundeinstellung gegenüber einem total hilflosen und unselbständigen Wesen und resultiert in der Regel in der Übernahme der emotionalen Verantwortung für dieses Wesen bis zum Zeitpunkt seiner Eigenständigkeit. Da und wenn kindliche Signale der Hilflosigkeit von der Mutter nicht als Zeichen der Unterwerfung, sondern als Hilferufe interpretiert werden, lösen sie keine narzißtischen Überlegenheitswonnen oder Triumphgefühle aus, sondern verstärken ihre Bindung und Verpflichtung auf die Befriedigung der Bedürfnisse des Kindes.

Ungeachtet ihrer objektiven Übermacht vermittelt die primäre Körpersprache der Mutter auch umgekehrt dem Kind kaum den Eindruck einer zwischen ihnen bestehenden Hierarchie oder ein Gefühl für den superioren Status der Mutter, sondern eine weitgehend *undifferenzierte* emotionale Botschaft, die alle wesentlichen Elemente ihrer Liebe enthält: bedingungslose Bindung, umfassende Fürsorge, verantwortungsvolle Pflege, Schutz, Trost, Freundlichkeit und Zärtlichkeit.

Vermutlich ist auch die umgekehrte Hierarchisierung der Mutter-Sohn-Beziehung (die Dominanz des Sohnes und derenAnerkennung durch die Mutter) kein primäres psychologisches, sondern ein sekundäres, gesellschaftlich verursachtes Phänomen. Mütterliche Fürsorge und Zärtlichkeit werden in den privaten Raum verbannt, wo Männer und Söhne sie als spezifische Dienste zwar nach wie vor gern in Anspruch nehmen, doch nur zu den von ihnen definierten Bedingungen: außerhalb des Blickfelds fremder Männer, vor denen man(n) sich nicht gern als entsprechend empfänglich oder gar bedürftig zeigen will, und zum anderen nur nach Wunsch bzw. Aufforderung.

Im Verhältnis zu einem heranwachsenden Sohn wird die Mutter emotional zunehmend entmündigt: Das gegenseitige Berührungsverhalten wird immer mehr nur noch von *seiner* Bedürfnislage bestimmt und von ihm kontrolliert; unpassende mütterliche Bedürfnisse nach zärtlichen Kontakten werden entweder unwillig abgewehrt oder einfach übersehen. Daß Mütter diese von den eigenen Söhnen errichteten Machtstrukturen meist ohne Widerspruch akzeptieren, zeigt nur, daß ihre selbstlose und bewundernde Liebe auch die „Vermännlichung" ihres Objekts unbeschadet überlebt. Sie nehmen die mit der scheinbaren Machtumkehr verbundene Erniedrigung und die Vernachlässigung der eigenen Bedürfnisse auch in Kauf, um Söhne vor dem Spott und der Kritik einer männlichen „Öffentlichkeit" zu schützen.[24]

In die Gefühlswelt des Sohnes reißt die radikale Lösung von der Mutter und von „weiblichen" Umgangsformen allerdings ein emotionales Loch, das durch die „männlichen" Kontaktalternativen – den Umgang mit dem Vater und mit gleichaltrigen Kameraden und Spielgefährten – nicht adäquat ausgefüllt werden kann. In männlichen Interaktionen haben Berührung und Körperkontakt ganz nämlich andere emotionale Qualitäten und Funktionen.

Dadurch, daß für heterosexuelle Männer die Mutter (und Weiblichkeit) zur einzigen Quelle von Emotionalität und zärtlicher Liebe wird, trägt sie auch noch für die aus der Abgrenzung resultierenden Seelennöte Verantwortung. Die Allmachtsphantasien, die in der früher hautnahen Beziehung zu ihr wurzeln, werden hingegen ins Unterbewußtsein abgeschoben, im Prozeß der Verdrängung von ihrer Person abgelöst, und kollektiv auf eindeutig „nicht-mütterliche" Objekte projiziert.[25] In kultischen Ritualen treten sie dann als „männliche" Machtformen wieder in Erscheinung und repräsentieren entweder „unerklärliche" magische Kräften oder tiefgehende Todesängste: In unserer Geschichte wimmelt es von männlichen Wunderheilern, die angeblich allein durch das Auflegen ihrer Hände schlimmste Gebrechen oder sogar den Tod besiegen können; Priester übermitteln durch körperliche Berührungen göttliche Botschaften, und viele Menschen glauben daran, daß selbst die Berührung bestimmter „glücksbringender" Objekte ihnen entscheidende Vorteil bringen könnte.

In der Körpersozialisation werden machtträchtige, statussymbolische und liebevolle Kontaktformen selektiv auf die Geschlechter verteilt. Die Tradition des „caring touch", des lebensnotwendigen menschlichen Bindemittels, wird durch die exklusive Identifikation der Tochter mit dem mütterlichen Verhaltensstil ausschließlich den Frauen übertragen. Mädchen werden systematisch affiliative Berührungsmuster beigebracht, die einerseits der Pflege, Versorgung und Bewunderung anderer (vor allem Kinder und Männern) dienen und andererseits Selbstlosigkeit, Machtlosigkeit und Abhängigkeit symbolisieren (z.B. durch typisches Anklammern).

Im männlichen Repertoire ersetzt ein breites Spektrum aggressiv getönter Kontaktformen, die zudem auch differenzierende Funktionen haben, die Urformen globaler Bindung. Sie können schwerlich bedingungslose Zuneigung vermitteln, sondern dienen vor allem dem Sichtbarmachen von Unterschieden und Hierarchien. „Männliche" Berührungen signalisieren vor allem Bedürfnisse und Forderungen, Macht, Status, Dominanz und Überlegenheit.

Indem sie solche Kontaktformen als quintessentiellen Ausdruck von „Männlichkeit" verinnerlichen, verabschieden sich Söhne vom „caring touch" der frühen Jahre – viele von ihnen für immer: Das zärtliche Kontaktverhalten der Mutter, der Ausdruck grenzenloser Bewunderung, unbedingter Liebe und selbstloser Fürsorge wird nicht Element des aktiven männlichen Verhaltensrepertoires, sondern bleibt mit der Frau, mit Weiblichkeit verbunden. In der ordnungsgemäß „männlich" strukturierten Psyche tritt es sich nicht als kommunikative Kompetenz, sondern nur als sehnsüchtiges Bedürfnis, als infantiltrotzige Forderungen an Frauen.

„Die traditionelle Rollenverteilung, in der die Mutter allein zuständig für die körperlichen Bedürfnisse des Kindes und seine Erziehung ist, verfestigt in den Söhnen die Illusion, es gäbe ein Wesen, das uns vollkommen glücklich machen könnte, wenn es nur wollte." [26]

Die Identifikation mit einer so definierten „Männlichkeit" und die gesellschaftlich vermittelte Vorstellung von männlicher „Superiorität" ermächtigt Männer, von Frauen Emotionen zu fordern, ohne selbst entsprechende emotionale Gegenleistungen zu erbringen oder sich darüber bewußt zu werden, daß ihr Verhalten Ausdruck eklatanter emotionaler Bedürftigkeit ist.

„Vaterliebe"

Die besondere Bedeutung der Väter im Sozialisationsprozeß ergibt sich erstens aus ihrer weitgehenden Abwesenheit und zweitens aus ihrem typisch „anderen" Verhaltens- und Interaktionsstil mit Kindern. Gemessen an der großen Bedeutung, die ihnen allgemein beigemessen wird, ist der zeitliche Aufwand, den Väter im Umgang mit ihren Kindern betreiben, geradezu lächerlich gering. [27] Es darf allerdings nicht übersehen werden, daß sie in ihrem gesellschaftlichen Erziehungsauftrag von anderen anscheinend recht gut unterstützt, vertreten oder gar ersetzt werden: Zum einen von den nur wenig älteren Kameraden („peers") ihrer Söhne, mit denen diese den größten Teil ihrer sozialen

Interaktionen bestreiten und die mit zunehmendem Alter für sie immer wichtiger werden; zum andern machen die Massenmedien vor allem hinsichtlich ihres Angebots an männlichen Vorbildern ihrem Namen wahrhaft Ehre. Die überwiegend männlichen Helden unzähliger Comics, Cartoons, Filme etc. vermitteln rund um die Uhr jene Aspekte von „Männlichkeit", die unsere hochzivilisierte Gesellschaft für wesentlich erachtet (Körperkraft, Dominanz, Bereitschaft zur Gewalt, soziale Bindungslosigkeit etc.). Die Ersatzväter in den Medien nutzen die Abwesenheit der realen Väter dazu, die Generation der Söhne mit durchweg banalen, erschreckend eindimensionalen und gewaltträchtigen Männlichkeitsangeboten kollektiv zu indoktrinieren (und es deutet einiges darauf hin, daß ihnen dieses auch weitgehend gelingt); bei der Bewältigung der vielfältigen gesellschaftlichen Probleme, die sich unter anderem auch daraus ergeben (Brutalisierung, Verrohung und emotionale Verwahrlosung der Jugendlichen), lassen sie – wenigstens in diesem Punkt realen Vätern nicht ganz unähnlich – ihre Adepten schnöde im Stich.

Väter und Männer pflegen von Anfang an im Umgang mit Kindern, zumal mit Söhnen, einen angemessen „männlichen", d.h. deutlich raueren Stil. Dieser leitet nicht nur den Prozeß der emotionalen „Abhärtung" der künftigen Männe ein, sondern erleichtert ihnen auch die Etablierung fester Ich-Grenzen und vermittelt ihnen so das Gefühl, Herren der eigenen Haut zu sein.

Väter müssen nicht, wie die Mütter, von ihren kleinen Söhnen an die Einhaltung der „Männlichkeitsregeln" im Kontaktverhalten gemahnt werden – sie leben sie vor. Ihr typisches Interaktionsverhalten ist die erste wirklich konkrete Information über „Männlichkeit", die Söhne erhalten. Ihre Bereitschaft, die Verhaltensmuster ihrer legitimen Vorbilder zu übernehmen, wird durch die Beobachtung des elterlichen Interaktionsmusters entscheidend gefördert. Die deutlich erkennbare Übermacht des Vaters befriedigt die kindlichen Dominanzphantasien, die sich vor allem gegen die Mutter richten. Als Kind ist er ihr körperlich unterlegen: Die Mutter ist imstande, ihn jederzeit „hochzunehmen", ihn in ihren Armen zu „fesseln", ihn körperlich zu dominieren und ihm ihren Willen aufzuzwingen. Doch der Vater als erwachsener Mann (ebenso wie auch die vielen anderen, deren Verhalten gegenüber Frauen er in Film, Fernsehen und in der Fernsehwerbung täglich beobachten kann) ist jederzeit in der Lage, dieses erniedrigende Muster zu seinen Gunsten umzukehren. Er hebt die Mutter hoch, wirbelt sie „spaßeshalber" herum, hindert sie an der Fortbewegung. Diese massenmedial vervielfältigte Erkenntnis fördert die Bereitschaft des Sohnes zur Übernahme des „männlichen" Interaktionsstils mehr als tausend Worte.[28]

Väterliche Umgangsformen kontrastieren bereits im Säuglingsalter scharf mit dem mütterlichen Verhaltensmuster der Pflege, der Versorgung und des beruhigenden, schutzgebenden Haltens. Solche Funktionen übernehmen Männer nach wie vor nur ausnahmsweise. Es scheint, als seien sie mehrheitlich weder in derselben Weise wie Frauen fähig noch willens, ihrem Kind im ersten Lebensjahr vor allem das Gefühl primärer Geborgenheit zu vermitteln. Einer holländischen Untersuchung zufolge können viele Männer die Bedürfnisse und Interessen eines Kindes weder richtig wahrnehmen noch scheinen sie daran überhaupt besonderes Interesse zu haben. Es hat den Anschein, als betrachteten sie Elternschaft – hierin übrigens durchaus konform mit einer weitverbreiteten männlichen Auffassung von Ehe – weniger unter dem Aspekt, was sie für die anderen, in dem Fall gar die Kinder tun könnten, sondern „bisweilen unter dem Aspekt... inwieweit ihre eigenen Bedürfnisse durch die Kinder befriedigt werden".[29]

Auf die deprimierenden Unzulänglichkeiten vieler Väter reagiert ihre Umgebung paradox: nicht konstruktiv-kritisch und mit verstärkten Bemühungen, sie besser und gezielter zu qualifizieren, sondern mit Verständnis und Entlastung. Beispielhaft dafür ist die Argumentation von Frederick Leboyer, des „Vaters" der „sanften Geburt", der sich mit folgendem exkulpierenden und aufschlußreichen Gedanken gegen die Anwesenheit der Väter bei der Geburt ausspricht: Da dieses Ereignis die Vorstellungskraft von Männern ohnehin übersteige, solle dem Kind, das nach der Geburt umgehend die schützende Gegenwart der Mutter spüren müsse, nicht das Gefühl genommen werden, daß die Aufmerksamkeit der Mutter nicht „ganz und gar ihm" (!) gelte.[30]

Da bereits Kinder ihre Väter nicht in erster Linie als Beziehungswesen, sondern als autonome Subjekte wahrnehmen, machen auch sie sie für Mängel in der Qualität ihrer Beziehung zueinander in der Regel nicht verantwortlich (von den Söhnen, die J. Arcana befragte, bezeichnete kaum einer von denen, die ihre Väter angeblich „schätzten", auch ihre Beziehung als „gut"). Die dennoch hohe Attraktivität von Vätern entwickelt sich offensichtlich nicht aus dem, was sie für ihre Kinder tun, sondern aus dem, was sie für ihre Kinder repräsentieren. Letztlich wird auch die Frustration und der Groll, der aus einer wenig zufriedenstellenden Vaterbeziehung erwächst, auf die Mütter abgeladen.

Ihrem Selbstverständnis entsprechend definieren sich Männer nicht als „mütterliche" Pfleger, sondern als „Erreger" ihrer Kinder. Ihre Art der

Kinderbetreuung hat eher den Charakter einer Freizeitbeschäftigung und unterscheidet sich schon auf einer rein motorischen Ebene durch ihren wilden und sprunghaften Rhythmus deutlich vom Stil der Mutter.[31] Es scheint, als versuchten sie, den quantitativen Kontaktvorsprung der Mütter qualitativ, durch die Einführung neuer Interaktionsdimensionen – Spannung und „action" – wettzumachen. Männer engagieren sich weniger in der täglichen und selbst für das Kind häufig eher langweiligen oder sogar unangenehmen Überlebensroutine. Sie leisten nicht Grunderziehung, sondern spielen lieber mit den Kindern. In diesem Spiel hat nicht das Wohlbefinden des Kindes (im Sinn der Aufrechterhaltung und Gewährleistung einer Kontinuität) Priorität, sondern der schnelle, überraschende, als aufregend empfundene Signalwechsel. In den wilden und ausgelassenen Körperspielen, die von Vätern sogar öfter als von Kindern initiiert werden, geht es wesentlich unbeherrschter und aggressiver zu als im Kontakt mit Müttern.

Väter stellen dabei auf spielerische Weise potentiell gefährliche Situationen her, in denen sie selbst die zentralen Rollen und die Führung übernehmen. Sie sind Bedrohung und Rettung in einer Person. Der Vater konfrontiert das Kind erstmals mit einer als logisch und durchaus begründet empfundenen Hierarchie, in der er zunächst eindeutig dominiert. Er unterbricht das Kind nach eigenem Gutdünken und dem eigenen Wunsch folgend in seinen Aktivitäten (z.B. auch im Schlaf), er wirft es hoch und fängt es sicher wieder auf, er stimuliert (kitzelt) es bis an den Rand eines hysterischen Anfalls, schleudert es wild im Kreis herum, bis ihm beinahe die Sinne schwinden. Schon mit den Allerkleinsten spielen Männer laut, raumgreifend und heftig „Flugzeug". Ihre Kinder belohnen sie dafür emotional mit kreischender Begeisterung oder deutlich erkennbarer Angstlust und bestätigen sie damit körpersprachlich in ihrer Superiorität: indem sie sich an die Väter anklammern, sie mit weit aufgerissenen Augen fixieren und durch Kichern, glucksendes Gelächter, Gekreisch und die klassische stereotype Wiederholung: „Noch einmal!" um Fortsetzung betteln.[32]

Aufgrund einer Beobachtungsstudie konnte Herzog (1985) den rauhbeinigeren Umgang von Vätern mit Söhnen genauer spezifizieren. Er stellte fest, daß Väter im Spiel mit ihnen das Ausmaß der Erregung deutlicher steigerten und es über einen längeren Zeitraum konstant hoch hielten. Das Ende eines Spieles signalisierten sie Söhnen zwar auf aggressivere Weise, ließen sich dann aber eher zu einer Verlängerung oder Wiederaufnahme überreden. Dadurch lernten die Söhne, daß Beharrlichkeit und Dominanz unmittelbar – durch den Gewinn zusätzlicher Spielrunden – belohnt wird. Auf diese Weise legten die Väter spielerisch den Grundstein für Kumpanei und Konkurrenz – die zentralen Dimensionen der Beziehung zwischen heterosexuellen Männern.

Töchter machten im körperlichen Umgang mit dem Vater keine annähernd vergleichbaren Machterfahrungen. Es gelang ihnen kaum je, den Vater durch kraftvolles Toben im wilden Spiel zu „manipulieren" oder zu kontrollieren; sie lernen von ihm nichts, das sie später in der Auseinandersetzung mit Männern zur aggressiven Durchsetzung befähigen würde. Es zeigte sich zum wiederholten Mal, daß sich Väter im Umgang mit Töchtern stärker als Mütter am Weiblichkeitsklischee und an stereotypen Vorstellungen von angemessen „weiblichen" Verhaltensweisen orientieren. Daher bestärken viele Väter ihre Mädchen darin, auf einen „gleichwertigen" Wettbewerb mit ihm als Mann zu verzichten, und fördern und belohnen statt dessen genderkonformes Verhalten (Schmeicheln, Betteln etc.).

Die sporadische „Aufregung" durch den Vater macht schon kleinen Kindern hinlänglich klar, daß er ein „Mann für besondere Stunden" ist. Weil Väter kaum „alltägliche" Beziehungen zu ihren Kindern unterhalten und zudem ihre Söhne im Umgang bevorzugen, machen insbesondere Mädchen eigentlich nie die Erfahrung, von ihrem Vater, d.h. einem Mann, *in grundlegenden Bedürfnissen* anerkannt oder gar umfassend zufriedengestellt zu werden.[33]

Liebe und Zuneigung vermitteln Väter aber auch ihren Söhnen nicht durch zärtliches Halten und symbiotische Einfühlung, sondern in der Regel durch pseudo-aggressive Körpermanipulationen, die sich hart an der Schmerzgrenze bewegen und diese mitunter auch überschreiten. Der Eindruck einer „merkwürdigen Feindseligkeit", den Montagu aus der Beobachtung des typisch väterlichen Umgangs mit Söhnen gewann, entsteht aus der Übertreibung und Verzerrung der eher stillen und langsamen „mütterlichen" Signale der Zuneigung durch Väter. Väter verfremden und karikieren die weiblichen Kontaktformen oder fügen ihnen eindeutig aggressive Komponenten hinzu. Der heranwachsende Sohn wird nicht – wie eine Tochter – sanft, zärtlich und manchmal fast „abwesend" gestreichelt; sein Haar wird grob zerzaust und verwuschelt, er wird geknufft und gezwickt, „zärtlich" geboxt und rundum mit Klapsen und leichten Schlägen versorgt. Er soll keineswegs „verzärtelt", sondern ein „richtiger Mann", d.h. relativ unsensibel und unempfindlich werden und Gewalt keineswegs grundsätzlich ablehnen.

Der sozialisatorische Einfluß des Vaters löst die Verknüpfung der affiliativen, bedingungslosen, sorgenden Liebe mit „Weiblichkeit", die in jahrelanger Erfahrung mit mütterlicher Fürsorge entstanden ist, nicht auf und soll es wohl auch nicht. Diese Form der Liebe bleibt ein mütterliches, das heißt weibliches „Privileg". Sie ist „umsonst" zu haben und steht somit außerhalb des Dunstkreises von Macht und Kontrolle. Die Liebe des Vaters hingegen ist nicht „umsonst", sondern an klare Bedingungen geknüpft: Das Kind muß sie verdienen, es kann sie aber auch verlieren. In diesem völlig neuen Leistungskontext wird das kindliche Verhalten zum Maßstab, zum entscheidenden Kriterium der Qualität der Vaterbeziehung. Die „väterliche" Liebe wächst mit dem Grad der Anpassung an die von ihm gesetzten Normen und Erwartungen.

Der Umgang mit dem Vater fügt dem bisher ausschließlich im Umgang mit der Mutter bestimmten Begriff von Liebe neue und aufregend „aktive" Aspekte hinzu: Der Sohn kann sich seine Liebe „erkämpfen", die Tochter durch Wohlverhalten „gewinnen". Die mit dem Vater verknüpften und durch ihn repräsentierten ambivalenten Vorstellungen von Gefahr und Rettung, die gemischten Erfahrungen von Schmerz und Aggression, von Lust und Angst erweitern das Bild von der Liebe zu einem einzigartig attraktiven Komplex.

Seelenmord

Erziehung baut zwar auf der grundsätzlichen Bereitschaft von Kindern auf, ihr Selbst und ihre innere Welt dem kulturellen Muster ihrer Umwelt anzupassen, ist in ihrem Erfolg jedoch davon nur bedingt abhängig. Ein eventueller, innerer oder äußerer Widerstand der Zöglinge gegen die Erziehungsinstanz und die von ihr vermittelten Inhalte kann und wird vor allem auch mit körperlichen Mitteln gebrochen. Der Einsatz gewaltsamer Erziehungsmethoden ist in unserer Kultur traditionell verankert, prinzipiell erlaubt, umfänglich legitimiert und weit verbreitet.

Erst jetzt, im ausgehenden 20. Jh., wird dieses weltweite Phänomen unter dem eindeutigeren Begriff „Gewalt gegen Kinder" öffentlich thematisiert. Der Perspektivenwandel im allgemeinen Rechtsbewußtsein schlägt sich insbesondere auch in einer kritischeren Wahrnehmung der Familie und ihres Umgangs mit Kindern nieder. Heute stehen nicht mehr ausssschließlich das Recht der Eltern und des Staates auf eine bestimmte Erziehung des Kindes im Vordergrund, sondern die Rechtsstellung des Kindes selbst rückt zunehmend ins Blickfeld.

Im Jahre 1989 sprach die UN-Kinderkonvention dem Kind erstmals grundlegende Rechte auf Schutz vor Krieg, Folter und Gewalt zu; 1991 forderte die stellvertretende SPD-Vorsitzende Däubler-Gmelin öffentlich die vollständige Ächtung der Prügelstrafe als Erziehungsmittel, und die Partei *Die Grünen* beantragte im Deutschen Bundestag (allerdings bis heute erfolglos) ein gesetzliches Verbot von „Körperstrafen und seelisch verletzenden Sanktionen".

Die dezidierten Forderungen nach einem Abbau von Gewalt als Instrument der Erziehung wurden zum einen durch die Veröffentlichung erschreckender Fakten ausgelöst; sie reflektieren zum anderen aber auch neuere psychoanalytische Erklärungsansätze und Erkenntnisse über die ungeheuerlichen und letztlich unabsehbaren seelischen Auswirkungen körperlicher Gewalttaten auf die Entwicklung der Kinder.

Was Kinder durch Erziehung vor allem begreifen, sagt Alice Miller, ist das Prinzip der Erziehung, und was sie dabei lernen, ist in erster Linie wieder das Erziehen. Eine gewalttätige und brutale Erziehung sichert in erster Linie ihre eigene Kontinuität über die Generationen hinweg. Insofern garantiert, in einer sich anscheinend unendlich windenden Opfer-Täter-Spirale, der „Seelenmord" an Kindern auch den Fortbestand pathologischer und damit zugleich pathogener Persönlichkeits- und Beziehungsstrukturen. Der Kreis der Opfer beschränkt sich dabei nicht auf die unmittelbar von brutaler Gewalt betroffenen Kinder. Da eine derartige Erziehung ihnen tiefe seelische Wunden schlägt und sie psychisch verkrüppelt, wird auch ihre Beziehung zu anderen Menschen, insbesondere jedoch die Entwicklung ihrer eigenen Kinder oder Zöglinge davon beinträchtigt. Schon Wilhelm Reich hat darauf hingewiesen, daß mißhandelte Menschen einen neurotischen, sadistischen „Erziehungszwang" entwickeln: Sie können ihre regressiven, aggressiven und sexuellen Wünsche – von der Gesellschaft weitgehend unbehindert – auf ihre Kinder projizieren und im Umgang mit ihnen aktualisieren. Die Elternschaft ermöglicht ihnen, die eigenen unbewältigten Konflikte in einem neuen und weitgehend gefahrlosen Kontext auszuagieren.

Die neue Perspektive auf Gewalt gegen Kinder und die wachsenden Erkenntnisse über ihre generationsübergreifenden Auswirkungen drücken sich im Begriff *Seelenmord* durchaus angemessen aus. Diesen Begriff benutzte erstmals Anselm Ritter von Feuerbach, als er in bezug auf den berühmten Findling Kaspar Hauser dessen Pflegevater, der ihn siebzehn Jahre lang in Dunkelheit und nahezu ohne menschliche Kontakte hatte aufwachsen lassen, des „partiellen Seelenmordes" an seinem Zögling beschuldigte.[34] Shengold griff ihn 1979 auf und differenzierte ihn psychologisch aus. Im Hinblick auf seine psychischen Wirkungen stellte er ihn mit den unter Erwachsenen verwendeten gewaltförmigen Methoden der Identitätszerstörung – der Folter, der KZ-Haft und der Vergewaltigung – auf eine Stufe. Alle diese Vorgehensweisen beeinträchtigen das Selbstgefühl, die Würde und die „Realitätsprüfung" der Betroffenen massiv; sie führen zu schweren psychischen Störungen, in deren Folge sowohl die Gefühlswelt als auch das „Ich" der Betroffenen dissoziieren, sich auflösen, zerfallen können.[35]

Shengold unterscheidet zwei Formen des Seelenmordes: die *chronische Anwendung von Gewalt* und den *sexuellen Mißbrauch* im Kindesalter. Beide sind – darauf weisen Statistiken unmißverständlich hin – beileibe keine „Randphänomene", sondern scheinbar geradezu integrale Bestandteile des familiären Erziehungsprozesses bzw. der Lebensrealität von Kindern in unserer Kultur. Die seelischen Störungen, die innerfamiliäre Gewalt auslöst – zumal wenn sie sich in sexuellen Handlungen an Kindern manifestiert oder mit sexuellen Empfindungen verknüpft ist –, sind deshalb besonders schwerwiegend und nahezu irreversibel, weil sie in eine hochsensible Phase der kindlichen Persönlichkeitsentwicklung fallen.

In aller Regel hat das Kind zum Zeitpunkt der Tat bereits eine liebevolle Beziehung zu den Eltern aufgebaut, mit der sich Taten und Empfindungen nicht in Einklang bringen lassen. Da der Wunsch nach Bindung unser stärkster seelischer Antrieb ist, kann sie auch durch systematische Mißhandlungen, sexuellen Mißbrauch und seelische Grausamkeiten der geliebten Personen kaum noch zerstört werden. Die Zerstörung findet daher im Ich und in der Psyche des Kindes statt. Zwar verliert nur ein vergleichsweise geringer Teil der Betroffenen völlig den Kontakt zur Welt oder reagiert psychotisch (obwohl in diesem Zusammenhang nicht darüber hinweggegangen werden sollte, daß etwa 80% der Frauen mit Psychiatrie-Erfahrungen als Kinder mißbraucht worden sind[36]) – aber fast alle werden durch das Erlebnis in eine tiefe seelische Verwirrung gestürzt, aus der heraus sie die Realität teilweise ausblenden oder total abstumpfen. („Wenn das mißbrauchte oder mißhandelte Kind überhaupt überleben will, bleibt ihm kaum etwas anderes übrig, als zu einem mechanisch reagierenden, gehorsamen Automaten zu werden. Je weniger es denkt oder fühlt, desto besser."[37])

Letztlich führt insbesondere das unverständliche und verwirrende Verhalten einer geliebten Bezugsperson zu einer dauerhaften Verwechslung von Opfer und Täter, von gut und schlecht, von Sexualität und Sünde. An Stelle der Täter, die meist erstaunlich einsichtlos bleiben, entwickeln die Opfer schwerste Schuldgefühle. Das Kind schämt sich seiner Empfindungen wie auch seiner Wut, die es nicht ausdrücken darf, und ist nicht in der Lage, den wahrhaft Schuldigen auszumachen. Der mächtige Erwachsene muß gut sein und bleiben, damit die kindliche Welt nicht vollständig aus den Fugen gerät und zusammenbricht. Also ist zwangsläufig das Kind selbst das schlechte, sündhafte und schmutzige Subjekt.

Eine geschlechtsspezifische Differenzierung von Opfer und Täter innerhalb der Szenarien der „disziplinierenden" Gewaltanwendung und des sexuellen Mißbrauchs zeigt, daß beide Muster sich im Sinn der gesellschaftlichen Erwartungen an „Weiblichkeit" und „Männlichkeit" an den vorherrschenden Geschlechterstereotypen orientieren, bzw. sich als Pathologien der Herausbildung des „Geschlechtscharakters" darstellen lassen. Chronische körperliche Gewalt kommt insbesondere in der „Erziehung" der Söhne zum Einsatz, während Mädchen eher Opfer sexuell motivierter Gewalttaten werden (die aber durchaus auch mit körperlicher Gewalt einhergehen können). Als Täter treten in beiden Tatfeldern jedoch in überwältigender Mehrheit Männer in Erscheinung.

Hiebe statt Liebe

Die erzieherisch motivierte Züchtigungsfunktion, die in der traditionellen Familie dem ansonsten weitgehend abwesenden Mann als genuin „väterliche" Aufgabe übertragen und vorbehalten ist, hat ihm seitens der klassischen Psychoanalyse den zweifelhaften Ruf des „abendlichen Schreckgespenstes" eingebracht.[38] In ihr geht die abstrakte Idee von „männlicher" Autorität mit der konkreten Empfindung von Schmerz eine unmittelbar spürbare Verbindung ein. Für das Kind bietet sie zudem eine Erklärung für die herausragende Stellung des Vaters in der Familie an. Insofern er einerseits das dominante Prinzip schlechthin verkörpert und andererseits sporadisch als Vollstrecker eines abstrakten Gesetzes auftritt, verdeutlicht er dem Sohn in ehrfurchtgebietender Weise die Ziele, die ihm in seiner Entwicklung vorgegeben sind: die Entwicklung einer angemessen harten „Männlichkeit" und die Einordnung in die patriarchale Männerhierarchie.

Im pädagogischen Spannungsfeld zwischen der „mütterlichen" Liebe und den gesellschaftlichen Ansprüchen, die an „Männlichkeit" gestellt werden, setzten sich im Bürgertum endgültig gewaltförmige

Erziehungsprinzipien durch. Diese genießen bis zum heutigen Tag den im Rechtsbegriff der „Elterlichen Gewalt" verankerten Schutz des Staates. Er sichert den Erwachsenen nicht nur umfassende Herrschaftsrechte gegenüber ihren Kindern zu, sondern legimiert auch deren Durchsetzung mit „angemessenen Zuchtmitteln".

Die Institutionalisierung von Gewalt in der bürgerlichen Gesellschaft war nicht nur in bezug auf die Errichtung familiärer Machtstrukturen wesentlich, sondern von genereller staatspolitischer Bedeutung. (Mit der offiziellen Einführung von Körperstrafen für Kinder, Schüler und Studenten wurde zugleich auch das staatliche Gewaltmonopol befestigt.) Die langfristigen psychologischen und sozialen Folgen einer Erziehung, in der kindliche Seelen durch planmäßige Züchtigung und Demütigung in dramatischer Weise verletzt werden, um sie u.a. zu willfährigen politischen Instrumenten zu machen, hat Theweleit in seinen *Männerphantasien* sehr anschaulich und an vielen Beispielen aufgezeigt.[39]

Interessanterweise spricht das traditionelle Familienrecht die Ausübung elterlicher Gewalt ausdrücklich nicht jenem Elternteil zu, dem die Durchführung der Erziehung des Kindes im praktischen Alltag obliegt, sondern einer der Mutter gesellschaftlich übergeordneten Instanz – dem Vater.

„Der Vater hat kraft der elterlichen Gewalt das Recht und die Pflicht, für die Person und das Vermögen des Kindes zu sorgen." (Paragraph 1627 alte Fassung BGB)

Im Gegensatz zur heute üblichen schamhaften Verschleierung des familiären Gewaltprinzips wurde in früheren Zeiten das Gewaltmonopol des Vaters und Mannes – sowohl im privaten wie auch im institutionalisierten Erziehungswesen – stolz hervorgehoben:

„Wie die Rute als Symbol der väterlichen Zucht im Haus gilt, so der Stock als das Hauptwahrzeichen der Schulzucht."[40]

Die „mütterliche" Einstellung zum Kind, die sich im zärtlichen, sanften und vor allem einfühlsamen körperlichen Umgang manifestiert und feste gegenseitige Bindungen herstellt, wurde von autoritär eingestellten Moralisten in breiter Front angegriffen und als verhätschelnde Affenliebe diffamiert. Ziel war, die primäre Identifikation des Sohnes mit der Mutter und ihrem „weiblichen" Kommunikationsrepertoire nachhaltig zu zerstören und ihn statt dessen der hierarchischen Welt der Väter im wahren Wortsinn zuzuschlagen.

„Aus eifersüchtiger Angst zerstört der männliche Erzieher das von Mutter und Kind – in der Regel geht es um männliche Kinder – gebildete Paar.... Die Privatsprache von Mutter und Kind muß zerstört und auf eine rationelle Grundlage gestellt werden." [41] (Hervorhebung von mir)

Aus den von Rutschky (1977) zusammengestellten Quellen der „schwarzen Pädagogik" wird ersichtlich, daß die bürgerlichen Erzieher, allen voran namhafte Pädagogen, die bedingungslose Liebe und das empathische Verständnis für das Kind und seine Bedürfnisse als Prinzip des erzieherischen Umgangs mit Kindern erfolgreich unterdrückten und statt dessen die „eiserne" Disziplinierung auf der Basis abstrakter Gesetze auf ihre Fahnen schrieben: *„Während es eine erdrückende Menge historischer Materialien zum Thema Erziehungsstrafe gibt – und entsprechend viele Historiker, die diese Materialen aufgearbeitet haben –, müßte einer, der über die Liebe in der Erziehung schreiben wollte, sich ganz neue Quellen erschließen und könnte sich auf keine Vorarbeiten stützen."* [42]

Väter (bzw. männliche Erzieher oder „pädagogische Autoritäten") verwirklichen sich vor allem in der Erfindung, Anwendung und Rechtfertigung von „Erziehungsstrafen". Insbesondere in der männlichen Erziehung wurde eine frühzeitige und systematische Anwendung von Gewalt gesellschaftlich legitimiert und sanktioniert.

„Nägelsbach erklärt es geradezu für eine Torheit und ein Unrecht, körperliche Strafen für das Knabenalter (bis etwa zum 13. Jahre) verwerfen zu wollen; er nennt das eine schwächliche Humanität und beruft sich auf den Consensus gentium, der sich auf die Natur der väterlichen Gewalt, das Analogon für die des Lehrers, stütze." [43]

Der organisierte Feldzug gegen den faktischen Primat von Frauen und „Mütterlichkeit" in der Erziehung erwies sich langfristig leider als sehr erfolgreich. Vor dem Gesetz gilt heute die körperliche Züchtigung „nicht schon als solche entwürdigend, ...und selbst eine wohlerwogene, nicht dem blinden Affekt der Eltern entspringende (,verdiente') Tracht Prügel bleiben nach der Gesetz gewordenen Fassung der Bestimmung zulässige Erziehungsmaßnahmen". [44] Obwohl die moderne Pädagogik des 20. Jh. sowohl die Prügelstrafe als auch die Gewalt als Erziehungsprinzip schlechthin fast einhellig ablehnt, ist der Anteil der Eltern, die Schläge für unumgängliche Erziehungsmaßnahmen halten, erschrekkend hoch.

Gelegentliches Schlagen von Kindern ist weit verbreitet Einer neueren österreichischen Studie zufolge schlagen 90% aller Eltern, und 5o% halten es für geradezu „unumgänglich".[45] Für Jungen, die doppelt so oft geschlagen werden wie Mädchen, sind Schläge schon fast tägliches Brot. Auch in der BRD halten, wie eine Befragung der Zeitschrift *Eltern* (1988) ergab, etwa die Hälfte aller Eltern Schläge, insbesondere in leichter Form, für ganz normale Erziehungsmittel; 12% der Befragten hielten selbst „eine ordentliche Tracht Prügel" unter bestimmten Bedingungen für durchaus angemessen. Ein bemerkenswert hoher Anteil von Eltern (30% in der österreichischen Studie) traktiert Kinder gelegentlich auch mit Fäusten, Gürteln oder anderen Gegenständen. Doch weltweit stehen noch wesentlich brutalere Mißhandlungen auf der Tagesordnung von Kindern: Allein in der BRD wird alle zehn Minuten ein Kind krankenhausreif geschlagen, tragen jährlich etwa 300 000 bleibende körperliche Schäden davon und werden etwa 100 Kinder pro Jahr von ihren Eltern sogar totgeschlagen.[46]

Obwohl in der einschlägigen Literatur nach wie vor nahezu durchgängig geschlechtsneutrale Begriffe (Eltern, Kind) verwendet werden, läßt sich der geschlechtsspezifische Charakter familiärer Gewalt nicht mehr vertuschen. Täter wie Opfer sind in der Regel männlichen Geschlechts. Väter, resümiert *Eltern*, schlagen, obwohl sie objektiv viel weniger Zeit mit Kindern verbringen als Mütter „fast genausoviel zu... wie ihre Frauen". Schwere Mißhandlungen durch Mütter stehen allerdings schon rein quantitativ in keinem Verhältnis zur Gewalttätigkeit von Vätern und anderen Männern in der Familie und unterscheiden sich darüber hinaus auch qualitativ. Die seelischen Wunden, die Mütter ihren Kindern beibringen, sollen jedoch keineswegs verharmlost werden. Auch steht zu bedenken, daß schwere Züchtigungen durch den Vater häufig von den Müttern, die dies als seine legitime Aufgabe und Bestandteil eines typisch männlichen Erziehungsstils betrachten, stillschweigend geduldet, gutgeheißen oder sogar eingefordert werden.

Auch die rapide fortschreitende Auflösung traditioneller Familienstrukturen, genauer gesagt der allseits beobachtbare „Väterschwund", bewahrt Kinder nicht vor männlicher Gewalt. Anstelle der nunmehr alleinerziehenden Mütter übernehmen häufig Lebensgefährten, Freunde oder Bekannte Züchtigungsfunktionen. Vor allem Frauen mit traditionell bürgerlichen Erziehungsvorstellungen („Knaben wollen Männer vor sich sehen und starke Erziehung"[47]) liefern ihre heranwachsenden Söhne lieber fremden Männern aus, als auf eigene Erziehungskompetenzen zu vertrauen. Solche Denk- und Verhaltensmuster überantworten das Kind unter Umständen einem Gewalttäter, der nicht einmal mehr durch eine, sei sie noch so schwache, emotionale „Vater-Sohn-Bindung" gebremst wird, so daß es gerade unter solchen Bedingungen oft zu besonders brutalen Formen der Mißhandlung – bis zur Tötung des Kindes – kommt.[48] Notdürftig als Erziehung getarnte Brutalitäten männlicher Täter offenbaren eine erschreckende Gefühllosigkeit, eine geradezu monomanische Fixiertheit auf eigene Bedürfnisse und einen eklatanten Mangel an Einfühlungsvermögen in die Bedürfnisse eines Kindes. Die Übergriffe erfolgen häufig in Reaktion auf angebliche „Störungen" durch das Kind (z.B. beim Fernsehen) oder auf seine einfach als lästig empfundene Existenz, in blinder Wut oder nach exzessivem Alkoholkonsum. Die Mütter verhalten sich, oft aufgrund spezifischer eigener Abhängigkeitverhältnisse, meist passiv und machen damit eine nicht minder erschreckende Unfähigkeit deutlich, sich von grausamen und gewalttätigen „Liebhabern" zum eigenen Schutz und zum Schutz ihrer Kinder zu lösen.[49]

Die klare Gewaltenteilung in der traditionellen Familie, durch Recht und Gewohnheit gleichermaßen verankert, hat weitreichende psychologische Folgen. Die Mutter, der die alltägliche Erziehungsarbeit obliegt, wacht auch über die Regelgerechtigkeit des kindlichen Verhaltens. Schwerwiegendere Vergehen berichtet sie der übergeordneten Instanz, dem Vater. Sie denunziert das Kind. Der Vater exekutiert dann die Strafe zumeist auf wohlüberlegte, kühl-rationale, emotionslose Weise. Der Sohn hat sie ebenso „mannhaft" zu ertragen.

Die Mutter wird durch diese Regelung daran gehindert, ihre tatsächliche Machtposition zu nutzen, die gegenüber dem Sohn auf einem ganz realen Machtvorsprung beruht, und gegenüber dem Vater, der total von ihr als Informationsquelle abhängig ist, auf einem Wissensvorsprung. Äußere wie auch innere Gesetze verbieten ihr die direkte Ausübung von Gewalt und beschränken ihren Einfluß auf „Psychologie", d.h. auf eine möglichst geschickte Manipulation des anerkannt mächtigen Vaters. Sie selbst kann durch eine solche Strategie letztendlich an Ansehen und Einfluß nur verlieren.

Der scheinbar freiwillige Gewaltverzicht der Mutter, ihre feige Unterwürfigkeit oder unverständliche Loyalität mit dem gewalttätigen Vater beeinträchtigen die Mutter-Sohn-Bindung und beschleunigen den Prozeß der Loslösung und Abwendung von ihr: Auf diese Weise legt die patriarchale Gewaltenteilung einen weiteren Grundstein für die Verachtung von Frauen und Weiblichkeit.

Im durch und durch männlichen Komplex von Macht, Gewalt und Schmerz übernimmt die Mutter eine merkwürdige Vermittlerrolle zwischen Vater und Sohn. Nimmt der geprügelte Sohn sie als macht- und hilfloses Opfer des Vaters wahr, dann können sich beide als „Leidensgefährten" solidarisieren. Ihr Opferstatus ermöglicht ihm, sie von (Mit)Schuld freizusprechen und sich mit der Zeit gar als ihr Schutzpatron aufzuschwingen, womit er die patriarchale Ordnung zwischen der schwachen Frau und dem starken Mann wiederherstellt. Stellt sie sich im Vater-Sohn-Konflikt hingegen auf die Seite des Vaters, dann erscheint sie ihm als Kollaborateurin, die ihre Einflußmöglichkeiten nur für eigene Interessen nutzt, wofür er sie hassen und verachten muß. Durch die grausame väterliche Behandlung seelisch verletzt, regrediert er in seiner totalen Macht- und Hilflosigkeit auf eine frühere Entwicklungsstufe der Mutter-Kind-Bindung und identifiziert sich mit dem väterlichen Aggressor. Da dies meist auch von der Mutter gewünscht und unterstützt wird – der Junge soll ja erstens ein „richtiger" Mann werden und zweitens den Vater aller Gewalt zum Trotz achten und lieben –, „verrät" sie ihn praktisch ein zweites Mal.

Die Identifikation mit dem Vater löst die enge Bindung an die Mutter endgültig auf; ihre konstituierenden Elemente – Zärtlichkeit, Fürsorge, Empathie, bedingungslose Liebe – werden als wertlos zerschlagen. Damit ist ein Hauptziel der patriarchalen „Männlichkeits"-Erziehung erreicht: die Monopolisierung und Tradierung von Gewalt.

Im Mechanismus der sekundären Identifikation mit dem Aggressor verdrängt das geprügelte Kind seinen Haß auf den Gewalttäter und verinnerlicht das Prinzip der Gewalt. Auf dieser Grundlage kann der Sohn nahezu unauflösbar an einen gewalttätigen Vater gebunden werden. Im Gegensatz zur primären Mutter-Bindung basiert eine „herbeigeprügelte" Liebe nicht auf der bedingungslos liebenden Anerkennung eines mächtigeren Wesens, sondern auf dem verdrängten Haß des Schwächeren. Haß und Wut sind destruktive Aggressionen, die in bezug auf Macht und Einfluß der „Allmacht" der Mutterliebe durchaus nicht nachstehen (sie, wie manche behaupten, darin sogar noch übertreffen). Der „ganze Mann", der durch solche Methoden produziert wird, besteht letztlich aus der Verleugnung aller ursprünglichen, vertrauensvollen, zärtlichen Bindungen, aus einer abwertenden Verachtung von „Weiblichkeit" und einer Glorifizierung von Gewalt.

Ein brutaler Vater zerschlägt mit Gewalt vor allem die „Weiblichkeit" seines Sohnes und bietet ihm dafür „Männlichkeit" zum Preis totaler Unterwerfung und eines absoluten Gehorsams. Sein „Körper-Ich", seine Haut wird im moralischen Kontext von „Sünde" und „Bestrafung" zum Medium des Schmerzes. Der seelische Schaden, der ihm auf diese Weise zugefügt wird, ist um so größer, je „rationaler" und emotionsloser die brutale Behandlung vorgenommen wird.

„Foltererschulen", die in verschiedenen Ländern von militärischen und paramilitärischen Organisationen betrieben werden, erziehen Männer in extremster Weise zur bedingungslosen Unterwerfung unter männliche Autoritäten und zu blindem Gehorsam. Beides qualifiziert sie zur emotionslosen Durchführung geradezu unvorstellbarer Grausamkeiten. Das wesentliche Ziel der Ausbildung ist, die Folterlehrlinge zur Übernahme und Verinnerlichung der Scheinrationalität und der Emotionslosigkeit des Trainers zu bewegen.

Als ideale Kandidaten gelten junge Männer (zwischen 16 und 22 Jahren), die in ihrer Kindheit selbst grausamen Erziehungsmaßnahmen ausgesetzt waren. Die Ausbildung beginnt damit, sie durch Erniedrigungen, Demütigungen und hohe physische und psychische Belastungen in ihrer Identität und ihrem Selbstwertgefühl schwer zu erschüttern. Diese Maßnahmen werden stets rational begründet. Im nächsten Schritt werden ihre Empathiefähigkeit, ihr Mitleidsvermögen und ihre Emotionalität systematisch zerstört (indem der Ausbilder z.B. vor ihren Augen ihr geliebtes Tier-Maskottchen lebendigen Leibes zerreißt und sie dann zwingt, mit anderen Tieren ebenso zu verfahren). Infolge dieser extremen Belastungen regredieren die Auszubildenden in einen Zustand totaler Abhängigkeit von ihren Ausbildern; ihre einzige seelische „Überlebenschance" besteht darin, die Anerkennung dieser Männer zu gewinnen. Voraussetzung dafür ist ihre vollständige und bedingungslose Unterwerfung und die Erfüllung aller Anforderungen, die diese an sie stellen.[50]

Die seelischen Deformationen der Folterlehrlinge sind um so schrecklicher und unwiderruflicher, je jünger sie sind. Sie machen auch eine spätere Integration in einen normalen, friedlichen Alltag nahezu unmöglich. Die Gefühllosigkeit gegenüber anderen Menschen bleibt ein Leben lang erhalten, sie selber sind unzufrieden und freudlos. (Die Therapieversuche an nicaraguanischen Kindern, die im Alter von 6 bis 8 Jahren unter anderem dazu ausgebildet worden waren, politischen Gefangenen bei lebendigem Leib die Augen herauszureißen, blieben in der Mehrheit erfolglos.)

Nach Montagu hat ein gewaltförmiger Umgang mit Kindern entscheidende Auswirkungen auf die emotionale Besetzung der Haut, die unsere erste und wichtigste Kommunikationsfläche ist: „Das Schlagen der Kinder als eine Form der Disziplin oder aus anderen Gründen verwandelt die Haut im Empfinden des Kindes in ein Organ des Schmerzgefühls statt in eines des Behagens."[51] In *„The Secret Trauma"* präzisiert Russel die Konsequenzen daraus im Hinblick auf männliche Kinder: „In der männlichen Sozialisation wird Macht, Intimität, Zuneigung, Haß und Verachtung *sexualisiert*."[52] Wenn in der entscheidenden Entwicklungsphase, in der das Prinzip „Männlichkeit" psychisch verankert werden soll, Gewalt angewendet wird, die spezifisch sexuellen Charakter hat, verschmelzen Autorität, Gewalt, Schmerz und Sexualität in der männlichen Psyche zu einem Komplex. Die Konsequenzen der „Sexualisierung" von Gewalt schießen über das offizielle Ziel brutaler Disziplinierungsmaßnahmen, das primär in der Errichtung einer autoritären Persönlichkeitsstruktur besteht, bei weitem hinaus.

Diese brisante Verbindung wird insbesondere durch solche Kontakte – z.B. durch die bis in unser Jahrhundert hinein weitverbreiteten Schläge auf das nackte Gesäß – hergestellt, die u.U. auf rein mechanische Weise sexuelle Körperempfindungen oder eine sexuelle Erregung auslösen. Wird dieser Akt der Züchtigung von einer geliebten und geachteten Person vollzogen, die vom Kind als moralische Instanz anerkannt wird, so entsteht eine dauerhafte pathologische Einstellung, eine *sexuelle Perversion*.

Die Verlagerung der Sexualität in einen Komplex von Schuld und Sühne beeinträchtigt die Weiterentwicklung der kindlichen Bindungs- und Liebesfähigkeit massiv. Wer gelernt hat, seine Oberfläche vor allem mit Schmerz zu identifizieren, wird sich als Erwachsener kaum allzusehr nach Hautkontakten sehnen. Er wird im Gegenteil eher danach trachten, sie entweder gänzlich zu vermeiden oder vollständig unter Kontrolle zu bekommen – sei es, indem er einen Kontext kreiert, in dem er ganz eindeutig „Herr der Lage" ist (ein extremes Beispiel dafür ist der „Macho", den niemand anfassen darf, es sei denn auf seinen Wunsch oder Befehl), oder indem er ein künstliches Szenario schafft, in dem er seine pervertierte Bedürfnisse in ritualisierter, d.h. weitgehend entschärfter Form befriedigen kann (z.B. in einem professionellen „Sado-Maso-Salon").

Da jeder Körperkontakt, in welcher Form und in welchem Kontext auch immer er hergestellt wird, bindenden Charakter hat, pervertiert

ein gewalttätiger, aggressiver Umgang mit Kindern ihre Bindungs-
wünsche, sodaß sie nur in entsprechend perversen Beziehungsstrukturen
befriedigt werden können.[53] Die Tatsache, daß männliche Kinder
traditionell mehr und brutaler geschlagen werden als Mädchen, erklärt
auch, wieso vorwiegend Männer (der landläufig vorherrschenden
Meinung durchaus widersprechend) Perversionen entwickeln, die sich
sexuell manifestieren (einen sexuellen *Masochismus*, der sie unter die
Peitschen von „Dominas" treibt, sexuellen *Sadismus* in voller oder
abgeschwächter Form, d.h. Vergewaltigung in Verbindung mit Tötung
und Zerstückelung des Opfers oder „einfache" Vergewaltigung, *Pädo-
philie, Transvestismus, Exhibitionismus, Voyeurismus, Zoophilie und
Nekrophilie*).[54]

Nach Kaplan sind Perversionen unbewußte psychische Strategien,
die der Abtötung und Entmenschlichung von normalerweise sehr
lebendigen und daher als bedrohlich erlebten Wünschen dienen (der
„Besänftigung ihrer Dämonen", wie sie schreibt) und die einer Darstellung nach außen bedürfen. Nach Aussagen praktizierender Sadomaso-
chisten besteht ihre Perversion im Kern nicht im Bedürfnis, einer
anderen Person Schmerzen zuzufügen oder selbst Schmerzen zu
erleiden; ihr wahres Wesen offenbart sich in der Inszenierung des
Dramas von Herrschaft und Unterwerfung.

Diesem Wesen entspricht das sogenannte „BD-(bondage-discipline)-
Szenario", das ganz offensichtlich Züge elterlicher Erziehungs- und
Strafmaßnahmen trägt und häufig in stereotypisierten, wie Kinderzimmer
eingerichteten SM-Salons entwickelt wird: „Bondage" steht für die
sklavenhafte Ergebenheit gegenüber einer dominanten Person,
„discipline" einerseits für die bedingungslose Ausführung von Befeh-
len und andererseits, sollte dies nicht zur vollsten Zufriedenheit geschehen, für eine Bestrafung.

Nach Kaplan ist die sexuelle Manifestation (der Ausdruck durch
den Vollzug „verbotener" sexueller Handlungen) ein zentrales Merkmal männlicher Perversionen. Spezifisch weibliche Perversionen (z.B.
Kleptomanie, diverse Formen der *Selbstverstümmelung* und eine
zwanghafte *Unterwerfung* unter den Mann) manifestieren sich in der
Regel nicht sexuell, sondern in Verhaltensweisen, die den
Idealvorstellungen von Weiblichkeit entsprechen oder sie karikieren
(z.B. Sauberkeit, Innerlichkeit, sexuelle Unschuld und freiwillige
Unterwerfung). Die typisch männliche Perversion ist daher eine Nach-
ahmung oder vielmehr eine Karikatur der erwachsenen Sexualität, also
eine pathologische Form der Sexualität. Die typisch weibliche Perversion ist eine Karikatur von gesellschaftlich definierter „Weiblichkeit",

und daher als pathologische Form der Geschlechtsidentität zu betrachten. Entscheidend ist, daß in beiden Fällen der/die Perverse bei der Realisierung der perversen Bedürfnisse „keinen Liebesakt aus(führt), sondern einen Akt des Hasses".[55] Der entscheidende Unterschied zwischen weiblicher und männlicher Perversion liegt somit also letztlich darin, auf welches Objekt sich dieser Haß richtet: auf ein fremdes – die Frau, das Kind, das Tier, den Leichnam etc. – oder das eigene Selbst.

Die Sexualisierung von Haß und Gewalt im Konzept „Männlichkeit" erklärt auch, warum Erniedrigungen und Folterungen oft mit sexuellen Mitteln oder direkt durch Vergewaltigungen vollzogen werden, wieso auch in der ganz „normalen" militärischen Ausbildung immer schon Verbindungen zwischen Gewalt und Sexualität hergestellt und funktionalisiert wurden, wieso im Zusammenhang mit militärischen Eroberungen oder Vergeltungsaktionen Vergewaltigungen von Zivilistinnen eine lange Tradition haben. Die Vergewaltigung ist nämlich die „höchste", weil die andere Person zutiefst erniedrigende Form der Folter und ermöglicht dem pervertierten Folterer eine Befriedigung, die über die pure Demütigung und Selbstzerstörung der Opfer weit hinausgeht.

Das Aufwachsen in Familien mit gewalttätigen und neurotischen Beziehungsstrukturen kann für Kinder beiderlei Geschlechts ein Martyrium sein. Söhnen werden jedoch schon sehr früh vielfältige Gelegenheiten geboten, ihm zu entkommen. Sie dürfen sich relativ frühzeitig weitgehend unbeaufsichtigt ins Freie begeben und mit gleichaltrigen Gleichgeschlechtlichen zu solidarischen „Brüderhorden" zusammenzuschließen. Auch organisierte Fluchten aus der Familie haben in Deutschland eine entsprechend lange Tradition: Sie reicht vom jugendbewegten Freiheitsdrang der „Wandervögel" (die später auch Mädchen in ihre Reihen aufnahmen) über die straff organisierte und harte Zucht der „Hitlerjugend" bis zur Einbindung in kirchlich-konservative Pfadfindertrupps. Heute werden eher locker organisierte Cliquen und Banden bevorzugt, die gesellschaftlich polarisierten Kindern und Jugendlichen mit diffusem politischen Hintergrund eine Heimat bieten(vgl. Kap. 3).

Männerbünde – unabhängig von Weltanschauung, politischen Zielen und Organisationsformen – vermitteln ihren Mitgliedern vor allem ein Gefühl der Geborgenheit unter prinzipiell Gleichen. Gegen „andere", „Fremde" stehen sie fest, wie „ein Mann" zusammen. Was sie nach außen wie nach innen vor allem demonstrieren, ist dominante „Männlichkeit". Ein eventueller revolutionärer Impetus richtet sich zwar gegen etablierte Mächte, jedoch nie gegen das Gewaltprinzip an sich. Insofern bringt die neue männliche „Familie" im Grunde nichts Neues hervor, sondern nur den Machtwechsel. Denn auch in ihren exklusiven Verbänden unterdrücken Männer ihre Emotionen, ihre Sensibilität, ihre libidinösen Bindungen untereinander und organisieren sich nach streng hierarchischen Prinzipien.

Sexualität statt Intimität: Väter als Täter

Über die Legitimität des Einsatzes harter Körperstrafen insbesondere als Mittel zur emotionalen Abhärtung und Disziplinierung von Söhnen bestand lange Zeit gesellschaftlicher Konsens. Der „Seelenmord" an Mädchen durch sexuellen Mißbrauch und die Vergewaltigung von Töchtern unterliegt hingegen einem der am strengsten gehandhabten kulturellen Tabus, das ihn eigentlich grundsätzlich verhindern sollte.

Freud gelangte zwar schon Ende des 19. Jh. zu der Erkenntnis, daß der „Vater-Tochter-Inzest" dennoch weiter verbreitet ist, „als man denkt".[56] Mit seiner Theorie vom „inzestuösen", „tödlich eifersüchtigen" Kind verbreitete er nichtsdestoweniger eine verwirrend falsche Vorstellung über die Verteilung der Opfer-Täter-Rollen in diesem Geschehen. Denn das Tabu richtet sich keineswegs an das Kind, sondern an den Vater, an den erwachsenen Mann.

Erst heute, nahezu hundert Jahre später, erhellt eine große Zahl von Untersuchungen mit schockierenden Ergebnissen diesen schwärzesten Sektor der Eltern-Kind-Beziehungen und macht erstmals das katastrophale Ausmaß sichtbar, in dem dieses sexuelle Tabu systematisch verletzt und gebrochen wird.[57] Die 1986 veröffentlichten Schätzungen des Psychohistorikers Lloyd de Mause, der der Hälfte aller amerikanischen Frauen Mißbrauchserfahrungen zuschrieb, waren seinerzeit noch abwehrend angezweifelt worden. Heute machen sowohl statistisch abgesicherte, harte Daten und seriöse Dunkelfeldschätzungen als auch die zumeist autobiographischen Beschreibungen des konkreten Geschehens aus der Opferperspektive, die ai-Folterberichten in nichts nachstehen, eine gesellschaftliche Stellungnahme und Reaktion auf dieses schier unfaßliche Geschehen unumgänglich.

Die Ergebnisse von Untersuchungen, die in verschiedenen europäischen Ländern durchgeführt wurden, übertreffen teilweise sogar die vorausgegangenen Vermutungen und Befürchtungen. Die Häufigkeit von sexuell motivierten Gewalttaten gegen Kinder unter 14 Jahren schwankt in Deutschland um eine Zahl von etwa 300 000 Fällen jährlich. Im Klartext heißt das, daß jedes dritte Mädchen und jeder neunte Junge unter 14 Jahren bereits einmal von einem Erwachsenen sexuell mißbraucht worden ist.[58]

Die Angaben über die Höhe des Mädchen-Anteils unter den Opfern sexuell motivierter Gewalt schwanken zwischen 90% (in U.S.A. und England)[59] und 80% bis 90% in Deutschland. Ein Drittel der Opfer werden erstmals bereits als Säuglinge oder Kleinkinder mißbraucht. Der Mißbrauch ist meist kein singuläres Ereignis, sondern zieht sich in der Folge über mehrere Jahre hin. Tatort ist in den meisten Fällen der private Raum, das Haus oder die Wohnung der Familie, in der das Mädchen aufwächst. Der Täter ist häufig ein Mitglied des engeren oder weiteren Familienkreises.

In diesem letzten Punkt zeigen sich klare Unterschiede zwischen dem Mißbrauch weiblicher und männlicher Kinder. Jungen, die an sich schon weniger sexuelle Mißbrauchserfahrungen machen, erleben ihn seltener im eigenen Heim; an ihnen vergehen sich in der Regel nicht enge und engste Familienmitglieder, sondern Erwachsene, die sie im Zusammenhang mit Sport- und Freizeitaktivitäten kennenlernen, also *sekundäre Autoritätsfiguren* (Jugendgruppenleiter, Lehrer, Pfarrer, Sporttrainer).[60] An Mädchen vergreifen sich hingegen in der Regel *primäre Vaterfiguren* (Stiefväter, Väter, Onkel, Brüder, Freunde der Mutter).

Mädchen wie Jungen kennen ihre Peiniger meist sehr gut oder zumindestens gut (93% der Fälle); das heißt, daß vor der Tat ein Vertrauensverhältnis bestanden hatte. Familiäre Beziehungen sind jedoch für ein Kind fraglos von größerer emotionaler Relevanz als Beziehungen zu Außenstehenden. Dies gewichtet den Vertrauensmißbrauch durch Familienmitgliedern zusätzlich in geschlechtsspezifischer Weise.

Der Täterkreis erweist sich soziologisch und psychologisch als unspezifisch, was nicht mehr und nicht weniger bedeutet, als daß sich die Gemeinsamkeiten zwischen Tätern auf ihr Geschlecht beschränken (sie sind überwiegend, d.h. zu 99% männlichen Geschlechts[61]). Da sie also in allen sozialen Schichten, Konfessionen und Berufen zu finden sind und in unterschiedlichsten Familienverhältnissen leben, kann die Theorie von der „primitiven" oder „zerrütteten" Familie als Brutstätte des Mißbrauchs und der Gewalt nicht aufrechterhalten werden. Tatsächlich ist es so, daß weder ein normal funktionierender Familienverband noch ein hoher Sozialstatus der Familie ein Mädchen vor einem Mißbrauch durch Familienmitglieder hinreichend schützen können: denn Mißbrauch wird „durch den Familienverband überhaupt erst ermöglicht"[62]; die durchaus reale Schutzfunktion, die von einem hohen sozialen Status ausgehen kann, kommt weniger dem Opfer der Tat als vielmehr dem Täter zugute, denn nur ihn macht eine entsprechende soziale Stellung unangreifbar und sicher vor Entdeckung und Verfolgung.

In letzter Zeit wird der Frauenanteil unter den Tätern stärker ins Blickfeld gerückt. Er wird verschiedentlich und schätzungsweise auf 20 – 30% beziffert. Um diesen Sachverhalt angemessen differenziert bewerten zu können, müssen allerdings die näheren Tatumstände mit in Betracht gezogen werden: Viele dieser Täterinnen vollziehen entsprechend inkriminierte Handlungen nicht primär zur Befriedigung eigener sexueller Gelüste, sondern werden von Ehemännern oder Freunden unter Druck gesetzt und zur aktiven Beteiligung am Mißbrauch förmlich gezwungen.

Frauen sollen hier keineswegs von ihrer Verantwortung gegenüber ihren Kindern entbunden und auch nicht von jeglicher Schuld freigesprochen werden. Die Beteiligung von Müttern am sexuellen Mißbrauch ihrer Kinder soll weder geleugnet noch verharmlost, sondern nur in Hinblick auf ihre Wirkungen auf das Kind genauer charakterisiert werden. Das Verbrechen der Mutter besteht im wesentlichen nicht in der Ausbeutung des Kindes als Sexualobjekt, sondern im emotionalen „Verrat", im „Übersehen" des Mißbrauchsgeschehens, im Hintanstellen des töchterlichen Leids in der Prioritätenskala der Gesamtfamilie oder hinter die Forderungen und Bedürfnisse des erwachsenen Mannes, in der Verweigerung von Solidarität, dem feigen Rückzug in Antizipation des Verlusts ihres gesellschaftlichen Ansehens und in der überwältigenden Angst vor gesellschaftlicher Ächtung.

Die aktuelle Werte-Diskussion der langfristigen psychologischen Folgen des sexuellen Mißbrauchs treibt manchmal seltsame Blüten. Aus einer bestimmten Richtung wird, übrigens nicht zum erstenmal, der vordergründige Versuch gestartet, die Verantwortung für den Mißbrauch auf die Kinder abzuwälzen, indem er zum Ausdruck der gewissen sexuellen „Libertinage" des kulturell „ungeschliffenen" Kleinkinds hochstilisiert wird. Von anderer Seite wird versucht, den sexuell motivierten Seelenmord durch Subsumierung unter ein allgemeines Folter-Konzept und durch eine undifferenzierte Gleichsetzung mit den Folgen von nicht-sexuell motivierter Gewalt gegen Kinder in seiner Bedeutung herunterzuspielen.

Auch der Versuch, den mütterlich-zärtlichen Umgang von Frauen mit dem Körper eines männlichen Säuglings grundlegend zu diffamieren, indem man ihn durch den Begriff „latenter Inzest" zumindest semantisch in die Nähe des realen Vater-Tochter-Inzests rückt, ist diesem Verunklarungskomplex zuzuordnen. Ein näherer Augenschein erweist die geringe Berechtigung dieses Begriffs: Nur in Ausnahmefällen benutzt die Mutter, die den Körper ihres kleinen Sohnes durch zärtliche Berührungen „sexualisiert", diesen als Objekt zur Befriedigung eigener sexueller Begierden. Ihrem Verhalten liegt meist weder ein primäres noch sekundäres Machtmotiv zugrunde; es folgt vielmehr – wenn vielleicht auch in übertriebener, exaltierter Weise – dem Muster von „adoring love", jener spezifischen Form von Liebe, die sich vor allem in der Anerkennung und Bewunderung des „anderen" Körpers manifestiert. Ihren Sexualisierungscharakter erhält diese Form der Liebe dadurch, daß sie sich explizit auf den Kern der „Andersartigkeit" des Sohnes, d.h. auf seine Genitalien, bezieht. Wenn in diesem Kontext Machtgefühle überhaupt eine Rolle spielen, dann viel eher als Reaktion auf durch diese Genitalien symbolisierte Macht, die von der Mutter – in diesem Fall der Entwicklung des Sohnes weit vorauseilend – liebevoll anerkannt, respektiert oder sogar schon gefürchtet wird.[63]

Die Psychologie des Inzests

Sexueller Mißbrauch setzt nicht nur lebensgeschichtlich früher ein, als allgemein angenommen wird, sondern auch in seinen Manifestationen. Um Mißbrauch diagnostizieren zu können, muß ein Säugling nicht erst mit lebensbedrohlichen Verletzungen der inneren Organe in eine Intensivstation eingeliefert worden sein, obwohl solche Fälle durchaus vorkommen.[64] Er ist auch nicht auf eindeutig sexuelle Handlungen begrenzbar. Mißbrauch liegt bereits dann vor, wenn ein erwachsener Mann durch verbale Aussagen oder körperliche Handlungen einem kleinen Mädchen klarmacht, daß nicht sie selbst über ihren Körper nach Belieben verfügen kann, sondern er.

Die berührungsintensive Mädchensozialisation macht es Mädchen schwer, sich gegenüber Erwachsenen abzugrenzen und unerwünschte Kontakte zurückzuweisen oder gar abzuwehren, und sie erleichtert dem potentiellen Täter das Überschreiten der Intimgrenze des Kindes. Aus genaueren Mißbrauchsanalysen kristallisiert sich folgendes prototypische Muster heraus: Der Täter ist meist ein männlicher Erwachsener, das Opfer ein junges, sexuell unreifes (vorpubertäres) Mädchen; er führt entweder seine körperliche oder geistige Überlegenheit ins Feld, setzt seine soziale Machtposition ein oder nutzt ihre Unwissenheit und Naivität, ihr Vertrauen oder ihre konkrete Abhängigkeit aus, um seine spezifisch sexuellen Bedürfnisse zu befriedigen – entweder durch körperliches Abtasten des Kindes oder dadurch, daß er es zwingt, ihn entsprechend zu berühren, zu betasten, zu stimulieren, an seinen sexuellen Handlungen im weitesten Sinn teilzunehmen, oder durch analen, genitalen oder oralen Geschlechtsverkehr.

Ein erwachsener Mann kann einem Mädchen durch lüsterne Blicke, begutachtende Reden über ihre körperlichen Formen, durch Klapse auf den Po, „zufällige" Berührungen und erzwungene Küsse seine Macht nachdrücklich demonstrieren. Indem er sie zwingt, pornographische Produkte zu betrachten oder sie überraschend mit seinen erregten Genitalien konfrontiert, kann er sie zusätzlich einschüchtern und verängstigen. Seine körperliche Überlegenheit läßt Widerstand oder gar Gegenwehr als weitgehend sinnlos erscheinen; beides kann „notfalls" auch mittels unverbrämter Gewalt leicht gebrochen werden.

Auch ganz normale Väter, die sich ihren Töchtern nie in sexueller Absicht nähern würden, pflegen mit ihnen einen Umgangsstil, der sich deutlich vom „männlichen" Umgang mit ihren Söhnen unterscheidet. Er ist sanftmütiger, zärtlicher, vorsichtiger. Der weibliche Körper wird seiner späteren gesellschaftlichen Aufgabe entsprechend nicht zur dynamischen Eigenaktivität und zum aggressiven Gerangel angeregt und schon gar nicht emotional „abgehärtet". Durch sanften Umgang soll vielmehr die Sensibilität und Bereitschaft der Tochter zu zärtlichen Begegnungen mit dem anderen Geschlecht gefördert werden.

Das durchgängige „feely-touchy"-Interaktionsmuster wird zumeist ebenso unbewußt installiert wie der ruppige und harte Umgang mit „kleinen Männern". Nichtsdestoweniger steht es ebenso explizit in der Tradition bürgerlicher Erziehung und ist von eminenter gesellschaftlicher Bedeutung. Die Intensivierung der Körperkommunikation in der Mädchensozialisation bildet eine Linie mit der gezielten Einschränkung ihrer Aktivität und Mobilität, die als „Schutzmaßnahme" legitimiert wird.

Der zitierte J.J. Rousseau benötigte in seinem berühmten aufklärerischen Erziehungsroman *„Emile"* (1762) nur ein einziges Kapitel, um die Grundsätze der Mädchensozialisation und ihr Herzstück – die Unterordnung unter den Mann, die Relativierung weiblicher Bedürfnisse und die selbstlose Funktionalisierung des Mädchens zum Nutzen des Mannes – hinlänglich klarzumachen:

„Die ganze Erziehung der Frau muß daher auf die Männer Bezug nehmen. Ihnen gefallen und nützlich sein, ihnen liebens- und achtenswert sein, sie in der Jugend erziehen und im Alter umsorgen, sie beraten, trösten und ihnen das Leben angenehm machen und versüßen:

das sind zu allen Zeiten die Pflichten der Frau, das müssen sie von
ihrer Kindheit an lernen."

Die zärtliche Körpersprache des Vaters ist für die Tochter nicht weniger verwirrend, zweideutig und ambivalent als sein „männlicher" Umgang mit dem Sohn. Ihm gegenüber werden zärtliche Gefühle durch ruppige, geradezu gewalttätige Interaktionsformen verschleiert, maskiert oder distanzierend karikiert. Gegenüber der Tochter versteckt die väterliche Zärtlichkeit hingegen häufig ein tatsächliches sexuelles Begehren, das in einer für das Kind nicht nachvollziehbaren Weise auf sie projiziert wird. Solche Väter kennzeichnen schon Kleinkinder mit Begriffen wie „kokett" und „sexy" und zeigen dadurch, daß sie deren körperliches Ausdrucksverhalten aus einer heterosexuellen Erwachsenen-Perspektive interpretieren. Piontelli (1987) berichtet ähnliches sogar von einer Mutter, die die heftigen Reaktionen ihrer kleinen Tochter auf männliche Stimmen folgendermaßen bewertete: „Sie ist wirklich eine kleine Hure... sie ist verrückt auf Männer."[65]

Der systematische Mißbrauch der Tochter durch den Vater, wie er sich derzeit darstellt, ist bei weitem kein neuzeitliches Phänomen gesellschaftlichen Verfalls. Er ist vielmehr in der patriarchalen Definition der Familie, die sie zur Gänze als Besitztum des Vater ausweist, prinzipiell angelegt. Das klassische Patriarchat verwehrt Frauen einen eigenen Subjektstatus und definiert sie als „lebendes Besitzgut" des männlichen Subjekts, des „pater familias". Der davon abgeleitete deutsche Begriff „Familienvater" bezieht sich daher primär nicht auf eine emotionale Versorgungsfunktion, sondern beschreibt eine Machtkonstellation. (Ein weibliches, vergleichbar besitzanzeigendes Begriffsäquivalent – eine „Familienmutter" – gab es hingegen nie.) Aus ihrer patriarchalen Machtposition konnten Männer lange Zeit ein Recht auf „Nutzung" – inklusive sexueller Ausbeutung – weiblicher Körper ableiten. Innerhalb eines gesellschaftlichen Rahmens, der Frauen nicht einfach nur weniger oder andere Rechte als Männern zugesteht, sondern eigentlich gar keine, ist Inzest und Vergewaltigung im Grunde gar kein Verbrechen, sondern ein schlichtes männliches Gewohnheitsrecht. Ein Inzest-Tabu dient unter solchen Bedingungen eher dazu, die Aufdeckung und Verfolgung eines solchen Verbrechens zu verhindern als seine Durchführung.

Aus diesen Gründen deckt die psychologische Analyse des Inzests vor allem die Strukturen der Psyche der Täter auf und sagt viel über die Familie und ihre internen Machtverhältnisse aus – aber mit Sicherheit nichts über die von den Tätern vielfach beschworene „kindliche Lust".

Es sind nicht die sexuellen, sondern gerade die *kindlichen* Eigenschaften des kleinen Mädchens, die den Mißbraucher „anmachen". Sie bringen Bedürfnisse hervor, die sich unter den gegebenen Sozialisationsbedingungen auf der Basis der Verbindung von Macht, Angst, Dominanzbedürfnis und Sexualität vor allem in der männlichen Psyche entwickeln. Der erschreckende Mangel an Einfühlung in die Lage des eigenen Kindes kann nicht (wie im brutalen Umgang mit dem heranwachsenden Sohn) aus der gesellschaftlich legitimierten Funktionalisierung von Gewalt als Erziehungsmittel erklärt werden. Dieser Mangel wurzelt tiefer. Er reflektiert das Dilemma männlichen Begehrens, das sich auf eine Macht richtet, die in der Konstitution der eigenen Identität abgespalten, verdrängt und abgewertet werden mußte.

In der Psychologie der Täter frappiert insbesondere die Absenz jeglichen Unrechts- oder Schuldbewußtseins. Wie normal und überaus berechtigt mancher Erwachsene die Benutzung des kindlichen Körpers zum Zwecke der Befriedigung eigener sexuellen Bedürfnisse findet, zeigt die telefonische Anfrage eines Vaters beim schweizerischen Kinderschutzbund in Bern: „Kriegt mein noch nicht einjähriges Baby Aids, wenn ich ihm den Penis in den Mund schiebe?"

Für Männer mit ausgeprägten „Weiblichkeits"-Ängsten wird die kleine, machtlose Tochter zum „idealen Liebesobjekt": Sie ist stets verfügbar, hat keine eigenen sexuellen Wünsche oder Ansprüche, die er erfüllen müßte, und sie ist seinem Willen total unterworfen. Mit einem solchen Wesen kann auch einer, der vor Bindungen mit erwachsenen, selbstbewußten, sexuell anspruchsvollen Frauen panisch zurückschreckt, das Wagnis der „symbiotischen Verschmelzung in Liebe" eingehen.

J. Rijnaarts erklärt die Neigung von Vätern, das kulturelle Inzest-Tabu zu verletzen, mit einem tiefsitzenden psychologischen Komplex, der sich unter anderem infolge der asymmetrischen Organisation der Elternschaft – letztlich also der geschlechtlichen Arbeitsteilung – entwickelt (*Antiochus-Komplex*).

„Je größer die Macht des Mannes und je mehr seine Partnerin zu ihm aufsieht, desto geringer die Gefahr, daß sie sich als autonomes Subjekt verhält und ihm ihre Gunst ‚nach Belieben' schenkt oder verweigert. Aus dieser Sicht kann eine Tochter als die ideale ‚Partnerin' erscheinen: in keiner anderen Beziehung ist das Machtgefälle größer als zwischen Vater und Tochter; bei keinem anderen weiblichen Wesen lassen sich Autonomiebestrebungen leichter ignorieren oder unterdrücken. So kann der frühkindliche Traum vom Frauenkörper, den man uneingeschränkt

besitzt und aus dem man durch Sexualität Glück schöpfen kann, bei Vätern zu einem Tochterkomplex führen. "[66]

Der Antiochus-Komplex äußert sich in der Übertragung von ambivalenten Gefühlen, die die davon Betroffenen ihrer Mutter entgegenbringen und die in der infantilen Vorstellung von mütterlicher Allmacht und Willkür gründen, auf das ganze weibliche Geschlecht. Er bildet den Nährboden für ein starkes Bedürfnis, die „Frau" zu beherrschen – sei es aus Rache oder einfach aus der erschreckenden Erkenntnis heraus, daß sie sie wirklich brauchen: Denn sie wissen genau, daß der Urquell ihrer Lust und ihres Behagens im weiblichen Körper verborgen liegt und sie ihn daher niemals wirklich „besitzen", sondern immer nur als außerhalb ihrer selbst erleben können. Ein verläßlicher Zugang zu dieser Quelle kann nur dadurch erreicht werden, daß man eine Frau in „Besitz nimmt", die einem total unterworfen ist. Das erklärt auch die weitverbreitete männliche Vorliebe für Liebespartnerinnen, die eklatant jünger und schwächer sind als sie (d.h. ihnen körperlich, intellektuell, sozial und/oder ökonomisch unterlegen sind).

Die sexuelle Ausbeutung von Töchtern durch Väter wird durch ein weiteres psychologisches Phänomen erleichtert, das im Prinzip ebenfalls auf die asymmetrische Organisation der Elternschaft zurückzuführen ist. 1921 als „*Westermarck-Prinzip*" gewissermaßen als psychologisches Pendant zum kulturellen Inzest-Tabu beschrieben, wurde es von Havelock Ellis (1936) bestätigt und von Douglas & Atwell (1988) spezifiziert. Es definiert zwei Faktoren, die bei Erwachsenen die Entwicklung sexueller Gefühle oder Gelüste gegenüber kleinen Kindern direkt proportional blockieren: zum einen das charakteristische äußere Erscheinungsbild des Kindes, seine infantile „Herzigkeit" (aus der Zoologie als „Kindchen-Schema" bekannt); zum anderen die Entwicklung einer speziellen Form der „fürsorglichen" Liebe. Diese ist allerdings davon abhängig, daß die Erwachsenen pflegerische, fürsorgliche Aufgaben übernehmen. Je eher diese auf Fürsorglichkeit basierende Verbindung zwischen einer erwachsenen Person und einem Kind geknüpft und je intensiver und länger sie aufrechterhalten wird, desto wirksamer blockiert sie das Entstehen lüsternen Begehrens und sexueller Gefühle im Umgang miteinander ab.

Emphatie und Mitgefühl, die Kernelemente dieser Form von Liebe, entstehen als Folge einer positiven Identifikation mit dem Kind.[67] Da nach wie vor nahezu ausschließlich Mütter die Aufgaben der frühen

Fürsorge übernehmen und sich dabei mit Säuglingen identifizieren, entwickeln in der Regel nur Frauen diese spezifische Form von fürsorglicher, asexueller Liebe; dementsprechend selten sind Inzest-Verletzungen durch Mütter. Denn objektiv betrachtet hätten Mütter – gerade wegen ihrer großen räumlichen und zeitlichen Nähe zu ihren Kindern – weit mehr Gelegenheiten zum sexuellen Mißbrauch als Väter.

Das Westermarck-Prinzip erklärt sowohl die große Zahl von latenten und manifesten Inzest-Verletzungen durch Väter als auch das Faktum, daß die Bereitschaft zum Mißbrauch mit abnehmender emotionaler Nähe zum Kind ansteigt. (Väter, die mit einem Kind von dessen Geburt an eng zusammenleben und es womöglich selbst versorgen, werden im Gegensatz zu Stiefvätern und später dazukommenden Lebensgefährten der Mutter, Brüdern und entfernteren Verwandten der Kinder seltener zu Tätern.) Die weitgehende Befreiung von Fürsorgeverpflichtungen und ihre familiäre Absenz insbesondere während der Kleinkindphase verhindert bei Männern die Herausbildung einer angemessenen Form von Liebe und erleichtert eine weitgehend ungebremste Projektion ihrer sexuellen Bedürfnisse auf das Kind.

Natürlich geht es dem Mißbraucher vordergründig in erster Linie um die Befriedigung sexueller Bedürfnisse. Es sollte jedoch nicht unterschätzt werden, daß die „psychohygienische" Wirkung des Gefühls, *Macht* über den weiblichen Körper zu besitzen, u.U. von weitaus größerer Relevanz für den Täter sein kann als eine primitive Reduktion sexueller Spannung. Es ist zudem kein Geheimnis, daß Sexualität sich vor allem im Kopf abspielt.

Das soziale Risiko, entdeckt oder gar bestraft zu werden, ist insbesondere dann, wenn sich einer an sprachlosen Säuglingen vergeht, vergleichsweise gering – es sei denn, es entstünden dabei unübersehbare körperliche Schäden. Aber auch mit zunehmendem Alter und wachsender Sprachfähigkeit des Mädchens erhöht es sich nur unwesentlich. Die faktische „soziale Blindheit" des Säuglings ersetzt das Kleinkind durch „blindes" Vertrauen in den Täter. Das ermöglicht ihm, seine Tarnung auf das von ihr entwickelte Vertrauensverhältnis und auf ihre Liebe zu ihm aufzubauen, und er benutzt beides dazu, das Kind auf Stillschweigen zu verpflichten. Damit macht er es zur „Komplizin". Er kann aber auch, sollte sich dies als nötig erweisen, seine reale Macht voll ausspielen und sie durch das Ausmalen weit „schlimmerer" Übel (z.B. die „Kränkung" der Mutter, Zerfall und wirtschaftliche Not der Familie etc.), aber auch durch Androhung von Gewalt oder gar des Todes zum Schweigen zwingen.

Die Verdammung zur Sprachlosigkeit verstärkt im bereits sprachfähigen Kind das Gefühl absoluter Hilf- und Machtlosigkeit und ermöglicht dem Täter, den Mißbrauch über viele Jahre hinweg geheimzuhalten.

Im Gegensatz zum lächerlich geringen Täterrisiko, das sich auch mit fortschreitender Entwicklung des Kindes nur unwesentlich erhöht, steigen Umfang und Ausmaß der seelischen Zerstörung des kindlichen Opfers bis zu einem bestimmten Alter stetig an. Das Kleinkind erlebt den väterlichen Übergriff, die eklatante Mißachtung der Grenzen seines Selbst in einem Zustand psychischer Labilität, der beginnenden Ich-Werdung und Lösung aus der engen Mutterbindung. Diese Phase ist, einer weitverbreiteten psychoanalytischen Meinung zufolge, geradezu gekennzeichnet von einer hilfesuchenden Hinwendung zum Vater. Angesichts dieser Bedürfnislage erscheint der Vertrauensbruch des Vaters, der einen tiefgehenden Bruch in der Entwicklung des Mädchens verursacht, noch infamer. Er behindert seine Tochter nicht nur langfristig in der Entwicklung ihrer Sexualität, sondern in ihrer gesamtem Persönlichkeitsstruktur und Beziehungsfähigkeit.

Die immense seelenzerstörerische Wirkung des sexuellen Mißbrauchs besteht darin, daß er zunächst fast unmerklich, sozusagen schleichend einsetzt und für das Kind weder faßbar noch erklärbar ist. Insbesondere der Mißbrauch durch den eigenen Vater, den das Kind bis dahin als sanft, liebevoll, zärtlich und vertrauenerweckend wahrgenommen hat, zerstört die innere seelische Struktur des Kindes nicht mit einem – zwar brutalen, aber wenigstens als solchen erkennbaren – Schlag; er schleicht sich in kaum wahrnehmbaren, viel weniger einklagbaren körpersprachlichen Übergängen von einer „normalen" körpernahen Interaktion zur körperlichen Invasion wie ein tödliches Gift in die Seele des Kindes ein.

Das kleine, vorpubertäre Mädchen kann weder das Verhalten des Vaters noch die eigenen Empfindungen in ihren psychischen Bezugsrahmen einordnen. Schläge oder Prügel können einem Strafkontext zugeordnet werden und stehen zudem in einem erkennbaren und nachvollziehbaren logischen Zusammenhang sowohl mit der offiziellen Erziehungsfunktion des Vaters als auch mit dem eigenen Verhalten, das die Strafaktion ja meist auslöst. Die negativen und weitgehend unerklärlichen Empfindungen, die mit einem heimlichen Mißbrauch verbunden sind, stehen jedoch in totalem Widerspruch zur Lebens- und Gefühlswelt des Mädchens: Sie lassen sich weder mit den vorgeblichen Intentionen des Vaters und mit dem idealisierten Vaterbild noch mit dem eigenen Verhalten zur Deckung bringen.

Der sich liebevoll gerierende Mißbraucher verwirrt wie der sprich-wörtliche Wolf im Schafspelz sein Opfer vor allem durch die Wider-sprüchlichkeit seines Verhaltens. In der sich erst entwickelnden Psyche des Mädchens verwischen sich die Grenzen zwischen Gut und Böse und zwischen Liebe und Ausbeutung nachhaltig. Die Verschwörung des Schweigens, die dem Mädchen auch noch lange nach der Tat eine befreiende Kommunikation über das Geschehen verbietet und es in eine schreckliche Isolation verbannt, macht das emotionale Chaos und seine Ambivalenzen im Grunde vollends unbewältigbar.

Vielen Opfern gelingt es erst im späten Erwachsenenalter, ihre inzestgeprägte Lebensgeschichte aufzuarbeiten. In einer erschüttern-den Retrospektive stellt die Kanadierin E. Danica (1989) die jahrelange brutale Ausbeutung durch den eigenen Vater dar, der selbst vor dem Verkauf ihres Körpers an fremde Kunden nicht zurückschreckte. Ihre Schilderung zeigt den „klassischen" Anfang des Martyriums, das vom Vater systematisch erzeugte emotionale Chaos, in dem sie letztlich auf der Strecke bleibt: Der Vater verwirrt sie mit einer differenzierten und zunehmend bedrohlicheren Argumentation, wechselt von verlockenden Versprechungen zu autoritären Korrekturen ihrer eigenen Empfindun-gen, von „Komplimenten" zu Beschimpfungen und falschen Behaup-tungen und überwältigt sie schließlich durch die Androhung von Liebesentzug und Gewalt und durch seine ungeheure, gnadenlose *Beharrlichkeit:*

„Mir ist kalt, Vati. Komm, laß Vati dich reiben, damit dir warm wird. Aber Vati, mein Rücken ist kalt, nicht mein Bauch. Faß meinen Bauch nicht an, ich mag das nicht. Natürlich magst du das. Wenn Vati deine kleinen Knöpfchen küßt, werden sie groß, und dann bist du ein großes Mädchen, nur für Vati. Ja, Vati. Aber ich mag das nicht, Vati. Weil du ein dummes Mädchen bist. Zieh deinen Schlüpfer aus. Ich will dich noch mehr wärmen. Aber Vati, es ist doch mein Rücken, der so kalt ist. Wenn ich zwischen deinen Beinen reibe, wird dein Rücken gleich warm. Ich will nicht, Vati. Willst du, daß dein Vati böse wird? Nein, Vati. Dann tu, was ich dir sage. Zieh deinen Schlüpfer aus, damit ich dich wärmen kann. Aber... Willst du eine Ohrfeige? Nein, Vati. Dann zieh ihn aus."[68]

Die Woge aufsehenerregender und erschütternder Informationen im Zusammenhang mit der Verletzung des Inzesttabus in unserer Kultur hat in der traditionellen Psychologie und Pädagogik kaum einen Eindruck hinterlassen, geschweige denn eine massenhafte Entwicklung von Maßnahmen und Strategien zur Verhinderung des Mißbrauchs in seinem Vorfeld angeregt. Die nach wie vor verbreiteten „klassischen" Ansichten über die näheren Umstände und Folgen des Mißbrauchs[69] unterscheiden sich kaum von der sattsam bekannten strategischen Verharmlosung der Vergewaltigung bei gleichzeitiger Projektion der Schuld auf die davon betroffenen erwachsenen Frauen.

Die analytische Psychologie ist dem Kern des Geschehens verschiedentlich nähergekommen. Anna Freud (1981) erkannte die besondere Dimension des Mißbrauchs im Vergleich mit verschiedenen anderen Formen von Gewaltausübung und erklärte sie aus der Diskrepanz des psychologischen Entwicklungsstands von Täter und Opfer: Die seelischen Schäden seien vor allem darauf zurückzuführen, daß das Kind auf die vom Vater intendierte „libidinöse Beziehung" weder vorbereitet noch eingestellt sei.

Ferenczi vertrat schon 1933 die Ansicht, daß das Kind durch den Mißbrauch seiner Liebe zum Vater im weitesten Sinn „verrückt" (d.h. total verwirrt) gemacht wird. Ursache des seelischen Traumas ist nach Cremerius (1983) primär die „Sprachverwirrung" zwischen Kind und Vater: Sie betrifft die realitätsgerechte Wahrnehmung und Bewertung der wahren Qualität der „Vaterliebe", die Wahrnehmung der Veränderung der Beziehungsqualität und das innere Bild vom Vater, der als geliebtes, dringend benötigtes „anderes" Elternteil versagt hat und dafür eigentlich – wenn es denn „erlaubt" wäre – zutiefst gehaßt werden müßte.

Da es dem Kind vollkommen unmöglich ist, auf das Mißbrauchsgeschehen adäquat, das heißt mit Empfindungen des Ekels, Signalen der Zurückweisung, emotionaler Abwendung vom Vater oder mit Haßgefühlen zu reagieren, richten sich die aggressiven, zerstörerischen Impulse, die der Mißbrauch nichtsdestoweniger auslöst, gegen das Ich des Kindes. Die „Benutzung" des weiblich-kindlichen Körpers zum Zwecke der Befriedigung sexueller Begierden zerstört die Basis, auf der das Kind seine Selbstachtung und seinen Stolz auf die Formen und Funktionen seines Körpers aufbauen könnte (im Gegensatz dazu wird eine solche Basis durch den mütterlichen Umgang – insbesondere mit dem Körper des kleinen Sohnes, der im Zusammenhang mit Pflege- und Versorgungshandlungen viel Anerkennung und Bewunderung erhält – aufgebaut und verstärkt). Der Mißbrauch zerstört das Selbstwertgefühl des Mädchens nachhaltig und beeinträchtigt ihr Lebensgefühl massiv und in seiner ganzen Breite. Daher lassen sich seine Auswirkungen auch in allen Bereichen und Aspekten ihrer Existenz ablesen.

Neben reaktiven Symptomen (z.B. einem „Watschelgang"), die

unmittelbare Folgen mechanischer Verletzungen oder von nachfolgenden Entzündungen im Genitalbereich sind, sind folgende typische, verhaltensmäßige und emotionale Veränderungen feststellbar: untypische Appetitlosigkeit, Eßstörungen, starker Gewichtsverlust; Schlafstörungen, Alpträume oder die Annahme „merkwürdiger" Schlafgewohnheiten (z.B. das Schlafen in voller Bekleidung oder sehr frühzeitiges Aufstehen); in der Schule macht sich ein Leistungsabfall bemerkbar, Interesse und Engagement lassen nach, Konzentrationsstörungen und Lernstörungen treten auf; das Mädchen unternimmt Fluchtversuche aus der Familie (Ausreißen), entwickelt ein Bedürfnis nach Alkohol- und Drogenkonsum; Ängste und Panikanfälle, Aggressionen gegen sich selbst; ihr Beziehungsverhalten ist schwer gestört (sie schwankt zwischen totaler Unterwerfung und totaler Verweigerung); das Verhalten kann zwanghaft erscheinen (Wasch„zwang"); schließlich fällt immer wieder auch eine altersuntypische Beschäftigung mit sexuellen Dingen und „sexualisiertes" Verhalten auf (z.B. Reiben an Erwachsenen, intime Berührungen, „Anbietverhalten").

Die Fixierung auf Sexualität als einzige Form der Herstellung von Bindungen bleibt häufig bis ins Erwachsenenalter erhalten. Auf emotionaler Ebene stellen sich Depressionen, übermächtige Gefühle von Hilflosigkeit, von Verlassenheit ein; das Selbstgefühl ist schwer gestört; das Kind empfindet Angst und Ekel vor sich selbst, fühlt sich schmutzig und ausgenutzt. Es schämt sich stellvertretend für den schamlosen Täter. Als Frau lenkt die früher mißbrauchte Tochter Haß und Verachtung vor allem auf sich selbst und drückt diese Gefühle durch selbstzerstörerische Handlungen (Autoaggressionen, Selbstverstümmelungen, Selbstmordversuche) aus. Sie ekelt sich weniger vor dem männlichen als vor ihrem eigenen Körper und oft vor ihrer Sexualität generell.

Körper und Psyche des Kindes reagieren als Einheit auf das traumatische Erlebnis des verführenden Vaters, des Mißbrauchs und Inzests. Die zentralen seelischen Abwehrmechanismen sind nach psychoanalytischer Ansicht vor allem die Ich-Spaltung, die Identifikation mit dem Aggressor und die Verinnerlichung und Übernahme *seiner* Schuldfühle. Mit Hilfe dieser Abwehrmechanismen gelingt es manchen, die Erinnerungen an ihr Martyrium jahrzehntelang erfolgreich zu verdrängen und lange Zeit scheinbar symptomfrei zu leben. Doch oft kommt es auch noch nach dreißig oder vierzig Jahren zu einem „späten Zusammenbruch". Die unter dem massiven Druck des Vergessens überangepaßten Fassaden brechen unter dem Ansturm von Alpträumen, Depressionen und Selbstzweifeln irgendwann doch zusammen und machen lange nach der konkreten Tat den Weg für selbstbefreiende Reflektionen und Gespräche frei. Die Verdrängung ist in der Tat ist keine Lösung. Sie stellt keine vertrauenswürdige Basis für ein beschwerdefreies oder gar unbeschwertes Leben nach dem Mißbrauch her. Zudem wurde verschiedentlich nachgewiesen, daß „VerdrängerInnen" allgemein streßanfälliger und reizbarer sind als andere Menschen, ein höheres Krankheitsrisiko tragen und schneller altern.[70]

Selbst nach Aufdeckung und der emotionalen und intellektuellen Verarbeitung eines Mißbrauchs sind Frauen selten willens oder in der Lage, aggressiv gegen den Täter vorzugehen. Die Aufgabe der Rache und Bestrafung übernehmen häufig wiederum männliche Familienmitglieder, Freunde oder Lebensgefährten stellvertretend für die Frauen. Selbst als Opfer finden Männer leichter einen Weg, sich an ihren Peinigern gewaltsam zu rächen. In der weiblichen Seele hingegen verfestigt der Mißbrauch die Disposition zum passiven Opfer, die bereits in der Regelsozialisation angelegt ist.

„Lolitas nur an Sados zu vermieten"[71]: Das Geschäft mit männlicher Lust

Die sexuellen Zugriffsmöglichkeiten erwachsener Männer auf Kinder beschränken sich nicht auf den sozialen Nahraum der eigenen Familie. Unsere Kultur, die durch ihre Strukturen schon die Entstehung entsprechender Bedürfnisse fördert, offeriert den Betroffenen zugleich auch umfassende Möglichkeiten zu ihrer direkten und indirekten Befriedigung: zum einen durch *Kinderprostitution*, die insbesondere in Zusammenhang mit dem sog. Sextourismus in die armen Ländern der Dritten Welt rasant angestiegen ist, zum anderen durch das ebenso stetig wachsende *Angebot an pornographischen Produkten*, in denen die sexuelle Ausbeutung von Kindern lüstern dargeboten wird.

Der internationale „Sextourismus" ist eine zeitgenössische Form der Sklaverei. Er hat sich als Wachstumsbranche in einem Markt etabliert, der einerseits von den sexuellen Bedürfnissen erwachsener Männer aus den reichen Industriestaaten Europas (wobei deutsche Männer zahlenmäßig besonders ins Gewicht fallen), den U.S.A. und Japans, andererseits von der verzweifelten Lebenssituation in der Dritten Welt geschaffen wird.

„In der Hochsaison landet Samstag für Samstag ein Großraum-Jet aus Düsseldorf, dessen Passagiere schon sehnsüchtig erwartet werden. Die

Männer mit den eindeutigen Absichten treten als gute Onkels auf, die nicht nur Geld, sondern auch Puppen zum Spielen für die Mädchen mitbringen. "[72]

Weltweit werden heute etwa 10 Millionen Kinder zwischen sechs und dreizehn Jahren durch Armut und katastrophale Lebensbedingungen in die Prostitution gezwungen. Die Vermietung oder der Verkauf des eigenen Körpers ist oft ihre einzige Möglichkeit, den Lebensunterhalt für sich und nicht selten auch für ihre Familien zu verdienen.

Die Tatsache, daß in der Regel Mädchen als Kinderprostituierte arbeiten, reflektiert nicht nur die Wünsche der mehrheitlich heterosexuellen Kunden. Die starken familiären Bindungen der Mädchen und ihr ausgeprägteres Mit- und Verantwortungsgefühl für das Wohl der ganzen Familie zwingen sie geradezu, ihr einziges Kapital zur Sicherung des Überlebens ihrer Familien einzusetzen. Ihr geschlechtstypisch „liebes" Verhalten erhöht nicht nur ihre Attraktivität für den Kunden, sondern auch ihren Wert für ihre Ursprungsfamilien, die sie durch ihre Arbeit ernähren. Durch ihr braves, angepaßtes, gehorsames und hilfsbereites Wesen und weil sie sich ohne viel Aufsehen in ihr Schicksal fügen, machen sie es ihren Kunden leicht, eine onkelhafte Fassade der Wohltätigkeit aufrechtzuerhalten. Die Signale der Unterwerfung und Aggressionshemmung werden nur zu gerne als „bezaubernde" kindliche Scheu vor allzu deutlicher Einwilligung oder gar als Ausdruck von Freude und Spaß am Geschehen mißinterpretiert.

Der Einfluß der typisch weiblichen Sozialisation in der Zurichtung von Mädchen zu willfährigen Objekten männlicher Begierden und verantwortungsvollen Versorgerinnen ihrer Familien tritt noch klarer zutage, wenn wir ihre „Prostitutionsbereitschaft" den typisch männlichen Überlebensstrategien gegenüberstellen. Unter vergleichbaren Lebensumständen entwickeln Jungen eher kollektive und auch wesentlich aggressivere Methoden des Überlebens. Da sie in der Regel nicht zur Selbstaufopferung erzogen werden, verlassen Jungen die Familien, die ihnen nichts mehr bieten können, und organisieren sich in lockeren, vagabundierenden Banden. Sie ernähren sich selten durch den Verkauf ihrer Körper an andere, sondern decken ihren persönlichen Bedarf eher durch Gelegenheitsarbeiten, Straßenverkauf, Diebstähle und Überfälle. Von ihrer Beschaffungskriminalität profitieren in erster Linie sie selbst. Auch das könnte mit dazu beigetragen haben, daß sich in verschiedenen Ländern der Dritten Welt der öffentliche Umgang mit sog. Straßenkindern in beispielloser Weise brutalisiert hat. Allein in Brasilien leben zur Zeit etwa 7 Millionen Kinder auf der

Straße. Um ihrer Herr zu werden, organisieren sich Geschäftsleute in Bürgerwehren und beauftragen professionelle Killer. In den letzten drei Jahren kamen 4611 Kinder auf diese Weise zu Tode. Der Preis pro Kind: gerade mal zehn Dollar – etwa die Hälfte der Summe, die ein Freier für einen lebenden Kinderkörper hinlegen muß.

Auf diesen offenen Ausbruch mörderischer Gewalt gegen Straßenkinder reagiert die zivilisierte Weltöffentlichkeit mit Recht empört. Das spezifisch weibliche Schicksal der Kinderprostituierten wird davon aber allzu leicht in den Hintergrund gedrängt, obwohl sowohl die psychologische Theorie des Seelenmords als auch die wenigen BetreuerInnen, die diesen Mädchen vor Ort zur Seite stehen, darauf hinweisen, daß deren Los letztlich noch schlimmer ist als das der herumstreunenden Knaben.

Kinderprostitution beschränkt sich keineswegs auf die Dritte Welt, sondern wird auch in unseren Breiten, allerdings weniger offen, betrieben. Da es bei uns schwer möglich ist, sie zynisch als eine Art Entwicklungshilfe zu verkaufen, können die Kunden die Maske biedermännischer Wohltätigkeit gleich ganz fallen lassen und ihre Bedürfnisse ungeniert artikulieren und befriedigen. Ihre extremsten sadistischen Auswüchse – z.B. der explizite Wunsch, ein Kind nicht nur zu vergewaltigen, sondern im oder nach dem Vollzug des Geschlechtsakts auch zu töten – legen zugleich den destruktiven Kern der sexuellen Perversionen des männlichen Gefühlslebens frei.

Fachleute schätzen die Klientel pornographischer Produkte, die Darstellungen von sexuellen Quälereien und Mißhandlungen von Kindern goutieren, allein in Westdeutschland auf 30 000 bis 40 000 Abnehmer. Der Jahresumsatz liegt bei 400 Millionen DM.[73] Die beruhigende Anonymität und das günstige Preis-Leistungsverhältnis haben die Kinderpornographie zu einem internationalen Geschäft ungeahnten Ausmaßes anwachsen lassen, während Regierungen hilflos darüber räsonieren, ob neben der Produktion und dem Vertrieb auch schon der Besitz von Kinderpornos als strafbar zu bewerten sei.

Der Umgang der Öffentlichkeit mit den vielfältigen Formen des sexuellen Mißbrauchs von Kindern spiegelt mit einem Spektrum von Einstellungen, das von Verdrängung über Verharmlosung bis zur hysterischen Überreaktion reicht, die Grundstrukturen dieses Problems, das ein soziales und psychologisches ist, wider. Die folgenden drei aktuellen Beispiele lassen die wesentlichen Dimensionen dieser Struktur erkennen: zum einen die geschlechtsspezifische Sprachverwirrung, aus der heraus Frauen und Männer identische Verhaltensweisen und Ausdrucksformen in völlig unterschiedlicher Weise interpretieren und bewerten; zum anderen den Mechanismus der Identifikation und der Empathie mit dem Aggressor; und zum dritten die weitgehende Verdrängung und innere Abwehrhaltung gegenüber einer realitätsgerechten Wahrnehmung des inneren Kerns des Mißbrauchsgeschehens:

1. Das Plakat einer finnischen Zeichnerin, das in vier Bildern die sexuelle Attacke eines Vaters und die erfolgreiche Gegenwehr seiner Tochter zeigte, durfte 1991 nur im Ostteil Berlins anstandslos verklebt werden; im Westen kam es erst nach einer einschneidenden Bildzensur auf die U-Bahn-Werbeflächen. Das erigierte Glied des gezeichneten Männchens wurde großflächig abgedeckt, damit nicht – so die kaum nachvollziehbare Argumentation der verantwortlichen Herren – „mit diesem Plakat der sexuelle Mißbrauch von Kindern propagiert" (!) würde. Die Künstlerin hingegen sah durch die Zensurmaßnahme nicht nur die Anklage des Mißbrauchs, sondern die gesamte Aussage ihres Plakats zerstört, da nicht nur der sexuelle Aspekt der Tat, sondern insbesondere auch der Aspekt der aktiven körperlichen Gegenwehr des Kindes nicht mehr zu erkennen war.[74]

2. Im gleichen Jahr thematisierte auch der Deutsche Kinderschutzbund den sexuellen Mißbrauch in einer plakativen Großaktion. In den größeren Illustrierten wurden sechs Anzeigen geschaltet, die jeweils ein individuelles Mißbrauchsschicksal – geschlechtsparitätisch – ansprachen. Die bildbegleitenden Texte lösten die emotionale Verwirrung der Kinder – ein zentraler Aspekt des Mißbrauchs – nicht auf, sondern verstärkten ihn eher noch: „Sabine ist Papis ein und alles. Sie wird von ihm geliebt. Aber mehr als sie verkraften kann. Denn Papi vergeht sich sexuell an seiner Tochter. Dabei möchte er ihr nicht weh tun, er liebt sie doch." Diese einfühlsame Täterpsychologie, die zudem allen empirischen Erkenntnissen über den eklatanten Mangel an Schuldgefühlen seitens der Täter widerspricht, entlastet Männer noch genereller: „Moni ist ein braves kleines Mädchen. Das findet vor allem Onkel Paul. Denn Moni macht, was er verlangt, und schweigt. Niemand darf wissen, daß er Moni sexuell mißbraucht. Er fühlt sich schuldig. Doch immer wenn er zu Besuch kommt, kann er nicht anders. Ihm wurde als Kind nie der Unterschied zwischen Zuneigung und Sexualität deutlich gemacht. Denn auch er wurde als Kind sexuell mißbraucht." In diesem Fallbeispiel wird die Schuld wie in einer Stafette nach hinten weitergereicht und löst sich in der nebulösen Kindheit Onkel Pauls fast gänzlich auf – nur fast, denn wäre es wirklich zu weit hergeholt, hinter dieser nicht näher definierten bösen Erziehungsinstanz, die es versäumte, ihm den Unter-

schied zwischen Zuneigung und Sexualität hinreichend klarzumachen, seine Mutter zu vermuten? Jede einzelne Anzeige in dieser Kampagne wurde von einem Aufruf zur Hilfe abgeschlossen, die Opfern wie Tätern gleichermaßen zuteil werden sollte. Er reflektiert das durchaus umstrittene Konzept „Hilfe statt Strafe", das in erster Linie auch durch die sattsam bekannte Begatellisierungsstrategie der Täter, ihr konsequentes Leugnen und ihre ablehnende Einstellung zu therapeutischen Angeboten konterkariert wird.[75]

3. Ebenfalls 1991 schockierte und polarisierte der Schweizer Schriftsteller Urs Alemann mit seinem Text „Babyficker" nicht nur die Jury des Klagenfurter Ingeborg Bachmann-Literatur-Wettbewerbs gründlich. Der provozierenden Geschichte von dem Mann, der sich, dumpf in seinem Bett liegend, aus den um ihn herum aufgebauten Wäschekörben wahllos Babys greift und sich an ihnen auf abscheulichste Weise vergeht, während er vom Körper einer erwachsenen Frau träumt, konnte ein Juror nur mit größter Mühe standhalten, ein anderer verließ unter Protest den Saal. Dieser empfindsame Exodus war – vor allem angesichts der Häufigkeit von Tabuverletzungen in der zeitgenössischen Literatur, die üblicherweise mit großer Gelassenheit hingenommen werden - bemerkenswert. Möglicherweise war er weniger davon ausgelöst, daß Alemann durch seine schonungslos klare Darstellung des sexuellen Mißbrauchs von Kleinkindern das schärfste Tabu unserer Kultur thematisierte, sondern eher davon, daß sein Text direkt, ohne Umwege, Relativierungen und Erklärungen, Untiefen der männlichen Seele auslotete.

ANMERKUNGEN

1   Vgl. A. Montagu, 1971; Montagu beleuchtet die Rolle, die taktile Stimulierung und eine allgemeine Sensibilisierung der Haut in der Kinderaufzucht verschiedener Kulturen spielt, eingehend und anhand vieler konkreter Beispiele.
2   Vgl. R.A. Spitz, 1945 und 1972.
3   Vgl. J. Bowlby, 1971 bis 1979.
4   Vgl. H.F. Harlow, 1958, 13, S.673-685.
5   D. Morris, 1972, S. 12.
6   Diese geschlechtstypische Differenzierung hat primär soziale Ursachen, nämlich die traditionelle, durch Arbeitsteilung bedingte Asymmetrie in der Familie, und reflektiert weder spezifische Ansprüche der Säuglinge (da diese auf Väter ebenso zu reagieren vermögen wie auf Mütter) noch einen prinzipiellen väterlichen Mangel an Fähigkeiten (da Väter, wie ein Hamburger Forschungsteam feststellte, „in gleicher Weise wie die Mutter befähigt (sind), Liebes- und Bindungsverhalten von Kleinkindern aufzubauen".
7   Vgl. D. Anzieu, 1991; letztlich beweist auch die Tatsache, daß die klassische

Psychoanalyse bis heute keine souveräne Haltung gegenüber dem Phänomen der „Berührung" entwickeln konnte, deren extreme emotionale Bedeutung. Die Psychoanalyse errichtete ein „Berührungstabu", um die „Verzärtelung" der PatientInnen durch ihre Therapeuten (so Freuds Kritik an Sandor Ferenczi) zu unterbinden. Heute schlägt sich die Erkenntnis der fundamentalen Bedeutung von Körperkontakt als Medium der Gefühle von Nähe, Geborgenheit und Wärme, die wesentlich tiefer als erotische Berührungswünsche in der Psyche verankert sind, in einer wachsenden Zahl von Körpertherapien oder expliziten „Festhalte-Therapien" nieder. Frühkindliche Störungen (Autismus, Hospitalismus), aber auch autoaggressives Verhalten sowie nahezu beliebige Identitäts- und Beziehungsstörungen werden heute durch gezielte Körperkontakte und Berührungen behandelt. Jedoch verstärken einschlägige Publikationen über einen gelegentlichen Machtmißbrauch von Therapeuten, die sich ihren KlientInnen in eindeutig sexueller Absicht annähern, wieder die Skepsis gegenüber Körpertherapien und anderen „encounter"-Methoden, in denen zwischenmenschliche Bindungs- und Einfühlungsfähigkeiten durch Körper-Kontakte vermittelt und eingeübt werden sollen.

8 J. Benjamin, 1990, S. 87: Benjamin bezieht sich auf den Brauch, in der Geburtsstation Kinder geschlechtsspezifisch zu kennzeichnen. Die hier zitierte Formulierung stammt aus einer amerikanischen Klinik. Sie markierte – auf rosa bzw. blauen Kärtchen vermerkt – die Betten von Mädchen und Jungen.

9 N. Elias, neue Auflage 1976, Bd. 2, S. 332.

10 Vgl. Rubin u.a., 1974, zitiert in W. Mertens, 1992.

11 Vgl. S. Bem, 1982.

12 A. Montagu, 1971, S.219.

13 Vgl. J. Arcana, 1986.

14 Vgl. Lewis, M. und Weinraub, M., 1979.

15 Im Jahr 1991 beantragten in Deutschland mehr als 401 000 Mütter, aber nur knapp 3700 Väter, d.h. weniger als 1%, bezahlten Erziehungsurlaub. Dazu kommt, daß Fthenakis (1985, S. 157 f) zufolge sich Väter im ersten Lebensjahr ihres Kindes – wenn die Familie traditionell organisiert ist – werktags durchschnittlich 12 Minuten und an freien Tagen ca. 20 Minuten mit ihren Kindern beschäftigen.

16 Vgl. Belotti, 1975; Scheu, 1977; Bilden, 1980; Henley, 1988.

17 Vgl. H. Bilden, 1980, S.787 ff.

18 Vgl. Lewis, in Henley, 1988, S.171.

19 Vgl. M. Mitscherlich-Nielsen, 1978, S. 682.

20 Vgl. Jourard, 1966.

21 Vgl. Goldberg & Lewis, 1969.

22 Vgl. Douglas & Atwell, 1988, S. 281 f.

23 Vgl. Douglas & Atwell, a.a.O., S. 63 ff.

24 Vgl. Newson, J. & Newson, E., 1976.

25 Vgl. D. Dinnerstein, 1979; J. Benjamin, 1990.

26 M. Janssen-Jurreit, „Niemand will es wahrhaben", *Süddeutsche Zeitung*, 3.2.1989.

27 Vgl. W. Fthenakis, 1985, S. 157 f.

28 Vgl. Douglas & Atwell, a.a.O., S. 289 f.

29 Kompter, 1985.

30 Vgl. *Süddeutsche Zeitung*, 28.10. 1992.

31 Vgl. W. Mertens, 1992, S.65.

32 Vgl. Lamb, 1977; Burlingham, 1973, S.268; Herzog, 1985. Lamb konnte aufgrund von Videobeobachtungen auch feststellen, daß Säuglinge im Alter zwischen sieben und dreizehn Monaten auf Väter, die mit ihnen spielen und Spaß machen, positiver

reagieren als auf die Mütter, deren Kontakt eher funktionalen Charakter (Versorgung, Pflege) hat.

33 Vgl. Herzog, 1985 und Schmauch, 1987.

34 Vgl. Anselm Ritter von Feuerbach, 1832.

35 Vgl. L. Shengold, 1979, S. 533-560.

36 Vgl. P. Hilsenbeck, in Bilden, H., 1992, S. 122.

37 Kaplan, L. J., 1991, S. 471 f.

38 Vgl. W. Mertens, 1992, S. 34.

39 Vgl. K. Theweleit, 1980, besonders Kapitel 4.

40 Schmid, K.A., 1876 – 87, in K. Rutschky, 1977, S.433.

41 K. Rutschky, 1977, S. 24.

42 K. Rutschky, a.a.O., S.XLV.

43 Schmid, K.A., 1876 – 87, in Rutschky, a.a.O., S.437.

44 Vgl. Palandt, Bürgerliches Gesetzbuch, 50. Auflage, C.H. Beck, München, 1991, Ziffer 9 zu Paragraph 1631.

45 Vgl. *Die Presse*, 12.12.1991.

46 Vgl. *Süddeutsche Zeitung* vom 9.1.1989, 2.7.1992, 21.9.1992, und 4.12.1992 und *Die Presse* vom 12.12.1991.

47 A. Matthias, 1902 (4.Aufl.), zitiert in K. Rutschky, a.a.O., S.427.

48 1992 mußten sich ein 24-jähriger Mann und eine 22-jährige Mutter von zwei Kleinkindern vor dem Schwurgericht in München – er wegen eines „grausamen und aus niedrigen Beweggründen begangenen Mordes" an dem 8 Monate alten Säugling der Frau, sie wegen Totschlags durch Unterlassen – verantworten. Der „rabiate Liebhaber" (*SZ*) der Frau, der sich aus Jugoslawien abgesetzt hatte, um dem Wehrdienst zu entgehen, war zu ihr in das einzige Zimmer, das sie mit ihren beiden Kindern bewohnte, mit eingezogen, fühlte sich aber bald durch diese gestört, „da er seine Beziehungen zur Mitangeklagten nicht seinen Vorstellungen entsprechend ausleben konnte". Infolgedessen mißhandelte er – obwohl er selbst sein Verhältnis zu den Kindern als „sehr gut" qualifizierte – vor allem den Säugling mehrfach. Eines Nachts, in der er gemeinsam mit Freunden bis 3 Uhr früh Videos angeschaut und viel Bier und Whisky getrunken hatte, fühlte er sich durch das Weinen des Säuglings so sehr gestört, daß er ihn an den Beinen aus dem Bettchen zog und ihn aus etwa 1m Höhe kopfüber auf den Boden fallen ließ. Das Kind starb drei Tage später an einem Hirnödem (*Süddeutsche Zeitung*, 9.12.1992).

49 Ein 23jähriger Mann, der den Sohn seiner Freundin über Monate hinweg mit „brutalen Foltermethoden" mißhandelt hatte, wurde vom Jugendschöffengericht in Nürnberg zu zweieinhalb Jahren Gefängnis verurteilt. Er selbst rechtfertigte seine Taten mit der „totalen Unfolgsamkeit" des Zweijährigen. Die Mutter des Kindes, die von ihm ebenfalls bedroht und brutal mißhandelt worden war, nahm ihn vor Gericht in Schutz und bekundete, mit ihm nach Verbüßung seiner Haftstrafe nichtsdestoweniger wieder zusammenleben zu wollen (*Süddeutsche Zeitung*, 16.9.1992).

50 Vgl. Interview mit Peter Boppel in *SZ-Magazin* Nr. 43, 23.10.1992, S. 13-18.

51 A. Montagu, 1974, S. 136.

52 Russell, 1986, S. 264.

53 Vgl. M. Brückner, 1988.

54 Vgl. L.J. Kaplan, 1991.

55 L.J. Kaplan, a.a.O., S. 53.

56 S. Freud, 1896.

57 Vgl. Kavemann & Lohstöter, 1984.

58 Angaben von der „Aktion Jugendschutz" (ASJ), *Süddeutsche Zeitung*, 25.8.1992.

59 Diese Angaben stammen aus einer Studie der Universität Edinburgh, die 1990 unter dem Titel *Child Sexual Abuse: The Professional Challenge to Social Work and Police* veröffentlicht wurde.

60 Vgl. Kinzel, J., Schett, P., Wanko, K., Biebl, W., 1992.

61 taz, 26.6.1991.

62 J. Rijnaarts, 1988, S.162.

63 Vgl. J. Arcana, a.a.O., S. 71 ff: Arcana zitiert eine Mutter, die ihr Verhältnis zu ihrem Sohn folgendermaßen beschreibt: „When he was born and the doctor held him up in the palms of his hands, all I could see was *prick*. It looked enormous to me. When he was a tiny baby, on the changing table, I remember feeling he was a little *king*. Because of his penis, his maleness, he had power over me, he intimitated me."

64 Vgl. die Ergebnisse der ersten medizinischen Langzeitstudie, veröffentlicht in „The Lancet" vom 10.10. 1987: Innerhalb von zwei Jahren wurden in einer englischen Klinik 94 Jungen und 243 Mädchen mit schwersten Verletzungen eingeliefert. 83% der Jungen hatten eindeutig anale Verletzungen, von den Mädchen hatten 28% anale und 56% genitale Verletzungen. Bei den Mädchen fanden sich in der jüngsten Gruppe der 0- bis 5-jährigen häufiger Anzeichen von vollzogenem Analverkehr als von Genitalverkehr, bei Säuglingen fanden sich bereits Hinweise auf oralen Verkehr. Viele Kinder wiesen schreckliche Narben auf, die auf chronische Verletzungen durch brutale sexuelle Übergriffe im analen und genitalen Bereich hindeuteten; alle Kinder waren emotional völlig verstört, drei Kinder starben an ihren Verletzungen.

65 A. Piontelli, 1987, zitiert in W. Mertens, 1992, S.43.

66 J. Rijnaarts, a.a.O., S. 269.

67 Vgl. Douglas & Atwell, a.a.O., S. 68 ff.

68 E. Danica, 1989, S. 26.

69 G. Erb zitiert aus einem Psychiatrielehrbuch, Ausgabe 1986, folgende Behauptungen zum sexuellen Mißbrauch: „Durch den sexuellen Mißbrauch von Kindern...werden in der Regel keine bleibenden psychischen Störungen oder sexuellen Hemmungen verursacht..." – hingegen kommt „zahlreichen Mädchen infolge ihrer ambivalenten Beziehung zum Täter eine Funktion als Mittäter" zu (*Süddeutsche Zeitung*, 26.5.1988).

70 Vgl. erster Kongreß über „*Psychische Schäden alternder Überlebender des Nazi-Terrors und ihrer Nachkommen*", 1989, durchgeführt an der medizinischen Hochschule Hannover (*Süddeutsche Zeitung*, 16.10.1989).

71 Anzeige, die 1993 über den Bildschirmtext der Schweizerischen Post veröffentlicht wurde.

72 Vgl. *Das relative Glück, auf der Müllkippe zu wohnen, Süddeutsche Zeitung*, 20.10.1992.

73 Vgl. *Süddeutsche Zeitung*, 10.2.1993.

74 Vgl. *taz*, 26.6.1991.

75 Vgl. Heiliger & Kuhne, 1993.

BINDUNGSFORMEN DER GESCHLECHTER

„Paare latschten unaufhörlich eng umschlungen mitten auf der Straße einher, ihr rechter Arm ausnahmslos durch seinen linken geschoben, ihre Finger fest von den seinen umfaßt... Orlando konnte nur vermuten, es sei eine neue Entdeckung über die Menschen gemacht worden; daß diese Leute, ein Paar nach dem andern, zusammengekittet worden seien; aber wer das getan und wann, das vermochte sie nicht zu erraten. Die Natur schien es nicht gewesen zu sein."

VIRGINIA WOOLF, *ORLANDO*

Im letzten Kapitel wurde ausführlich erörtert, daß und wie Männer im Lauf ihrer Sozialisation lernen, ihre Körper in „männlicher", das heißt vor allem auch aggressiver und gewalttätiger Weise einzusetzen, sich körperlich gegen andere abzugrenzen und durchzusetzen, zwischen erwünschten und unerwünschten Berührungen klar zu unterscheiden und Zudringlichkeiten zurückzuweisen und erfolgreich zu unterbinden. Dabei wurde deutlich, daß Männer durch ihr „Gewaltprivileg" zwar gegenüber Frauen einen prinzipiellen machtpolitischen Vorteil haben, andererseits aber durch die Tabuisierung sanfter, emphatischer Kommunikationsformen sowohl in ihren heterosexuellen Kontakten als auch im Umgang untereinander bei der Entfaltung ihres menschlichen Beziehungspotentials beeinträchtigt werden.

Die Identifikation mit dem vorherrschenden „Männlichkeits"-Konzept zwingt Männer, die zärtlichen Umgangsformen des Mutter-Kind-Komplexes abzulegen. „Männlichkeit" – die rationale, autonome, abgegrenzte und unabhängige Kehrseite von „Weiblichkeit" – kann mit „weiblichen", das heißt gefühlsintensiven, fürsorglichen und verbindenden Mitteln, nicht dargestellt werden. Wollen sie als echte Männer anerkannt werden und reüssieren, müssen sie, getreu dem Motto „Der Stärkste ist am mächtigsten allein!", insbesondere untereinander emotionale Bindungskontakte entweder tunlichst vermeiden oder durch spezifische Veränderungen von den ursprünglichen Bedeutungen so weitgehend befreien (d.h. entemotionalisieren), daß sie auch zur hierarchischen Differenzierung und als Dominanzmittel eingesetzt werden können.

Eine allmähliche Herausdifferenzierung vielfältigerer Kontaktformen aus dem ursprünglichen, einfacher Muster enger Bindung entspricht zwar durchaus einer normalen Entwicklung und ermöglicht der Körpersprache die Ausübung einer ihrer wesentlichen Funktionen (nämlich die klare Vermittlung unterschiedlichster Beziehungsqualitäten); die spezifisch männliche Entwicklung schießt aber mit ihren typischen Formen über dieses Ziel weit hinaus. Sie resultiert im Extremfall in einer absoluten Unfähigkeit, emotionale Bindungen körpersprachlich auszudrücken; im Umgang mit Frauen andererseits, der entscheidend von der in der Kindheit als übermächtig erlebten Mutter geprägt wird, muß ein „richtiger" Mann die Muster der frühen Jahre komplett und prinzipiell umkehren.

Nicht nur die bekannten psychologischen Gründen mindern die Chancen der Geschlechter, sich auf gleichwertige Weise emotional aneinander zu binden. Sie werden durch kulturelle Überformungen der spontanen Körperkommunikation noch weiter reduziert. Da jede zivilisierte Gesellschaft danach trachtet, die beiden wesentlichen Dimensionen des sozialen Lebens – Emotionalität und Macht – unter Kontrolle zu halten, werden insbesondere dem Kontaktverhalten verbindliche Regeln auferlegt, die seine emotionale Bedeutungsvielfalt und Ambivalenz reduzieren und es damit emotional „entschärfen", es zugleich aber unter machtpolitischen Aspekten funktionalisieren.

Differenzierte Benimm-Regeln verknüpfen es mit sozialen Bedingungen oder Umständen – indem beispielsweise festgelegt wird, wer wem unter welchen Umständen auf welche Weise die Hand zuerst geben kann, darf oder muß. Klare Berührungsverbote verhindern ebenso wie die Festlegung von körperlichen Tabuzonen bestimmte Formen von Körperkontakt grundsätzlich. Ersatzweise wird eine formelle Plattform präsentiert, die relativ unverbindliche Kontakte ermöglicht und tiefe Berührungsbedürfnisse vordergründig und oberflächlich befriedigt (der „Gesellschaftstanz" gestattet z.B. sogar die ansonsten tabuisierten Ganzkörperkontakte und Vollumarmungen zwischen einander nahezu unbekannten Menschen). Aufgrund dieser umfassenden Regulierungen reflektiert unser Kontaktverhalten in erster Linie das hierarchische Gerüst unserer komplexen Sozial- und Beziehungsstrukturen: *„Von unseren Untergebenen wollten wir uns nicht berühren lassen, und unsere Vorgesetzten wagen wir nicht zu berühren."*[1]

Nicht zuletzt deshalb herrscht bei uns – verglichen mit anderen hochentwickelten, insbesondere aber auch mit sog. primitiven Kulturen – eine ausgeprägte „Berührungsfeindlichkeit" vor. In arabischen, lateinischen, südeuropäischen und manchen afrikanischen Gesellschaften, die als „Kontaktkulturen" gelten, benutzen die Menschen wesentlich häufiger bindende Kommunikationsformen als wir. Die generelle anthropologische Klassifizierung von Mittel- und Nordeuropäern, Nordamerikanern, Asiaten und Indern als „Nichtkontaktkulturen" ist nichtsdetoweniger dennoch irreführend. Sie hebt ausschließlich auf typisch männliches Kontaktverhalten ab. Männer setzen in den genannten Kulturen ihre Körper tatsächlich kaum mehr als emotionale „Bindemittel" ein, sondern vor allem zur gegenseitigen Abgrenzung voneinander, zur hierarchischen Differenzierung nach Leistung und Rang und natürlich auch als Waffe. Die aus gesamtgesellschaftlicher Perspektive jedoch überaus relevante Tatsache, daß im weiblichen Repertoire Berührungen ihre ursprünglichen affiliativen Funktionen (Fürsorge, Zärtlichkeit, Schutz, Trost etc.) durchaus erhalten haben, und daß davon vor allem Männer profitieren, gerät durch diese unzulässige Verallgemeinerung aus dem Blickfeld.

Unsere Kultur beschränkt spontane und informelle Kontakte zwischen Erwachsenen im Prinzip auf IntimpartnerInnen. Selbst zwischen Mitgliedern einer Familie, zwischen Bekannten und Verwandten sind Berührungen entweder nur als formelle oder als Elemente feststehender Rituale gestattet und auf bestimmte („öffentliche") Körperzonen beschränkt; bei Begrüßungs- oder Verabschiedungsritualen dürfen z.B. nur die Hände, Arme oder Schultern berührt werden, und Mütter dürfen ihre erwachsenen Söhne nicht mehr unterhalb der Gürtellinie berühren etc. Zwischen Fremden sind Körperkontakte vollkommen Tabu. Nach unvermeidbaren Berührungen (z.B. im Gedränge eines öffentlichen Verkehrsmittels oder in der Enge eines Lifts), bemühen wir uns, deren Zwangs- oder Zufälligkeitscharakter durch andere Körpersignale deutlich zu machen (z.B. durch die Vermeidung von Blickkontakt, die Errichtung von Barrieren mit verschränkten Armen und an die Brust gedrückten Taschen etc.).

Das Kontakt-Tabu unserer Kultur wird oft verletzt, mißachtet, gelockert oder aufgehoben. Die Analyse der Bedingungen, unter denen solches geschieht, beleuchtet die wesentlichen und grundlegenden Dimensionen, die eine Gesellschaft zentral bestimmen. Personen oder Gruppen, die von der kulturellen Norm abweichen (z.B. kleine Kinder, geistig Behinderte oder Angehörige fremder Kulturen) dürfen bei uns meist ungestraft gegen die Berührungsregeln verstoßen, weil wir ihr Verhalten nicht als Dominanzversuch klassifizieren, sondern einfach auf die Unkenntnis der Regeln zurückführen. Auch sogenannten Berufsberührern (ÄrztInnen, MasseurInnen, FriseurInnen, Krankenschwestern etc.) räumen wir umfängliche Berührungsprivilegien ein, weil wir ihnen keine persönlichen oder emotionalen Motive unterstellen (was nicht bedeutet, daß ihre „funktionalen" Berührungen nicht dennoch tiefe emotionale Wirkungen haben können). Absichtliche und zugleich unerwünschte Berührungen durch Unbekannte werden jedoch eindeutig als Über- bzw. Angriffe verstanden und lösen extreme, negative Emotionen aus. Das Spektrum reicht von lähmender Angst über ehrfürchtigen Respekt bis zur „blinden" Wut und resultiert in dementsprechenden Verhaltensweisen (vom Erstarren über Rückzug und Flucht bis zur Gegenattacke).

Aus diesem Grund sind Berührungsprivilegien, die nicht von den Betroffen – aus Vernunft, Nachsicht oder Toleranz – freiwillig eingeräumt, sondern vom aktiv Berührenden einseitig beansprucht und etabliert werden, besonders eindrucksvolle und nachhaltige Macht-, Status- und Dominanzsignale. In unserer Kultur sind solche Privilegien systematisch an drei soziale Merkmale geknüpft, die dadurch einen entscheidenden Einfluß auf den gesamten Berührungs- und Gefühlskomplex – auf die aktive Berührungsbereitschaft, die passive Berührungstoleranz und die emotionale Reaktion auf Berührungen – gewinnen: mit dem Alter, der sozialen Position und mit dem Geschlecht.

Ältere Menschen berühren jüngere Menschen häufiger, Vorgesetzte berühren Untergeordnete häufiger, und Männer berühren Frauen häufiger als umgekehrt. Das Geschlecht ist die stärkste und wirksamste dieser Variablen.[2] Henley (1988) konnte nachweisen, daß das sexuell begründete Berührungsprivileg durchaus allgemeinen Verhaltenserwartungen entspricht, weshalb u.a. Frauen auf Berührungen durch Fremde weit weniger feindselig reagieren als Männer. Zudem ist es tiefer im allgemeinen Bewußtsein verankert als alters- und statusspezifische Privilegien. Der männliche „Zugriff" auf Frauen wird quasi als „natürlich" empfunden und bietet tatsächlich erst dann Anlaß zur Kritik, wenn er zugleich gegen ein andere Privileg verstößt. Mit anderen Worten: Frauen sind z.B. erst durch einen extrem hohen Sozialstatus davor geschützt. (Deshalb verharmlosen und karikieren die Medien den Tatbestand der sexuellen Belästigung am Arbeitsplatz als läßliche „Sünde", behandeln aber den „Übergriff" eines ausländischen Politikers auf die englische Königin – der z.B. darin besteht, daß er sie am Oberarm berührt – als schlagzeilenträchtigen Skandal.)

Erwachsene heterosexuelle Männer tolerieren Berührungen durch andere Männer nur unter genau spezifizierten Bedingungen, die sie im wesentlichen auf zwei Kontexte einschränken lassen: auf *Exklusivität* (d.h. den generellen Ausschluß von Frauen) und *Macht.* Volle Umarmungen mit Ganzkörperkontakt sind im Prinzip dem Umgang mit Frauen vorbehalten (2/3 der öffentlichen Umarmungen sind, wie Morris beobachten konnte, zwischengeschlechtlich) und Männern nur unter extremen Streßbedingungen gestattet. Dieser heterosexuelle Vorbehalt ist ein historisch relativ junges Phänomen. Bis zum Beginn unserer Zeitrechnung benutzten sozial Gleichgestellte Umarmungen, bei denen sich ihre Körper und Köpfe berührten, zur täglichen Begrüßung. Mit der Zeit wurden sie jedoch psychologisch immer stärker abgewertet: Im 17. Jh. in England bereits explizit als „tölpelhaft" und bäurisch diffamiert, wurden sie Mitte des 19. Jh. vom wesentlich distanzierteren Händedruck abgelöst, der sich zum spezifisch männlichen Ritual entwickelte.

Heute ist die Angst, sich durch intensive körperliche Bindungen aneinander zu „entmännlichen", so groß, daß sogar Väter im Umgang mit ihren Söhnen Umarmungen bewußt vermeiden und verteufeln: *„Es gibt viele Väter, die abwehren, wenn ihr Sohn die Arme um sie schlingen will. Einer dieser Väter, ein Arzt, sagte zu mir: ‚Ich möchte nicht, daß er mir als Homosexueller heranwächst.'"*[3]

Die Tendenz zur Kontaktvermeidung scheint ungebrochen anzuhalten: Besonders berührungsscheue Naturen empfinden anscheinend sogar schon die ohnehin weitgehend ent-emotionalisierten, formalen Bindungszeichen des 20. Jh. (z.B. den knappen Händedruck) als belastend (in den U.S.A. setzt sich in bestimmten Kreisen die Gewohnheit durch, einander zur Begrüßung nur noch kurz zuzunicken).

Emotional motivierte, persönlich gemeinte, affiliative und zärtliche Umarmungen sind heterosexuellen Männern nur in Grenzsituationen – im Angesicht des Todes – gestattet und möglich. Im bedrohlichen Kontext lebensgefährlicher Aktionen, von Kriegen, Katastrophen und schrecklichen Schicksalsschlägen dürfen sie das emotionale Berührungstabu kurzfristig durchbrechen und sich in vollen und langanhaltenden Umarmungen mit maximalem Körperkontakt gegenseitig Liebe, Mitgefühl oder Trost spenden.

Da das strenge Kontakttabu zwischen Männern mit dem grundsätzlichen menschlichen Bedürfnis nach positiven, emotionalen Körperkontakten konfligiert, erzeugt es zweifellos eine Menge negativen Streß. Psychische Spannungen können aufgrund der „Vermännlichung" (d.h. Formalisierung, Ritualisierung und letztlich auch Brutalisierung) ihres Kontaktrepertoires und ihrer Umgangsformen nicht adäquat aufgelöst, sondern nur mehr schlecht als recht kaschiert werden und entladen sich daher periodisch, explosionsartig und zumeist eben in „angemessenen" Verhaltensweisen – d.h. in aggressiven, gewaltförmigen Auseinandersetzungen („Händel"). Im Großen und Ganzen scheint es jedoch zu gelingen, das beständig frustrierte Bedürfnis nach emotionaler Nähe in einigermaßen geregelte Bahnen zu lenken und durch das Angebot formalisierter und ritualisierter Kontaktformen scheinbar hinlänglich zu befriedigen.

Dafür stellt die Gesellschaft Männern eine stattliche Zahl einschlägiger Szenarien zur Verfügung, die durch Exklusivität und eine emotionale Unverbindlichkeitsgarantie einen legitimen Rahmen schaffen, innerhalb dessen das Kontakttabu gefahrlos aufgehoben werden kann. Diese Szenarien werden, insbesondere im Bereich des Sports, intensiv genutzt. Eine herausragende Stellung hat der Fußball-„Rahmen": Der Auschluß von Frauen, extreme Öffentlichkeit, die betonte körperliche Härte und die überindividuelle, „nationale" Bedeutung ihrer Aktivitäten ermöglichen es Fußballern, sporadisch intensive körperliche Bindungen einzugehen, die unter anderen Bedingungen undenkbar wären.

Niemand wird ernsthaft bezweifeln, daß den heftigen, manchmal geradezu ekstatischen Umarmungen nach erfolgreich abgeschlossenen Angriffsaktionen, bei denen sich Männer entweder paarweise aneinander hängen, aufeinander liegen oder sich knäuelartig miteinander verwirren, starke Emotionen zugrundeliegen. Sie signalisieren allerdings weder persönliche Bedürfnisse, noch symbolisieren sie intime persönliche Beziehungen. Ein möglicher Verdacht, ihnen könnten gar erotische Gefühle zugrundeliegen – der im tiefen Innersten stets aufkeimt, wenn Männer einander auf diese Weise näherkommen –, wird durch die exklusive Härte und den maximalen Öffentlichkeitscharakter des Geschehens erstickt. Die Emotionen, die in solchen Begegnungen kodiert sind, richten sich ausschließlich auf die abstrakte Dimension der Leistung (weshalb die Intensität der Umarmungen mit der sportlichen Bedeutung des Spiels steigt und im Kampf um die Weltmeisterschaft ihren absoluten Höhepunkt erreicht).

Der Fußballsport befriedigt, wie jeder Mannschaftssport, weit mehr als eine rein körperliche Funktionslust, ein Bedürfnis nach körperlicher „Ertüchtigung" oder den Wunsch nach Ruhm, Ehre oder Geld. Er bietet Männern in einem einzigartigen Verbund – innerhalb eines allgemein akzeptierten, umfänglich geregelten, von außen kontrollierten und von positiven Sanktionen begleiteten Kontexts – Möglichkeiten zum Ausagieren aggressiver Impulse und zugleich eine legitime und unzweideutige Gelegenheit zur emotionalen „Verschmelzung". Die breite Öffentlichkeit, in der sich dieses Spektakel vollzieht, gibt darüber hinaus all denen, die sich in ihrem Gewaltbedürfnis nicht mehr durch irgendwelche „Spielregeln" einschränken lassen wollen („Hooligans"), hinreichend Gelegenheit, sich im Umfeld der Stadien in ihrer anarchischen „Geilheit auf Gewalt" (Buford) gegenseitig die Knochen zu brechen.

Dadurch, daß Männer ihre Emotionen auf die Dimension der Leistung projizieren, verlieren die Umarmungen ihren privaten Charakter. Sie lassen weder Rückschlüsse auf die Qualität ihrer persönlichen Beziehungen zu, noch stiften sie persönliche Freundschaften. Das Objekt, an dem die Gefühle sich jeweils entladen, ist letztlich beliebig. Jedes einzelne Mannschaftsmitglied kann sich durch eine herausragende Leistung eine Umarmung verdienen, durch die es kurzzeitig aus der Gemeinschaft der Gleichen herausgehoben wird. Die Umarmungen sind Sinnbild eines überindividuellen Bindungsprinzips: der durch und durch männlichen „Kameradschaft", die nicht auf persönlichen Gefühlen, sondern auf leistungsorientierter Solidarität basiert.

Im triumphalen Moment des Sieges finden gelegentlich auch „Einzelkämpfer" zu derartigern Bindungen. Die lange und innige, von einem ebenso intensiven Blickkontakt begleitete Umarmung zwischen Boris Becker und Michael Stich, mit der sie 1992 ihren Olympiatriumph besiegelten, war selbst für emotionsverwöhnte Becker-Fans ein Anblick besonderer Güte. Der spektakuläre Bindungsakt wurde von der Sportjournaille unverzüglich – wenn auch ironisch, so doch einschlägig – abgemahnt („Hoffentlich werden Barbara und Jessica nicht eifersüchtig"). Er reflektierte dennoch keineswegs partnerbezogene Emotionen. Die beiden dokumentierten lediglich die herausragende Bedeutung ihres gemeinsamen Triumphs – den Sieg einer ausschließlich an der Sache orientierten und auf ein klares Ziel hin ausgerichteten Leistungsharmonie zwischen Männern – durch ein ebenso singuläres Verhaltenssignal. Becker selbst räumte jeglichen Zweifel an der emotionalen Bedeutungslosigkeit ihrer Umarmung aus: „Ich habe fünf gute Freunde, zu denen gehört er nicht, aber wir hassen uns nicht."[4]

Im Begriff „Schulterschluß" wird die Tendenz zur Unterordnung des Individuellen und Emotionalen unter ein abstraktes Prinzip noch augenfälliger. Im Schulterschluß verbinden sich Individuen nur durch die Aufhebung der persönlichen Distanz zu einer ent-individualisierten, geschlossenen Einheit. Die Verbindung wird nicht durch einen Zugriff der Arme und Hände oder gar durch emotionsträchtige Umarmungen hergestellt. Daß der Begriff gerade auf den Schulterbereich abhebt, verweist darauf, daß in diesem spezifischen Bindungsakt aggressive oder gar gewalttätige Aspekte Priorität haben. Eine solche Männerverbindung potenziert in ihrer Kompaktheit pure und aggressive „Männlichkeit" und signalisiert damit zugleich größtmögliche Gefahr (am deutlichsten in der geometrisch abgezirkelten, militärischen „Formation").

Auch etablierte und legitimierte Macht (staatliche, religiöse etc.) definiert einen Rahmen, in dem sich Männer gefahrlos emotionaler Kontaktformen bedienen können. Innerhalb von Hierarchien ist der Mächtigste selbst prinzipiell unangreifbar; er übt aber seine Macht insbesondere in Form ritualisierter Berührungen aus. Die absolute Identifikation mit der Macht, die er vertritt, verwandelt seinen ganzen Körper in ein repräsentatives Symbol eines höheren Prinzips, das somit durch seine Berührung auf andere übertragen werden kann. Die absolute Machtposition des „Heiligen Vaters" als höchster Repräsentant einer weltumspannenden Institution drückt sich unter anderem in seinem prinzipiell unbegrenzten Berührungsprivileg gegenüber seinen „Schäfchen" aus; es konkretisiert sich zumeist in Berührungen des Kopfes, die machtspezifisch von besonderer Bedeutung sind (auch „Wunderheiler", die magische Heilkräfte auf Kranke und Bedürftige übertragen, bevorzugen – unabhängig vom Ort der Krankheit – besonders „mächtige" Kopfberührungen).

In hochgradig symbolischen Inszenierungen sind mächtigen Männern sogar volle Umarmungen und sanfte, bindende, haltende Handkontakte – Umarmungen „en miniature" – erlaubt, die normalerweise, wegen ihres deutlich erkennbaren Ursprungs im Mutter-Kind-Repertoire, vollkommen tabu sind. Die traditionellen Umarmungen kommunistischer Machthaber, die meist noch durch den schnalzenden „sozialistischen Bruderkuß" auf den Mund bekräftigt wurden, symbolisieren ausschließlich die politischen Verbindlichkeiten innerhalb eines ideologischen Systems und dürfen keinesfalls als Gradmesser der persönlichen Verbundenheit zwischen zwei sterblichen Wesen mißverstanden werden. Auch bindende Handkontakte haben rein machtsymbolischen Charakter: Männer gehen solche Verbindungen nur in ihrer Funktion als Repräsentanten übergeordneter, aber prinzipiell gleichwertiger Mächte, im Rahmen extremer „Männlichkeits"-Szenarien (in denen

Aggressivität oder gar Gewalttätigkeit überwiegt) oder innerhalb fest-gelegter Rituale ein (z.B. bei der Ensemble-Verbeugung im Theater, beim Schunkeln etc.). Im profanen Alltag und als analoger Ausdruck echter Emotionen sind solche Handkontakte unter dem bezeichnen-den Begriff „Händchen halten" auf den Umgang mit Frauen und Kindern beschränkt (allerdings in einer spezifisch abgewandelten Form, auf die ich noch zurückkommen werde).

Um den machtsymbolischen Charakter ihrer Kontaktmuster deut-lich herauszustellen und vom unspezifischen, emotionalen Muster des Mutter-Kind-Komplexes optisch hinlänglich abzugrenzen, erzeugen Männer körpersprachlich systematisch „Kanaldiskrepanzen", d.h. Wi-dersprüche. Dies bewirkt, daß der körpersprachliche Gesamtausdruck nicht mehr die mit dem einzelnen Element verbundenen Bedeutung widerspiegelt. (Eine körperliche Annäherung wird beispielsweise da-durch ent-emotionalisiert, daß sie mit einem versteinerten Gesichtsaus-druck gekoppelt wird.) Im Alltagsverhalten (und insbesondere wenn Frauen sie produzieren) werden Kanaldiskrepanzen als Hinweise auf Unaufrichtigkeit, Lüge und Aufgesetztheit interpretiert (vgl. Kap. 2). Innerhalb eines expliziten Machtkontexts werden sie nicht mehr „per-sönlich" interpretiert, sondern ausschließlich als verdeutlichendenr, qualifizierender Hinweis darauf verstanden, daß den emotionalen Ausdrucksformen ausschließlich eine symbolische Bedeutung beizu-messen ist.

Das legendäre Pressefoto von der deutsch-französischen Weltkriegs-gedenkveranstaltung in Verdun, das Kohl und Mitterand Hand in Hand nebeneinanderstehend zeigt, veranschaulicht dies. Angesichts der be-sonderen Tragik der Ereignisse, derer gedacht werden sollte, schien den höchsten Repräsentanten der vormals verfeindeten Nationen der Rückgriff auf diese hochgradig emotionale Bindungsform als Zeichen ihrer nunmehrigen „Verbrüderung" wohl durchaus angemessen. Daß sie dabei zugleich die größtmögliche persönliche Distanz einhielten (beide mußten ihren Arm völlig durchstrecken, um die Hand des anderen zu erreichen), machte sowohl den symbolischen Charakter der Handlung deutlich wie auch ihren jeweiligen Status, dem sie auf diese Weise angemessenen Respekt zollten.

Abschließend soll darauf verwiesen werden, daß der männliche Handkontakt – als vollständig formalisierte Ikone des Sieges – auch Teil des Siegerehrungsrituals im Boxsport ist, der mehr als jeder andere Sport virile Aggressivität, Gewalttätigkeit und Brutalität mit der Unterwerfung unter ein abstraktes Gesetz verbindet, das der „Unpar-teiische" im Ring verkörpert. Er reißt die Faust des Siegers am Schluß mit seiner Hand zu einer dynamischen Siegespose hoch: Die rituelle Verbindung legitimiert und sanktioniert die rohe körperliche Gewalt (und ist so ausdrucksstark, daß auch die Werbung immer wieder darauf zurückgreift).

In alltäglichen Interaktionen begnügen sich Männer in der Regel mit stark formalisierten und körperlich eingeschränkten Bindungsformen. Besonders beliebt sind kurze, formelle Handkontakte (nach Morris vollziehen Männer mehr als 2/3 solcher öffentlich beobachtbarer Handkontakte untereinander). Frauen, einander sehr vertraute oder ineinander verliebte Paare hingegen greifen darauf selten oder nie zurück. Als „männliche" Kontaktformen vermitteln sie keine „globalen Gefühle", sondern spezifische Informationen und ermöglichen zugleich eine differenzierte Ausübung von Macht, Dominanz und Kontrolle. Der hierarchisierende Gebrauch des primären Akts der Bindung verkehrt ihn vollends in sein Gegenteil – er wird zum Mittel der Abgrenzung, deren Ziel die Errichtung, Aufrechterhaltung und Verdeutlichung einer klaren Rangordnung ist.

Als prinzipiell gleichwertigen Wesen stehen Männern grundsätzlich die gleichen körpersprachlichen Mittel für ihre Interaktionen zur Verfügung. Da ihr Verhältnis zueinander weitgehend von Konkurrenz bestimmt und deshalb ziemlich streßgeladen ist, ist ihre Körpersprache generell aggressiver als die der Frauen; sie sind daher gezwungen, sich ständig gegenseitig ihre Anerkennung und Achtung zu signalisieren, um unangenehmen Eskalationen vorzubeugen. Für diese Zwecke eignen sich formelle Handkontakte, ihres emotionalen Gehalts weitgehend entledigt und durch eine leichte aggressive Tönung hinreichend „vermännlicht", besonders gut.

Der *Handschlag* läßt sich als soziales Signal weit in die Stammesgeschichte der Menschen zurückverfolgen. Als Teil eines Beschwichtigungsrituals, als Zeichen von Friedfertigkeit und als Mittel zur Herstellung einer Vertrauensbasis wird er bereits von Schimpansen eingesetzt.[5] Angesichts der niedrigeren Gewaltschwelle von Männern macht daher die Verankerung dieses Rituals im spezifisch männlichen Repertoire durchaus einen gewissen Sinn.

Der Handschlag diente Männern lange als exklusives Mittel der gegenseitigen Verpflichtung, zur Besiegelung von Pakten, Versprechen und geschäftlichen Transaktionen. Daß – wie Morris berichtet – die Franzosen im 19. Jh. heftig protestierten, als das Händeschütteln als *allgemeines* Ritual eingeführt werden sollte[6], zeigt allerdings, daß seine besondere Attraktivität nicht allein seinem „Befriedungscharakter" zuzuschreiben ist. Es ist zugleich ein „Männlichkeitssignal", das der Abgrenzung von Frauen und Weiblichkeit und als exklusives männliches Solidaritätszeichen dient. Die Aufhebung der geschlechtsspezifischen Exklusivität führte daher geradezu zwangsläufig zu einer allgemeinen Verunsicherung und andauernden Klärungsversuchen. Heute ist der Händedruck mehr als jedes andere Alltagsritual bis ins kleinste Detail durch Etikette, soziale Regeln und Vorschriften bestimmt. Gleichzeitig entwickeln bestimmte gesellschaftliche Gruppen und Subkulturen laufend neue, „männlichere" Varianten des klassischen Händedrucks, der von ihnen als „bürgerlich" und „angepaßt" abgelehnt wird.

Kraftvolle, feste, kurze Handkontakte (das Händeschütteln, der Händedruck, der Handschlag) sind weitgehend etablierte, dennoch aber zutiefst „männliche" Gebärden. Moderne Abarten (der „Soul"-Schlag, der „Solidaritäts"-Schlag etc.) signalisieren durch ihren aggressiveren und dynamischeren Charakter mehr als nur formelle Bindungen: zum einen das „trotzige" Selbstbewußtsein gesellschaftlicher Randgruppen, zum anderen unbedingten Leistungs-, Durchsetzungs- und Aufstiegswillen. Der „Soul"-Schlag, bei dem die Partner abwechselnd je einen heftigen Schlag gegen die ausgestreckte Handfläche des anderen führen, wurde ursprünglich als Verbrüderungszeichen von der schwarzen, männlichen, unterprivilegierten Bevölkerung der U.S.A. entwickelt, hat aber mittlerweile einen Siegeszug um die ganze männlich-jugendliche Welt angetreten. Den vergleichbaren „Solidaritäts"-Schlag benutzen vornehmlich Sportler (insbesondere solche, die „aggressive" Sportarten, z.B. Handball betreiben) und jugendliche Mitglieder von Banden: Weil dabei der Arm erhoben wird, bevor die Handflächen einmal kräftig aneinandergeklatscht werden, wirkt er bedeutend „gefährlicher" als der „Soul"-Schlag (im kampfsportlichen Kontext, der Aggressivität geradezu zwingend vorschreibt, benutzen zunehmend auch Frauen – z.B. Tennisspielerinnen – dieses Signal).

Selbst wenn Männer die weitgehend herausformalisierten emotionalen Qualitäten ihren Bindungsformen nachträglich wieder zufügen (indem sie z.B. einen formellen Handschlag durch die „Sandwich-Haltung" – die freie Hand wird über die Hand des Partners gelegt und umschließt sie fest – in eine miniatuarisierte Umarmung verwandeln), bedeutet das nicht zwangsläufig, daß sie damit Gefühle ausdrücken wollen. In Hierarchien jedenfalls sind solche Abarten prinzipiell den Ranghöheren vorbehalten. Sie können damit auf eine recht unverfängliche, geradezu herzlich anmutende Weise Dominanz ausüben.

Relativ häufig führen Männer in der Öffentlichkeit Schulterumarmungen durch, wobei ein Mann einem anderen (oder beide einander) einen Arm über die jeweils weiter entfernte Schulter legt. Ihre Körper sind nicht frontal aufeinander, sondern gemeinsam auf etwas anderes, drittes ausgerichtet. Die symmetrische Form wird von sozial gleichgestellten oder miteinander befreundeten Männern bevorzugt und signalisiert in erster Linie Gemeinsamkeiten und eine Übereinstimmung in Einstellungen und Zielen. Sie ist das klassische Zeichen männlicher Kumpanei, der keine innerliche, wirklich emotionale Bindung zugrundeliegt. Sie ist mehr auf gemeinsame Aktionen als auf emotionalen Austausch angelegt (auch bei den männlichen Heldenpaaren der „buddy-movies" steht nicht ihre sowieso meist eindeutig hierarchisch definierte Beziehung im Vordergrund, sondern die von ihnen gemeinsam erzeugte „action").

Einseitige Schulterumarmungen sind hingegen in der Regel Dominanz- bzw. Hierachiezeichen. Der jeweils Überlegene bzw. Übergeordnete kann den anderen in seiner Bewegungsfreiheit konkret einschränken, ihn körperlich kontrollieren und dirigieren. Der Dominanzcharakter tritt bei weiterer Reduktion des Kontakts noch klarer hervor (wenn z.B. nur noch die nähergelegene Schulter des anderen Mannes, sein Rücken oder sein Arm leicht mit der Hand berührt werden). Diese kleinen „Führungskontakte" können auch aus weiter persönlicher Distanz hergestellt werden; sie beinhalten einerseits das symbolische Moment des Niederdrückens, andererseits einen klaren Führungsansspruch. Die körperliche Einflußnahme wird zudem nicht auf Anhieb als plumpe Vertraulichkeit erkannt; sie ist vergleichsweise subtil, eher suggestiv als aggressiv, und daher psychologisch äußerst wirkungsvoll.

Führungskontakte spielen in Männerbeziehungen, aber auch in ihrem Umgang mit Frauen eine wesentliche Rolle. Sie sind Kennzeichen einer bestimmten Art von Macht, die sich nicht durch auffälliges und damit zugleich verräterisches Dominanzgebaren zu erkennen geben möchte. Politiker bedienen sich dieser eher beiläufigen Dominanzmittel besonders gern und häufig (was angesichts ihrer Medienpräsenz leicht zu überprüfen ist). Selbst ein Gastgeber, der sich den Gesetzen der Höflichkeit verpflichtet fühlt, kann seinen „Heimvorteil" gegenüber Gästen ausnutzen, indem er durch scheinbar rational begründete Führungskontakte seine Überlegenheit demonstriert. Indem er den Gast mit fast unmerklichen Berührungen vor sich herschiebt und in die gewünschte Richtung lenkt oder ihm an Türen „höflich" den Vortritt anbietet, übt er klare, wenn auch als „Fürsorglichkeit" getarnte Dominanz aus.

Im privaten, informellen Umgang vermitteln Männer einander Anerkennung und Anteilnahme, Trost und Beifall, Herablassung und Unmut gleichermaßen durch pseudo-aggressive, deutlich an die Muster des Vater-Sohn-Komplexes erinnernde Kontaktformen. Leichte Schläge auf den Rücken oder gegen die Brust, Knuffe und Klapse signalisieren männlich-rauhe „Herzlichkeit".[7] Als besonders männlich gilt der kräftige Schlag auf den Rücken, obwohl er eigentlich eines der ursprünglichsten und bewußt eingesetzten Elemente der Mutter-Kind-Interaktion ist. Dort dient der Klaps auf den Rücken ganz geschlechtsunspezifisch der Beruhigung, Besänftigung und der Unterstützung von Verdauungsfunktionen („Bäuerchen"), signalisiert darüber hinaus aber auch Anerkennung und Anteilnahme. Als Erwachsene benutzen ihn ausschließlich Männer – sowohl auf gleichwertiger Ebene als auch in eindeutig herablassender Weise – untereinander, um sich Anerkennung, Anteilnahme und Unterstützung zu signalisieren. Frauen, die im Umgang miteinander so gut wie nie darauf zurückgreifen, ist dieser Schlag auf Männerrücken – sowohl in seiner gleichwertigen, insbesondere aber in seiner Von-oben-herab-Form – generell verboten.

Berührungen durch andere, die nicht diversen Macht- oder Männlichkeitskontexten zugeordnet werden können, lösen durchweg negative, oft sehr heftige und aggressiv-bedrohliche Reaktionen aus. Männer interpretieren unautorisierte körperliche Übergriffe eindeutig als Dominanzversuche und weisen sie zwar auf unterschiedliche Weise (je nach sozialer Stellung und Persönlichkeit), immer aber deutlich genug zurück – sei es verbal („Pfoten weg!") oder gleich gewaltsam (Zurückstoßen, auf die Hand Schlagen etc).

Feindselige Körperkontakte – auch solche, die auf die Schädigung des anderen abzielen oder diese zumindestens billigend in Kauf nehmen – sind Männern, ganz im Gegensatz zu liebevollen Berührungen untereinander, nicht nur erlaubt, sondern werden – als Ausdruck von „Männlichkeit" – bis zu einem gewissen Grad sogar gefordert. Eventuell bestehende Hemmungen werden bereits in früher Kindheit durch den väterlichen, pseudo-aggressiven Umgangsstil aufgeweicht und durchbrochen. Die merkwürdige Blindheit der Gesellschaft gegenüber den Auswirkungen einer systematisch aggressiven (oder zumindest pseudoaggressiven), den Körper negativ „aufladenden" Männlichkeitssozialisation und die Bagatellisierung männlicher Gewalt („Kräftemessen", „Durchsetzungstraining" etc.) beruht auf der nach wie vor verbreiteten Vorstellung von der höheren Aggressivität der Männer, die sich darin eben Ausdruck verschaffe. Dabei wird vollkommen außer acht gelassen, daß Mädchen und Frauen durch eine gegenläufige Sozialisation an der Entfaltung ihres individuellen Gewaltpotentials mit Bedacht und auch recht erfolgreich gehindert werden können. Ein Transfer dieser erfolgversprechenden Erziehungsmethoden über die Geschlechtergrenzen hinweg findet jedoch leider nicht statt. Männliche Gewalt wird nicht ebenso grundsätzlich und bedingungslos bekämpft wie weibliche; man versucht nur, sie durch Spielregeln und Gesetze „einzudämmen" und in „tolerablen" Grenzen zu halten oder durch das Angebot von Szenarien und Terrains ein Ventil zur „Abreaktion" zu schaffen.

Die „Dampfkesseltheorie" der Genese männlicher Gewalt hat eher eine Entlastungs- als eine echte Erklärungsfunktion. Nicht wenigen Männern (insbesondere solchen, die das Glück haben, in einem liebevollen Familienverband aufgewachsen zu sein) wird die angeblich „artspezifische" Härte erst mit psychologischem Überdruck und manchmal auch brutalen Mitteln und Methoden später beigebracht. Ein Kind wird erst durch eine spezifische „Männlichkeits"-Erziehung vollends zum „echten" Mann. „Initiationsriten", die in der Regel schmerzhafte und erniedrigende Körpererfahrungen beinhalten, binden es in die männliche Solidargemeinschaft ein. (Der „american football"-Trainer an der Mississippi State University ließ sich eine besondere Variante einfallen: Vor einem entscheidenden Spiel ließ er einen Stier vor den Augen seiner Mannschaft kastrieren, um ihrer Kampfbereitschaft auf die Sprünge zu helfen.[8]) Der identitätsstiftende Charakter einer Verbindung aus Angst, Schmerz und aktiver Gewalt bereitet den Boden für die Entwicklung einer Gewaltbereitschaft und einer zutiefst menschenverachtenden Verherrlichung von Gewalt.

In den nostalgisch verklärten Erinnerungen mancher Veteranen des 2. Weltkriegs tritt selbst das Bild eines brutalen Schlachtengemetzels mit wachsendem zeitlichen Abstand zunehmend hinter das Wunschbild vom „ritterlichen" Kampf fairer Krieger auf dem Feld der „Ehre" zurück, das schon das Bewußtsein mancher Kombattanten vernebelte. Die gegenseitige Anerkennung der „Männlichkeit" rangiert selbst in weltweiten Auseinandersetzungen zwischen Nationen und Völkern offensichtlich noch vor militärischen Interessen.[9]

Macht undercover – „sexuelle" Belästigung von Frauen

Die Erfahrung der unbegrenzten Zugänglichkeit des mütterlichen Körpers (im Gegensatz zur quantitativ und qualitativ deutlich eingeschränkten Verfügbarkeit des väterlichen Körpers) erzeugt eine Grundhaltung, aus der heraus auch Erwachsene ein generell höheres allgemeines Zugriffsrecht auf den weiblichen Körper ableiten. Je mehr sie als Kinder, insbesondere als Jungen, von ihrer Mutter körperlich verwöhnt und „verzärtelt" wurden und sie als rundum verfügbare, selbstlose „Versorgungseinheit" schätzen lernten, desto selbstverständlicher lebt dieses Wahrnehmungsmuster in Gestalt spezifischer Erwartungshaltungen gegenüber allen Frauen fort. In komplementärer Entsprechung dazu wird bei Mädchen und Frauen systematisch eine passive Kontakttoleranz gefördert: zum einen durch einen berührungsintensiven und zugleich aggressionshemmenden Umgangsstil, zum anderen durch eine ständige Mißachtung ihrer Abgrenzungs- und Autonomiebedürfnisse.

In seinen klassischen Fragebogenuntersuchungen über die „Körperzugänglichkeit" von Frauen und Männern, die später durch Beobachtungsstudien ergänzt wurden[10], konnte Jourard (1966) erstmals nachweisen, daß dieses familiäre Kontaktmuster auch den Umgang der Erwachsenen untereinander bestimmt. Die teilweise drastischen geschlechtsspezifischen Unterschiede, sowohl in bezug auf die Zugänglichkeit verschiedener Körperzonen als auch auf die Häufigkeit von Berührungen schlechthin, zeigten sich unabhängig von der Qualität der Beziehungen, das heißt unabhängig davon, ob die Interagierenden Bekannte, FreundInnen, Verwandte oder ein Liebespaar waren. Was sie im Kern ausdrücken, ist der unterschiedliche *Respekt*, der weiblichen und männlichen Körpern entgegengebracht wird.

Sowohl Eltern als auch FreundInnen und Bekannte vermeiden gegenüber Männern insbesondere Berührungen des Kopfes, des Gesichts und des Nackens, da diese extrem „paternalisierend", also männlich-dominant, wirken. Die Köpfe von Frauen werden wesentlich häufiger, von Eltern sogar mehr als doppelt so oft, berührt.

Der Kopf gilt als der empfindlichste Körperteil des Menschen. Viele Kulturen schützen ihn daher vor Berührungen: durch strenge Tabus und die Festlegung einer Art „Aura", die nur unter genau definierten Bedingungen durchbrochen werden darf – entweder wenn explizit mächtige Kräfte symbolisiert oder übertragen werden oder in einer von tiefem Vertrauen gekennzeichneten emotionalen Beziehung. In alten Kulturen (z.B. Japan oder Thailand) richten sich entsprechende Tabus insbesondere gegen die Berührung der Köpfe weiblicher Menschen. Unsere Gesellschaft hingegen schützt vor allem ihre männlichen Mitglieder vor entsprechenden Kontakten.

Die respektvolle Distanz, die Männer untereinander wahren, reflektiert zwar ihre Achtung, aber auch ihre Angst voreinander, und sie macht stets auch die Rangordnung erkennbar, in der sie als soziale Subjekte stehen. Sie verrät jedoch kaum etwas über ihr emotionales Verhältnis zueinander. Das Muster, das ihren privaten Umgang mit Frauen charakterisiert, spiegelt keine dieser drei Dimensionen wider – weder Respekt, noch Angst, noch eine soziale Hierarchie. Der heterosexuelle Kontext verändert in der männlichen Perspektive die Bedeutungen und Funktionen von Berührungen total. Die konkreten Unterschiede im Berührungsverhalten von Frauen und Männern, insbesondere aber die Systematik der gemeinsam erzeugten Muster offenbaren ihre *prinzipielle* Ungleichheit als Geschlechtswesen. Sie geben durch ihre besonderen Qualitäten zugleich auch entscheidende Hinweise auf die psychologischen Hintergründe und Motive, die dem Bedürfnis nach Errichtung eines Machtverhältnisses zwischen den Geschlechtern zugrundeliegen und es aufrechterhalten.

Frauen und Männer benutzen in der Öffentlichkeit entweder grundsätzlich unterschiedliche Bindungszeichen, oder sie verwenden die gleichen Zeichen in unterschiedlicher Weise und mit unterschiedlicher Absicht und Wirkung. Beispielsweise wird der feste Händedruck – obwohl er längst kein männliches Privileg mehr ist – als klassisches Zeichen der gegenseitigen Anerkennung innerhalb gleichwertiger Beziehungen nach wie vor häufiger von Männern benutzt, seltener im Umgang mit Frauen und kaum von Frauen untereinander.[11] Ein sehr bestimmtes und festes „Anfassen" – Merkmal eines „männlichen" Zugriffs – ist dominant und löst Streß oder zumindest ambivalente Gefühle aus; Frauen sollen eher „streicheln" – das hat ganz andere, besänftigende und beruhigende Wirkungen.[12]

Der männliche Umgang mit Frauen in der Öffentlichkeit entspricht im Großen und Ganzen dem Muster zwischen zwei Männern, die auf unterschiedlichen Stufen einer Hierarchie angesiedelt sind und das deshalb durch einseitige Privilegien und Verbote geprägt ist. Der Unterschied besteht insbesondere darin, daß zwischen den Geschlechtern die beiden Positionen von vorn herein und generell festgelegt sind. Die männlichen Berührungsprivilegien betonen den wesentlichen Genderunterschied in doppelter Weise: Zum einen verweisen sie, insofern sie von der spezifischen „Schwäche" und „Schutzbedürftigkeit" der Frau abgeleitet werden, auf ihre *generelle Unterlegenheit*; zum anderen heben sie das *individuelle Prestige* des Mannes – auch in den Augen der Frau –, indem sie ihn als höflichen „Gentleman" ausweisen.

Allgemeine Benimm-Regeln, z.B. die Vortrittsregel oder die Verpflichtung zu bestimmten Hilfestellungen (beim Einstieg ins Auto, an Garderoben etc.), ermöglichen und legitimieren ständige kleine Führungskontakte und scheinbar beiläufige, subtile Übergriffe. Die Macht dieser Berührungen ist durch das domininierende Genderprinzip gleichsam herausgefiltert. Da die allgemeinen Höflichkeitsregeln unabhängig vom sozialen Rang der Frau Gültigkeit haben, ermöglichen sie Männern, sich Frauen gegenüber generell selbstbewußt und dominant zu verhalten. Frauen hingegen sind durch das generelle geschlechtsspezifische Berührungsverbot alle Varianten von lenkenden, führenden, helfenden, unterstützenden Berührungen, die zugleich ein Machtungleichgewicht andeuten könnten, Männern gegenüber (in der Öffentlichkeit) untersagt.

Der wahre Charakter von „Höflichkeitskontakten" kann relativ leicht durch das bereits bekannte Umkehrprinzip eruiert werden. In Verhältnissen, die im Kern von Macht und Herrschaft bestimmt sind, gilt ein eisernes Unumkehrbarkeitsgesetz. Durch eine bewußte Umkehrung eingeschliffener Verhaltensmuster kann überprüft werden, ob sie tatsächlich machtneutral sind oder nicht doch in erster Linie dazu dienen, männliche Überlegenheit auszudrücken. Beharrt ein „höflicher" Mann mit Nachdruck auf seinen Berührungsprivilegien, indem er jeden weiblichen Versuch, sich an Türen oder Garderoben ihm gegenüber ebenso „höflich" zu benehmen, ablehnt („Nein, bitte nach Ihnen!") oder mit „scherzhaftem" Protest („Erst ab 70!") zurückweist, so beweist dies letztlich, daß er die Frau nicht als gleichwertiges Subjekt anerkennt.

Diese vergleichsweise harmlosen, dafür aber alltäglichen Übergriffe auf Frauen erweisen sich in der Regel als durchaus gezielte, wenn auch kaum bewußt eingesetzte Mittel der Kontrolle. Das über Frauen verhängte Dominanzverbot stellt zugleich sicher, daß die verblümte männliche Dominanz nicht aufgedeckt oder gar attackiert wird. Gemeinsam begründen das als Höflichkeit getarnte Privileg und das Frauen als Ausdruck attraktiver „Weiblichkeit" vermittelte Verbot ein männliches Dominanzmonopol, das durch seine Verankerung im dezidiert „unpolitischen" Genderkonzept naturalisiert und durch Verlagerung in einen chevaleresken Kontext von Ritterlichkeit und Damenhaftigkeit trivialisiert wird. Es schreibt Frauen als Wesen fest, die mit Männern grundsätzlich weder konkurrieren können noch wollen. Die prinzipielle „Überlegenheit" der Männer qua Geschlecht steht in der Geschlechterinteraktion nicht zur Disposition – sie können sich daher im Umgang mit Frauen weitgehend entspannen.

Auf Frauen wirkt sich dieses Muster allerdings nicht annähernd so positiv aus. Den entscheidenden Punkt, an dem sich letztlich der wahre Charakter der heterosexuellen Berührungssystematik offenbart, markiert der Eintritt der Frauen in ein explizites Konkurrenzverhältnis auf dem Arbeitssektor bzw -markt. Im bezahlten öffentlichen Arbeitsplatz manifestiert und konkretisiert sich die ursprünglichste Vorstellung von Emanzipation als ökonomische Unabbhängigkeit von einem individuellen Mann. Nur hier begegnen Frauen und Männer einander als prinzipiell Gleichwertige, deren subjektiver Wert nicht nach heterosexuellen Attraktivitätskriterien bemessen wird. Sie sind nicht primär emotional miteinander verbunden, sondern treten zueinander in sachliche Konkurrenz. Unter den gegebenen Umständen ist es daher wenig verwunderlich, daß gerade der Arbeitsplatz sich als Ort erweist, an dem Frauen mit schlimmsten Übergriffen, Demütigungen, Verunglimpfungen und Gewalttätigkeiten konfrontiert werden.

Das Ausmaß der geschlechtsspezifischen Belästigung am Arbeitsplatz wird mittlerweile durch mehrere empirische Studien hinlänglich dokumentiert.[13] Eine betriebsinterne Befragung von 1800 Frauen (1991/92) zeigte, daß als Täter im Prinzip jeder Mann, unabhängig von seiner Position, in Frage kommt (66% waren Kollegen, 30% Vorgesetzte, Vertrauensleute und Betriebsräte nicht ausgenommen[14]). Der großen, im Auftrag des BMfFJFG (1990) durchgeführten Untersuchung zufolge werden 72% aller berufstätigen Frauen zu Opfern, die meisten mehrfach und über einen längeren Zeitraum hinweg.

Im Gegensatz zu den Tätern können die betroffenen Frauen den Tatbestand der „sexuellen Belästigung" klar und übereinstimmend von anderen Formen zwischenmenschlichen Kontaktierens abgrenzen und unterscheiden. Über die Hälfte der Belästigungen, die von 85% der Befragten als „sexuell" eingeordnet wurden, waren körpersprachlicher Natur oder direkte taktile Übergriffe. 56% der Frauen waren durch anzügliche Bemerkungen über ihre Figur und ihr privates Sexualverhalten bewußt gedemütigt worden; jede Dritte war ein- oder mehrmals durch körperliche Übergriffe (Kniffe oder Klapse auf den Po) belästigt worden, 22% berichteten von unerwarteten Berührungen an der Brust und 15% von aufgezwungenen Küssen.

Frauen fühlen sich insbesondere von männlichen Dominanzhandlungen belästigt, abgewertet und gedemütigt, die ihnen das Gefühl des Ausgeliefertseins vermitteln. Sie leiden speziell auch unter der eigenen „Unfähigkeit", spontan und adäquat zu reagieren. Sie werten ihr Verhalten als persönliches Versagen, was den negativen Effekt der Belästigung auf ihr Selbstwertgefühl noch zusätzlich verstärkt.

Die Untersuchungsergebnisse zeichnen ein klares Bild vom Arbeitsplatz als Arena eines durchweg unter der Gürtellinie geführten „Geschlechterkampfs", der in Wahrheit ein einseitig geführter „Krieg gegen Frauen" (French) ist. Sie zeigen, daß schon der ganz „normale" Umgang von Männern mit Arbeitskolleginnen von Dominanzbekundungen und Respektlosigkeiten durchsetzt ist, wobei Methoden, die ihre Wirkung auch über eine gewisse räumliche Distanz hinweg entfalten, besonders beliebt sind (84% aller Befragten berichteten, daß Männer sie anstarren, ihnen hinterherpfeifen oder ihnen taxierende Blicke zuwerfen); auch das Einbrechen in die Intimsphäre (durch „scheinbar zufällige" Körperberührungen) ist anscheinend gang und gebe (70%). Frauen scheinen sich mittlerweile so sehr daran gewöhnt zu haben, daß sie einen Großteil dieser Aktionen mehrheitlich nicht einmal mehr als „Belästigung" einstufen – was allerdings nichts an ihrer einschüchternden und objektivierenden Wirkung ändert.

Verglichen mit der Omnipräsenz unspezifischer Dominanzgesten und einfacher Respektlosigkeiten erwies sich der Anteil von Handlungen mit direkt und ausschließlich sexuellem Charakter (z.B. die Zurschaustellung des Genitals oder das Erzwingen sexueller Handlungen) geradezu erstaunlich gering (3%). Dieses Ergebnis kann duchaus als weiterer Beweis dafür genommen werden, daß nicht sexuelle Bedürftigkeit die wahre Quelle männlichen Verhaltens gegenüber Frauen ist, sondern sie Sexualität nur als vordergründiges Vehikel benutzen, um wesentlich grundlegendere Bedürfnisse nach Überlegenheit und Macht über Frauen zu transportieren.

Die Möglichkeiten zur Befriedigung pervertierter Herrschaftsgelüste steigen, je weniger die Frauen in der Lage sind, sich dagegen zur Wehr zu setzen. Besonders Verklemmte lassen sich deshalb gerade auch durch körperliche Beeinträchtigungen von Übergriffen nicht abhalten. „Da gibt es Männer, ob Kollegen, Passanten, Busfahrer usw., die nicht selten bei gewissen Handreichungen auch ihre Gelüste an uns ausleben", erzählte eine Rollstuhlfahrerin auf einer Tagung zum Thema „Sexuelle Ausbeutung von Frauen und Mädchen mit Behinderung". Schwerstbehinderte Frauen, die auf Hilfen und körperliche Pflege angewiesen sind, werden, wie eine behinderte Heimbewohnerin berichtete, durch solche Übergriffe doppelt diskriminiert, wenn das Personal oder der Heimleiter ihre Klagen über sexuelle Belästigungen als reine Wunschvorstellung diffamiert („Wer wird sich an der schon vergreifen. Das hätte sie wohl gerne!"[15]).

Die einseitig propagierte „Sexualisierung" der Körperkommunikation der Geschlechter dient konkret sowohl der Verankerung wie auch der

Verschleierung des männlichen Macht- und Gewaltmonopols. Aus einer patriarchal beschränkten Perspektive lassen sich Berührungen nur noch zwei Kategorien zuordnen: Sie sind entweder „aggressiv" oder „sexuell" gemeint. Der Ausdruck von Aggressionen gegenüber Männern ist für Frauen grundsätzlich tabu, und sexuell gemeinte Berührungen sind wiederum auf den privaten, intimen Raum beschränkt. Gegenüber fremden Männern und in der Öffentlichkeit wird die freiwillige Unterwerfung der Frauen durch die Einordnung des gesamten Komplexes in einen Kontext von moralischer Verwerflichkeit, von „Käuflichkeit" erzwungen, ohne daß die Dimension „Macht" überhaupt thematisiert wird. Sexuelle Berührungen fremder Männer sind nur Huren gestattet und werden von ihnen sogar erwartet; das klare Geschäftverhältnis, innerhalb dessen sexuelle Bedürfnisse hier abgewickelt werden, legt die überlegene Position des Mannes – als zahlender Herr der Lage – sowieso zweifelsfrei fest.

Weibliche Berührungen: Putzen, Pflegen und sich Unterordnen

Das generelle verhängte Dominanzverbot benachteiligt Frauen nachhaltig an einer beruflichen Karriere, in deren Verlauf gelegentlich ja auch harte Bandagen angelegt werden müssen. Im „rat-race" durch ein hierarchisch strukturiertes, einseitig an männlichen Fähigkeiten und Bedürfnissen orientiertes System ist eine genderspezifische Beschränkung auf Sensibilität, Emphatie und Emotionalität nach wie vor eher hinderlich. Die körpersprachliche Ausstattung mit vorwiegend fürsorglichen, sanften und emotionalen, zugleich aber durchweg „machtlosen" Kommunikationsmitteln qualifiziert Frauen vor allem als „Beziehungsarbeiterinnen" und „privatisiert" sie somit gleichsam durch die Hintertür. Aber auch im privaten Verhältnis zum anderen Geschlecht sind ihnen sowohl machtvolle und dominante als auch gleichwertig-anerkennende Berührungen (z.B. der Schlag auf die Schulter) im Grunde verboten; gestattet und erwünscht sind vor allem Berührungen, die Fürsorge, Zärtlichkeit und selbstlose Bewunderung vermitteln (Streicheln, Küssen, sich Anschmiegen etc.) und Männern nützlich sind.

Die rituellen „Putz- und Pflegehandlungen", die Frauen im Umgang mit ihren legitimen Gefährten praktisch ständig vornehmen (Zurechtzupfen von Krawatten oder anderen Teilen der Bekleidung, Abklauben ausgefallener Haare, Abwischen von Bröseln oder Staubpartikeln usw.) sind eigentlich komplexe Bindungszeichen. Da sie allerdings von den meisten Männern nicht reziprok erwidert werden, sind sie in Wirklichkeit nur noch einseitige Dienstleistungen am Mann. Dieses gut eingeschliffene Muster einseitiger Fürsorglichkeit konterkariert die ursprüngliche soziale Funktion solcher Berührungen.

Diese erfüllen „Putz- und Pflegehandlungen" ausdrücklich nur als *gegenseitige* Akte. Als solche werden sie schon von Primaten zur Spannungsreduktion und friedlichen Konfliktbewältigung genutzt (Affen bekräftigen durch ihr gegenseitiges „Lausen" eben nicht ihre soziale Hierarchie, sondern heben sie – zumindest für den Moment – regelrecht auf). Unter Menschen reduziert sich das tiefgründende soziale Befriedungsmuster auf ein Muster der geschlechtsspezifischen Unterwerfung und verkommt zur Dienstleistung, die vollkommen der Kontrolle ihres Nutznießers unterliegt. Als Zeichen weiblicher Unterwerfung, als geradezu exklusives Ausdruckselement von „Weiblichkeit", wird es generell abgewertet und damit für Männer als „weibisch" tabu.

Männer können affiliative Berührungen von „ihren" Frauen prinzipiell jederzeit einfordern und je nach Gefühlslage – dankbar, gelangweilt oder genervt – entgegennehmen, sie aber jederzeit auch mit einer herrischen Geste zurückweisen oder beenden. Diese körpersprachliche Konstellation ist so eindrucksvoll, daß sie von Regisseuren häufig zur Charakterisierung von Macho-Helden benutzt wird: Der Macho schiebt die (natürlich wunderschöne und sexuell äußerst attraktive) „Geliebte", die gerade dabei ist, völlig hingerissen und verzückt seinen Körper zu pflegen oder zu liebkosen, achtlos beiseite oder schüttelt sie gar wie ein lästiges Insekt rüde ab, um sich Wichtigerem zuzuwenden (z.B. einem Klopfen an der Tür). Allein durch die Verlagerung seines Interesses und seiner Aufmerksamkeit wird seine „Puppe" gänzlich zur Unperson, und er kann die durch die Tür gestellte Frage seines männlichen Kumpanen – „Bist du allein?" – bedenkenlos und aus seiner Perspektive auch wahrheitsgemäß mit „Ja" beantworten.

Die öffentliche Demonstration erkennbar liebevoller Bindungszeichen, die ihn als emotional „berührbares" Wesen erscheinen lassen, ist dem Macho hauptsächlich peinlich. Er muß darauf so klar und eindeutig „ungerührt" oder gar abfällig reagieren, daß dem Publikum seine grundsätzliche Überlegenheit deutlich gemacht wird und sich jeder Zweifel an seiner harten „Männlichkeit" zerstreut.

Heterosexuelle Bindungszeichen

Gemeinsam realisierte Bindungen, die prinzipiell Gleichheit und Einheit signalisieren, können bereits durch kleine Veränderungen in der

Durchführung ebenfalls in Zeichen einer klaren Geschlechterhierarchie verwandelt werden. Am Beispiel der Ganzkörperumarmung läßt sich der qualifizierende Charakter solcher Maßnahmen ganz deutlich aufzeigen. Die sanfte, den ganzen Körper der anderen Person einbeziehende, haltende oder gar mit wiegenden Bewegungen vollzogene Umarmung ist der quintessentielle Ausdruck von „Mütterlichkeit" und zugleich unser elementarstes allgemeines Zeichen für Mitgefühl und Empathie. Ein Mann, dem es vor allem um die körpersprachlich klare Darstellung seiner grundsätzlichen Überlegenheit geht, kann sich nicht, vertrauensvoll wie ein Kind, auf diese Weise in die Arme einer Frau begeben; er muß etwas tun, damit er die Oberhand behält. Er legt daher seine Arme so um sie herum, daß nur er sie festhält, sie ihn aber nicht blockieren kann, daß nur er ihre Bewegungsmöglichkeiten durch die Umarmung einschränken und damit kontrollieren kann, während seine eigene Bewegungsfreiheit voll erhalten bleibt.

Er inszeniert das ursprüngliche Mutter-Kind-Muster mit vertauschten Rollen: Der Frau wird die Rolle des kleinen, ohnmächtigen und daher beschützenswerten Kindes zugewiesen, er selbst übernimmt den Part des Beschützers, des Besitzers, des Mächtigen. Dieser „kleine Unterschied" – so er konsequent vollzogen oder gar erzwungen wird – macht das ursprünglichste und emotional intensivste Bindungssignal zu einem klaren Symbol der Ordnung der Geschlechter.

Boris Becker, Deutschlands erfolgreichster „Spitzenmann" mit klarem, unzweideutig männlichem Lebensziel (die „absolute" Nummer Eins zu werden), hat seinen sicheren Instinkt für das geschlechtsspezifische Ordnungsprinzip schon früher gelegentlich unter Beweis gestellt („Steffi Graf spielt Damentennis, ich spiele Tennis"). Im STERN (15, 1993) gestattete er nunmehr einen tieferen Einblick in seine ganz privaten Bindungsvorstellungen. Da diese sich nicht annähernd so stark von durchschnittlichen Vorstellungen abheben, wie er zu denken scheint, lohnt ein genauerer Blick darauf. Auf der Titelseite präsentiert er sich in einer auf das Wesentlichste reduzierten Form: im „Adamskostüm" mit seiner Verlobten, deren Körper er wie ein stolzer Besitzer fast wie ein Schutzschild vor den seinen hält. Seine beiden Arme von hinten um ihre Oberarme schlingend, ihren Busen mit seinen Händen mehr betonend als verdeckend, stellt er sie der Öffentlichkeit vor.

Das begleitende Interview bestätigt diesen plakativen körpersprachlichen Eindruck einer durchgängigen Ungleichwertigkeit und Widersprüchlichkeit durch typische Konversationsmuster und spezifische Formen der Selbstdarstellung. Ihm („ich bin im Moment in meiner Berufung. Ich kann nicht anders, ich habe keine Wahl. Sie kann anders") bringt die Bindung nur sozialen Zugewinn („Menschen von Barbaras Hautfarbe grüßen mich als ‚brother', das finde ich super-cool, da bin ich auch stolz drauf"); mit ihr fügt sich ein weiteres Teilchen ins „Puzzle" seines Lebens. Da dieses vorrangig auf den eigenen Erfolg ausgerichtet ist, muß *sie* vor allem lernen, dann zurückzustecken, wenn es *ihm* nützt („sie weiß, daß sie die nächsten drei Tage die Schnauze halten muß"), und auch sonst herbe Verluste tapfer wegstecken („einen Großteil meiner legitimen Rechte verloren", „mein Zuhause aufgegeben", „meine Karriere geopfert"). Er trägt das Seine dazu bei, indem er mehrmals persönlich an sie gerichtete Fragen an ihrer Stelle beantwortet. Ihre Selbstunsicherheit kommt in einer ganzen Reihe abwertender Selbstkennzeichnungen zum Ausdruck (fetter Arsch, superschlechtes Aussehen, gucken wie eine Kuh, bescheuert sein etc.), die er kommentarlos zur Kenntnis nimmt, ebenso wie auch die einzige und sehr vorsichtige Anspielung des Interviewers auf Beckers Äußeres, das er früher selbst als etwas unglücklich empfunden habe. Sie aber springt ihm an diesem Punkt vehement mit drastischen Komplimenten bei („aber kann ich bitte was dazu sagen, Schatz? Erst mal bist du hübsch, und das weißt du selber, und zwar nicht nur hübsch, sondern du bist schön"), die sich bis zur „menschlichen Genialität" steigern. Ihre Brille färbt so rosa, daß sie sich schon jetzt damit bescheiden mag, künftig „im Schatten ihres Mannes in der Sonne leben zu können".

Heterosexuelle Paare, die einander als gleichwertige Subjekte anerkennen, benutzen auch in der Öffentlichkeit körperliche Bindungsformen, die weitgehend symmetrisch und gleichwertig sind (z.B. die tiefe Taillenumarmung, bei der jede(r) einen Arm um die Hüfte der anderen Person legt). Frauen ziehen diese gleichwertigen und zugleich vertrauten Umarmungen auch untereinander häufig vor; heterosexuelle Männer hingegen vermeiden sie untereinander peinlichst, da sie vordergründig als „weibisch" gelten.

Die Standardausführung von Schulterumarmungen zwischen Frauen und Männern hat allerdings meist einen ungleichwertigen Charakter. Der männliche Partner legt seinen Arm außen um die Oberarme oder auf die Schultern der Frau, während sie ihn tiefer, um die Hüften, umfaßt. Der Aspekt der einseitigen Behinderung wird durch diese Ungleichheit recht deutlich.

Im ebenfalls sehr beliebten Muster des „Unterhakens" kommt noch ein zusätzliches Element der Unterlegenheit, die Schutz- und Stützbedürftigkeit von Frauen, hinzu. Männer greifen (in unserem Kulturkreis) daher nur in „höchster Not" darauf zurück – wenn sie, sei es in hohem Alter oder aufgrund einer Krankheit oder Behinderung, konkret auf Hilfe und Unterstützung angewiesen sind. Es ist daher kein Zufall, daß sich gerade das „Unterhaken", das ungleiche Machtverhältnisse und klare „Besitzverhältnisse" überdeutlich signalisiert, hierzulande zum beliebtesten heterosexuellen Bindungszeichen entwickelt hat: *„It is done for others to see, rather then for the pair themselves."*[16] Als extrem formalisiertes Signal stellt es einerseits die offizielle „Schutz- und Unterstützungsfunktion" des Mannes hinlänglich deutlich dar, ohne ihn real wirklich zu belasten oder emotional zu verpflichten. Es ermöglicht andererseits traditionell eingestellten Frauen, ihren gesellschaftlichen Status als verheiratete Frau zu signalisieren, der für sie höchste Priorität hat.

Auch im typischen heterosexuellen Handkontakt behält meist der Mann die Oberhand. Beim „Händchenhalten" umfaßt er die Hand der Frau mit seiner Hand, fixiert sie dadurch und bringt sich selbst automatisch in eine gewisse „Vorausstellung". Durch diese Art und Weise sichert er sich auch in dieser Bindungsform das Privileg auf die „mütterliche" Position und auf die Symbolisierung einer Macht, die in der frühen Kindheit noch mit der Frau identisch war. Unsichere und daher besonders auf ihre „Männlichkeit" bedachte Männer achten deshalb peinlich darauf, diese Konstellation in ihren erwachsenen Kontakten mit Frauen herzustellen. Jeder Versuch einer individuellen Abwandlung, der gegen die Unumkehrbarkeitsregel von Machtbeziehungen verstößt, löst – wie jede Frau leicht überprüfen kann – Irritationen, Unbehagen oder konkrete Abwehrmaßnahmen aus. Egalitär eingestellte Liebespaare vermeiden wegen der deutlichen Machtkonnotationen diese Bindungsform eher und benutzen statt dessen symmetrischere Formen (z.B. die ineinander verschränkten Finger).

Rein symbolische Bindungszeichen (Ringe, Kleidungsstücke, sprachliche Formeln etc.) haben oft eine spezifische Kennzeichnungsfunktion in bezug auf Frauen. Sie ermöglichen es, Frauen jeweils einer der zwei Kategorien, die für Männer relevant sind, zuzuordnen – entweder der Kategorie der „freien", d.h. noch allgemein verfügbaren Ledigen oder der Kategorie der nicht mehr verfügbaren (bereits in das Besitztum eines anderen männlichen Individuums übergegangenen) verheirateten Frauen. Auch die emotionalen Verpflichtungen, die mit symbolischen Bindungszeichen verbunden sind, richten sich oft ausschließlich an den weiblichen Teil des Paares. Manche Kennzeichnungen, die im Prinzip eigentlich beiden Geschlechtern vorgeschrieben sind (z.B. das Tragen eines Ehering), werden oft nur von Frauen durchweg positiv bewertet und durchgängig getragen, während Männer sie abwerten („Fangeisen"), gelegentlich verschwinden lassen oder mit merkwürdigsten Begründungen generell ablehnen.

In manchen Gesellschaften zeigen Frauen ihren sozialen Stand (d.h. meist nur den Charakter ihrer Beziehungen zum anderen Geschlecht) durch eine bestimmte Bekleidung öffentlich an: Den Status einer Ehefrau signalisiert die sprichwörtliche „Haube", den Witwenstand die schwarze Kleidung.

Unsere Sprache ermöglicht eine Differenzierung nach sexueller Verfügbarkeit ausschließlich in bezug auf Frauen. Die Unterscheidung zwischen „Frau" und „Fräulein", die indirekt klarmacht, daß erst die legalisierte Beziehung zu einem Mann das geschlechtsneutrale Wesen zur Frau macht (und nicht etwa ihre sexuelle Reifung), hat keine männliche Entsprechung. Darüber hinaus macht auch eine durchweg geschlechtspezifische Verteilung von Kosenamen hinlänglich deutlich, ob ein Paar sich gegenseitig als gleichermaßen „wertvoll" begreift (durch die Wahl „neutraler" Begriffe wie Schatz, Liebling etc.) oder als ungleich (Kleines, Mäuschen, Süße, Schätzchen etc.).

„Intimität"

In einer zivilisierten Gesellschaft ist Erwachsenwerden mit umfänglichen Einschränkungen, Regulierungen und Formalisierungen des Verhaltens verbunden. Im emotionalen Spannungsbogen zwischen Liebe und Haß kristallisieren sich auf dem weiten Bedeutungsfeld, das von Berührungen, Blicken, Distanzen und Bewegungen abgesteckt wird, bereits in der Kindheit individuelle kommunikative Funktionen heraus: Fürsorge, Zärtlichkeit, Bewunderung, Anerkennung, Unterstützung, Trost, Kontrolle, Dominanz, Behinderung, Unterdrückung, Einschüchterung, Angriff, Vernichtung usw. Durch eine „ordnungsgemäße" Identifikation mit dem mütterlichen oder väterlichen Vorbild und den von der Gesellschaft vorgegebenen Konzepten von Weiblichkeit und Männlichkeit werden sie in ganz spezifischer Weise auf die Geschlechter verteilt und psychostrukturell verankert.

Mit Beginn der Pubertät erweitert sich das Spektrum der Körperkommunikation allmählich um eine weitere Dimension: die *genitale Sexualität*. Da sie nicht einfach nur addiert, sondern in ein geschlechtsspezifisch bereits vorstrukturiertes Muster eingebaut wird, unterscheiden Frauen und Männer sich nicht nur in ihrem öffentlichen und alltäglichen Verhalten deutlich voneinander, sondern auch in ihren erotischen Bedürfnissen, Empfindungen und im Ausdruck ihres sexuellen Verlangens. In diesem Kontext sind gegenseitige Berührungen und Körperkontakte, als soziale Signale, durch die Macht und Sexualität gleichermaßen kommmuniziert wird, von eminenter Bedeutung.

Der Personenkreis, in dem eine ungeregelte und spontane Entfaltung der vielfältigen kommunikativen Möglichkeiten der Körpersprache möglich ist, die die einzigartigen Qualitäten der emotionalen Beziehung zweier Menschen auf analoge und differenzierte Weise wiederspiegeln würde, wird zivilisatorisch eingeschränkt und letztlich auf die sogenannten IntimpartnerInnen begrenzt. Zugleich wird durch die Priorität der genitalen Sexualität im gesellschaftlich vorherrschenden heterosexuellen Partnerschaftsmodell auch der Begriff „Intimität", der ursprünglich ein wesentlich breiteres Spektrum abdeckte, auf seine sexuellen Komponenten verkürzt (im englischen Sprachraum wird er seit Ende des 19. Jh. ausschließlich in sexuellem Sinn benutzt).

Die Propagierung einer Intimsphäre als privater, prinzipiell regelfreier Raum entschädigt in gewissem, beschränktem Umfang für die drastischen Einschränkungen der Körperkommunikation durch die Gesetze der Zivilisation; ihre Einzigartigkeit steigert aber zugleich den emotionalen Stellenwert und die Erwartungen, die sich auf „intime" Beziehungen richten, enorm. Sie erscheint als letztes Reservat für Spontaneität, Wahrhaftigkeit und Natürlichkeit der Kommunikation, als einzigartiges Refugium, in dem ursprünglichste Bedürfnisse noch adäquat befriedigt werden können – doch dieser Schein trügt: Eine Identifikation mit den polaren und hierarchisierenden Genderkonzepten macht die Optionen auf uneingeschränkte und umfassende Emotionalität im Verhältnis der Geschlechter wieder weitgehend zunichte.

Die „Übersexualisierung" der Männer – die, wie mehrfach gezeigt wurde, weniger mit Sexualität als mit Machtbedürfnissen zusammenhängt – beeinträchtigt nicht nur ihr kommunikatives Kontaktverhalten massiv (was sich einerseits im relativ ungehemmten, unsensiblen Zugriff auf Frauen äußert und andererseits in ihrer aversiven Abgrenzung voneinander). Als Folge der ideologischen und gesellschaftlichen Vormachtstellung des männlichen Geschlechts wird sie „normalisiert" und entwickelt sich zu einem allgemeingültigen Maßstab, an dem auch das Verhalten der Frauen gemessen wird. Sie wird in der Regel als quasi natürlicher Reflex einer spezifisch männlichen und scheinbar weithin „unregulierbaren" Sexualität wahrgenommen und nicht als die neurotische Angstreaktion, die sie in Wahrheit ist.

Eine „natürliche" erotisch-sexuelle Beziehung zwischen zwei Menschen entwickelt sich , in Stufen zunehmender Intimität, die sich körpersprachlich deutlich voneinander unterscheiden lassen: Mit jeder neuen Stufe verändern sich die Modalitäten und Formen der Kommunikation, die gegenseitige Körper-Zugänglichkeit erweitert sich und die allgemeine Berührungsfrequenz steigt stetig an. Der Ablauf läßt sich modellhaft folgendermaßen darstellen:

1. *Stufe: Anziehung (visuelle Wahrnehmung des anderen Körpers)*
2. *Stufe: gegenseitiger Blickkontakt*
3. *Stufe: verbal-sprachlicher Kontakt*
4. *Stufe: formale, unverbindliche Körperkontakte (z.B. Händedruck, Hilfsleistungen, Schutz- und Führungsberührungen)*
5. *Stufe: seitliche Körperkontakte im Arm- Schulterbereich*
6. *Stufe: tiefere seitliche Körperkontakte im Bereich der Taille und Hüften*
7. *Stufe: Mundkontakt (Kuß)*
8. *Stufe: sanfte, liebkosende Berührungen des Kopfes und des Gesichts*
9. *Stufe: sanfte, explorierende Berührungen des Körpers*
10. *Stufe: orale Kontakte mit sekundären Geschlechtsmerkmalen (z.B. Brust)*
11. *Stufe: Berührung der Genitalien*
12. *Stufe: Geschlechtsverkehr*[17]

Dieses Intimisierungsmuster reflektiert zwar einigermaßen natürliche Abläufe, folgt aber dennoch keinem biologisch festgelegten Plan – das beweisen allein schon die unzähligen kulturellen Varianten der heterosexuellen Intimisierung.[18] Die genauere inhaltliche Bestimmung der Stufen, die Art und Weise des Voranschreitens, der Verlauf und die innere Struktur des Musters werden vorrangig durch kulturelle, soziale Normen festgelegt. Diese legen einem zwar letztlich biologischen Zwecken dienenden Vorgang, der aber nicht (wie in tierischen Gesellschaften) instinktiv gesteuert wird, moralische Zügel an und dienen daher in erster Linie (aber nicht nur) der Triebregulierung und der sexuellen Disziplinierung der Menschen.

Die kulturell vorgeschriebenen Stufen müssen im Prinzip einvernehmlich und in der festgelegten Reihenfolge durchlaufen werden.[19] Keine darf übergangen, jede muß sozial und moralisch legitimiert werden (z.B. durch eine bestimmte Anzahl von Verabredungen, die Dauer und „Ernsthaftigkeit" der Beziehung, durch formale Bindungen wie Verlobung oder Ehe). Frauen und Männern werden dabei recht unterschiedliche Aufgaben und Funktionen übertragen. Die

Gestaltungsmöglichkeiten der Männer können als individuelle Privilegien, die der Frau als gesellschaftliche Pflichten dargestellt werden.

Auch heute, in einer in sexueller Hinsicht angeblich „nachrevolutionären" Phase der Geschlechterbeziehungen, ist das Recht auf Initiative und aktives Vorantreiben des Intimisierungsprozesses (Stufenwechsel) nach wie vor in der Regel Männern vorbehalten. Die Gestaltungsmöglichkeiten der Frauen beschränken sich entweder auf passive Zustimmung resp. passiven Widerstand gegenüber der männlichen Initiative („gewähren lassen" oder „entmutigen") oder auf indirekte Methoden der Beeinflussung, die das Intimisierungsprivileg des Mannes nicht offen in Frage stellen und sich aus der Machtperspektive klar als Unterordnungsgebahren darstellen.

Dazu steht ihnen ein umfangreiches Repertoire des Sich-zur-Schau-Stellens, von Anbietposen und Anbietgehabe zur Verfügung, das die Aufmerksamkeit und das Interesse des Mannes erregen und ihn dazu bewegen soll, „von sich aus" die Initiative zur erwünschten Intimisierung zu ergreifen. Der Erfolg einer Frau hängt somit im wesentlichen von ihrer Fähigkeit ab, ihre äußere Erscheinung und ihr Verhalten so weit wie möglich den Wünschen und Erwartungen des „interessanten" Mannes, die sie in Anbetracht des geringen Bekanntheitsgrades zunächst feinfühlig „erspüren" muß, anzupassen. Je mehr Haut sie dabei zeigt, desto „besser".[20]

Keine der legitimen weiblichen Intimisierungsmethoden stellt den Primat des Mannes auch nur annähernd in Zweifel. Aber selbst zur Zurückweisung unerwünschter, unangebrachter, regelwidriger Annäherungen werden Frauen „partnerschaftliche" Verhaltensmodelle aufgezwungen. Ein autonomer, gar ein körperlich aggressiv vorgetragener Widerstand ist als „männliches" Muster tabu.[21] Sie müssen auch dazu „weibliche Waffen" einsetzen, deren Wirksamkeit mit der Fähigkeit oder der Bereitschaft des Mannes, sie als solche überhaupt zur Kenntnis zu nehmen und zu beachten, steht und fällt. (Zudem wird ihre potentielle Gefährlichkeit durch die Sexualisierung – z.B. im Begriff „Sexbombe" – heruntergespielt.)

Wenn ein Mann die eigentlich selbstverständliche „Leistung" erbringt, eine interessante Frau zugleich als autonomes Subjekt mit eigenen Rechten anzuerkennen, und seine Zurückweisung akzeptiert, wenn er darauf verzichtet, sofort vom primitiven Faustrecht Gebrauch zu machen, wird er unter Umständen durch besondere Dankbarkeitsbezeugungen und Lob dafür belohnt („Gentleman!"), was sein leicht gekränktes Selbst durchaus wieder aufbaut. Es zeigt sich, daß Männer – egal ob sie ihr Bedürfnis nach Frauen mit Gewalt befriedigen oder ob sie „großmütig" davon Abstand nehmen – im Umgang mit Frauen eigentlich niemals gänzlich leer ausgehen.

In Begriffen der Körpersprache ausgedrückt heißt Intimisierung schrittweise und vor allem einvernehmliche Überwindung sozialer, persönlicher und intimer Distanzen und diverser Schutzbarrieren (visueller, sprachlicher, räumlicher und haptischer Natur). Wird sie einseitig durchgeführt, so ist sie ein Zeichen von Macht und Dominanz und Frauen generell verboten: Eine Frau darf einen fremden Mann, den sie anziehend findet, weder visuell fixieren („anstarren"), zum Blickkontakt zwingen, von sich aus ansprechen noch gar anfassen (schon gar nicht, wenn er ihr Interesse nicht teilt). Auch wenn Frauen sich heute möglicherweise nicht mehr ebenso stark wie früher daran gebunden fühlen mögen, gehen sie mit einem Verstoß gegen das Passivitätsgebot immer noch ein unvergleichlich höheres Risiko ein als ein zudringlicher Mann.

Die Legitimation dieses Gebots durch Moral (den „guten Ruf" der Frau) verschleiert seinen wahren Charakter nur unzulänglich. In bezug auf Männer erschiene sie allein deshalb schon völlig absurd, weil dieselbe Moral ihnen den Zugriff auf fremde Frauen nicht nur ermöglicht, sondern geradezu vorschreibt (getarnt als Führungs- und Unterstützungskontakte).

Männliches Kontaktverhalten – selbst das sozial legitimierte und das „zufällige" – zielt nicht nur direkter und unmittelbarer, sondern oft ausschließlich auf die Befriedigung eigener Bedürfnisse ab. Doch würden patriarchale, besonders „maskuline" Männer sich entrüstet dagegen verwehren, ihre Übergriffe auf Frauen (ihr „Grabschen") als Ausdruck eines psychischen Mangels, einer grundlegenden emotionalen „Bedürftigkeit" – sei es nach Macht, Dominanz, Liebe oder Sex – zu begreifen. Ebensowenig scheinen sie (und entsprechend patriarchal eingestellte Frauen) die innere Widersprüchlichkeit ihres „liebevollen" Kontaktrepertoires wahrnehmen zu können oder seine Durchsetzung mit dominanten und aggressiven Elementen als befremdlich, unpassend oder gar als neurotisch zu empfinden. Sie ist einfach Ausdruck ihrer „Männlichkeit" und als solcher eine wesentliche Voraussetzung für eine angemessen männliche Lösung des grundsätzlich in jeder intimen Beziehung virulenten Konflikts zwischen dem Bedürfnis nach Nähe und dem Streben nach Unabhängigkeit.

Männer können über die Ambivalenzen in ihrem Verhalten selbst leichter hinwegsehen, weil sie weniger klar und grundsätzlich zwischen sexuellen, affiliativen, aggressiven und spielerischen Bedeutungen von Kontakten trennen als Frauen. Dieser Mangel an Sensibilität wurzelt im in sich widersprüchlichen Umgang der Eltern mit Söhnen (der frühzeitigen und deutlich bewundernden Sexualisierung durch die Mutter und der emotionalen „Abhärtung" durch den Vater). Als Erwachsene erleichtert er ihnen jedenfalls eine – weitgehend unbewußte – Zurschaustellung von Dominanz gegenüber Frauen und eine bedenkenlose Ausbeutung des weiblichen Körper zum Zweck der Befriedigung eigener Bedürfnisse – seien sie nun affiliativer, sexueller, dominanter, aggressiver, gemischter oder perverser Natur.

Ein entsprechend unsensibler Mann kann im alltäglichen Umgang mit den körpersprachlich sensibleren Frauen seine wahren Bedürfnisse und Ziele recht gut verschleiern und ihnen eine adäquate abweisende Reaktion so schwer wie nur irgend möglich machen. Das folgende Beispiel, das Morris anführt, ohne allerdings auf diese Dimension Bezug zu nehmen, zeigt deutlich, daß daraus ausschließlich der Mann einen Gewinn zieht.

„Ein Erwachsener, sagen wir ein Mann, möchte zu einem anderen Erwachsenen, sagen wir einer Frau, einen sexuell gemeinten Körperkontakt herstellen. Er weiß, daß sie auf direkte Annäherungsversuche nicht reagieren würde, weil sie das abstoßend fände. Er weiß ferner, daß sie ihn sexuell überhaupt nicht anziehend findet; aber der Wunsch, sie zu berühren, ist so stark, daß er ihre entmutigenden Signale ignoriert. Was tut er? Er spielt den „großen Bruder": Mit großem Hallo gibt er ihr einen Klaps aufs Knie und sagt zu ihr:„Sie komisches kleines Mädchen." Dabei hofft er, daß sie die Sache (und den Körperkontakt) ebenfalls als Spaß versteht, obwohl er selbst in Wirklichkeit einen sexuellen Gewinn aus der Aktion zieht." [22]

Während dem Mann verschiedenste Optionen offenstehen, ist die weibliche Perspektive auf das Ereignis ebenso wie ihr Bedürfnis (das sie klar zu erkennen gibt) völlig ohne Belang. Der Übergriff auf die Frau befriedigt in jedem Fall seine, wenn auch nicht ausschließlich das vordergründig angesprochene sexuelle, Bedürfnisse. Die „spielerischen" Komponenten auf der taktischen Verhaltensoberfläche sind in Wahrheit reine Täuschungsmanöver: die konkrete Aktion enthält, ebenso wie das ignorante Übergehen der weiblichen Ablehnungssignale, klare Aspekte von Dominanz; ihr erfolgreicher Abschluß erzeugt ein befriedigendes, das Selbstbewußtsein stärkendes Gefühl von Überlegenheit.

Das spontane, von sexuellen Bedürfnissen motivierte Verhalten von

Frauen wird zwei Gesetzen unterworfen, die einander widersprechen und sie damit in ein Dilemma stürzen, das in einem patriarchalen Kontext prinzipiell unlösbar ist: einerseits dem generellen Dominanzverbot, andererseits der übergeordneten Moral. Das Dilemma ergibt sich zwangsläufig daraus, daß in unserer übersexualisierten Gesellschaft nahezu jedem Verhalten ein sexuelles Motiv unterstellt wird. Das Frauen auferlegte sexuelle Passivitätsgebot wird dadurch letztlich zum generellen Berührungsverbot, das nur und erst dann aufgehoben wird, wenn das Verhältnis durch die männliche Initiative ein eindeutiges, erotisch-intimes Niveau erreicht hat. Zu diesem Zeitpunkt hat sich die Frau auf die einseitig vom Mann gestellten Bedingungen emotional bereits so weit eingelassen, daß die Machtverhältnisse hinreichend geklärt sind. Zum anderen wird die Frau, deren Sexualität ideologisch bedingt als grundlegend anders definiert wird als die männliche, einseitig und nachdrücklicher als der Mann auf den moralischen Kodex eingeschworen, der zur Einhaltung der vorgeschriebenen Stufen und Respektierung der Intimisierungsregeln verpflichtet. Anderenfalls hat in der Regel allein sie Nachteile und schmerzliche Strafmaßnahmen zu gewärtigen.

Das Dilemma besteht darin, daß sie ihrer gesellschaftlich verordneten Pflicht, die „wilde" und fordernde männliche Sexualität moralisch unter Kontrolle zu halten, letztlich gar nicht nachkommen kann: Erstens unterliegt sie als Individuum einer weitgehenden männlichen Kontrolle (von Attraktivitätsnormen bis zur ökonomischen Abhängigkeit), und zweitens sind ihre „weiblichen" Waffen nur mit Platzpatronen munitioniert – das Erschrecken ist also nur kurz, das Amüsement darüber um so größer.

Als rundum entmachtete Hüterin der sexuellen Ordnung wird die Frau hauptsächlich an der Entfaltung ihrer Sexualität gehindert; sie wird – unabhängig davon, ob die Beziehung auf ihren Wunsch und ihrem Bedürfnis folgend oder gegen ihren Willen intimisiert wird – grundsätzlich in einer sexuellen „Opferrolle" festgeschrieben. Letztlich kann sie das moralische Gesetz, das auf ihr weit schwerer lastet, nur – durch massive Selbstdisziplinierung – an sich selbst exekutieren. Es zwingt ihr aber in jedem Fall, auch im Verlauf einer einvernehmlichen Intimisierung der Beziehung, diffizile und auch ambivalente „Widerstandsmuster" auf. Das Intimisierungsmuster verkommt somit letztlich zu einem Ritual, in dem die Frau durch ein vorgeschriebenes Maß an Widerstand ihre Sittsamkeit und der Mann durch drängendes, forderndes Verhalten seine Männlichkeit beweisen soll.

Die Frau kann im Prinzip dem regelwidrigen Verhalten eines

Mannes keine wirksamen Zwangsmittel entgegensetzen, sondern nur an ihn appellieren und in partnerschaftlichen Verhandlungen eine einverständliche Lösung anstreben. Ein energischer Widerstand kann die Beziehung gefährden und birgt die Gefahr in sich, den Partner ganz zu verlieren („erfolglose" Männer drohen ihren Freundinnen gern mit Zuwendung zu „bereitwilligeren" Frauen). Läßt sich eine Frau aber auf die gemeinsame Verletzung der moralischen Regeln ein – sei es aufgrund der eigenen Bedürfnislage oder weil sie der emotionalen Erpressung endlich nachgibt –, so kann eigentlich nur er das Ergebnis unbeschwert als „Erfolg" verbuchen. Sie selbst begibt sich auf ein gefährliches Terrain, auf dem sie moralische „Verdammung" durch die Gesellschaft gewärtigen muß („Flittchen!"); nicht selten kommt diese vom Nutznießer des Regelbruchs selbst, wenn er der Frau überdrüssig geworden ist.

Steht die Frau aufgrund eigener sexueller Wünsche moralisch unter Druck, fühlt sie sich durch die sittlichen Vorschriften in der Befriedigung der eigenen Lust behindert und eingeschränkt, dann muß sie die Zügel um so straffer ziehen, will sie ihren Ruf als anständige Frau nicht gefährden. Weibliche „Zügellosigkeit" ist zwar möglichweise ein nicht unbedeutendes Element der sexuellen Wunschphantasien von Männern, für die reale Frau schlägt sie jedoch meist negativ zu Buche. Sie zieht einerseits eine massive soziale Abwertung nach sich, und erweist sich andererseits auch auf der rein genital-sexuellen Ebene als wenig erfolgversprechend – denn wenn ihre Phantasien von der potenten, sexuell aggressiven, fordernden Frau endlich Wahrheit werden, nehmen viele Männer schnell Reißaus.

Die zur moralischen Instanz erhobene (oder verdammte) Frau ist in keinster Weise in der Lage, den Mann tatsächlich sexuell einzuschränken. Sie befreit ihn, indem sie seinen Anteil an Moral übernimmt, letztlich sogar noch vom Zwang der sexuellen Selbstdisziplinierung. In bestimmten Kreisen wird die „Virilität" eines Mannes direkt danach bemessen, ob und wie schnell es ihm gelingt, das „Gesetz" durch drängendes, sexuell forderndes Verhalten in Frage zu stellen und zu brechen, indem er die vorgeschrieben Stufen des Intimisierungsprozesses entweder zeitlich verkürzt durchläuft oder gänzlich überspringt („I like to fuck on the first date!"[23])

Ein überidentifizierter Macho nutzt seine Berührungsprivilegien zur Absicherung seiner Vormachtstellung: zum einen durch Dominanz über Frauen, denen er auch im sexuell-intimen Verhältnis eine passive Rolle aufzwingt, zum anderen durch körperliche Abschottung gegen Emotionalität und „Weiblichkeit". In seiner „Blindheit" gegenüber weiblichen Zurückweisungssignalen verwischt er die überaus klaren Grenzen zwischen einer einvernehmlichen Intimisierung, einer einseitigen Belästigung und der gewaltsamen Inbesitznahme einer Frau. Sein eigenes Kontaktbedürfnis beschränkt sich in der Regel auf die Genitalien, auf den „hot spot" – die letzte Oase der Lust in der emotionalen Wüste seiner Körperoberfläche. Die Fixierung auf genitale Sexualität offenbart somit zugleich ein immenses psychisches Defizit.[24]

Über die Bedeutung der Konzentration auf pure genitale Sexualität als Kernelement einer extrem vom „Männlichkeits"-Konstrukt geprägten Psychostruktur äußerte sich Erich Fromm in „Die Kunst des Liebens" in unmißverständlicher Weise. Nach seiner Auffassung ist ein isoliertes sexuelles Verlangen, das in seiner letzten Konsequenz nicht die Überbrückung der Polarität der Geschlechter im Akt der Vereinigung zum Ziel hat, sondern im Prinzip nur der eigenen Befriedigung (einer Spannungsreduktion) dient, der unmittelbarste Ausdruck neurotischer Männlichkeit. Männer, die emotional auf einer kindlichen Stufe steckengeblieben sind, kompensieren durch diese Fixierung auf einen pervertierten Sexualakt, in dem das ursprünglich Verbindende in einen Akt der Dominanz verwandelt wird, ihre psychischen Mängel.[25]

Eine Form der „Liebe", in der die Partnerin letztlich zur Dienstleistungsinstitution degradiert wird, kann keine Basis für eine Partnerschaft zwischen zwei erwachsenen Menschen sein. Sie reflektiert den zutiefst infantilen Wunsch nach bedingungsloser Liebe, die ohne jegliche Gegenleistung zu haben ist, den Wunsch, „geliebt zu werden, nicht zu lieben".[26] Die grenzenlose Verfügungsgewalt eines Mannes über eine Frau steht somit ebenso wie die komplementäre Bereitschaft der Frau zur Unterwerfung nicht zuletzt auch der Entwicklung einer reifen, wahrhaft erotischen Sexualbeziehung im Wege.

Mit dem patriarchal verbrieften Recht des beliebigen Zugriffs auf den weitgehend zur Passivität verdammten weiblichen Körper, der die Autonomie der Frau als Subjekt mißachtet und sie zum „Besitz" degradiert, löst der genital fixierte Neurotiker seinen emotionalen Nähe-Distanz-Konflikt auf eine ziemlich extreme Weise. Die ebenso extreme Gegenposition manifestiert sich in der Idee von der absoluten damenhaften „Unnahbarkeit" der Frau, in der die psychische Bewältigung der Anziehungskraft des weiblichen Körpers in der abendländischen Kultur ihren romantischen Höhepunkt erreichte. Die Lösung liegt in diesem Fall nicht in der rohen körperlichen Dominanz, sondern darin, sich die Frau in eine so abgehobene, autonome Position hinein- und damit wegzuphantasieren, daß eine reale und bedrohliche Nähe von vorne herein ausgeschlossen ist. Beiden männlichen

Lösungen des Geschlechterkonflikts, so verschieden sie erscheinen mögen, ist gemeinsam, daß sie eine aktive, gleichwertige Beteiligung der Frau an der Ausbalancierung des gemeinsamen Verhältnisses ausschließen.

ANMERKUNGEN

1 D. Morris, 1972, S.128.

2 Henley, 1988; Heslin & Boss, 1975; West, 1984.

3 A. Montagu, 1971, S. 135 f.

4 *Süddeutsche Zeitung*, 28.9.1992.

5 Als *soziale Geste* wirkt das Anbieten der eigenen Hand besänftigend und konfliktreduzierend. Sie kann von jedem Individuum, unabhängig von seiner hierarchischen Rangposition durchgeführt werden, hat aber je nach gesellschaftlicher Stellung unterschiedliche Bedeutungen: Das ranghöhere Tier signalisiert damit Verzicht auf Ausübung von Dominanz und Gewalt, das untergeordnete Tier signalisiert seine Unterwerfung; ein *Freundschaftszeichen* ist der Handkontakt nur zwischen einander sozial gleichgestellten Individuen.

6 D. Morris, a.a.O., S. 125 f.

7 „Körperlichkeit spielt in diesem Moment eine große Rolle. Alle scheinen sie an Volker Rühe heranrücken, ihn drücken, ihn *berühren zu wollen. Ein freundlicher Klaps auf die Schulter, ein Knuff, ein fester Händedruck.* Das Bild vom Rugbyspiel paßt: als müsse hier einer getröstet werden, der vom Platz gestellt wurde, unverdientermaßen." Mit diesen Worten beschreibt Stephan-Andreas Casdorff die Reaktion von Parteifreunden auf die Niederlage Volker Rühes bei der Wahl der Kanzlerstellvertreter auf dem Parteitag der CDU (*Süddeutsche Zeitung*, 28.10. 1992, Hervorhebungen von mir).

8 „Ochs kastriert Stier", *Süddeutsche Zeitung*, 16.9.1992.

9 Als während des 2. Weltkriegs der „Stern von Afrika", ein deutscher Jagdflieger, nach erfolgreicher Vernichtung von 158 „feindlichen Flugzeugen" in El Alamein im Alter von 22 Jahren infolge eines Maschinenschadens abstürzte („unbesiegt", wie seine Gedenktafel vermerkt, und daher eben doch nicht den 25 000 anderen vergleichbar, die dort in der Schlacht ihr Leben verloren), „ehrten" ihn wenige Stunden danach britische Kapfflieger mit dem Abwurf eines Blumenkranzes über der Absturzstelle.

10 Vgl. N. Henley, a.a.O., S. 148 ff.

11 In den U.S.A. ist es z.B. nicht ungewöhnlich, daß im Zuge der gegenseitigen Vorstellung zweier Paare die Männer einander die Hände schütteln, während sie die zugehörigen Frauen jeweils nur mit einem knappen Kopfnicken begrüßen.

12 Vgl. A. Montagu, a.a.O., S. 157: Bestimmte Berührungen (z.B. das Ablecken der Neugeborenen) sind in der Tierwelt geradezu überlebensnotwendig, weil sie den Wachstumsprozeß starten.

13 Vgl. Bode, K. & Plogstedt, S., 1984; Domsch, M. & Schneble, A., 1990; Holzbecher u.a., 1990; Gerhart, U., Heiliger, A., Stehr, A. (Hg.), 1992.

14 Untersuchung im Auftrag der Unternehmensleitung von Thyssen Stahl in Hamborn/ Beeckerwerth (Duisburg), durchgeführt vom Frauenarbeitskreis der IG Metall (Süddeutsche Zeitung, 31.3.1993).

15 Vgl. *Süddeutsche Zeitung*, 2.4.1993.

16 D. Morris, 1977, S. 94.

17 Vgl. D. Morris, 1977, S.247.

18 Nach 1946 kollidierten in England zwei unterschiedliche Intimisierungsmodelle, als dort stationierte amerikanische Soldaten und einheimische Frauen entsprechende Kontakte anknüpften. Da die Engländerinnen sich, in ihrem Intimisierungsmuster englischen Normen folgend, in den Augen der Männer „zugänglicher" erwiesen als Amerikanerinnen, da sie rascher von Stufe zu Stufe wechselten, hielten die Amerikaner sie für unmoralisch und leichtfertig.

19 Auch im Flirt, der zunächst ohne ein erklärtes (sexuelles) Ziel beginnt, ist die prinzipielle Ebenbürtigkeit der PartnerInnen wichtig; der Flirt bedarf erhöhter Sensibilität und eines gleichwertigen Selbstbewußtseins, da ein einseitiges Vorantreiben (Übersehen von Mißachtung des „Angebots" oder Zurückweisung) bereits die Grenze zur Belästigung, zur blöden „Anmache", überschreitet.

20 Vgl. A. Montagu, a.a.O., S. 139.

21 Gesellschaften unterscheiden sich in der Bereitschaft, Frauen wirksamere Waffen gegenüber zudringlichen Männern zuzugestehen, recht deutlich: An die Soldatinnen der israelischen Streitkräfte wurde beispielsweise schon 1983 eine chemische Waffe (Spray) ausgeteilt; in der Schweiz hingegen, wo jeder Wehrpflichtige ein Gewehr im Kleiderschrank stehen hat und man darüber hinaus unter Vorlage eines Ausweises selbst halbautomatische Feuerwaffen fast an jeder Ecke kaufen kann, müssen Frauen beim Erwerb eines ordinären „Pfeffer-Sprays" – das allerdings explizit als Selbstverteidigungswaffe gegen Männer angeboten wird – einen Waffenschein vorlegen (*Süddeutsche Zeitung*, 2.11.1992).

22 D. Morris, 1972, S. 98.

23 Mit dieser Formulierung charakterisierte der Hollywood-Mogul Jeff Berg, erfolgreicher Chef einer der größten Künstler-Agenturen vor Ort, sowohl sich selbst als toughen Geschäftsmann als zugleich auch ein rücksichtloses Geschäftsgebaren, in dem allein der schnelle Erfolg zählt (*SZ-Magazin* 12, 1993, S.18).

24 In dem Film „Die letzte Frau" (1975) gerät der Protagonist (dargestellt von G. Depardieu) durch seine Beziehungsprobleme, die primär in seinem Macho- und Paschatum wurzeln, sich für ihn vor allem aber im sexuellen Bereich manifestieren, in eine tiefe Identitätskrise, die er schließlich auch nur „sexuell" lösen zu können glaubt: Er schneidet sich mit dem elektrischen Brotmesser den Penis ab. Aufgrund der Kastrationsszene wurde der Film in Italien verboten.

25 Vgl. E. Fromm, 1980, S. 48.

26 E. Fromm, 1980, S. 107.

LITERATUR

AIELLO, J. R., Human spatial behavior, in: Stokols & Altman (Hg.), *Handbook of Environmental Psychology (Band 1)*, S. 389-504, New York, 1987.

AIELLO, J. R. & JONES, S. E., Field study of the proxemic behavior of young school children in three subcultural groups, in: *J. of Pers. and social Psychol.*, 19, S. 351-356, 1971.

ALTMAN, I., *The Environment and Social Behavior: Privacy, personal space, territoriality, crowding*, Monterey, 1975.

ANZIEU, D., *Das Haut-Ich*, Frankfurt/M., 1991.

ARCANA, J., *Every Mother's Son*, Seattle, 1986.

ARGYLE, M., *Bodily Communication*, London, 1975.

ARGYLE, M. & DEAN, J., Eye contact, distance, and affiliation, in: *Sociometry*, 28, S. 289-304, 1965.

ARGYLE, M., LEFEBVRE, L. M. & COOK, M., The meaning of five patterns of gaze, in: *European Journal of Social Psychology*, 4, S. 125-136, 1974.

BALAZS, B., *Der Film*, Wien, 1961.

BAXTER, J. C., Interpersonal spacing in natural settings, in: *Sociometry*, 33, S. 444-456, 1970.

BAXTER, J. C., & DEANOVICH, B. F., Anxiety arousing effects of inappropriate crowding, in: *J. of Consulting and Clinical Psychology*, 35, S. 174-178, 1970.

BEAUVOIR, S. de, *Das andere Geschlecht*, Hamburg, 1951.

BELL, P.A., FISHER, J.D., BAUM, A. & GREEN, T.E., *Environmental Psychology*, Fort Worth, 1990.

BELOTTI, E. G., *Was geschieht mit kleinen Mädchen?*, München, 1975.

BEM, S. L., The measurement of psychological androgyny, in: *J. of Consulting and Clinical Psychol.*, 42, 2, S. 155-162, 1974.

BEM, S. L., Gender Schema Theory and Self-Schema Theory Compared: A Comment on Markus, Crane, Bernstein, and Siladi's „Self-Schemas and Gender", in: *J. of Personality and Social Psychol.*, 43, S. 1192-1194, 1982.

BENJAMIN, J., *Die Fesseln der Liebe*, Basel, Frankfurt/M., 1990.

BERGER, P. L. & LUCKMANN, T., *Die gesellschaftliche Konstruktion der Wirklichkeit*, Frankfurt/M., 1969.

BILDEN, H., Geschlechtsspezifische Sozialisation, in: *Handbuch der Sozialisationsforschung*, S. 777-812, 1980.

BILDEN, H., Geschlechtsspezifische Sozialisation, in: Hurrelmann & Ulich (Hg.), *Handbuch der Sozialisationsforschung*, S. 279-301, Weinheim, 1991.

BIRDWHISTELL, R. L., *Kinesics and Context*, Philadelphia, 1970.

BOURKE, J. G., *Das Buch des Unrats*, Frankfurt/M., 1992.

BOWLBY, J., *Attachement and Loss (Bd. 1-3)*, New York, 1979.

BOY, B., *Barbie. Ihr Leben und ihre Welt*, Wien, 1988.

BRODY, L. R., Gender differences in emotional development: A new review of theories and research, in: *J. of Personality*, 53, S. 102-159, 1985.

BROWN, L. R. u.a. (Worldwatch Institute), *Zur Lage der Welt 1992: Daten für das Überleben unseres Planeten*, Frankfurt/M., 1993.

BRÜCKNER, M., *Die Liebe der Frauen*, Frankfurt/M., 1988.

BRÜCKNER, P., *Psychologie und Geschichte*, Berlin, 1982.

BUCHANAN, D. R., GOLDMAN, M., JUHNKE, R., Eye contact, sex and the violation of personal space, in: *J. of Social Psychology*, 103, S. 19-25, 1977.

BUFORD, B., *Geil auf Gewalt*, München, 1992.

BURLINGHAM, D., The Pre-Oedipal Infant-Father Relationship, in: *Psychoanalitic Study of the Child*, 28, S. 23-47, 1973.

CARDELLA, L., *Ich wollte Hosen*, München, 1991.

CARPENTER, C. R., Territoriality: A Review of Concepts and Problems, in: Roe & Simpson (Hg.), *Behavior and Evolution*, New Haven, 1958.

CHERULNIK, P. D., Sex differences in the expression of emotion in a structured social encounter, in: *Sex Roles*, 5 (4), S. 413-424, 1979.

CHODOROW, N., *Das Erbe der Mütter*, München, 1985.

CREMERIUS, J., „Die Sprache der Zärtlichkeit und der Leidenschaft". Reflexionen zu Sandor Ferenczis Wiesbadener Vortrag von 1932, in: *Psyche*, 37, S. 988-1015, 1983.

CUNNINGHAM, M., Measuring the Physical in Physical Attractiveness: Quasi-Experiments on the Sociobiology of Female Facial Beauty, in: *J. of Pers. and Social Psychol.*, 50, 5, S. 925-935, 1986.

CUNNINGHAM, M., BARBEE, A., P. & PIKE, C. L., What do Women want? Facialmetric Assessment of Multiple Motives in the Perception of Male facial physical attractiveness, in: *J. of Pers. and Social Psychol.*, 59, 1, S. 61-72, 1990.

DALY, M., *Gyn/Ökologie*, München, 1981.

DANICA, E., *Nicht!*, München, 1989.

DE WAAL, F., *Peacemaking among Primates*, Cambridge, 1989.

DINNERSTEIN, D., *Das Arrangement der Geschlechter*, Stuttgart, 1979.

DOUGLAS, J. D. & ATWELL, F. C., *Love, Intimacy and Sex*, Newbury Park, 1988.

EAKINS, B. W. & EAKINS, R. G., *Sex differences in human communication*, Geneva, Ill., 1978.

EFRAN, M. G. & CHEYNE, J. A., Affective concomitants of the invasion of shared space, in: *J. of Personality and Social Psychol.*, 29, S. 219-226, 1974.

EKMAN, P. & FRIESEN, W. V., The repertoire of nonverbal behavior: categories, origins, usage and coding, in: *Semiotica*, 1, S. 49-98, 1969.

EKMAN, P. & FRIESEN, W. V., *Unmasking the face*, Englewood Cliffs, 1975.

EKMAN, P., FRIESEN, W. V. & ELLSWORTH, P. C., *Gesichtssprache. Wege zur Objektivierung menschlicher Emotionen*, Wien, 1972.

ELIAS, N., *Über den Prozeß der Zivilisation* (2. Aufl.), Bern, 1969.

ELLIS, H., *Studies in the Psychology of Sex* (Bd. 1,2), New York, 1936.

ELLSWORTH, P.C., Direct gaze as a social stimulus: The example of aggression, in: Pliner, Krames & Alloway (Hg.), *Nonverbal communication of aggression*, S. 53-76, New York, 1975.

ELLSWORTH, P. C., CARLSMITH, J. M. & HENSON, A., The stare as a stimulus to flight in human subjects: A series of field experiments, in: *J. of Personality and Social Psychol.*, 21, S. 302-311, 1972.

EPSTEIN, Y. M. & KARLIN, R. A., Effects of acute experimental crowding, in: *J. of Applied Social Psychology*, 5, S. 34-53, 1975.

ERIKSON, E. H., *Childhood and Society*, Harmondsworth, 1950.

EXLINE, R. V., Visual Interaction: The glances of Power and Preference, in: Cole (Hg.), *Nebraska Symposium on Motivation*, Bd. 19, Lincoln, 1971.

FALLADA, H., *Damals bei uns daheim - Heute bei uns zu Haus*, Frankfurt/M., 1992.

FELIPE, N. J. & SOMMER, R., Invasions of Personal Space, in: *Social Problems*, 14, S. 206-214, 1966.

FERENCZI, S. (1933), Sprachverwirrung zwischen den Erwachsenen und dem Kind, in: *Schriften zur Psychoanalyse* (Bd. 2), Frankfurt/M., 1972.

FEUERBACH, A. Ritter von, *Kaspar Hauser*, Ansbach, 1832.

FISHER, M. & STRICKER, G. (Hg.), *Intimacy*, New York, 1982.

FLÜGEL, J. K., *The Psychology of Clothes*, London, 1930.

FREEDMAN, J. L., *Crowding and Behavior*, San Francisco, 1975.

FREEDMAN, J. L., LEVY, A. S., BUCHANAN, R. W. & PRICE, J., Crowding and Human Aggressiveness, in: *J. of Exp. Social Psychol.*, 8, S. 528-548, 1972.

FREEDMAN, N., The Analysis of movement behavior during the clinical interview, in: Siegman (Hg.), *Studies in Dyadic Communication*, 1972.

FRENCH, M., *Der Krieg gegen die Frauen*, München, 1992.

FREUD, A., *Das Ich und die Abwehrmechanismen*, München, 1936.

FREUD, A., A psychoanalists view of sexual abuse by parents, in: Mrazek & Kempe (Hg.), *Sexually abused children and their families*, Oxford, 1981.

FREUD, S., Zur Ätiologie der Hysterie, in: *Gesammelte Werke*, 1, 1896.

FROMM, E., *Anatomie der menschlichen Destruktivität*, Reinbek, 1977.

FTHENAKIS, W. E., *Väter, Band 2. Zur Vater-Kind-Interaktion in verschiedenen Familienstrukturen*, München/Wien/Baltimore, 1985.

GALBRAITH, J. K., *Wirtschaft für Staat und Gesellschaft*, München, 1976.

GODENZI, A., *Bieder, brutal*, Zürich, 1989.

GÖTTNER-ABENDROTH, H., *Die tanzende Göttin*, München, 1984.

GÖTTNER-ABENDROTH, H., *Die Göttin und ihr Heros*, München, 1993.

GOFFMAN, E., *Asylums*, Harmondsworth, 1961.

GOFFMAN, E., Rollendistanz, in: Steinert (Hg.), *Symbolische Interaktion*, S. 260-279, 1973.

GOFFMAN, E., *Rahmen-Analyse*, Frankfurt/M., 1977.

GOFFMAN, E., *Geschlecht und Werbung*, Frankfurt/M., 1981.

GOLDBERG, S. & LEWIS, M., Play Behavior in the Year-Old Infant: Early Sex Differences, in: *Child Development*, 40, S. 21-31, 1969.

GREENBAUM, P. & ROSENFELD, H. M., Patterns of avoidance in response to interpersonal staring and proximity: Effects of bystanders on drivers at a traffic intersection, in: *J. of Personality and Social Psychol.*, 36, S. 575-587, 1978.

HALL, E. T., *Die Sprache des Raums*, Düsseldorf, 1976.

HARLOW, H. F., The Nature of Love, in: *American Psychologist*, 13, S. 673-685, 1958.

HARPER, R. G., WIENS, A. N. & MATARAZZO, J. D., *Nonverbal Communication. The state of the art*, New York, 1978.

HAYDUK, L. A., Personal Space: Where We Now Stand, in: *Psychological Bulletin*, 94, S. 293-335, 1983.

HEDIGER, H., The Evolution of Territorial Behavior, in: Washburn (Hg.), *Social Life in Early Man*, New York, 1961.

HEILIGER, A. & KUHNE, T. (Hg.), *Feministische Mädchenpolitik*, München, 1993.

HENDERSON, L. F. & LYONS, D. J., Sexual Differences in Human Crowd Motion, in: *Nature*, S. 353-355, 1972.

HENLEY, N. M., *Körperstrategien*, Frankfurt/M., 1988.

HENLEY, N. M. & LAFRANCE, M., Gender as Culture: Difference and Dominance in Nonverbal Behavior, in Wolfgang (Hg.), *Nonverbal Behavior: Perspectives, Applications, Intercultural Insights*, S. 351-371, Toronto, 1984.

HERZOG, J. M., Preoedipal Oedipus. The father-child dialog, in: Pollock & Ross (Hg.), *The Oedipus papers. Classics in Psychoanalysis: monograph 6*, S. 475-491, Madison, Conn., 1985.

HIRSCHAUER, S., Die interaktive Konstruktion von Geschlechtszugehörigkeit, in: *Zeitschrift für Soziologie*, 18, 2, S. 100-118, 1989.

HUGHES, J. & GOLDMAN, M., Eye contact, facial expression, sex, and the violation of personal space, in: *Perceptual and Motor Skills*, 46, S. 579-584, 1978.

HUNTER, A. E. (Hg.), *On Peace, War, and Gender: A Challenge to Genetic Explanations*, New York, 1991.

INNESS, J. C., *Privacy, Intimacy, and Isolation*, New York, Oxford, 1992.

INSEL, P. M. & LINDGREN, H. C., *Too Close for Comfort*, Englewood Cliffs, 1978.

JOOS, M., The five clocks, in: *Int. Journal of Am. Linguistics*, 28/2, Part V.

JOURARD, S. M., An exploratory study of body-accessibility, in: *Brit. J. of Social and Clinical Psychology*, 5, S. 221-231, 1966.

JUGENDWERK DER DT. SHELL (Hg.), *Jugend '92: Lebenslagen, Orientierungen und Entwicklungsperspektiven im vereinigten Deutschland*, Opladen, 1993.

KAPLAN, L. J., *Weibliche Perversionen*, Hamburg, 1991.

KAVEMANN, B. & LOHSTÖTER, I., *Väter als Täter*, Reinbek, 1984.

KIMBLE, C. E., FORTE, R. A. & YOSHIKAWA, J. C., Nonverbal concomitants of enacted emotional intensity and positivity: Visual and Vocal Behavior, in: *J. of Personality*, 49, S. 271-283, 1981.

KINZEL, A. F., Body buffer zone in violent prisoners, in: *Am. Journal of Psychiatry*, 127, S. 99-104, 1970.

KINZEL, J., SCHETT, P., WANKO, K., & BIEBL, W., Langzeitfolgen sexueller Mißbrauchserfahrungen bei einer nichtklinischen Gruppe, in: *Psychologie in der Medizin*, 3, 4, S. 13-17, 1992.

KITCH, S. L., Does war have Gender?, in: Hunter (Hg.), *On Peace, War, and Gender*, S. 92-103, New York, 1991.

KLEBE, J., *Die Sprache der Zeichen und Bilder*, Köln, 1989.

KLEINKE, C., Gaze and Eye Contact: A Research Review, in: *Psychological Bulletin*, 100, S. 78-100, 1986.

KOMPTER, A. E., *De macht van de vanzelfsprekendheid. Relaties tussen vrouwen en mannen*, Den Haag, 1985.

LAMB, M. E., The Development of Parental Preferences in the First Two Years of Life, in: *Sex Roles*, 3, S. 495-97, 1977.

LAMB, M. E. (Hg.), *The role of the father in Child development*, New York, 1976.

LAQUEUR, T., *Auf den Leib geschrieben*, Frankfurt/M., 1992.

LERNER, H. G., *Wohin mit meiner Wut?*, Zürich, 1987.

LESSEN, R. van, *Entwicklung einer inhaltsanalytischen Methode zur Beschreibung der Gestaltungsmittel audiovisueller Medien, insb. von Dokumentarfilmen*, Mainz, 1975.

LEWIS, M. & WEINRAUB, M., The father's role in the child's social network, in: Lamb (Hg.), *The role of the father in child development*, S. 157-184, New York, 1976.

LEY, D. & CYBRIWISKY, R., Urban graffiti as territorial markers, in: *Annals of the American Geographers*, 64, S. 491-505, 1974.

LIEDLOFF, J., *Auf der Suche nach dem verlorenen Glück*, München, 1980.

LOCHMAN, J. E. & ALLEN, G., Nonverbal communication of couples in conflicts, in: *Journal of Research in Personality*, 15, S. 253-269, 1981.

MAHLER, M., PINE, F. & BERGMANN, A., *Die psychische Geburt des Menschen*, Frankfurt/M., 1985.

MANN, K., *Der Wendepunkt*, Frankfurt/M., 1963.

MASSON, J. M., *Was hat man dir, du armes Kind, getan?*, Reinbek, 1984.

MATTHIAS, A., *Wie erziehen wir unseren Sohn Benjamin?*, München, 1902.

MEAD, M., *Mann und Weib*, Hamburg, 1958.

MERTENS, W., *Entwicklung der Psychosexualität und der Geschlechtsidentität (Band 1)*, Stuttgart, 1992.

MIDDLEMIST, R. D., KNOWLES, E. S. & MATTER, C. F., Personal space invasions in the lavatory: Suggestive evidence for arousal, in: *J. of Personality and Social Psychol.*, 33, S. 541-546, 1976.

MITSCHERLICH-NIELSEN, M., Zur Psychoanalyse der Weiblichkeit, in: *Psyche*, 32, S. 669-694, 1978.

MONTAGU, A., *Körperkontakt*, Stuttgart, 1971.

MONTAGU, A., *Touching: The Human Significance of the Skin*, New York, 1978.

MORRIS, D., *Liebe geht durch die Haut*, München, Zürich, 1972.

MORRIS, D., *Manwatching. A Field Guide to Human Behaviour*, London, 1977.

MOSS, H. A., Sex, age and state as determinants of mother-infant interaction, in: *Merrill Palmer Quarterly*, 13, S. 19-36, 1967.

MÜHLEN-ACHS, G. (Hg.), *Bildersturm*, München, 1990.

NEWSON, J. & NEWSON, E., *Seven Years Old in the Home Environment*, London, 1976.

PATTERSON, M. L., The role of space in social interaction, in: Siegman & Feldstein (Hg.), *Nonverbal behavior and communication*, 1978.

PIONTELLI, A., Infant observation from before birth, in: *Int. J. Psycho-Anal.*, 68, S. 453-464, 1987.

RIEDL, B., Morphologisch-metrische Merkmale des männlichen und weiblichen Partnerleitbildes in ihrer Bedeutung für die Wahl des Ehegatten, in: *Homo*, 41, S. 72-85, 1990.

RIJNAARTS, J., *Lots Töchter*, Düsseldorf, 1988.

ROSENTHAL, R., DEPAULO, B. M., Sex Differences in Accomodation in Nonverbal Communication, in: Rosenthal (Hg.), *Skill in Nonverbal Communication: Individual Differences*, Cambridge, Mass., 1979.

ROSS, M., LAYTON, B., ERICKSON, B. & SCHOPLER, J., Affect facial regard and reactions to crowding, in: *J. of Personality and Social Psychol.*, 28, S. 69-76, 1973.

ROUSSEAU, J. J., *Emil oder über die Erziehung*, Paderborn, 1972.

RUSSELL, D. E., *The Secret Trauma*, New York, 1986.

RUTSCHKY, K. (Hg.), *Schwarze Pädagogik*, Frankfurt/M, 1977.

SANDAY, P. R., *Female Power and Male Dominance*, New York, 1981.

SCHEFLEN, A. E., *Körpersprache und soziale Ordnung*, Stuttgart, 1976.

SCHERER, K. R. & WALLBOTT, H. G. (Hg.), *Nonverbale Kommunikation: Forschungsberichte zum Interaktions-Verhalten*, Weinheim, 1979.

SCHEU, U., *Wir werden nicht als Mädchen geboren – wir werden dazu gemacht*, Frankfurt/M., 1977.

SCHILLING, S., *Die Schlangenfrau*, Frankfurt/M., 1984.

SCHMAUCH, U., *Anatomie und Schicksal: zur Psychoanalyse der frühen Geschlechtersozialisation*, Frankfurt/M., 1987.

SCHMERL, C., *Das Frauen- und Mädchenbild in den Medien*, Opladen, 1984.

SCHMERL, C., *Frauenzoo der Werbung*, München, 1992.

SCHMITT, J-C., *Die Logik der Gesten im europäischen Mittelalter*, Stuttgart, 1992.

SCHULMAN, G. I. & HOSKINS, M., Perceiving the male versus the female face, in: *Psychology of Women Quarterly*, 10, S. 141-154, 1986.

SCHWARTZ, B., The Social Psychology of Privacy, in: *Am. Journal of Sociology*, 73, S. 741-754, 1986.

SEIFERT, R., Feministische Theorie und Militärsoziologie, in: *Das Argument*, 190, 1991.

SEIFERT, R., Männlichkeitskonstruktionen: Die diskursive Macht des Militärs, in: *Das Argument*, 196, 1992.

SHENGOLD, L., Child abuse and deprivation: Soul murder, in: *J. Am. Psychoanal. Assoc.*, 27, S. 533-559, 1979.

SIEGMAN, A. W. & FELDSTEIN, S. (Hg.), *Nonverbal behavior and Communication*, Hillsdale, 1978.

SISK, J. P., In Praise of Privacy, in: *Harpers's*, Febr, S. 100-107, 1975.

SOMMER, R., *Personal Space. The behavioral basis of design*, New York, 1969.

SPENCE, J. T. & HELMREICH, R. L., *Masculinity & Femininity: Their psychological dimensions, correlates, & antecedents*, Austin, 1978.

SPITZ, R. A., Hospitalism, in: *The Psychoanalytic Study of the Child*, 1, S. 53-74, 1945.

SPITZ, R. A., *Vom Säugling zum Kleinkind*, Stuttgart, 1972.

STIGLMAYER, A. (Hg.), *Massenvergewaltigung. Krieg gegen die Frauen. Recherchen – Interviews – Analysen*, Freiburg im Breisgau, 1993.

THEWELEIT, K., *Männerphantasien*, Reinbek, 1980.

TRÖMEL-PLÖTZ, S., Sprache, Geschlecht und Macht, in: *Linguistische Berichte*, 69, 1980.

TRÖMEL-PLÖTZ, S., *Frauensprache: Sprache der Veränderung*, Frankfurt/M., 1982.

TRÖMEL-PLÖTZ, S., *Vatersprache – Mutterland*, München, 1992.

TRÖMEL-PLÖTZ, S. (Hg.), *Gewalt durch Sprache*, Frankfurt/M., 1984.

VAN LAWICK-GOODALL, J., *Wilde Schimpansen*, Reinbek, 1971.

VOSS, J., *Das Schwarzmondtabu: Die kulturelle Bedeutung des weiblichen Zyklus*, Stuttgart, 1988.

VRUGT, A. & KERKSTRA, A., Difference between Men and Women in Nonverbal Behavior, *Paper presented at the 2nd Int. Conf. on nonverbal behavior*, Toronto, Can., 1983.

WATZLAWICK, P., BEAVIN, J. H., JACKSON, D. D., *Menschliche Kommunikation*, Bern, 1969.

WAXER, P., Nonverbal cues for depression, in: *Journal of Abnormal Psychology*, 83, S. 319-322, 1974.

WEILER, G., *Der enteignete Mythos*, München, 1985.

WEITZ, S., *Nonverbal Communication. Readings with commentary*, London, 1974.

WEST, C., *Routine Complications*, Bloomington, 1984.

WESTIN, A. F., *Privacy and Freedom* (6.Auflage), New York, 1970.

WEX, M., *„Weibliche" und „männliche" Körpersprache als Folge patriarchalischer Machtverhältnisse*, Hamburg, 1979.

WOLF, N., *Der Mythos Schönheit*, Reinbek, 1991.

WOOLF, V., *Orlando*, Frankfurt/M., 1928.

WOOLF, V., *Ein Zimmer für sich allein*, Berlin, 1978.

ZASLOW, R. W., Der Medusa-Komplex, in: *Zeitschr. f. klin. Psych. u. Psychotherapie*, 2, S. 162-180, 1982.

Die Autorin

Gitta Mühlen Achs, Dr. phil., geboren 1946, arbeitet seit 1973 an der Universität München. Ihre Forschungsschwerpunkte sind Medienpsychologie, Körpersprache und Interaktionsverhalten. Mehr als zehn Jahre war sie Lehrbeauftragte an der Hochschule für Fernsehen und Film in München. Im Verlag Frauenoffensive hat sie 1990 das Buch *Bildersturm. Frauen in den Medien* herausgegeben

Senta Trömel-Plötz

VATER
SPRACHE
MUTTER
LAND

Beobachtungen
zu Sprache und Politik

Frauenoffensive

ISBN 3-88104-219-9 • 200 S. • DM 28,50

Anita Heiliger/Tina Kuhne (Hg.innen)

Feministische Mädchenpolitik

Frauenoffensive

ISBN 3-88104-233-4 • 216 S. • DM 28,--

Christiane Schmerl (Hg.in)

Frauen

der Werbung
Aufklärung über Fabeltiere

Frauenoffensive

ISBN 3-88104-225-3 • 320 S., Abb. • DM 44,--

Mary Daly
Gyn/Ökologie

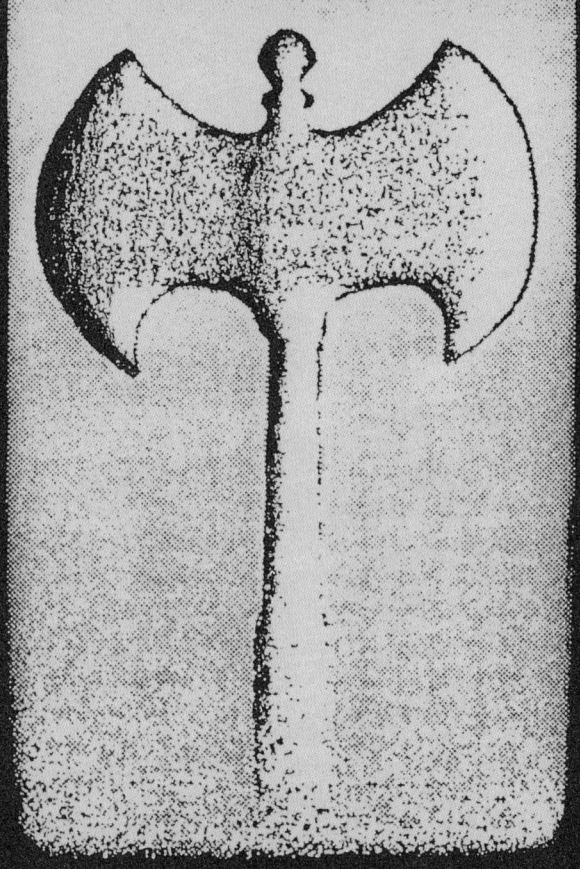

Eine Metaethik des radikalen Feminismus
Erweiterte Neuauflage
Frauenoffensive

ISBN 3-88104-215-6 • 530 S. • DM 58,--

Gitta Mühlen-Achs (Hg.)

BILDERSTURM

Frauen in den Medien

Frauenoffensive

ISBN 3-88104-195-8 • 220 S. • DM 24,50

Heide Göttner-Abendroth

Die Göttin und ihr Heros

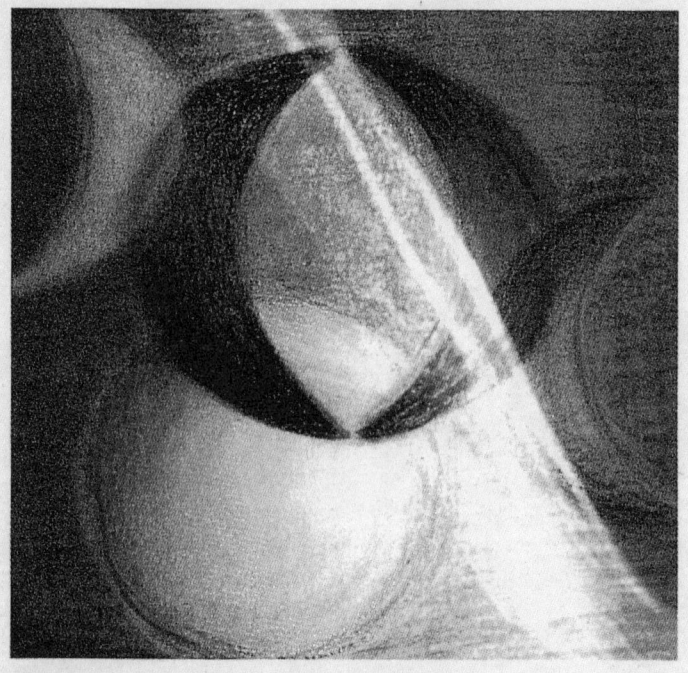

Erweiterte und vollständig überarbeitete Neuauflage

Frauenoffensive

ISBN 3-88104-234-2 • 270 S. • DM 32,--